译文经典

宫廷社会
Die höfische Gesellschaft
Norbert Elias

〔德〕诺贝特·埃利亚斯 著

林荣远 译

上海译文出版社

献　给

伊尔娅·诺伊斯塔特和莱斯特大学社会学系
所有我的朋友和同事！

特别感谢

福尔克尔·克鲁姆赖伊在整理书稿时给予的建议和帮助！

诺贝特·埃利亚斯

目 录

- 一 引论：社会学和历史学 001
- 二 提出这个问题的导言 054
- 三 住宅结构作为社会结构的指针 063
- 四 关于宫廷—贵族政体相互交织的特征 103
- 五 礼节和礼仪：人的行为举止和思想意识作为其社会权力结构的功能 123
- 六 通过礼仪礼节和威望机会与国王产生密切联系 ... 189
- 七 法兰西宫廷社会的形成和演变作为整个社会权力转移的功能 239
- 八 在宫廷化过程中贵族浪漫主义的社会渊源 342
- 九 论革命的社会发生 418
- 附录一 关于可能存在某种没有结构冲突的国家的观点 429
- 附录二 关于宫廷—贵族体制的财政总预算中财务官员的职位对理解宫廷—贵族体制经济伦理的贡献 440
- 编后记 454
- 译后记 458

一

引论：社会学和历史学

1. 法兰西王政时期旧制度的王公宫廷和与任何王公宫廷结合在一起产生的特定的社会形态，即宫廷社会，构成了社会学研究一个丰富多彩的领域。恰如在国家发展以前的那些时代中央集权尚未达到相同程度一样，法兰西王政时期旧制度的王公宫廷也把王公家族的最高财政预算的功能与政府的功能结合在一起；在单独的地区，由一位王公在广泛排除各种等级大会的情况下进行治理；在实行专制制度的地区，与整个国家行政管理的中央机构的功能结合在一起。执政者——即王公及其助手们的人事和职业任务——尚未像后来在各工业化民族国家里那样十分清晰明确地分工和专门化。

在这些民族国家里，公众监督机构采取议会、舆论、司法或者各种公开竞争的政党形式，越来越强制国家在对人事和职务的要求上要有某种比较清晰的区分，甚至在最强有力的男人或女人当权掌政的情况下也要有明确的区分。在以其宫廷精英分子为首的王朝统治的国家社会，人员和职务或职业的要求的比较大的统一，尚在很大程度上属于社会生活中不言而喻的事；而认为人们可能或应该把它们分开的观念，只在有些地方以较为残缺不全的形式出现，这种观念并不具有某种正常的官员职务伦理或者职业伦理的性质，充其量源自个人对某位更强势者承担义务的感觉，或者是对他的畏惧。各种家族、家庭的结合和争斗，各种个人友谊和敌意，作为正常因素在处理各种政府事务或者处置一切其他职务事务时，都一起发挥作用。也就是说，对宫廷社会的种种社会学研究，从某种特定角度看，会让欧洲国家社会发展的较早阶段变得豁然开朗。

于是乎可以确定，不仅在欧洲国家社会的形成过程中有过各种宫廷和宫廷社会作为某种国家社会的主要（社会）形态，而且在工业革命之前的各种进行征服或者受到征服威胁的社会里，分布在比较广阔的领土上的、在职能方面已经部分实现分工的聚居在一起的人民，接受同一个中央政府的治理。整体而言，这些社会表现出一种强烈的倾向，即在一种社会地位上或者说在君主的社会地位上，把各种在规模上远远高出一切其他地位的权力机会结合在一起。凡是发生这种情况的地方，比如在古代（欧洲）由中央政府执政的大国，在中国、印度，在较近的大革命前的法兰西，君主的宫廷和宫廷人士的社会构成了某种强有力的、享有威望的精英分子团队。

因此，王侯宫廷和宫廷社会是人的一些特殊（社会）形态，这些社会形态有必要阐述清楚，其重要性不亚于对各种城市和工厂的研究。有关各种具体宫廷的研究和资料俯拾皆是，汗牛充栋；但社会学方面的研究尚付阙如。不管社会学家们对封建社会或工业社会做过多少研究，对从前者身上崛起、在后者身上式微的宫廷社会——至少在欧洲发展中如此——的研究，几乎全然忽视了。

2. 毫无疑问，宫廷社会的上升与国家权力的日益中央集权化的推动，与任何中央统治者的两种决定性的权力源泉的日益垄断化息息相关。这两种权力源泉是指整个社会的赋税以及军队和警察的权力。然而，社会发展动力在这种相互关联当中的基本问题——即在国家发展的某个特定阶段如何以及为什么会形成某种社会地位，从而把相比较而言极为不寻常的大量权力机会集中在一个人的手里——迄今很少有人提出，因此也一直没有得到解决。我们需要对自己的觉察审视能力进行某种重组，才能认清这个问题的重要意义。这样一来，人们就会把视野从历史学转移到社会学上。就此处所言，历史学会让各种单一的个人，即各个国王个体本身变得清晰明朗；社会学则会同时让国王的社会地位，亦即国王地位的发展也明晰起来。

在这个发展阶段上，人们在各种社会、各种王朝国家里能够一再观察到，虽然这种专制—君主政体的某个具体当权者或者整个王朝可能会被刺杀或被推翻，但王朝国家的社会性质不会有丝毫变化，国家依然由专制的统治者或其代表们掌管治理。一般而言，遭废黜或刺杀的国王会被另一个国王取代，被推翻的王朝也会被另一个王朝取代。或者说，另一个世袭的核心统治者拥有同样的大权，会借助一般规律或迟或早登上驱逐了前任国王的国家的王权宝座；新生的这个王朝也会占据被剥夺权力的王朝的位置。只有随着社会的日益工业化和城市化，随着某些动荡，这种规律性才会衰减。

也就是说，相互依存的人的（社会）形态不仅让以下情况成为可能，而且显得有必要：成千上万的人，几百或几千年来一再受到某个家族或其代表的统治，对这个家族却没有任何监督的可能性，这种（社会）形态的性质如何，是人们从社会学研究宫廷社会时要面对的诸多核心问题之一。然而，人们会问：在这些以国家形式组织起来的社会发展的某个特定阶段，我们以"皇帝"或"国王"来表明其权力无限的君主的社会地位，为何会一而再再而三地形成？随后，人们又会默默地提出一个难题：为什么这种地位在我们今天所处的历史阶段开始消失？

3. 随后的这些研究，仅仅是深入研究了一个特定时代的宫廷社会。然而，对这个特定时代的各种社会的形成进行社会学研究，如果人们没有着眼于在很多国家社会、社会发展的长期阶段都能够形成和发现的各种宫廷社会；如果没有注意到对一种宫廷生活进行社会学研究的任务也包含对各种模式发展的研究，而这些模式能够让人对不同的宫廷社会进行比较，那么研究就会毫无意义。刚刚所提出的问题就是：相互依存的人的何种形态能够让某些个人及其小小的助手圈子面对占压倒性多数的被统治者，让他们自身和他们的王朝，让很长时间内或多或少权力无限的统治者，牢牢掌握政权。这个问题已经表明，即使一次性的宫廷社会的研究，可能也会同时对社会推动力包罗广泛的社会学疑难问题的阐释有所贡献。

恰如将要表明的那样，甚而在所谓的专制主义时代，一个统治者的强权并不像"专制主义"一词让人感受到的那样完全和绝对地不受限制。即便是路易十四这样的"太阳王"，人们往往把他描绘为大权独揽的典范，对一切独断专行的、绝对不受限制地执掌政权的统治者，如果详加观察就会发现，他这样一个个体基于其国王的身份地位，也被编织进了一个相互依存、相互作用的非常特殊的网络里。而他只能借助一种极为小心的权衡，通过比较狭义的宫廷社会和比较广义的整个社会的独特形态所规定的战略，来保持他的权力游戏的活动空间。像路易十四这样的统治者，借助特殊的战略来保持其总是受到威胁的国王地位的自由活动空间以及灵活机智的驾驭能力，并且精心建构了一种人的特殊形态，这种形态让处在国王位置上的单一个体的游戏战略既成为可能，也变成必要，如果他不想输掉大的赌注的话。如果没有从社会学角度对这种战略进行分析，如果没有精心建构的这种模式，单个统治者的行为举止就仍是不可理喻和无法解释的。

这样一来，社会学提出的问题和历史学提出的问题之间的关系，就变得较为清晰了。由于人们占支配地位的思维习惯，可能很容易将社会学研究误解为历史学研究，考虑到这两种研究之间的相互关联，这样一种澄清也许并非无益。恰如已经充分强调过的那样，历史学提出的问题首先针对各种一次性事件，当它的研究对象是 17、18 世纪的法兰西宫廷之时，某些特定个人尤其是国王本人的各种活动和性格特征就处在了各种问题的中心。

4. 对前面已经指出的那种类型的问题——即涉及 17、18 世纪法兰西国王的社会职能、宫廷的社会结构的种种问题——进行系统研究，这种研究处在迄今为止历史学所针对的"一次性事件"的层面之外。对国王这样的社会地位,历史学家放弃对其进行系统性研究,因而也放弃对由其地位所赋予一个国王的各种战略和决策的可能性进行系统性研究,这种放弃导致了历史学视角的某种独特的短视和局限性。于是,人们称为历史的东西看起来往往是某些个体的种种相互毫无关联、单一行动的累积。

因为在人的相互关联和相互依存的层面,像"国家""等级地位""封建社会""宫廷社会"或者"工业社会"这些概念所涉及的长期的、往往是重复出现的各种结构和进程的层面,一般都还处在传统的历史学研究领域之外,或者充其量处在边缘地带。因此,在一个科学加工琢磨过的和事后可以检验的有关坐标体系上,就缺乏各种具体的一次性的、把这些研究置于中心点上的资料数据。各种现象的相互关联,在很大程度上仍是让人随心所欲地进行解释,往往令人推论猜想,浮想联翩。在这里,究其原因在于在今天所理解的历史科学里,没有真正科学研究的持续性。有关各种事件的相互关联的理念来去匆匆,未能长期停留。但是从长期观察来看,一种理念犹如另一种理念那样,既是正确的,也是无法证明的。

兰克已经指出:

"历史总是一再被改写……任何时代及其主要的方向都把它占为己有,并且把它们的想法转移到上面去。随后就以此为依据,分别给予颂扬和谴责。于是,这一切就断断续续地慢慢进行下去,直至人们不再能够看清事实。除了回溯到原始信息,什么也无助于事。然而,如果根本没有当前的感情冲动,人们还能研究历史吗?……是否可能有一种完全真实的历史呢？"①

5. 人们一再使用"历史"这个词，既是为了人们所写的内容，也是为了写作本身。简直混乱不堪。初看起来，"历史"似乎是一个清楚的、毫无问题的概念。倘若再仔细地观察，就会发现在这个似乎十分简单的词的背后隐藏着不少悬而未决的问题。人们写的东西，即其研究的对象，既非真实的，亦非虚假的；只有写出来的东西，即研究的结果，才可能是真实的或者虚假的。问题是：究竟什么是历史学的研究对象？兰克所说的"事实"是什么，由于历史学家的称颂和谴责，人们是不是往往根本无法看清事实？

兰克本人知道，面对这个咄咄逼人的问题，除了指出原始的信息，指出同时代人的各种文献资料外，什么也于事无补。这种坚持研究文献，坚持细心研究、整理文献资料的做法，可谓一大功绩，② 给整个历史研究以巨大的推动，如果

---

① L. 冯·兰克（L. v. Ranke）：《1831—1849年日记》。在同一篇日记里他还指出"把政治谈话和其他文章变为科学学说"。哈勒，1925年，第52页。

② 与这种兴趣息息相关的是，几年前英国最著名的历史学家之一 A. W. 索塞恩（A. W. Southern）教授在其就任教授后首次讲课时，对德国历史学家的博学多才称颂了一番（《历史科学的形式和本质》，牛津，1961年，第15页等）："1867年，斯塔普斯（Stubbs）在其就任教授首次授课时，充满自信地谈到某一历史学派，在历史学研究的'未来美好时代'，这个学派能够依靠'某种广泛的和整理较好的、逐渐公开发表的资料汇编'来从事研究工作。他预言在一个不太遥远的未来，历史对孩子们不再是一门生动活泼的学科，或者不再是男人们的一种工具，'男人们想利用这种工具为一些无知的听众起草演说稿，或者为那些只读杂志的人撰写文章'；而是将成为'为了其自身而热爱和经 （转下页）

没有他，很多研究领域就不可能推进到种种问题的社会学层面上。

然而，正是因为人们把精心研究文献的重要性作为历史专业的基础推到前沿位置，才会提出历史研究的任务和对象的问题。那么，各种文件、各种原始的信息资料来源就是历史的实体本质吗？

它们似乎是唯一可靠的东西。人们可以说，历史研究者可能提供的一切其他的东西都是一些阐释。在不同世代的人当中，这些阐释往往是十分不同的。它取决于同时代人变幻不定的兴趣或利益，也取决于历史学家们带着这些兴趣和利益所做出的称颂和谴责。兰克指出问题的核心所在：历史学家把颂扬和谴责分配出去。他不仅小心谨慎地发表存在于文件里的东西，也做出价值判断；他按照自己的衡量标准分配

（接上页）　营的东西'，它将会'由自身带来某种广泛的历史教育，这种教育将会让任何狂妄自大变得透明可见和……一钱不值'。"为什么这种愿景没有实现呢？简而言之，英国没有与德国保持同步发展，而且每年都在不断落后掉队。早在1867年，斯塔普斯就得知日耳曼历史文献出版人的伟大工作的信息，哪怕没有像他想象的那么遒劲有力；然而他当时也能指出英国自己的出版创下的新纪录和编辑档案系列丛书，在1857至1867年间，丛书出版超过70卷，倘若斯塔普斯1867年尚不真正了解英国的情况完全不同于德国的情况，看一下这些文献资料汇编就会更容易理解一些。但是1877年，他可能不会再错误估计这种情况，1884年更加不会。英国方面编辑出版的数目不断下降，而很多已经出版的文献资料汇编从科学角度看，被指错误百出。德国正好相反，不仅文献资料汇编出版工作还在不断进步，而且表现出在科学水平上德国明显高于英国，尤其是如果抛开斯塔普斯本人的优秀作品不谈的话。除了文献资料汇编外，德国还出版单行本，补充进来后，数目更是不断增长。今天，对于这些条顿人精心制作的纪念物的嘲弄习以为常，但是任何严肃的学者都不会付诸一瞥，为之所动；对于任何亲身经历过的人而言，这也许是历史最宝贵的因素，是无与伦比的东西。"

着光与影，而他对光与影的分配往往显得好像这是不言而喻的，这与他在他自己的时代在各种派别里所献身的各种理想、世界观原则是相适应的。当代的同时代人的种种状况决定着他如何看待"历史"，甚至决定着他视为"历史"的东西。根据他在当代直接感觉到好或坏的东西，他从过往的各种事件中进行选择。

当兰克谈到通过"颂扬和谴责"来掩盖事实本身时，这显然是他自己所影射暗示的东西。而从根本上讲，这一直是始终如一的。仔细研究论证文献，细心地指出历史文献渊源和整个历史文献知识，这种精细的态度已经明显越来越多。在这里，存在着对历史研究工作的科学性质的某种辩护，也可以说是唯一的辩护。不过，历史文献资料渊源是一些残存碎片。在历史研究中，人们试图根据这种断简残编重新建构各种事件的相互关联。然而在指出文献资料可以检验的同时，对这些残存碎片的拼接组合和解释却在很大程度上听任研究者个人随心所欲地进行处置。它们缺乏牢固的支撑；在比较成熟的科学里有一些相互关联的模式，可以称之为假设和理论，为研究者个人提供了牢固的支撑，在那里这些假设和理论的发展通过不断的逆向反馈，与知晓各种具体资料数据的进展结合在一起。

在那些比较成熟的科学里，由于这种逆向反馈、提问的形式，具体文献资料的选择和各种相互关联的模式的发展，相比扎根在科学之外的辩论中的各种价值的对立性，具有某种较高的自治性。在历史研究中，研究者个人在他自己的社会里与之形成一体的各种群体化、拉帮结派和理想在很大程度上决定了他将哪些历史文献资源归为光明的东西，哪些归

宫廷社会 | 009

入阴影里，以及如何看待它们的相互关联。这种程序让人想起人类从前在建筑废墟上按照自己时代的风格建造自己房屋的做法。恰如兰克所写的那样，"历史总在被改写"，其主要原因就在这里。每一代人都从过往的时代里为自己寻找一些废墟，再根据自己的理想和价值判断把它们拼凑、组建成自己特有的房屋。

6. 人们在各种国家社会里生产和消费"历史"，与国家社会的种种紧张和争辩相比，人们在历史研究这种比较小的自治体系里寻找当前历史研究较大的部分，具有早期科学或类科学性质的主要原因。通过某些具有决定性意义的特征，历史研究有别于一些比较成熟的科学研究领域，这些特征之一是建立在这种缺乏自治的基础之上的：历史研究工作缺乏发展的特殊的持续性，而那些比较成熟的科学研究工作则明显表现出这种特殊的持续性。在后者那里，在数代人之中，不仅个别知识的规模和可靠性在增长，而且与此最密切相关的有关各种具体资料数据相互关联的知识，其规模和可靠性也在增长。在前者那里，即在历史专业里，充其量在有关具体资料数据知识方面有某种持续性增长；但在相互关联的层面上并没有知识增长的持续性。

在比较古老和比较成熟的各种科学里，在很多情况下，比较早的有关相互关联方式的假设和理论的重要意义一直保留了下来，不管是在某个特定的特殊领域也好，还是在整个宇宙也好，作为通往以后的假设和理论的道路上的一个阶段始终持续不变，因为如果没有从前的那些步骤就不可能有后来的这些步骤。后来的步骤超越从前的步骤，然而从前的步骤的意义作为研究工作整个链条上的一环仍然保持不变。如果没有牛顿，就不可能充分理解爱因斯坦。科学的持续进步发展并非必然要诅咒比较早的各个阶段的那些进行总结概括的模式，不必咒骂它们是废纸一堆，实际上，科学工作的进步越是可靠、越是自治，这种咒骂就越是罕见。

在历史研究领域，下述情况远非例外，而是规律：在前三四代人当中，学者们各种工作上的努力作为死的书本躺在各图书馆里，无人问津。倘若没有补充说明在这方面历史研究和社会学之间充其量存在着程度上的区别，人们就会陷入误解。在这两种情况下，各种源自时代的激烈争论、短命的价值评判和理想往往作为一些比较自治的理论的替代物，作为各种相互关联的模式。这类模式事后是可以检验的，而且在获得新的个别知识的相互关联里是可以改动、修正的。

然而，社会学研究有别于历史学研究，还由于可以观察到的下述情况：只要人们在不断逆向反馈个别知识的发展上没有做出最微不足道的努力，不受自己时代动摇不定、转瞬即逝的各种派别的影响，发展一些比从前的相互关联的模式更符合客观事实、更自治的相互关联模式，那么各种具体问题的提出和选择就可能会陷入被个别研究人员他治的随心所欲所玩弄，或者被某些特定研究群体他治的、对陈规旧习的信任所摆布。在历史研究里，只要还能看到，甚至缺乏在这方面的努力还没有认识到，没有一些比较自治的相互关联的模式和一些比较自治的理论的发展，而仅仅从汗牛充栋的文献里选择一些个别的文献资料，就会被一些短命的难以经受检验的研究惯例所主宰。

以本书的结构为例，可以十分清楚地看到相互关联的模

宫廷社会 | 011

式在确定各种问题的提出和选择方面的意义。在历史专业里，传统的和一般没有经过深思熟虑的相互关联模式决定着对各种问题的选择及价值判断，与这类相互关联的模式相适应的是，（拙著）这些社会学研究所关心的很多问题，还有人们进行研究所需要的各种文献，充其量扮演的是一种边缘性的配角。仅举两个例子说明，对各种宫殿空间布局或者宫廷礼节的各种细节研究，倘若人们用历史学家的尺度来衡量，它们可能会作为奇观珍闻出现。然而，正如所表明的那样，除了研究包含某种居住形态和某个特定社会的家庭生活的、具有建筑艺术特色的房屋的整体形态，研究与这个社会有关的人所具有的特征明显的婚姻关系的基本类型之外，对于社交范围内他们与其他人的相互关系的基本类型会产生某种十分可靠的而且是可以检验的启示。按照资产阶级—工业社会的价值标准来衡量，宫廷的礼节礼仪可能看起来是完全无关紧要的东西，纯粹"外在的东西"，也许是某种可笑的东西；倘若人们让宫廷社会的结构享有自治，这些礼节礼仪就能证明自己是个人在其关系斗争中的一种最敏感的指示器，而且是个人在其社交关系网络里的威望价值的一种最可靠的测量工具。

整体而言，人们也许可以说，仅仅选择宫廷社会作为某种研究课题，显然已经与往往深入历史研究里发挥作用的当前居支配地位的模式很不协调。各种王朝的统治者和他们的宫廷在历史发展的当前时代越来越丧失其意义。在我们今天的社会里，他们（和它们）属于各种垂死挣扎的（社会）形态。在那些比较发达的国家里，如果他们（和它们）还存在的话，他们（和它们）从前的权力和威望已经丧失了大部分。以其繁荣时代的标准来衡量，我们今天的宫廷社会顶多仅仅具有模仿出来的特征。日益上升的社会形式的代表人物常常用一种五味杂陈的感情来看待一个过往时代的这种残留物。

不言而喻，流行的负面价值评判也推波助澜，遮挡人们的视线，让人无法观察宫廷社会，观察它作为一种同样具有明显不同特征的社会形式的固有特性，恰如不能正确观察封建社会精英们的固有特征或者各种工业社会的政党精英们的固有特征一样。后者今天或许可以得到比较深入的观察，因为在他们身上，涉及绝大多数人首先关心的自身所处的当代各种社会类型；而前者即封建社会的精英也许作为历史学和社会学的研究对象会以比较清晰的轮廓进入观察视野，因为人们能够冷静地与当前各种（社会）形态相比，以相当大的距离把它们看作一些原始形式和对应物。在各种封建的社会形式方面，似乎涉及某种早已过去的事物；人们一般似乎不会还处在抗拒的角度来反对它们，偶尔甚至会浪漫主义地美化它们一下，强调正面价值，展示它们的优点。

认识到宫廷社会也具有各种人们可以突出强调的、这种社会本身特殊方式的结构特性，并不取决于人们认为它是好的还是不好的。这种认识之所以困难，是因为在我们自己的时代，还有一些这种社会形式结构的某些后继的模仿形式。在欧洲工业化的民族国家里，面对现在慢慢被剥夺权力的宫廷精英群体，面对当时最强大的精英队伍的后代，比较年轻的正在蒸蒸日上的精英群体身上往往还保留着负面的评价和抗拒态度，作为从前往往十分强烈的纷争的回响，而这类纷争还余音绕梁。这种情况下，在选择人们视为与历史学和社会学相关或不相关的素材时，会让人感受到大社会的各种评价和情绪。研究宫廷社会，甚而在概念上理解、掌握宫廷社会，都还笼罩在这类大众评价的阴影之下。

如果人们说，在选择和表述各种社会学的问题时，它们是否与当代或者过往有关，面对被视为不言而喻因而相应地不受检验的大众的这种评价，需要有意识地努力保障比较大的自治，根本无法简单地显示这所指的究竟是什么，含义如何。但这只是一个例子。倘若人们要求自己为解释和理解不同的、各种个人借以相互联系的方法和方式做出贡献，那么人们相互间组成的所有（社会）形态，所有的社会群体化，就都是等值的。在这里，人们在比较广义上重新遇到兰克所表达的认识，他曾经指出，历史的所有时代都具有基本的同等价值。他也试图以自己的方式指出，关注理解人的种种相互关系的科学家们如果在这当中被他们自己的时代和他们自己的群体的各种先入之见的价值判断所支配，他们就会无法开窍，找不到（客观的科学研究的）入口，就会自绝出路。

人们一般不可能设想社会的形成、人的相互关系究竟是大是小，是属于早已过去的时代还是属于当前，对这个问题做出实事求是的和内行的研究，或多或少作为一种不同的研究，可能对于扩大和加深我们对人类在其所有的状态下相互关联方式的理解会有所贡献——不管在思维上，还是在感觉上，不管在憎恨上，还是在友爱上，不管在有所作为时，还是无所作为时，人都以这种方式相互联系着。这些相互关联的易变性是很大很多姿多彩的，因此，至少在我们当前的知识规模比较小和有缺陷的情况下，不可能想象出对某种尚未研究过的人的（社会）形态及其形成变化过程会有一种很专业内行的研究，尚未研究过的人的（社会）形态并没有提供某种新东西来帮助我们理解人类的宇宙，理解我们自己。

7. 倘若人们研究历史学和社会学的关系问题，那么，经常提到的各种历史事件的一次性问题就起着关键作用。认为历史事件的一次性和唯一性是人的历史、历史研究课题的一种可以且必须进行区别的特征，这种观念往往与下述观念携手同行：这种"一次性"就建立在客体的本性上，也就是说，建立于事物本身，独立于研究人员的一切价值确定。然而，情况根本不是如此。当前被作为历史来研究的东西，人们一般视为一次性资料的某种汇集，这是基于人们把那些一次性的和无法重复的事件看作必须进行研究的事件发生的相互关联的本质。换言之，这是建立在某种特殊的价值评估之上的。价值评估能够很容易就显得似乎是不言而喻的。不过，即使人们十分重视它，也许在其是否合情合理方面加以检验会更好一些。

因为不仅在历史学家们选为自己各种课题的发生各种事件的那些相互关联里存在着不可重复的一次性，一般来说，处处都有种种不可重复的一次性。不仅是每个人、每种人的感觉，一个人的每种行为和每次经历都是一次性的，而且每只蝙蝠和每只跳蚤都是一次性的，每种已经灭绝的动物种类都是一次性的。（已灭种的古代巨型爬行动物）蜥蜴类不会再出现。在这个意义上，现代智人作为整体的人类是一次性的。而任何微尘，我们的太阳，我们的银河，以及特定意义上的任何产物都可以此相同的说法来言之：它们来，它们去，而如果它们已经走了，它们就不再来。

也就是说，一次性和唯一性问题与它在各种科学理论的讨论中出现相比，是要更加错综复杂一些的。有各种不同阶段的唯一性和一次性，在一个阶段的框架之内是唯一性和一次性的东西，从另一个阶段出发则可以看作重复，可能看起来像是相同东西的重现。我们的一次性的太阳，我们居住的无法重复的缓慢自转的地球，对于来去匆匆的人来说显然是（两个）永远重复的形象。如果联想到唯一的人类，那么甚至各种个体本身也是一种永远相同的形象的重复，而在人身上不同的东西表现为不断重复的基本模式的一种演变。

然而，在各种特定社会之间和这些社会内部，人们又在某些特定研究领域的分支里不断重复的基本模式框架之内，恰恰特别重视单一个体的这种演变、这种区别、这种一次性，赋予它们特别高的价值。这种价值确定了其本身与这些社会的独特结构，特别是与它们比较高的分化和个体化息息相关，它就是在对这些社会进行历史研究所得到的表现。解释是复杂的，而且没必要在此详细探究这些相互关系的庞大的千头万绪的网络。一种历史理论把发生事件的种种相互关联的一次性东西，与个体的东西放在优先地位，不管这种历史理论合适与否，在这种突出强调里肯定映照出人的自我意识特别打上社会烙印的一种形象。人们不仅在自己身上，对实际上可以认识本身作为分化有别的一次性和唯一性的东西进行评价；而且依据针对赋予个人的特殊的社会烙印，通常把这视为值得努力奋斗的理想：就普遍的人的形象而言，人们应该在自己身上形成和发展一种尽可能具有个性的，尽可能是唯一性和一次性的精雕细琢。把注意力针对事件发生过程的特殊的一次性和唯一性，很大程度上决定了历史研究的理论和实践，但是，如果人们没有在这类历史所描写的那些社会里赋予个人的唯一性和一次性特别高的价值，这种注意力的针对性是不可想象的。

据此，如果人们研究"历史"，在试图揭示各种事件发生的相互关系方面人们必须首先提出的问题，就是这种价值评判方式的相对不自主或相对自主的问题。根据历史研究在理论上的主导思想，人们把所发生的事件系列上的一次性——特别是各种人员及其行为的一次性——的东西和唯一性的东西，评价为这些相互关联的最重要方面，并且置于优先位置；历史研究在理论上的主导思想方面，是否涉及某种建立在事物相互关系本身的一种没有偏见的批判性分析之上以及在此意义上完全实事求是的突出强调？或者在这当中，是否涉及对提出问题和各种观察的某种思想意识的操控呢，在这种操控下，历史学家们鉴于他们特殊的社会烙印而把一些短命的价值评判和理想从外面生搬硬套到必须研究的、所发生的事件的相互关联上？

倘若人们可以用"要么这样，要么那样"、"是"或"不是"来回答这些问题，那就太简单了。而困难之处在于，在人类各种社会的历史中（恰如还必须更加详细探讨的那样）和在人们以历史的名义研究的东西中，总是涉及某些特定的人类社会团体的"历史"。与各种非人类的动物社会的历史的区别在于，各种事件发生相互关联的一次性的以及具有个性的方方面面，由某种方式与反复出现的社会的方方面面结合在一起。这种方式需要潜心研究，不能放到一种简单的公式里。

8. 如若人们把人类历史与各种动物群居社会的历史相比较，哪怕匆匆忙忙地观察，也会特别清楚地看到在人类各种历史的一次性和唯一性的方方面面如何以及为何会扮演着一种特殊角色。为了阐明这些问题，这类对比几乎是不可或缺的。蚂蚁、蜜蜂、蚊子和其他群居昆虫的相互关系、相互依存，它们的群居社会的结构只要涉及的是同一种类，总是历时千年万年重复出现，没有任何变化。之所以如此，是因为各种群居社会形式、各种关系和相互依存，在很大程度上牢牢固定在有机体的生物组织里。撇开一些比较微不足道的演变不讲，各种社会群居的昆虫的这些社会群居形式和一切其他动物的具有较小差别的社会群居形式，构成了它们相互间特殊的社会群居形态，只有当它们的生物组织发生变化时，这些社会群居形式才会发生变化。

由人组成的各种社会结构、各种个体相互依存的形态可能会发生变化，而人的生物学方面的组织却没有变化，这属于由人组成的各种社会的一些固有特性。现代智人的个体代表们彼此能组成截然不同的社会，而（人的）种类并没有改变。换言之，人类的生物学结构使得下述情况成为可能：各种种类共同生活的社会方式在发展，各种种类本身并没有发展。从法兰西王政时期的旧制度过渡到19世纪工业化早期的制度，从主要是农业社会和农村社会过渡到一种越来越城市化的社会，是一种社会发展的表现，而不是一种生物学发展的表现。

之所以对社会学和历史学之间关系的各种问题的探讨造成困难，是因为时至今日，人们在科学研究中甚至连生物进化、社会发展与历史之间的区别及关系都普遍没有厘清。无疑，我们祖先的各种社会的相互依存和（社会）形态，曾经有过生物学—进化论方面的变化。关于生物学上人科（die Hominiden）进化的方方面面我们知之甚少，因为很少发现研究人类远古时代的专家们在观察这类生物—社会学问题。然而，在历史学家和社会学家的视野里，人类共同生活的这种变化却发生在同一生物种类的范围内。现在，人们不管是在研究古代苏美尔人和埃及人的社会状况和历史状况，还是在研究中国人和印度人或者约鲁巴人（Yoruba）和阿桑迪人（Ashanti）的社会状况和历史状况，或者研究美洲人、俄罗斯人和法国人的社会状况和历史状况，总是在和现代人类打交道。

在此情况下，各种单个有机体一起生活的（社会）形态发生了变化，而这些有机体本身的生物学结构，先天的、遗传的结构并没有发生变化，这种情况最终基于这种人的有机体的行为举止的驾驭，相比其他任何一种我们知道的有机体行为举止的操控，它要高到何种程度能够通过单个有机体的经验、通过个体的学习来塑造，而且实际上也必须这样来塑造。也就是说，人的体格这种先天的、遗传的生物学特性，即从儿童时期开始对行为举止的驾驭，在较高程度上依附于单一个体的经验，是人的各种社会（有别于蚂蚁的各种群居社会）具有我们称为"历史"的东西的条件，或曰"社会发展"的条件。

人类各种社会的发展和社会学的发展——有别于生物学方面的进化——早已十分明显地表现出社会学发展在某一特定方面是循环可逆的。尽管人们偶然会读到种种玩笑，比如基于现有的生物学知识，人们可以很有把握地说"现代智人"的种类虽然可能灭绝，但不可能变回一种猴类或者爬行动物，就像鲸鱼从陆上动物演变成水中动物，但并没有变成鱼类，仍是哺乳动物。

与此相反，一些高度中央集权的民族国家完全可能瓦解，而其国民的后代却可能作为一些朴素的游牧部落继续生存下去。如果说蜜蜂和蚂蚁组成的各种群居（社会）形态在遗传方面是极其稳定的，那么相比而言，人的（社会）形态在这方面的稳定性是最微不足道的。人的各种（社会）形态的种种变化，与这种可能性最为密切相关，即在某代人当中形成的种种经验，作为习得的社会知识继续遗传给后代。这种知识的持续性的社会积累，就把知识贡献给了他们共同生活的演变，由人组成的各种（社会）形态的变化。然而，知识的汇集和传播可能被打断。知识的增加不会带来人类本身在遗传方面的演变。社会方面积累的经验可能会重新丧失。

9. 需要厘清这类基本的客观现实，才能理解社会变化的可重复性和不可重复性的方方面面的相互关系。恰如人们所看到的，借助诸如生物进化、社会发展和历史这些概念所指出的事件的各种相互关系，构成了一个包括整个人类进程的三个不同却又不可分割的层次，它们的演变速度是不同的。用一个人的生命长短和演变速度来衡量，这三个层次的发展很长时间内往往是缓慢的，因此似乎是停滞不前的。人们彼此组成的各种（社会）形态对于数代人而言可能没有变化，它们可能被有关参与者视为不变，总是一些相同的社会形式。比如，欧洲历史上曾经长期存在"骑士——骑士侍从——教士——农奴"的（社会）形态，人一再在这种（社会）形态里出现。又如，在较发达的工业社会，现在已经有一系列的数代人一再出现在诸如"个人——职员——经理"或者"高级官员——中级官员——下级官员"的关系里。一个特定社会的这些位置和其他所有位置的功能的发挥是相互依存的，恰如人们所见，其本身会带来某种排他性。骑士和农奴几乎不可能适应工业社会的形态。

各种个体组成的这类（社会）形态，其中的任何人都是一次性的和唯一性的。然而，这种（社会）形态本身可能以某种比较微不足道的演变速度经历很多代人，且仍然能保持下来。某些几乎一致的（社会）形态，无论如何，只能处于某种十分缓慢的演变之中，并相应地可能由各种不同的、比较迅速地变换的个人组成。从比较迅速演变的个人、唯一和不可重复的个人视野看，这些个人组成的（社会）形态表现出的就是一些会重复出现的或多或少不变的现象。

如果人们把这类（社会）形态在概念上的各种模式解释为人造物，是从事研究的学者在某种程度上强加给被观察者的，那就误解了这种情况。当马克斯·韦伯把那些特定的、存在于缓慢而长期的进程中的（社会）形态模式描述为"理想类型"时，这大致就是他所表达的观念。他试图构建的官员阶层、城市、国家或者资本主义社会的模式，完全不涉及人的相互关系，不涉及相互依存的个人的（社会）形态，作为学者，他仅仅是为了把秩序带入通常无序的事物里，让杂乱无章变成有章可循，才会在他所观察的素材资料里看到这些模式。这些（社会）形态是真实的，恰如组成它们的单一个体是真实的。今天在概念上还难以把握的东西是这样的一些事实：人们相互组成的各种（社会）形态可能具有一种比组成它们的单一个人更加缓慢的演变速度。

各种（社会）形态的演变速度与各种生物学现象的演变速度的相互关系，情况也类似。以前者来观察，后者的演变十分缓慢，因此（生物）进化似乎是止步不前的。也就是说，在这里，把人类描绘成一条拥有三股潮流的河流，这些潮流的演变速度是不同的。从自身观察，这些层次当中的各种现象每一个都是唯一和不能重复出现的。但是，在与不同速度的相互关系上，从较快的演变速度的层面上看，在较慢的演变速度的层面上的各种现象就容易表现为不能演变的、永远相同的东西的重复。

在生物学（进化）的时间意义上，一万年是一段很短的时间。在过去的一万年里，现代人类在生物学结构上发生的各种变化是比较微不足道的。在社会学（观察）的时间意义上，一万年是一段很长很可观的时间。在人类的很多领域，过去一万年里发生的社会组织的种种变化相比较而言是很大的。其间，很多社会里的村庄发展为城市，城市发展为城邦，城邦发展为领土国家，发展为小王国和大王国，并且最后发展为工业化的民族国家；而这些系列演变的速度明显加快。然而，在个人的时间意义上，在一个人从儿童变为老人的速度的意义上，实现各种长期的社会发展仍是十分缓慢的。这就是说，如果人们既把个人的生命长短期限和演变速度作为不言而喻的坐标，又把停滞不前的各种（社会）形态作为"社会制度"的话，往往感受不到（社会）形态本身的发展，感受不到作为（社会）形态在结构方面的各种发展原因。

10. 在我们今天所称的历史研究的领域里，人们也许往往没有详细考察，由个体生命的长度和演变速度给出的时间分配作为坐标体系的框架，是否以及在多大程度上适用于长期的社会发展系列的研究。个人很容易把自己当作衡量一切事物的标准，仿佛这是不言而喻的。在迄今为止的历史研究主流里，或多或少地有意识和始终如一地这样做，仿佛亦是不言而喻的。人们首先把观察视野对准一些个人身上发生的种种变化，或者由于这些变化，就相信他们足以作为变化的原创者而追溯到一些个人身上。

在历史学本身的发展中，这种把注意力集中到一些明显独具特色的个人身上，首先与社会的权力分配的某些特殊形式息息相关。人们不会完全忘却这种情况。历史学家们的注意力往往首先针对那样一些个人，鉴于他们为某个特定国家或者为某个其他群体做出了贡献，他们作为个体获得极高评价。首先，这些人通常处在拥有十分巨大的权力机会的社会地位上，即主要是皇帝、国王、王子、公爵以及王侯家族的其他人。凭借他们的实际权力地位，在历史学家的眼里，作为个人的他们形象特别明显，超凡出众，高高在上。由于他们的社会地位特性，与其他人相比，他们的行为举止的活动空间特别大，他们个性的种种特征特别显眼。他们是独一无二和不可重复的。想一想，一些王侯执政期间的习惯，以及诸如"腓特烈大帝的普鲁士"或者"路易十四时代"的习惯，时至今日仍作为划分历史发展进程的通俗易懂的形式。

在权力地位上的其他人员的情况也类似，比如将帅们，他们的胜败对于一个特定社会联合体的历史具有重大意义；还有一国的大臣们和执政的王侯们的其他助手，国家团体可能会把一些新机构的设立归功于他们，或者他们也可能会抵制各种改革的兴起。与在各种社会体系内部权力的转移息息相关的是，在历史研究里，随着时间的推移这种重点也会发生转移。除了一些大权在握和富有威望的个体精英之外，一些缺乏明显特性的个体和较少握有权力的群体也会被纳入历史研究的视野。

然而，从历史学家按照自己的工作程序所采取的比较普遍的视角来看，单个人本身，尤其是通过权力或者卓越贡献而获得其价值地位的个人，成了解释被观察的事件相互依存的首要坐标体系框架，也成了它们唯一和不可重复的代表性象征。即使是聚焦于执政者和权力精英的政治方面的历史研究，由于纳入一国社会发展的经济、知识、宗教、艺术和社会的其他方方面面，其范围慢慢扩大之时，历史研究在很大程度上针对的仍是比较强烈个性化的精英们。

除了少数例外，比如经济和社会历史的研究，人们一般会继续选择那些属于某些特定社会精英群体的个人的著述和行动，作为表述历史的相互关联的坐标体系框架，并没有因此把这类精英的形成本身的各种社会学问题一起纳入研究范围。在有关历史研究的本质的各种讨论里，基本上仍然没有探讨关于选择问题和论证问题的战略及艰巨性。人们往往满足于指出功劳本身的大小和具体所涉及的个人，以此作为伟大功绩不可能进一步解释的源泉。在这里，努力争取对必须研究的事件的相互关联进行某种解释仿佛进入死胡同，走上穷途末路。倘若人们为某种特定历史现象找到肇始者个人，那么提出的问题似乎就解决了。

如果采取这种联系方式，各种松散的线索就仍然悬浮在空中，那么人们处置它们就会如同处置其他历史现象一样，只能作为一些模糊不清的背景现象来解释，无法通过指出一些个别的伟大的，尤其是政治上著名的肇始者来解释。但是，倘若人们这样在某种奇妙莫测、无法进一步解释的东西里，在"个性本身"的奥秘里，寻求对各种历史相互关联的某种最终解释，那么难免会不由自主地把某个人及其各种功劳、特性和表现的崇高社会价值解释为单一个人的人格价值，解释为个人人格的伟大。

这方面最简单的例子就是把"伟大"这个定语，作为各种世袭国王的形容词。下面有关路易十四的论述就说明了这个问题。偶尔可能还会出现这种情况：历史学家和历史教师把被某种特定历史传统打上"伟大"烙印的人，干脆作为历史传统接受下来。在历史的表达中，人们在评价人的伟大时，太容易利用一种传统的、因此在科学意义上是不可靠的且依然未经检验的价值尺度。倘若不了解赋予个人机会和建功立业的活动空间的各种社会结构，就很容易把没有伟大功绩的人视为渺小的，而把有伟大功绩的人视为伟大的。

历史学家们有时会说：我们根本不是在研究各种社会，而是在研究各种个人。不过，如果更仔细地观察，就会发现历史学肯定不是在研究任意一些个人，而是在研究在某种特定方式的一些社会团体里并且为它们扮演某种角色的个人。再进一步说，它研究这些个人，是因为他们在这种形式或那种形式的各种社会单位里扮演过某种角色。当然，也有可能把任意一只狗、一个花坛或者一个被命运之神选中的人的"历史"纳入历史研究中。每个人都有其"历史"。然而在谈论"历史研究"时，是在一种十分特殊的意义上使用"历史"一词的。最终，总是一些人们认为特别重要的、十分特定的社会统一体构成其坐标体系的框架。

这些社会统一体各有一种按照金字塔式等级结构布局的价值尺度，从而决定它们当中的哪些统一体作为研究的坐标体系框架，其等级要高一些，哪些则要低一些。因此，一般来说，如果某个国家的某个城市是历史研究的坐标体系框架，那么这类研究就比以整个国家为坐标体系框架的历史研究的等级低一些。处在这种价值尺度首位的，当前也许是各种民族国家。今天，它们的历史构成了主要框架，在其中选择的是那些处于历史研究中心的各种个人和问题。人们一般不会对此有所反思：为什么像"德国""俄国""美国"这样的一些统一体的历史会作为坐标体系框架，服务于那些被选出来推到历史研究前沿作为"历史人物"的个人。

现在尚缺乏一种研究传统，在其架构内可以系统地突出种种连接，能够在历史上的一些活动家，尤其是著名活动家的行为和功绩与他们在其范围内赢得重要意义的各种社会联合体的结构之间建立桥梁。如若做到这一点，那就不难显示出，那些历史学家的注意力所针对其命运或行为的各种个人的选择往往与他们属于某些特定国家社会的特殊少数派、属于正在崛起或大权在握或正在没落的精英群体是息息相关的。至少在所有具有悠久历史的社会里，很长时间以来个人获得为国建功立业的机会吸引着历史学家的目光，这取决于个人是否属于那些特殊的精英群体，或者是否能找到通向他们的途径。如果不通过社会学分析来考察这类精英的结构，人们几乎不可能判断历史人物的伟大和功绩。

11. 宫廷社会，即拙著所研究的课题，就是这类精英组织之一。人们在刚刚描述的例子里会发现一些个人，他们在路易十四执政时代并不属于宫廷社会，或者找不到通往宫廷社会的门路，他们较少有机会能通过在传统的历史的价值尺度意义上被视为享有历史尊严的各种功劳奉献，来证明和实现他们个人的各种潜力。此外，如若借助对这种精英的较深入研究，人们就能十分可靠地展示这种精英结构，并给予或者阻止能让个人去施展才华、建功立业的机会。

比如圣-西门公爵，他不属于国王家族，如果他想借助自己作为高级贵族的特殊社会地位，那么根据路易十四在权力地位方面的政令，他会止步于政府机构的大门外，而且通向任何正式的政治权力地位的门路也会在他面前封闭。这恰恰是他一生努力争取的那种地位。在成为国务活动家、政治家、执政者的方向上，他首先希望能够实现这种愿望。他期望自己能在这类职位上做出某种伟大业绩。但只要路易十四在世，按照其在宫廷权力结构上的地位，就会断绝他的这种可能性，因此他除了在幕后参与宫廷阴谋游戏外，试图采取符合宫廷贵族的习惯和趣味的形式，首先通过写作、写回忆录抓住他的宫廷生活的细微末节来实现他的愿望。随后，他被逐出政治权力结构，他就以这种方式，以作为回忆录作家的这种伟大业绩，恰如人们通常所说的那样，走进历史。倘若没有联系宫廷生活的某种社会学模式，倘若没有认识到在这种社会的权力结构之内他的社会地位的发展情况，就不能理解他的个性发展，也不能理解他作为作家的发展。

传统上，对于个人在历史进程中所扮演的角色进行辩论时，人们有时会从这种假设出发：在研究历史的种种相互关联时，有些人把注意力集中到"个人的各种现象上"，有些人则把注意力集中到"社会的各种现象上"，并且认为二者之间的对立是不可调和、不可避免的。然而，这里谈论的是一种很不现实的二律背反。只有在与两种政治—哲学的传统相互关联的情况下，这种对立才能得到解释，其中一种传统把"社会"视为某种个人之外的东西，而把"个人"视为某种社会之外的东西。这两种观念都是虚构的。在这里都能看到。

宫廷社会并非一种存在于组成它的个人之外的现象；组成它的个人——国王也好，宫廷侍从也好——也并非存在于他们相互组成的社会之外。（社会）"形态"的概念是用来表达这种客观事实的。传统上的习惯用语很难谈论那些彼此共同组成各种社会的个人，或者那些由一些单一个人组成的各种社会，虽然这正好是人们实际上可能观察到的东西。倘若用一些承载意义较少的词语，就更可能把人们实际上可能观察到的东西清楚明确地表达出来。如若人们说，一些单一个人相互组成不同方式的（社会）形态，或者说，各种社会无非是一些相互影响的人的各种（社会）形态，恰恰就是这种情况。在这种相互关联的意境下，人们今天常用"制度""体系"的概念。然而，人们只要没有把社会制度同样设想为人的制度，在使用这个概念时就会漂浮在真空里，没有着落。

12. 如果人们回顾一下并再次提问：把不可重复的、一次性和唯一性的方方面面评价为人们称为"历史"的事件发生的相互关联本质的东西，这种价值判断是建立在这种相互关联本身的特性之上的，或者评价为受到历史学家的思想意识制约的价值判断，从外面不自主地表达事件发生的这种相互关联；那么借助若干这类考虑，人们就可以在寻求某种答案的道路上继续前进几步。人们可能会更好地看到，在把"历史"解释为某些一次性的和唯一性的事件的某种相互依存时，两种价值判断——即客观求实的价值判断和思想意识上的价值判断——同时发挥作用。对自主的和不自主的各种价值评判的这种融合进行概括性分析，是一项宏大的研究工作。在这里，人们不得不满足于指出那些在随后的研究里发挥某种作用的难题，对这些问题的某些方面进行解释。

路易十四的宫廷是独一无二的东西。路易十四本人是一种一次性的和不可重复的现象。但是，他拥有的社会地位即国王的地位并非一次性的，或者无论如何，并非在相同意义上像任何一位当权者的社会地位那样，是一次性的。路易十四之前有一些国王，之后也有一些国王。他们都是国王，但是他们的个人特征是不同的。

像路易十四那样的一些国王，都拥有一个唯一和不可重复的经验与行为方式的活动空间，这种空间相对而言是异常巨大的。在路易十四的个案里，这就是让人谈论关于他的唯一性和不可重复的首要的、现实的东西。与其他社会地位上的人相比，路易十四的个性化回旋空间特别大，因为他是一位国王。

然而与此同时，在另一种不同意义上，这位国王的个性化的回旋空间也特别大，因为他是一个人。这就是让人可以谈论关于这种回旋空间的次要的东西。与非人类的生物相比，从自然属性上看，一次性地和唯一性地塑造每个人特性的个性化机会都异常之大。即使在我们所认识的各种最简朴的人类社会里,单一有机体的个性化机会都比在那些最复杂的非人类群居动物的社会里大得多。

在多层次的人类宇宙层面上,人身上不同的东西,他们的个性,起着一种特殊的作用。如果历史学家们试图展示在这个层面上,在与人的聪慧天资和行为举止的唯一性相互关联上,各种个人特质中哪些部分曾经参与对某些特定社会团体的历史具有重要意义的各种事件,因为对在人可以重复的生物学上的基本结构进行个性化的精雕细琢上表现出的不同,在那些人们称为"历史"的各种社会团体的种种变化上,根据其结构的不同起着或大或小的作用;倘若历史学家们把这个层面推进自己的视线,那么在其研究上的努力就可能因此而符合客观事实。因此,比如一位研究路易十四时代的历史学家就能正确地指出,在他的执政时期,他的宫廷的辉煌和在更广泛意义上的法兰西政治,归功于这位国王的特殊天赋,包括特殊的局限,总而言之,归功于国王独一无二的个性。

不过,倘若在这一点上停滞不前,研究就会有所不足。如果没有研究国王地位本身,即没有研究宫廷和法兰西(社会)形态的各种建设性地位之一,就无法理解国王的个人特征和社会地位之间的关系。前者在后者之内发展,后者在宫廷精英比较狭隘的结构里和在法兰西社会比较广阔的结构里的地位,反过来也是始于某种发展,也相应地处于流动状态。在这里,不必详细深入地探讨国王个人的发展和国王社会地位的发展之间的种种关联,但是,国王发展的这种模式对于思想上的解释是重要的。

常常这样使用"个人"和"社会"这两个概念，仿佛人们在谈论两种不同的静止不动的实体。在这样使用这两个词语时，人们很容易产生这样的印象：在它们所针对的事情上，不仅涉及一些不同的东西，而且涉及一些绝对分开存在的东西。然而，实际上这两个词语所针对的是一些过程，一些虽然不同却不能分开的过程。国王个人的发展和他的地位的发展是携手并行的。因为后者具有某种特殊的弹性，根据其拥有者个人的发展，直至在某种程度上，它是可以操控的。

不过，任何社会地位都与这种弹性结合在一起，即便专制主义国王的社会地位亦如此，鉴于其与其所属的整个社会结构的其他社会地位的相互依存，与地位拥有者个人的强大相比，极大地束缚着其固有强势的发挥。通过拥有者的地位结构，给其活动空间设置了各种十分牢固的界限，完全如同某种钢丝弹簧的弹性临界值一样，越是通过个人行为举止的操控让弹性绷得越紧，经受检验，这些限制就越是明显可感。也就是说，一方面，在某些特定界限内，地位拥有者个人的发展获得了对他地位发展的影响，另一方面，社会地位的发展作为其所属的整个社会发展的间接代表，也影响着（社会地位）拥有者个人的发展。

由此可以看出，在科学理论上假设历史学研究对象的一次性和不可重复性是多么不完美和不可理喻。纯粹作为人来观察，路易十四是一次性的和不可复制的。然而，"纯粹的个人"即"个人自身"，无非是哲学发挥想象力称为"事物本身"的一种人造产物。贯穿个人从儿童开始的各种社会地位的发展，并非在相同意义上像贯穿个人的发展一样是一次性的和不可复制的。因为国王地位发展的速度不同于任何一位其拥有者的发展速度,因为这种地位在一位拥有者离开之后,可能继续存在和转给另一个拥有者。用一个个体的一次性和不可重复性来衡量它具有一种可重复现象的性质,或者无论如何——并非在相同意义上——有着一次性现象的性质。因此,只有当历史研究不把社会学的各种问题像后者那样纳入其研究范围之时,历史研究才能仅仅在传统意义上作为研究各种唯一和个别现象的科学出现。如同人们所见,如果没有在不相同意义上的一次性和个别的国王地位,甚至是对一位国王的一次性界定的研究,那都将是残缺不全的和无把握、不确定的。

同时,像一次性和不可重复性这样一些模式,从根本上讲,仅仅是这些概念所涉及的事件发生的相互关联的象征而已。倘若人们通过各种一次性和个别的事件,逼近包含着人的各种社会地位和(社会)形态的更广泛层次,那么,人们就能同时打开通往这类问题的道路,如果局限在研究各种个人主义—历史的问题上,这类问题仍然是隐蔽和不可企及的。

比如,借助对(社会)形态进行某种系统的研究,人们就可以指出,即使在路易十四时代,一个处在国王位置上的伟人也不是完全"不受限制地"施政,如若人们把这理解为他的行为和权力没有任何限制的话,恰如将要看到的那样,"专制独裁的统治者"的概念对人造成了错误的印象。从这种观点进行观察,对一位专制独裁国王的社会地位进行研究,会有助于厘清那些已经部分指出过的、包罗广泛的问题:一个人作为统治者间接或者直接决定着事关千万人,也许数百万人的幸福和痛苦，如何可能长年保持着这种地位赋予他作决定的巨大回旋空间？究竟相互依存的人的组织结构如何发展，人的什么样的（社会）形态会有机会形成一种中央集权地位，具有我们已经用"专制主义"或者"独裁统治"的概念指出的、特别巨大的独裁专制活动空间？在什么样的条件下，形成独裁统治的种种地位与其他社会地位的权力布局相比，前者会赋予其拥有者极高的玩弄权力的机会？究竟为什么不仅在危机情势下，而且在一般社会生活正常的例行程序中，千千万万的人会对（独裁者）一个人言听计从？而且在有关国王的案例里，不仅在其有生之年唯独听从（国王）一个人，而且也听从他的儿子和他的孙子，总而言之经历数代人仍听从他的家族成员？

13. 迄今为止，在马克斯·韦伯的著作里能找到对统治社会学最为硕果累累的探讨。其中涉及很多方面的论述[①]，是社会学观察远未充分挖掘的宝库。然而，他的先导性工作与这里所选择的探讨相比却是粗放型的，而不是集约型的：他努力制定了一些模式并命名为"理想类型"，这些模式是建立在极可能对某种特定类型的迄今所有历史上已知的现象进行斟酌平衡的对比之上的。他也相应地收集了大量的资料，用于建构某种统治类型的模式，人们可以把在这里论述的统治形式算作其中之一。人们发现，在他的论文《领主制度》里有这种统治形式。人们也许可以把这里所论述的统治

---

① 马克斯·韦伯：《经济与社会：社会经济学概论》（第三册），蒂宾根1922年版，第133页等，第628页等。

形式，作为从领主制度到苏丹（君主）制度的道路上的一种传统统治，或者作为一种"强烈中央集权化的领主官僚体制"[①]的统治编入他的语言里；他正确地谈及这类领主官僚体制，认为与封建制度相反，对于它们而言，一种一再被科学忽视而在历史上却往往十分重要的因素，那就是商业。

然而，恰恰因为韦伯试图对大量的个别现象进行加工梳理，他称为领主制度的模式其结构太过松散，随时都有解体崩溃的危险。就进一步加工梳理而言，时至今日，总的来说，证明它比他的魅力型统治结构牢固的模式的成果更少。在它里面，我们得到一种独裁统治的危机型模式。众所周知，它涉及这种类型的统治者，这种统治者企图借助其他一些集团，即迄今为止一直是外部的一些集团，来反对现存的惯例以及保留这些惯例的地位牢固的权力集团。

下面要探讨的专制主义独裁统治的中央集团，在很多方面它们是魅力型独裁统治的中央集团的对立面。其中发展起来的模式，涉及已经变成固定的惯例的独裁统治[②]。这种模式赖以生存的资料颇为受限，远不如马克斯·韦伯在制定他传统的、非魅力型的统治类型的模式所利用的资料。与粗放地利用各种证明相比，集约地研究一种制度似乎会为一种非魅力型的独裁统治社会学模式的结构提供某些帮助。在做这类研究时，人们可能会十分深入细致地去探索，什么样的权力分配、什么样的一些惯例能让一个人在大权在握的独裁者

---

① 马克斯·韦伯：《经济与社会：社会经济学概论》（第三册），蒂宾根1922年版，第740页。
② 同上，第135页。

总是存在风险、永远不会没有危险的情况下，保护自己一生免受伤害。在下面的探讨中，形成发展起来的国王的程序机制的模式构成了答案的核心，它将会回答在这项研究里已经提出的探讨这类独裁统治的条件的各种问题。

然而，如果人们想抗拒理论上的贫乏，就必须借助各种个别现象和范例来揭示这样一种机制在争权夺利的各种权力集团的实践里是如何发挥作用的；随后，必须尝试在工作中直接观察它。在这里就出现了这种情况。了解早晨起床和晚上就寝的惯例作为统治工具，能否效力以及如何效力于国王本人，这对从社会学上理解独裁统治这种业已成为习惯的类型，以及更普遍地观察"国王的权力运行机制"的结构，具有毫不逊色的重要性。只有通过深入研究这类范例性的细枝末节，才能形象地了解前面的理论比较精确地论述过的某种东西。因为不曾在实际的社会学研究工作中经受验证的各种社会学理论是毫无用处的，它们几乎没有达到成为理论的地步。只有通过这种逆向反馈，才能更深刻地理解永远不会消失的危险，哪怕是最为大权在握的独裁统治的整个危险；理解独裁统治者及其核心集团试图——他们自己往往没有特别明显地意识到——借此对付这种危险的压力的种种机构方面的措施。

只有当人们觉察到这种客观情况时，才有可能厘清通过其（社会）形态给予的地位和一位国王在这种地位上施展个人特质之间的关系。只有这样，才会有足够坚实的基础去检验成为惯例的独裁专制建立在这种基础之上的模式在多大程度上有助于理解相同或相似类型的其他社会现象，比如在一个前工业化的王朝国家框架内，一种国王独裁统治在这里发展起来的模式在多大程度上可能有助于理解一个在工业化民族国家的框架内实施的专制独裁统治。恰如众所周知的那样，时至今日，在人们描绘独裁统治的画面上，首先关注的是据此职位者的个人特质，这恰恰是因为在此情况下，一个人因此而拥有了具有异乎寻常的权力的社会地位。即使在科学研究里，人们也往往在据此职位者的这种个人特质里，在他的各种个人性格特征里，寻找首要的东西，哪怕它根本不是对制度的性质和实施过程的唯一解释，也仍会这么做。

在更加广阔的相互关联上，这可能有助于制定独裁统治的一种更加严谨和细致的模式，借助这种模式就能更好地理解人们所不断感受到的感受以及为什么会获得这种感受：在一种握有极大权力的社会职位的框架内，这种职位赋予其持有者的职务弹性和行为的回旋空间也有其局限性。如同其他社会地位一样，独裁统治者的地位也要求具有能对行为举止实施十分精细权衡的战略，倘若据此职位者想比较长期地保障自己的位置的话，如果是国王，则是想比较长期地保障自己及家族的王位大权。恰恰是因为在这种情况下，职位的灵活性和因此产生的决策回旋空间特别大，所以随心所欲、脱离正轨、决策失误的可能性特别容易出现。从长远看，这些偏离和失误就可能导致统治权力的削弱。为了在这样一种能向持有者提供种种诱惑的地位上不断引领自己的步伐，让职位持有者所支配的大权不至于缩小，就需要一种几乎是走钢丝式的保险和灵活机智。

只有在地位本身的发展和结构的相互关联上，人们才能比较清晰地认识到，在地位的发展上以及在利用其灵活的决策空间时，其持有者个人特质中独一无二的各种特性究竟发挥着什么样的作用？唯有此时才能找到途径，走出各种不自主的价值判断的错综复杂的谜团。在这个谜团里，只要对独裁统治者的个人特质进行颂扬和谴责，以此作为对独裁统治解释的替代物效力于讨论的参与者，讨论往往就是这样进行的。换句话说，在这种意义上，坚定不移地谋求价值判断的自主来对一种独裁制度的权力精英进行研究，以此作为对进一步研究地位动力和个性动力在相互关系上能够发展的模式也可能是有益的。在路易十四的个案里，很显然，他在何种程度上通过高度培养他的个人特质，让他所采取的步骤和各种喜好倾向在某种特定意义上，即在坚守地位的权力机会并使之最大化的意义上，与国王地位的各种条件相一致。不管人们称路易十四"伟大"具体所指为何，只要没有考虑在各种个人喜好倾向和目标与国王地位的各种要求之间的一致或相悖，权力的伟大和个人人格的伟大之间的相互关系就仍然是不明确的。

14. 换言之，如若人们在这当中停滞不前，或者从根本上说，在某些特定人员的唯一和不可重复的个性里寻找路易十四时代光辉灿烂的起源，寻找国王的宫廷和法兰西国家政策的发祥地，那他了解到的历史的相互关联只能是不完整的，甚而是扭曲的。也许在强调个人的一次性和不可复制的各种行为举止以及性格特征作为历史的基本要素时，思想意识的因素就在于，那种充其量只是一种局部观察所能解释的东西的有限层面却被视为对历史的整体观察，即从根本上被当作历史。有关个别人的个性的传统观念成为针对各种个性的历史研究的基础，仅仅是这种观念就已经包含了能够而且需要检验的假设。这是一个完全自立的甚至是被视为完全自立的人的观念，一种被单一化的并非一种真正单一的人的观念，一种封闭而非开放的体系的观念。人们实际观察到的是一些在与其他人的关系里或者通过与其他人的关系发展起来的人。

与此相反，历史研究的个人主义—历史学的传统基本上是以某些最终毫无相互关系的个人为前提的，如同今天的很多观念一样，那种首先置于"个人本身"之上的历史研究显然也担心由于始终从一些依附别人和被别人依附的人出发，从一些相互依靠的人出发，而其他相互依靠的特性是能够通过某种研究确定的，单一的人的价值的唯一性就可能会减少或者甚至瓦解、磨灭。但是，这种构想本身与这种诱人入歧途的观念息息相关："个人"这个词表明人的某些存在于人的相互关系之外、存在于社会之外的方面；相应地，"社会"一词则表明某种存在于个人之外，即表明某种"角色体系"、某种"行动体系"的东西。

人们将在下面找到与对这种相互关系进行详细研究相关的语境，由此，对一位国王的个性和地位之间的关系进行这种一般性思想上的澄清，可能有助于用一些与那些可能观察到的事实关系比较密切的想法，取代当前在使用"个人"和"社会"这些词汇时仍占支配地位的这类二分法观念。

这里出现的论述，指明了这种进一步发展的方向。人们不能这样来确定问题，即仿佛路易十四的个性是某种已经存在过的、其发展独立于各种社会地位的东西，他首先作为王位继承人，然后作为国王接受这些社会地位；人们也不能这样来确定问题，即仿佛这些社会地位的发展完全独立于其持有者的发展。然而，在这种发展的社会层面上，涉及一种事件的发生与另一种不同的力量强度息息相关的情况，这个层面要求不同于个人层面的时间速度标准。与个人的国王角色的演变速度相关，国王的社会地位是某种演变得比较慢的东西。两者相比，后者是一种不同的遒劲有力的形象，因为它是一种经历数万年、由人组成的（社会）形态的一部分。其社会地位的固有特性为个人的权力，甚至最有权力的独裁者个人的权力，设置了一些界限。倘若人们远远地观察前者的发展，那么不难看出，它如同它所属的法兰西国家的发展，亦有其一次性和唯一性的方面。在具有较快演变速度的个人的一次性和这些人相互组成的、演变速度往往慢得多的各种（社会）形态的一次性之间，有着不同的和相互的关系，这些在各种历史研究里一般并没有充分强调，因此往往模糊不清，是渗入这种历史研究里的思想意识财富的一种象征。

15. 有人认为，历史学家们力图通过观察各种一次性事件，特别是观察各色各等的一次性行为、决策和性格特征，找出事件发生的相互关联的最重要方面，而这种片面的假设表明，历史学家们几乎没有一直局限于表述这类事件和行动。它们作为历史学家选个人各种事件的有关研究体系框架，远远不可能脱离那些与历史过程的比较缓慢流动的社会层面相关的概念。这类概念可能被视为比较符合客观事实的，一如在谈论经济发展、人口流动、政府、官员阶层和国家其他机构；或者谈论各种社会联合体，如法国和德国；或者更多是推论性的和没有很明确表达的事情，诸如谈论"歌德时代"、"皇帝的周围"、（希特勒）"国家社会主义的社会背景"或者"宫廷的社会环境",情况就是这样。在历史研究的框架内,各种社会现象的作用和结构一般并没有明确厘清,因为个人和社会的相互关系尚未明晰。反过来,给厘清后者造成困难的往往是一些先入为主的价值评判和理想,这些价值评判和理想被视为不言而喻,它们未受检验就到处指指点点,在选择和评价素材时引领着人们的视线。

与此相适应的是,在很多(即便不是所有)的历史表述里,各种社会现象,各种由很多个人一起组成的(社会)形态,往往仅仅作为一种背景来看待,仿佛一些被单一化的个人作为历史事件真正的始作俑者在这种背景下活动。较之社会现象作为一种被视为比较没有结构的背景,这种对洞察历史的塑造,即突出强调各种一次性事件和特殊的历史人物,作为轮廓鲜明的前沿,在极大程度上阻碍着澄清历史研究和社会学的相互关系。

社会学的任务恰恰在于把迄今为止的历史研究中往往显得没有结构背景的东西推到前沿,并且让其作为各种个人及其行为举止的某种有明显结构的相互关联能够进入科学研究领域。尽管这样改变观察视角,单一个人并未像有时候所表现的那样会丧失其作为单一个人的特性和价值。他们似乎不再是被单一化的人,这类单一化的人当中的每一个首先是独立于任何一个其他人的,是完全自主的。他们不再被视为一些完全自我封闭和被封闭起来的体系,这些体系当中的任何一个作为绝对的发端,其本身都蕴藏着对这个或者那个历史—社会事件的最终解释。在对(社会)形态的分析里,恰如人们能够观察到的那样,单一个人在极大程度上表现为一些开放的相互看齐的固有体系,通过不同方式的相互依存结合起来，并且基于其相互依存共同组成一些特殊的（社会）形态。在特殊的社会价值评判态度的意义上，最伟大的人，包括最有权势的人，都有其作为这些依附链条上的一个环节的地位。在他们的案例里，如果人们不让这种（社会）形态本身经受某种认真细致的科学分析，而是相反，仅仅将其作为一种没有结构的背景来看待，可能就不能理解这种地位以及他们实现这种地位的方式，就不能理解他们在自己的活动空间里是如何实现自己的事业和做出自己的贡献的。

人们一起组成的各种（社会）形态，其变化往往远比组成它们的人的变化慢得多，与此相适应的是，较年轻的人入主年纪较大的人离开的同一职位，简而言之，相同或者类似的（社会）形态可能往往贯穿很长的时间，是由不同的个人组成的，这种事实会显得仿佛这些（社会）形态在个人之外拥有某种方式的"存在"。错误地使用"社会"和"个人"的概念，与这种错误的观察视野息息相关，会令其显得仿佛在这里涉及两个分开的具有不同实体的东西。然而，如若人们把使用这些概念的构想模式更加准确地瞄准能够实际观察到的东西，那么，人们就会发现客观事实本身是足够清楚的，不会在概念上让人理解得模棱两可：一些单一个人在这里如今一起组成一种特殊的（社会）形态，他们虽然会消失和走到别的位置上，但是不管他们如何变换，社会、（社会）形态本身总是由一些个人组成的。各种（社会）形态虽然相对独立于某些独特的单一的个人，但并不会从根本上独立于各种个人——它们是由各种个人组成的。

某些历史学家对自身的认识让人感觉他们在工作时似乎仅仅在研究一些个人，即一些不具有任何（社会）形态的个人，研究那些在某种意义上完全独立于其他人的人。某些社会学家对自身的认识，让人感觉他们在工作时似乎仅仅研究一些没有个人的（社会）形态，即研究一些社会或者"体系""制度"，它们在某种意义上完全独立于各种单一的人。正如人们所看到的那样，这两种自我认识的形式都会引人入歧途。如若更仔细地观察就会发现，这两种专业科学家仅仅关注同一种事发生的相互关联的一些不同层次和层面。

在这些层面上发生的事的相互关联的形式，在很多方面是不同的。与此相应，人们在阐释它们的思维范畴和研究方法时也需要某种特定的方式。不过，因为这些层面本身一般都是不可分割的，因此在这里恰如经常发生的那样，不进行专门的相互协调就意味着在误导研究工作，浪费人的精力。

当前，历史学和社会学的研究工作在努力谋求更富成效的协调上失败了，其原因在于缺乏一种——不管是历史学研究也好，还是社会学研究也好，在工作中都能借鉴的——统一的理论架构。没有这样一种有关体系框架，就极易出现这样的感觉，仿佛要把一个层面上的研究工作归结到另一个层面的研究工作上去。在这里以引论方式谈及这两个专业科学相互关系就是起点，抛砖引玉，目标直指这样一种统一的理论架构。诚然，这种理论架构从长远的观察看，会让人期待一些没有相互关联的专业学科有明显的改变倾向，却不会希望它们学科的专门化终止。

也许可以说，在与有局限的社会学研究相关的语境下，这样一种企图会太过将重点推到各种原则性理论问题上。激励着手进行这种工程的首先是这套丛书的出版人，他们肯定已经觉察到了以今天的思维和知识来看，一个过往的和相应地被打上"历史学"烙印的时代的社会学研究，需要厘清社会学研究和历史学研究的关系。除此之外，恰如人们也许将会看到的那样，把基于较有局限性的经验上的研究工作与原则性理论考量放在一起加以研究，是非常有益的。如果人们看到其理论意义，就能从更为丰富多彩的方方面面来掌握经验上探讨研究的种种细枝末节，如果手上握有理论思维过程与之相关的各种实践上的资料数据，就能更好地同化、吸收这些思维过程。

然而，一篇引论的任务给这些有关社会学和历史学的构想设置了比较狭窄的界限。在其相互关系上，思及历史学和社会学的不同研究类型肯定是值得称颂的。在这里，必须选出几个历史研究的基本问题，它们对于其与社会学的各种问题的关系具有特别重要的意义。对它们的探讨将会表明，在迄今所采用的词义上，社会学的各种研究以什么方式和为什么会改变历史研究的方向。从这篇引论的构思过程中概括性地提出三点，它们对于这两个学科更好地合作特别重要，值得更加深入观察。

16. 由于其价值不能自主判断，历史的各种研究往往深受其苦。研究者基于自己所处时代的价值尺度，尤其是基于他自己的理想而认为重要的东西，与被研究的时代本身相互关联当中——比如当时生活的人的价值尺度上具有较高价值或较低价值的东西——认为重要的东西，两者之间区别常常极不明显。历史学家受时代制约而形成的个人价值尺度，一般占上风，它在很大程度上决定着提问的方式和证据的选择。社会学研究要求严格地抑制研究者个人的各种感情和理想，换言之，要求（被研究事物本身的）价值评判有较大的自主性。如果他们不假思索地把他们自己的社会的、政治的、宗教的和类似世界观的评价判断视为不言而喻的，从外面生搬硬套到必须研究的时代上，取代在选择和发掘、探索各种问题时所针对的必须研究的人的各种联合体的种种特殊约束，特别是针对它们特殊的价值尺度，那么在这两个领域里，研究者们就不能与他们的工作一起前进，而是会卡在毫无把握的泥潭里。

在拙著的这项研究里，有很多例子可以说明当前这种价值评判态度服从社会形成的价值评判态度，而宫廷社会的形成构成了拙著的研究课题。恰如已经提及的那样，题材的选择——即研究宫廷社会本身——就是一个例子。在我们时代占支配地位的、政治—社会的价值尺度的意义上，宫廷社会是一种社会的形式结构，其意义未被过分高估，其"市场价值"是很低的。相应地，在历史研究题材的金字塔结构里，有关各种宫廷社会的系统研究处于较低的等级上。在当前从社会学角度对各种不同的社会类型进行分门别类的一些尝试中，宫廷社会作为自己固有方式的社会类型，几乎尚未扮演任何角色。从研究课题上看，从事件发生的各种相互关联上看，各种王侯宫廷和宫廷社会作为人的特殊方式的（社会）形态，其意义肯定不亚于其他社会精英团队的构成。比如，在各种议会和各种政党的案例里，由于其现实意义，人们对这些社会精英团队的构成予以了高度重视。

这同样也适用于宫廷社会中具有典型特征的各种局部现象。礼仪礼节在资产阶级社会的价值顺序上位置比较低。相应地，也缺少对这类现象的系统研究。然而在宫廷社会，人们赋予它们极高的意义。如果在研究这种社会时，在这方面不能让（研究者）自己的价值尺度服从在那里（即宫廷社会）适用的价值尺度，那很难寄希望于能对这类社会的结构和组成它们的各种个人的结构有所了解。倘若人们这样做，就会立即发现自己面临这样的问题：这些具有不同社会形式结构的人，为什么赋予礼仪礼节的各种传统如此大的意义，在这样一种社会结构里，这些现象具有什么样的意义。如果人们提出这类问题，换言之，在提问题时已经严格和始终如一地关注被研究对象的自主性，那么就不难在这种不同社会类型的结构里确定礼仪礼节的功能。在其中也能证明它们是统治和权力分配的一些重要工具。对它们进行研究，就能找到通往宫廷社会和组成宫廷社会的各种个人的结构问题的途径，而在不自主的价值判断之下，这些个人仍然是被封闭和被遮蔽的。

17. 第二点涉及人的独立与否的基本观念。这种观念虽然并不总是明确表达出来，但是存在着某种倾向，在历史研究方法上，主要是从一次性的和被禁锢封闭起来的个性方面看到个人最后的独立与自由的一种证明；与此相反，主要针对各种社会方面的社会学看到个人最后的依附和受限制的一种证明。不过，对这两种科学及其相互关系的这种解释本身就脱离了科学研究。这当中涉及一些假设，它们源自某种世界观的、政治的、宗教的、哲学的和科学之外的观念范畴。因为倘若在这种意义上适应"自由"和"受限制"这两个词，人们此时就不会尝试提出一个悬而未决的问题，一个可以通过这种或那种方式系统研究能够解决的问题，而是使用这两个词作为先入之见的信念的象征。

一位国王或者一个奴隶作决定的回旋空间实际有多大，人们是可以通过努力和各种精心的经验研究来证明的，这同样适用于一个人的依附性的网络。通常，当人们谈论人的"自由"和"受限制"时，就进入了一个讨论的层面，在这里各抒己见，而这些却无法通过系统的科学研究工作来证实或反驳，因此也无法通过系统地检验在经验方面的证明资料来证实或反驳。尽管这类信念具有非科学的性质，但在构思历史学的基础和探讨其与社会学的关系时却起着非同小可的作用。历史学家在其研究工作中关注被禁锢封闭起来的个人，将其作为历史进程首要的研究系统框架，这种历史学家往往也因此认为他在竭力为个人自由进行辩护；于是，他很容易感觉到社会学家努力谋求揭示社会的各种相互关联，是在否认自由，是在咄咄逼人，是在竭力抹杀单一的人的个性。

只要人们相信根据此前各种形而上学的或者政治上的决定，就能提出和解决科学的种种疑难，这类考虑是可以理解的。然而，即便这样做了，这些问题实际上仍是无法解决的。如果人们的意愿不是根据一些先入为主的教条主义的决定，而是通过理论和实践层面的双管齐下，最密切地进行研究，就会让这类难题更接近于解决，那么随后就会用其他方式提出像"自由"和"受限制"这类词语所针对的问题。

迄今为止，在拙著的引论里所谈的看法，恰如下面对经验的各种研究中一种具体的研究那样，表明了问题是如何提出的。甚至像路易十四这样一位大权在握的男性，从（自由）这个词的某种绝对意义上讲都不是自由的。同样，他也不是"绝对受限制的"。如果联系各种经验的实际情况，那么从概念上理解，通过应用这类词汇而加入到探讨历史学和社会学的关系当中的问题，采取绝对自由和绝对受限制的形式都是站不住脚的。人们需要更明显有别的理论模式才能这样提出问题，因而更好地把握那些通过证据来证实的相互关联。

恰如已经表明的那样，各种依附的交锋就处在人们发现自己所面对的问题的中心点上，其中会为单一个人做出种种决定辟出回旋空间，同时也会给单一个人作决定的种种机会设置界限。在概念上厘清这类客观事实，首先会造成种种困难，因为我们的很多思维形式和概念的形成仅仅旨在表达一些无生命的物理学现象之间的相互关联。如果把在传统形式里人类各种相互依存的问题，当作绝对受限和绝对不受限或者"自由"的问题提出，那么，人们基本上还游走在这样的讨论水平上：与观察各种简单的物理过程相适应的思维方式和同构的（isomorphe）、形而上学的思维方式相对立。

于是，一方干脆把人当作台球一样的某种物理学意义上的物体，并且断言其行为举止在相同意义上完全由因果关系决定，就像台球那样，如果它与另一个台球相撞，就会动起来。而另一方仅仅道出某种否定的东西，他们说，单一个人的行为举止并不像台球那样以相同的方式来决定，就物理学上因果关系的经典观念的意义而言，它并不是由因果关系决定的。于是，这种说法立即与这样的理念结合了起来：人在其一生当中的任何时刻都绝对自由地和完全独立自主地掌控他自己的各种决定。然而，这种理念是虚构的，并不亚于与其对立的另一种虚构的理念，即通常一个人没有任何作决定的活动空间，他是受限制的，恰如一个滚动的台球是受限制的一样。

如若人们深入社会学和历史学的研究里出现的各种问题，那么以前读到的那些与物理学有关的概念是不敷应用的，其传统上对立的那些概念即形而上学的思路也是如此。例如，倘若人们试图表示在很多情况下，一个个体的"自由"是一种"有限制性"的因素，即限制着另一个个体的行动自由，那么人们很快就会意识到这种类型的概念不足以阐明社会学和历史学的各种疑难问题。科学之外的讨论，形而上学—哲学的讨论，一般都是以人为出发点的，仿佛世界上只有唯一的一个人，而科学上不单是针对一些纯粹论说的、有关"自由"和"受限制"的讨论，仅仅从能让人实际观察到的事情出发：这就是人的多样性，他们在其相互关系上或多或少地相互依存，同时又或多或少是自主的，即自己能驾驭自己。一个人只要活着，而且健康，哪怕他是俘虏、囚犯甚至奴隶，都有某种程度的自主，有某种活动空间，在这个空间内他能够且必须做出种种决定。

然而，即使最强大的国王，他的自主、自治或他的活动空间也会有一些固定的界限，甚至他也被编入一种依附的网络里，网络的结构在很大程度上是可以精确确定的。在与这种经验上的观察的相互关系里，人们找到一种模式，这种模式把个人的多样性视为在有关联的人做出种种考虑时的基本事实之一。由此就很容易表明，一个特定的个人或者由各种个人组成的一个特定群体的行为的回旋空间的扩大，本身会导致另一些个人的行为空间变小以及"自由"的范围缩小。比如在17世纪，法兰西国王的权力机会和决策回旋空间的扩大，就意味着法兰西贵族的自由和决策回旋空间的缩小。这种类型的论断是能够证明并经受检验的。有关联的人的绝对自由或者绝对受限的论断，是一些事后无法检验的推测，因此几乎不值得费心去做严肃认真的讨论。

在这里，必须扼要地揭示一下问题的延伸部分，借此把关于人的"自由"和"受限制"的科学之外的讨论，即一种在有关历史学和社会学讨论的区别里并非无足轻重的讨论，变成关于人们在其相互关系上的相对自主和相对依附的一种科学的讨论。把各种个人结合在一起的各种相互依存的结构，在一个单一的人的情况下也好，在人的各种整个群体的情况下也好，都能进入某种经验上的进一步研究。这样一种研究能够达到采取某种相互依存模式、某种（社会）形态模式的研究所能达到的结果。只有借助这类模式，才能检验在其相互依存的链条内一个单一个人作决定的回旋空间，检验他的自主领域以及他驾驭自己行为举止的个人战略，而且易于进行解释。这同时也让下面的观念处于科学之外的性质、思想意识的性质更加明朗：针对各种个人现象的历史研究鼓励人的自由，与此相反，针对各种社会现象的社会学则在为设置限制摇旗呐喊。

下述研究尝试推动解决的任务之一，是制定一些（社会）形态的模式，借助它们，个人行为的活动空间和各种依附将会比较容易企及经验方面的研究。这些研究，部分旨在探索构成宫廷社会的那些个人的各种相互依存，并且在几个特殊的案例里，特别是路易十四的案例里，旨在揭示在某种特殊的（社会）形态内，一个单一的人是如何利用其地位赋予的作决定的回旋空间的，并且如何在其个人的行为举止操控的战略上利用这个回旋空间。

在这项研究和其他研究的过程中顺利发展起来的社会学理论,恰如人们看到的那样,明显有别于那些在当前占支配地位的社会学理论类型,后者最著名的代表是 T. 帕森斯[①]。在这里,必须从理论和实践层面双管齐下地谈论一些构想的实现。即使没有详细讨论,这些构想的实现也足以表明社会学问题的延展如何,以及为什么会与社会学经验上的任务更加密切地结合,倘若人们谈论像 T. 帕森斯所持的那种社会学行为理论和系统理论的话,这种理论会让个人和社会之间的虚拟鸿沟,一种既包含二者又无法相互逾越的鸿沟,过渡到一种社会学的(社会)形态理论,以此来克服这种鸿沟。

有关历史研究,还有一点值得简要论述。由于历史学家有时会从这样的观念出发,即认为在他们试图发现的各种事件发生的相互关联当中,涉及一些具体个人的诸多基本上没有相互关联的行为,于是就说各种社会学上比较重要的现象,对于历史学家而言往往是一些毫无结构的背景现象。对宫廷社会进行社会学研究,就是一个改变提问方式、选择证明资料的方向的例子,而且实际上也是改变整个必要的观察视角的方向,如果人们把传统的历史研究的这类背景现象作为有结构布局的现象推到前沿的话。无疑,凡尔赛宫和各种宫廷人员的社会生活在历史研究领域经常被提及。然而在各种历史表述里,通常还是停留在诸多细枝末节上。社会学家们如果谈及各种社会结构和过程,他们所指的目标,对于历

[①] 塔尔科特·帕森斯(1902—1979),美国社会学家。——译者

史学家们来说往往像是社会学家想象力的一种人造物。

此处论及的一些经验社会学的研究提供了一个重新考虑这种观念的机会。今天，在历史研究领域能够强烈感受到种种倾向，除了进入视野的人类星球的层面外，倘若人们把目光对准各种单一的、短命的个人行为，就会把由各种个人组成的（社会）形态流动得比较缓慢的层面推入观察视野。不过，对于这种扩大的历史—社会的观察视角来说，尚缺乏一种理论基础，其部分原因是历史学家往往认为在他们的研究工作中，即使没有明确的理论基础也能游刃有余。从长远看，想让社会学的工作方式停止对历史学的工作方式的裨补是不可能的。而能否通过专业社会学家、专业历史学家的努力，或者通过二者的某种合作使得历史学的观察视角能够扩大，也是比较无关紧要的。

18. 最后，人们可以概括性强调的第三点与其他两点关系最密切。它从一开始就提出问题：迄今所进行的历史研究的哪些特性应对历史一再被改写负责？有关这个问题的答案指出：一方面，在细节上，历史学文献的高标准和人们根据各种相关历史细节的标准可能达到的高度已确信无疑；另一方面，比对这些细节相互关联的解释低得多的标准和关于这些相互关联的相应的程度较低的确定性，二者之间是有区别的。可靠的、有关历史细节知识的资源在增长，但是有关细节相互关联的可靠的知识并未同步增长。因为对于传统的历史学家而言，并没有表述历史的相互关联的可靠基础，因此这种表述在很大程度上仍被研究人员随心所欲地处置。有良好文献基础的各种细节的相互关联知识的缺漏，一再借助各种解释来填充，而解释又是由研究者们短命的价值评判和理想所决定的。这些价值评判和理想，随着争论不休的大的时代问题而变。历史总是一再被重写，因为在研究人员看待文献细节的相互关联的方式里，他们对待有争论的科学之外的时代问题宛若对待教父一样，所以对此产生重大的影响。

现在的任务是让历史—社会的科学研究工作在经历几代人的进步之后，能够具有比较均衡的持续性，这项任务的紧迫性几乎无需一提；在其他领域里，科学研究工作明显具有这种持续性，否则科学研究工作就会丧失其意义。这里所阐明的东西，对于研究工作而言，足以表明在研究历史的相互关联之时，如若没有遏制、摈弃那些短命的价值评判和理想，或者概括地说没有以（被研究对象的）各种自治的价值评判来取代那些（在研究者身上）还占支配地位的、他治的价值评判，努力争取研究工作的更大持续性几乎不可能卓有成效。

因此，研究较长历史时期的社会学模式，诸如研究文明开化过程的模式、国家形成的模式，[1] 或者研究在这类过程中的各种特殊（社会）形态的模式，比如研究宫廷社会的模式，在这种意义上对它们加以检验，可能是有益的。它们都是源自努力跟踪搜索存在于客观事实内部的种种相互关联。它们是在尝试从各种相互关联上突显一些社会学模式，在这些模式里，研究对象的自治性不会由于研究者的种种先入为主的价值评判和受时代约束的理想而变得模糊。它们并不要

---

[1] 诸贝特·埃利亚斯：《文明的进程》（第2卷），法兰克福1997年版，第132页等。

求成为一些最终的模式,成为绝对的、最后的、关于被研究的各种过程和(社会)形态可以说清的东西。没有任何一种理论和模式能够在某一领域里提出要求,认为自己是绝对的、最终适用的。在这个案例里,肯定无疑更多是涉及开始而非终结。

这是一些可以进一步研究的模式,不管研究者们各种转瞬即逝的、受时代约束的、科学之外的理想如何摇摆不定,那都是无足轻重的,只要人们在从事科学研究工作时,尽可能管住这些不适合科研工作的价值评判,并且想方设法地努力让这些相互关联能像它们切切实实的那样把这种努力放在优先位置上。诚然,倘若时代进程太过动荡不安,紧张关系太过强烈,冲突太过激烈,研究者就不可能对此有所克制。然而,如若在数代人中,人们对危机的恐惧和相互威胁不是太大,那就不可能看见人们为什么不采取这种方式,而是通过打开另一个范畴,即社会学范畴,也能在时代进程中保障让历史学有一个持续进步的过程,这个过程在今天尚付之阙如。

二

提出这个问题的导言

1. 法兰西王政时期旧制度的王侯宫廷给社会学家提出的棘手问题，并不少于由人组成的（社会）形态中的某种产物留下的，迄今人们曾经一直赞赏对这些社会产物——诸如封建社会、大城市——所进行的比较深入的社会学研究。在这样一种"宫廷"里，有几百甚至几千人在伺候自以为能够不受限制地治理自己的国家的国王们，为他们出谋划策，参与他们的社交，所有这些人的命运、等级、生计、升迁和贬谪，在某种程度上和某种范围内都取决于国王的意志。这些人与局外人以及与他们自己人之间相互施加某些独特的强制，通过这些强制，他们一起被束缚在某个地方。某种或多或少固定的等级制度，某种细致准确的礼仪礼节、社会习俗，把他们捆绑在一起。必须在这样一种（社会）形态里自保或自强，给他们所有人打上一种独特的烙印，即宫廷人士的烙印。

在社会领域的中心能够形成一种这样的（社会）形态，这个社会领域的结构是什么样的呢？权力机会如何分配，社会培植出一些怎样的需求、怎样的依附关系促使人们世世代代一直聚集在这种（社会）形态、这种作为宫廷和宫廷社会的形态里？这种宫廷社会的结构对于那些想在其中升迁或者哪怕仅仅想自保自立的人，产生出怎样的要求呢？这就是我们粗略勾勒的宫廷和法兰西王政时期旧制度的宫廷社会的社会形态，是给社会学家提出的问题中的几个。

2. 通常而言，把宫廷人士团结在宫廷里的并非他们的自由意志，也非他们父母的自由意志，更不是某个人，比如某位国王突发奇想提出这种形式，让人们聚集在一起。几乎所有的欧洲国家，从文艺复兴开始，宫廷的重要意义就日益提升，尽管对于17、18世纪欧洲宫廷的发展来说，法兰西的宫廷，首先是路易十四的宫廷，在很大程度上堪为楷模。这个世纪的"宫廷"本身是某些相互交织在一起的人的一种特定的社会状态的表现，不是仅仅由一个个别的人或者一个由这些个别的人组成的群体所计划的、愿意的、存心为之的，并不像其他一些典型的（社会）形态，诸如教会、城市、工厂或者官僚体制那样。打个比方，就像假如没有在进行的研究，人们采取"大城市"的形式从社会领域概括出来的过程，就无法理解我们西方国家的社会及其所划分的各国社会统一体的结构一样；假如没有从此前的时代中理解什么东西产生了"宫廷"，换言之，理解总是一再采取宫廷和宫廷社会的形态把这个社会领域的人驱赶到一起、维系在一起，让人理解这个时代具有典型特征的社会结构，也就无法理解此前的时代。

3. 任何一个社会领域都有一些代表性的和非代表性的、

中央的和非中央的机构。比如城市，尤其大城市，就是我们的社会最有代表性的机构之一。在我们的社会领域里，它是最能远距离发挥作用的压印机，给社会打上烙印；尽管有种种抗拒、抵制，农业生产地区的居民也不能摆脱它的各种作用和影响。我们社会的标准的、榜样的和最有影响的人的类型，或源自城市，或至少是被城市的压印机打上过烙印的。也就是说，在这个意义上，城市的人是代表我们社会的。"王侯宫廷"作为城市里的特殊机构，只要它还存在于西欧，首先是在英国，肯定还具有一种对城市烙印有所修改的意义，它与给城市打上烙印不同，但仍能像城市本身一样，勉强代表今天西方国家的社会领域。

恰恰是对17、18世纪的绝大多数西欧国家来说，宫廷具有这种代表性的和至关重要的意义。在这个时代，尚非"城市"，而是"宫廷"和宫廷社会在其中构成那种发挥着最远程作用的压印机。恰如法兰西王政时期旧制度里人们所说的那样，城市仅仅是宫廷（玩耍）的"猴子"①。这在极大程度上适用于法兰西的宫廷②。恰如在引论里已经指出的那样，资产阶级反对宫廷以及打上宫廷生活烙印的人的斗争，

---

① 圣-吉尔的《世纪图表》，日内瓦1759年版，第132页，见《东方城市，外号"宫廷的猴子"》。
② "宫廷"一词根据所涉及时代的不同，意涵也变换不定。下文所涉及的，正如其形容词"宫廷的"一样，与时代的应用相适应，是指王侯的宫廷。如若这里不是首先在谈论法国，而是在谈论德国，那么就必须作出某种典型的限制。在这里（指德国——译者），尤其是在西部，有时极少数高等贵族的家政财务，比如伯爵的家政财务，在某些方面也具有与宫廷类似的性质；因为在德国并非一切权力都集中在**一个**王侯的宫廷里，而是会赋予这些**小宫廷**的形态乃至拥有土地财富的乡村贵族的庭院，以某种完全不同的社会和文化的意义，迥异于在法国的类似形态。

至今还余音不绝。今天，这种余音也许还常常扭曲视线，使人不能正确观察前几个世纪各种宫廷和宫廷社会所具有的代表意义，妨碍人们冷静地——不再心怀激愤、同仇敌忾地——研究其结构，观察其发挥功能的方式，把它们作为观察对象，让这个课题首先像观察"村庄""工厂""原始部落""行会"和其他由人组成的（社会）形态一样，不再受到谴责和埋怨。

此类带着强烈情绪的观察中，具有明显特征的是弗兰茨·奥本海默的观察，在这里应该加以引述，因为它同时以特定的形态包含着一种对有关法兰西王政时期旧制度的宫廷的评判，不仅传播很广，而且很典型：

"前资本主义的、极度豪华奢侈、铺张浪费的宫廷家政财务，尤其是英国斯图亚特王朝和法兰西波旁王朝的宫廷家政财务，但在比较小的规模上也包括德意志和斯拉夫的各种王朝的宫廷家政财务，由于它们有大量的封建领地财富和其中流淌出来的它们的"领地农民"的实物捐税，因而都异常富裕，配有一切手段，可以狂野地纵情享乐。不过，它们渴望得到满足优雅品位和违反常态的豪华奢侈的手段，因此首先关切的是要在农业地区编织一个强大的网络，其次是要得到花销的现金才能维系精心设计的奢侈豪华中的宫廷财务，才能喂养那些没有任何生存资源的贵族寄生虫，给他们年薪，尤其是为了延续没完没了的战争——出于荣耀、王朝家族的利益、宗教信仰的迷信的需求，让各国都卷入这些无穷无尽的战争。"[①]

---

① 《社会学体系》第3卷，第2章，第1节，耶拿1924年版，第922页。

这就是奥本海默的作品里重要的东西，他的著作力争包括整个社会形式，把"宫廷"视为社会的产物。然而，只要涉及法兰西，除了在对事实进行加工整理上撇开领地农民缴纳的实物作为波旁王朝的国王宫廷的首要基础①外，在这个判断上没有什么是真正错误的，然而，这些判断及其价值评判完全掩盖了它们赖以产生的整个相互关联，而唯有从这种相互关联出发，它们才能够被理解。

马克斯·韦伯看得更远一些，他说："在拒绝消费的目的符合理性的意义上，'奢侈'对于封建统治者阶层而言，根本不是'多此一举'，而是社会方面进行自卫的手段之一。"②

但是，马克斯·韦伯在这个短短的注释里仅仅暗示了宫廷的诸多问题之一。对这种观察的正确性进行检验以及让其中提出的问题得到解决，更接近于本文的研究任务之一。

4. 人们倾向于首先把过去各个时代里那些在当前起着特殊作用的功能层面作为重要的加以强调。在这个意义上，对

---

① 波旁王朝初期，领地的土地财产收入与其他的收入来源，首先是赋税来源相比，对于维持国王的财政来说还仅仅起着非常微不足道的作用。旧的领地财富早在16世纪和15世纪危机及战争时期极大部分已被售卖。苏里（Sully）和黎塞留（Richelieu）对此早有抱怨。[参见马里翁（Marion）《17世纪和18世纪社会制度词典》，巴黎1923年版，见Domaine词条。]

② 马克斯·韦伯：《经济与社会：社会经济学概论》，蒂宾根1922年版，第750页。他的问题的延展曾经——现在也许不再——超出凡勃仑（Thorstein Veblen）。后者的功绩在于，在他的《有闲阶级论》（1899）里，等级地位消费的各种问题——也许是第一次——被纳入社会学问题中。

于在此谈论的宫廷社会时代，人们往往首先问及它的各种经济观点和经济形态；从这种视野出发，称其为重商主义时代。人们提出它的国家形态的问题，并且从这种观察出发，称它是专制主义时代。人们提出它的统治和官僚体制方式的问题，在这种观点下，称它为世袭领主制度时代。所有这一切，都是一些在我们自己的社会里具有特殊意义的一体化层面。我们果真能通过它们的一个截面，切中这个过往时代的各种具有决定性意义的结构路线和一体化形式吗？或者毋宁说，有各种下沉和上升的一体化形式和社会交往形式，因此，一个对于我们自己来说并非特别重要的一体化层面，此前也许构成真正具有启发性的、至关重要的层面；反之，一个今天至关重要的层面，当时却是次要的。难道情况不会如此吗？

马克斯·韦伯首先在官僚体制层面上铺展开法兰西王政时期旧制度所作的这个截面；因此对他而言，在不同类型的官僚体制当中所表现出来的官僚体制和统治方式的不同现象就被推到宫廷的现象前面。实际上并且在细节上，马克斯·韦伯采用这种方式对宫廷统治和宫廷社会的结构做出了诸多富有启发性的阐述；然而在他着重阐明的不同类型的社会化当中，却缺乏对"宫廷"社会本身的阐述。①

5. 此外，在今天宫廷作为社会现象直接受到关注的地方，一般也是首先引起我们社会的研究人员兴趣的其某个特

---

① 在《经济与社会：社会经济学概论》的索引里，也仅仅找到注明与另一个完全不同的时代有关的《宫廷法》。

定方面：宫廷的奢华，也就是说，一种本身十分重要的和具有特征的现象，不过，借助这种现象只能把宫廷人士的行为举止和我们时代社会流行的行为举止之间的区别加以阐明，使其突显出来，却并非把宫廷作为一个整体的结构来阐明，只有这种结构才能让奢华这种具体的现象变得可以理解。

换言之，今天有时已经能够做到，至少在某些界限之内，较为克制自己的价值判断，对一个很简朴的部族作为人的某种具有自己固有规律的（社会）形态的结构进行研究，而这样一种卓有成效地与某些离我们比较近的（社会）形态拉开距离，远比与那些已经划分"历史"等级的（社会）形态拉开距离要困难得多，恰恰是因为历史研究的占支配地位的形式还给各种不自主的价值评判留有面子，使其享有威严。

人们不允许误解这种论断。它并非反过来也包含一种"谴责"，而是仅仅从一个特定方面去寻踪追迹，要去研究过程内在固有的结构。在研究过程中，某种研究对象，即这里所涉及的客体，只能十分缓慢地穿越种种不可避免的阻力，才会在其自主方面展现出来，令人大开眼界。

此外，这样一种看法肯定不是必然没有成果的。比如桑巴特（Sombart），对他来说，在与现代资本主义产生的相互关系上，因而恰恰是在其本质上，宫廷现象作为"奢华的策源地"变得很重要，他从一开始就比较敏锐地论述这个宫廷问题。他首先涉及论述宫廷的一节，标题为"王侯宫廷作为狂热奢华的中心"，是以下述构想开始的：

"一种很重要的后续现象，以及后来也贯穿中世纪行将结束之时的国家宪法和军队制度的各种转变的一种决定性原因，是在我们今天所赋予的词语意义上的比较大的王侯宫廷的产生。在这里，正如在很多其他领域那样，稍后各种发展的先驱和榜样就是教会的王侯们。也许，（法兰西）阿维尼翁（Avignon）是第一个现代"宫廷"，因为在这里，有两个群体的人员长久地聚集在一起并且发号施令，他们在随后几个世纪里，构成了我们今天称为宫廷社会的东西：一些贵人，除了有兴趣为宫廷效劳之外，没有任何其他职业；一些漂亮的妇女，'她们往往以其温纯优雅和幽默风趣见称'，她们真正给生活和活动深深地打上了宫廷社会的烙印。

"……意大利其余的王侯们与教皇们的宫廷相互竞争，殊死拼搏。然而，对于宫廷制度具有决定性意义的却是比其大得多也强得多的法兰西，后者形成了一种现代的宫廷，在15世纪末和随后的两个世纪里，在所有有关宫廷的事务上，法兰西成为无可争议的大师。"①

这篇简短的概论对于（拙著）这项研究工作的意图也是有益的，它扼要地表明了宫廷的（社会）形态意味着什么，还有如下这个问题处于何种状态：在欧洲社会的某个特定发展阶段上，一些个人采取宫廷的形式结合在一起，并且因此而获得一种特殊的标志，打上了特殊的烙印；是什么东西把他们维系在一起，又是什么东西恰好以此方式给他们打上了特殊的烙印？

人的这种标志，属于今天占支配地位的人的标志的最重要的先辈。作为那个发展阶段——其在长期搏斗中断断续续

---

① W. 桑巴特：《现代资本主义》（第5版），慕尼黑和莱比锡，第1卷第2章，第720—721页。

地、缓慢地被职业资产阶级的—城市的—工业的发展阶段所取代——的一种至关重要的（社会）形态，这种宫廷—贵族政体的社会形成并发展出一种文明的、文化的标志，它部分作为遗产，部分作为对立物，一起进入职业资产阶级社会的标志，于是由此得到升华，进一步发展。通过努力谋求构建宫廷社会的结构，并进而谋求对西方国家的那些最后的、大的非资产阶级的（社会）形态的一种理解，就同时间接地打开了一条入口通道，从而能更进一步去理解（我们）自己的、职业资产阶级的—城市的—工业的社会。

三

住宅结构作为社会结构的指针

1. 我们所称的法兰西王政时期旧制度的"宫廷",起初根本不是任何别的东西,无非是法兰西的国王们及其家属和所有在狭义或广义上的这方面的人极端扩大的房屋和家政财务。在"国王的宫廷和国王的财政"(Maisons Royales)这个富有特征的名称下可以发现,在财政清单里,宫廷的支出、国王们的整个巨大家政的财政支出,超过了整个法兰西王国的财政支出。[①]从一开始就想象一下这种情况是很重要的,这样才能看到导致国王财政开支扩展的路线。法兰西王政时期旧制度的这种宫廷,是父权制家长统治形式的一种高度分化的衍生物,"可以在一种家族共同体之内一位家长的权威里寻到父权制家长统治形式的萌芽"[②]。

国王作为其宫廷之内的家长,他的统治、管辖与宫廷国家——即国家——的世袭领主制度的特性息息相关,亦即在扩大意义上,国王的家政即"宫廷",构成了宫廷国家的中央机关。

马克斯·韦伯说:

"在王侯组织他的政治权力……原则上如同实施他的家

庭权力的地方，我们称这是一种世袭领主制度的国家形态。大多数大的（欧洲）大陆国家直至达到进入新时代的门槛，包括在新时代里，其本身都具有相当强烈的世袭领主制度的特性。

"世袭领主制度的行政管理，起初是为领主的纯粹个人的、首先是私人的家政需求设置的。获得一种'政治上的'统治，也就是说，一个家族领主对其他并不服从家族权力的人进行统治，③意味着从社会学角度看仅仅在程度上和内容上，而非根据不同的统治关系在结构上并入家族权力。"④

如果在前面宫廷被称为法兰西王政时期旧制度社会领域

---

① B. 傅博纳斯（B. Forbonais）：《法兰西财政的研究和思考》（第6卷），列日1758年版。其中列出了大量这类财政清单。
② 马克斯·韦伯：《经济与社会：社会经济学概论》，蒂宾根1922年版，第679页。
③ 与马克斯·韦伯的说法完全相适应——哪怕一些过于强烈地加以普遍化，比如M. 伯恩（M. v. Boehn）在他的《18世纪的法兰西》（柏林，1923年，第46页）里说："任何一个法兰西人都把他的国王看作他自己家庭的首脑……在贵族和高级官员当中，如果事先未获国王批准都不许结婚。如果走错这一步，就意味着自己犯了叛逆之罪。国王可以不经过当事人父母的同意，甚至违背父母的意愿，而让人结婚。在这类案例里，他的意志就足以让任何阻力都无济于事。""任何人，"雷迪夫·德拉博雷通（Rétif de la Bretonne）在法国大革命前不久写道，"都把国王看作一个自己的熟人。"[参见让·拉布吕耶尔的《品格论》（La Bruyère, Caractère），"把国王称为'人民的父亲'，与其说是赞美他，毋宁说是用自己的姓名称呼他，或者界定他所扮演的角色。'这样的国王治理得很好'……'他把他的宫廷甚至把他的整个王国变成一个唯一的家庭，这个家庭在唯一的一个首脑的统治下团结一致'"。（《拉布吕耶尔文集》，出版人G. Servois.，巴黎1922年）]
④ 马克斯·韦伯：《经济与社会：社会经济学概论》，蒂宾根1922年版，第684页。

里的"代表性机关",那么,人们也必须从这方面来理解。国王对国家的统治,无非是王侯对家族和宫廷的统治上一种划分与合并。相应地,路易十四——同时也是这种发展的顶点和转折点——所采取的措施,是企图把他的国家作为他私人财产,作为宫廷立足点的扩大来加以组织。只有当人们设想一下,对他而言,宫廷总是首要的和直接的活动空间,而国家仅仅是次要的和间接的发挥作用的空间,才能理解这种情况——对他来说,其程度要比其他国王强烈一些,其他国王个人还是军队的首脑,要对他们的敌人作战。

一切东西,从扩大了的国王财产到从王国来的东西,在到国王手里之前,都必须通过宫廷网络的检查;一切东西,从国王手里到国家之前,也都必须通过宫廷网络的筛查。即使专制的国王也只有通过生活在宫廷里的人的中介,才能对国家发挥作用。因此,宫廷和宫廷生活就构成了整个经验的策源地,构成了法兰西王政时期旧制度的专制国王们的人生观和世界观的策源地。因此,宫廷社会学也是国王体制的社会学。

诚然,不难理解,国王原先活动的这个领域,即宫廷,并非不受国王统治范围的逐步发展和日益扩大的影响。在这种发展的终点,对于国王家族统治者而言,就必须从他的家族出发,并且通过他的家族立足点或者宫廷立足点去治理他的这个大国家,不难理解,这种必然性对国王的房屋和家政(Maison du Roi) 发挥着改造的作用。① 在国家的大小和国

---

① 为了在这里给出这种发展——以后还要详加论述——的概貌,引用马蒙特尔(Jean-Franois Mamontel)的一篇文章(法文版《百科全 (转下页)

王的宫廷立足点的大小之间相互作用的这种可见的产物，就是宫殿，是凡尔赛宫。在凡尔赛宫之内，国王极为私人的各种行为总是具有国家行为的仪式性特征，恰如在它之外，任何的国家行为都同时具有国王的某种行为特征一样。

2. 并非人的一切社会单位或者一体化形式，同时也是居住单位或者房屋单位。不过，它们都是可以通过空间形态的某些特定类型来表明其特性的。是的，它们总是各种有着相互关系，相互交织在一起的人的一些单位；即使这些关系的方式或类型永远不能通过各种空间的范畴来表达穷尽其本质，但它们总能通过一些空间范畴来表达。因为与人"聚集在一起"的一切方式相适应的是空间的某种特定形态，在那里，空间形态所属的人即便不是在全体，至少也是在某些局部单位里聚集在一起，或者可能聚集在一起。于是，也就是说，它是社会单位在地域上的落脚点、凝聚点，社会单位的地域空间形态是其固有方式的易于理解的体现，是词义意义上其固有方式的可见的体现。在这个意义上，

（接上页）书》，第 7 卷，日内瓦 1777 年，"grands"词条）。这个词条做了如下概括："法兰西原先是个漏洞百出的邦联性质的产物，十分错综复杂，内战不断。自路易十一以来，所有分裂割据的小国实现一体化，成为一个唯一的国家。然而，大封建领主在他们的地区里还持有他们曾经在从前的王侯中间施展的权威，省长们踏入这些掌权者的领地，夺取后者的权力。省长和封建领主抵制国王的权威，国王则企图消灭这种抵抗；对此，最温和也最聪明的手段就是把那些人束缚在宫廷里，让他们的财产在遥远的地方……由于臣民一般都对他们言听计从，他们被称为最不可靠的统治的代表人物。"

宫廷人士的居住方式通过一种可靠的和作为明显可观的入口通道的窍门，便于理解对宫廷社会具有典型特征的某些特定的社会关系。

宫廷人士的居住方式的独特标志，首先是他们——至少是他们中的大部分——在国王的房子里，在凡尔赛宫里，都有一处住所，并在巴黎城里有一处住宅，或者说一处官邸。此外，他们大多还在乡村地区拥有房屋，在这种语境下，乡村地区的房屋可以撇开不谈。

对于凡尔赛宫这样一座作为宫廷贵族和国王住宅的法兰西宫廷的独特房屋，不必单独进行观察和理解。它是一种在所有外在表现上都划分为等级金字塔式的社会的登峰造极的现象。人们必须看到宫廷贵族是如何居住的，才能理解国王如何居住以及贵族如何在他那里居住。贵族在城里的房屋，即"官邸"，首先以一种比较清晰和简单的形式表现出这个社会在社会学上意义重大的居住需求，这些需求是多层次的，彼此环环相扣，而且由于国王的特殊统治和代表性职能而变得错综复杂，这些需求同时又决定了国王宫殿的形态，国王宫殿应该让社会作为整体留宿于其中。

3. 法兰西王政时期旧制度的宫廷贵族所居住的建筑，根据所有者的等级，相应地也根据建筑大小，称为"府邸""官邸"（Hôtel）或"宫殿"（Pallais）。《百科全书》[①] 中

[①] 此处和以后引用均指法文版《百科全书》（日内瓦版），1777年等。

复制了这类官邸的基本轮廓，① 有关阐释和相应的词条，能否完全充实人们从这个基本轮廓的各个局部和区域空间的各种功能所获得的画面？其中有什么对于社会学是至关重要的吗？

人们看到自己面前的建筑物，其各部分围绕着一个巨大的长方形的庭院。庭院的一个纵侧面面向大街，有一条对外封闭的柱廊，柱廊中间有条宽阔的"门廊"（Porche），构成入口，同时也是豪华马车的通道。廊柱沿着左右两侧的建筑一直持续到中央建筑的另一个纵侧面，因此人们能够从入口一直走到这座中央建筑，不会淋雨，不湿鞋袜。这座中央建筑的后面和两侧围绕着巨大的御花园，建筑内设置了很多社交活动场所；紧贴着两侧建筑物的部分包含着各种"私人住宅"（appartements privés），住宅背面左右各有一个较小的花园，住宅这边通过一条大回廊与御花园隔开，那边则通过浴室和厕所与御花园隔开。最后，两翼比较接近大街的部分，设置了牲口厩圈、厨房、侍从仆役（domestiques）的住所和各种库房。它们在左右两面围绕着一个比较小的庭院，称为"侧院"（basse-cour），侧院通过建筑物的一部分与"私人住宅"窗前的各个小花园隔开。在这些小庭院内，会处理厨房的部分工作，来访宾客在其主人的大院里，在中央建筑的楼层里下榻之后，他们的马车就停放在厩圈之间，侍从仆

---

① 法文版《百科全书》第 2 卷《图表汇编》建筑学部分，第 23 张图表。那里复制的图表源自布朗德尔（Blondel）的宫廷建筑图表。诚然，并非 18 世纪所有的府邸、官邸在细节上都全然与这张图表相一致。但是，有这样一张图表作为范例对我们是有益的；它表明了一位有经验的建筑学家是如何想象并从建筑学的角度出发，最大限度地解决这类居住需求的。

役们就生活在小庭院内。

恰如人们所看到的那样,这就是宫廷人士在他们的府邸里为自己创建的独特的城市住宅类型。虽然这是城市的房屋,但是在其结构上,人们还是能感受它与地主农庄的共同之处。(农村)地主庄院还是存在的,不过它的一切功能当中仅仅保留着升迁途径和体面交际应酬的功能。各种厩圈、库房、仆役住所还在那里,却和地主的房屋一起荒废,草木丛生,周围的自然环境中只剩下一些园子。

城市的府邸与农村地主庄院类型的这种关系[①]具有象征性意义。的确,宫廷人士是城市居民,某种程度上他们身上有着城市生活的烙印。然而,他们与城市结合得不如有职业的市民那样牢固,他们当中的大多数人还拥有一处或几处地主庄院。在那里,他们一般还有姓氏,而且一般还得到他们收入的大部分,偶尔也会搬回那里住一阵子。

他们的社交内容总是相同的,但社交地点会有所变换。他们时而生活在巴黎,时而与国王一起到凡尔赛宫、马尔利宫或者国王诸多行宫中的某一处,时而又住回自己的城堡里,或者到某位朋友的庄园去做客。这种独特的情况,与他们的社会交际牢固地结合在一起,对他们来说这就是真正的家园,尽管地点比较容易变换,但至少不会改变他们的特性和他们房屋的特性。所有这一切表明与这个社会密切结合的东西,而不是某种与他们密切结合的东西,也许恰恰是各种错综复杂的东西被挤压成一个整体,表明某种在功能上与城市的结合。这一点,下面还会谈到。如果在农村建造这种房子,几乎不需要变成其

---

① 吉姆贝特(Jembert):《现代建筑学》,巴黎 1728 年,第 43 页等。

他形态。房屋的所有者仅仅作为消费者被编织到城市的结构里，倘若撇开被编织到巴黎的宫廷社会不讲的话。这种消费在农村地区，如果有足够的仆役，几乎都能得到满足。无论如何，高度奢侈浪费的消费是在城市里。

4. 不难理解，地点比较容易变来变去，与这些贵妇和领主能够支配大量的仆役息息相关。家政总管和宫廷总监握有对这些人手的支配权，从掌管财政收入、关照家政秩序和舒适度到监督其他人员乃至操持运输的马车夫和男仆。这种支配权构成这种特别有限的居住流动的前提，它让宫廷人士免于承担那些在经常出游的宫廷里的生活和宫廷社会里的生活给他们提出的任务，这些任务并非总是轻松的。

宫廷人士对这些支撑着他们的左膀右臂谈论不多。宫廷仆役生活在宫廷社会这出大戏的幕后；因此下文也很少会谈及他们。不过，在观察宫廷贵族生活在其中的房屋时，可以且必须首先看一下幕后的情况。

在观察围绕这两种侧院[①]所扩展的生活和活动时，人们

[①] "在城市里建的大房子旁边的一个庭院，人们称之为侧院……它与主院分开，坐落在主院建筑的旁边，它们作为车库或厨房，或者在它们里面安排有各种厨房、操作间、仆从住所，等等。侧院必须有自己的入口通道，以便让人能够舒适地到达那里的建筑，并且不会让人从领主们的住所和主院看到它们。"（作者谈话）（法文版《百科全书》，见"basse-cour"词条）在家中女主人为家庭主妇时，或者她期望以某种形式来监控家里所有人员时，在所有那些阶层和社会形式里伺候接待的房间设备条件要尽可能这样安排：多或少经常地监控不会太难，恰如人们所看到的那样，伺候接待的房间，尤其是厨房与办事理政的房间，相对分开，这表明处在背后的办事理政及其种种有关统治的事务要尽可能少与外界接触。宫廷贵妇并不是家庭主妇。餐厅厨房完全远离她的监控范围便是证明。

（转下页）

看到的是大量的人员，仆役的劳动绩效千差万别，无论是对于整个社会兴趣爱好的要求和培养，还是对于整个社会的家族文化，仆役劳动的分化具有十分典型的特征。家政总管①在那里替主人和贵妇解决所有的事务。其中也有家政总管负责监视人员情况，比如，如果设宴招待宾客，登记出席人数。举一个很典型的例子，人们发现那里不仅有一个大厨房，一个小的食物冷藏室，可以将一些易腐烂变质的肉食，尤其是家禽肉食，严密封存②，而且还有一个配有炉灶和器具的厨房，由一个糕点师傅——也许与一般的厨师区别开来——监管，在那里准备制作、烹调诸如蜜饯、果酱、饼干和软点心之类的食品；旁边另有文火灶，用于制作饼干和糕点之类的烘干点心；紧挨着的是糕点师傅的工作房间，那里制作冰冻食品，恰如《百科全书》所说的那样，"在前面所提到的房间里，由于潮湿，其余的各种工作可能会被污染、弄脏"③。还有一个常常关闭的房间，即"配餐间"（Office paré），在配餐员监督下配餐。此外，他还监督铺餐桌，保管银质餐具。不过，这家的主人有时和他的朋友们也在这里用

（接上页）　有一幅相反的画会让这种实际情况变得更加清晰可见。16世纪有一位作家［奥利维尔·德塞雷斯（Oliviier de Serres）：《乡村戏剧》，日内瓦，1619年，第1卷，第5章"田舍城堡图"（Dessin du bastiment champestre），第21页］描绘过乡村地区贵族房屋的结构，内容如下："你们的厨房将放在你们房子的二层，紧挨着大厅，从大厅进入你们的房间（卧室）；你们经常逗留的大厅和卧室与厨房挨着，这样就可以监控在厨房里工作的男女仆役，纠正他们的偷懒、吵架、谩骂和各种愚蠢的行为。"

① 参见附录二（原文第416页）。
② 参见法文版《百科全书》，第7卷，"garde-manger"词条。
③ 参见法文版《百科全书》，第10卷，"office"词条。

午餐。

人们简单地称之为"品尝食品""提供食物""做小点心"(Bouche)的东西,即与吃喝相关的一切,这样细致分化,在一个例子上搞清楚,从其他的观点看,并非完全无关紧要。因为在一个大领主的家里,用在这方面的只不过一两间房屋,而国王的家里却用整整一套房子,还有一个负责国王食物供应的领导管理部门,比如领导管理"水果库",为宴席上准备各种各样的水果,领导管理"藏酒处"或"面包间",负责保存、监督和分配酒类和面包,这是一个评价很高、薪俸很高的宫廷官职。因此,所有这一切在很大程度上是在国王那里才有的东西,极少数情况下也能在领主那里见到。甚至也少不了有瑞士卫士。一边挨着入口,另一边靠近厩圈和工具房的一个小房间,是"瑞士卫队的住所"(Logement du Suisses)①。不过,他们并非总是真正的瑞士人,个别的贵族把守卫家庭的任务委托给他们。人们往往认为,让男仆穿上瑞士人的制服就足矣②。

5. 恰如刚刚所描述的那样,用于这类家庭日常事务的房间和用于与此有关的仆役的工作场所的房间是经过精心安排的,让这些房间与居住的房间、社交的房间严格分开。同

---

① 如果人们去寻找,偶尔当然也会在文学作品的某个旁注里发现提及这类仆役的若干种类。瑞士人作为门卫必须根据命令让客人进入或者拒绝客人入内,比如,在洛逊(Lauzun)的作品里就提到过几次,见《巴黎对话》,转引自布莱(Blei)的《洛可可精神》,慕尼黑1923年版,第51、55页。
② A. 舒尔茨(A. Schultz):《欧洲各族人民的家庭生活》,慕尼黑和柏林1903年,第60页。

时，拥有一个广大的侍从仆役阶层的宫廷社会的结构，也直接表现在统治者的各种活动空间的结构上。入口处有一条道路，可以通往居住和社交的各种套房单元中的任何一个，或者有若干前厅（Antichambres）。在家族男主人的卧室前，或者家族女主人的卧室前，或者守卫人员的卧室前，都能找到这种前堂，如同接待室（salle de companie）一样，这个房间即前厅。恰恰是法兰西王政时期旧制度下的宫廷贵族社会的一种象征。在这里，穿制服的或者未穿制服的男仆和侍从时刻准备着，等待主人的指令。几乎没有什么能比主人对待这些仆役的态度更加富有特征，《百科全书》中的"前厅"（Antichambre）词条，内容虽短，却几乎有一半描写主人对仆役的态度，或可作为一种注释："因为第一个前厅'总是为穿制服的男仆们'（Livrée）准备的，在这里很少使用壁炉。要是能站到锅炉前面，那会感到很满足，锅炉能使套房单元的其他所有部分免受寒冷空气的侵袭，从入口处到主人的各个房间的门总是打开着，这无疑会招来寒气。"

人们不可忘记，如果读到这种看法：贵族的核心团队、18世纪的（上流社会）"大世界"（le monde）感觉到，在某种特定意义上（不受等级差别的损害），人人"平等"的观念根本不陌生。《百科全书》的内容非常接近这类想法，它在"仆役"（domestiqué）一词里强调，法兰西不再有奴隶，各种仆役不可被视为奴隶，而必须视为"自由的人"。

此外，《百科全书》甚至还为这种现存的法律规定进行辩护，称"家贼盗窃判处死刑"①。换言之，它辩护的东西是有道理的：在贵族领主看来，它除了为一切理性的道理辩护外，还不言而喻地相信后续的各种社会阶层的不平等现象。它不必对薄待仆役人员表态，也能就对于仆役人员的信赖表达看法。然而，无法消除的距离感在这些领主和贵妇的身上已经根深蒂固，就他们而言，一支或大或小的军队充斥着他们的家庭，这支大军经常无处不在，扎根于宫廷人士的生活。这种情况以我们今天的角度来衡量，会赋予其另一种不同的形态和气氛，即他们会感到在与一种陌生人打交道，即与"普通老百姓"打交道。《百科全书》也有"普通老百姓"一词。在每间主人房间的前面规定至少有一个前厅，也

---

① "家贼比其他的盗窃犯惩罚更重，因为它是一种对信任的破坏，令人厌恶；因为主人不得不把大量的物品直接托付给家里的仆役。"(《百科全书》，第5卷，"domestiqué"词条)。此外，伏尔泰在一部后来出版的著作(《司法和人道主义的代价》，1777)里反对这种野蛮残酷，反对因小事，比如仅仅因为涉及家贼盗窃，而将人处死，此举招致激烈的咒骂。而在伏尔泰最亲密的朋友圈里也存在着蔑视仆役的人，这些人也对他口诛笔伐，这清楚地表明了一种事实。他的秘书隆坎普(Longchamp)，即他女友凯特勒特侯爵夫人(Marquese v. Chaletet)的男仆，在其回忆录里说：侯爵夫人在洗澡时，以某种方式赤身裸体地出现在其面前，让其十分尴尬，她则完全若无其事，因为他还没有把热水灌满。博兰德斯(Brandes)在其关于伏尔泰的著作(德译本，柏林，无出版年，第1卷，第340—341页)里援引了这整段回忆，并对此解释道："她不穿衣服出现在一个男仆眼前，不会感到害羞，因为在他与她自己的关系里，她并不把他看作男人，而是看作女人。"宫廷人士的行为举止的某个独特方面，在这种语境下，可以得到解释。统治阶层经常支配一个阶层的人，他们对下层人员的想法根本持无所谓的态度，这就造成统治阶层的人毫无顾忌，在穿衣和脱衣、洗澡甚至其他亲密的事情上，在别人面前，赤身裸体也毫不在乎；仆役人员没有这种广泛的基础，他们在社交上的情况根本不能相提并论。贵族在他们的仆役人员面前毫无顾忌，国王在贵族面前也毫无顾忌。

就是说，房屋空间的这种布局，就是常见的地域空间接近和常见的社会距离的这种同时性的表现，在一个层面上的密切接触和在另一个层面上的最严格的距离的这种同时性的表现①。

这种独特的关系在社会等级金字塔的另一个层级上，也在国王的房子里重新出现，当然，在某种特定的还能更加详细描绘的方式上有所变化。在这里，大封建领主和"领主夫人"作为前一个阶层上的统治者，把低下的人指派到前厅里听候他们的召唤；现在反过来，他们作为被指派到前厅里的仆人，在那里等着他们的主子即国王的召唤。

6. 正如人们所看到的那样，贵族府邸两翼中的每一翼，直接紧挨着"侧院"两翼的部分建筑，是一系列"私人住宅"，一边是房屋男主人的住宅，另一边是女主人的住宅。一套在大庭院的左边，另一套在大庭院的右边。两套住宅的结构几乎完全相同；（男主人的）卧室和（女主人的）卧室正好相对。不过，它们之间隔着这个庭院的宽度。居住者不

---

① 如果在主人的房间前面有第二个接待室，那是用来接待比普通老百姓地位高的人的（au dessus du commun，见法文版《百科全书》"domestiqué"词条），按照这种规定，在这里首先是地位高于仆役的人。不过，地位在普通老百姓之上的人，在这里不能理解为与主人相同等级或相近等级的客人；倘若涉及主人的私交，就会把主人交际圈里的这些人引到卧室或者一间在前厅和卧室之间的小房间里；倘若涉及社交，也许大多会引到紧挨着前厅的大客厅（Salon）里。与此相反，在男主人卧室前面的接待室会见一切客人，在第二接待室，即按照社会等级地位会客。时而在第一接待室会客，时而在第二接待室会客，也是对艾皮耐夫人（Mme. d'Epinay）生活的一种写照 [H. 提里翁（H. Thirion）：《金融家的私人生活》，1895年，第306页]。

能通过窗户对视；窗户面向两边，正如《百科全书》所指出的那样，是为了避免经常来来往往的车辆的嘈杂声[1]；后面则朝向花园。他们的卧室边上各挨着一间属于他们自己的单窗户小房间，去洗手间时或者洗手之后，可以在此接待客人。紧挨着自己的房间，二者分别有一间自己的接待室，而且不言而喻，他们分别有自己的更衣室。

在这个社会里，关于这种家庭男女主人的地位，几乎没有任何其他东西比通过指出他们住宅的这种均衡却完全分开的布局更能简要阐明其特征了。在这里，遇到婚姻和家庭的形式，在家庭的各种社会学理论里这种形式也许值得更加深入地观察。

"她如何与她的丈夫一起生活？"新来的男仆问女主人的女仆。

"噢，目前生活得很好，"她答道，"他有点儿拘谨，书呆子气，但是他极好虚荣，有野心；她有很多朋友；他们俩参加不同的社交活动，也很少见面，他们一起生活很正派、体面。"[2]

当然，这是个案：这个社会并非每个男人都拘谨，都书呆子气，并非所有的夫人都有很多异性朋友。不过在这里，同时也可以看到某种对于这个社会十分典型的东西。这个社会活动空间很广，因此丈夫和妻子会有不同的社交圈。个人生活的活动空间是由此起步的，但肯定不限于此，对于已婚者来说，是一种完全不同的空间，与一个活动空间比较狭隘

---

[1] 参见法文版《百科全书》，第 1 卷，"appartement"词条。
[2] 洛逊：《巴黎对话》，转引自布莱的《洛可可精神》，第 79 页。

的社会的情况是不同的。

另一方面，礼仪规矩、风俗习惯和体面的交际应酬义务要求夫妻之间有某些特定的接触，社会所要求的最低限度的接触，某些地方构成了对夫妻双方个人生活的限制。封建领主大贵族要求他的妻子必须做到的事是明显可见的，比如，上面那位女仆谈到的领主先生，中午到了他妻子的住处，后者还在睡觉，他会让女仆告诉她这番话："请您告诉她，我们有8天要去吊唁戴索德夫人，让她去看望我母亲，我母亲病了。我要去凡尔赛宫，明天或者后天就回来。"

对社会承担义务——看望有病的婆婆也属于这种义务，广义上是为维系"家族"的名望和荣誉。如果说个人之间的其他共性已经消失，它却作为共同的东西保留了下来，而且即便缺乏让夫妻双方的任何一方去利用其自由空间的意向，它还是保留了下来。①

在资产阶级的职业社会里，丈夫和妻子之间公开合法的关系表现在"家庭"的组成形式和概念里。在法兰西王政时期旧制度的高级贵族社会里，它表现在"家族"的概念里。为了能够使国王家族的姓氏世世代代地延续一致，人们谈论"法兰西家族"，所有封建领主高级贵族也谈论他的"家族"。在法兰西王政时期的习惯用语里，"家庭"的概念或多或少局限于高等市民阶层，而"家族"的概念则局限在国王和高级贵族上。《百科全书》着重指出了不同阶层的习惯用

---

① 参见法文版《百科全书》，第10卷，"marige"词条（自然法），特别强调对于妇女而言，通过婚姻能达到某种"解放"（á la liberté）。

语上的这种区别，不难理解，其中怀着强烈的谴责情绪①。而且，正如人们所看到的那样，这里不仅涉及一种"谈话的方式方法"问题，而且在这种习惯用语的背后还有一种现实，即高等贵族和高等市民在社会方面合法的宗族关系的结构和形态。②

其中的相互关联，在此不能详尽深入地阐明。人们不得不满足于指出，宫廷—贵族的联姻实际上并不适合资产阶级社会人们一般所称的家庭生活，实际上这个圈子里的联姻，至关重要的首先是与男子的等级相匹配，要尽可能扩大他的威望和各种关系，为"家族"扬名，使之继续飞黄腾达；作为整个家族的代表去结婚的，要拥有家族的等级和名声，至少保持结婚者的家族的等级和名声。也就是说，必须在这种相互关联上来理解家族的丈夫和妻子的关系，理解宫廷的封建领主和他妻子的关系。社会所监督的事，首先是这（对夫妻）两个人作为他们家族的代表的对外关系；此外，他们相爱与否，彼此忠诚与否，相互接触是否频繁，只能在他们承担的共同代表的责任的许可下才可为之。在这方面，社会监督是若有若无的、脆弱的。上面所描述的王侯贵族的私人住宅的布局，在某种程度上极好地解决了居住的需求，这类需求与这种宫廷类型的婚姻——几乎不能运用资产阶级的"家

---

① 参见法文版《百科全书》，第 61 卷和第 9 卷，"familie"和"maison"词条。
② 应当承认，高等贵族在某种程度上也影响了高等市民，因此"家庭"和"家族"的概念在应用上，法兰西王政时期旧制度对它们所设的界限，与在封建领主家族的意义上的联姻的现实类型和一种空间较窄的、接触丰富多彩的家庭生活的资产阶级的联姻之间所暗示的界限，并非直接吻合。

庭"的概念——是相适应的。

7. 如若人们从思想上审视法兰西王政时期旧制度的大领主和贵妇人的家庭生活范围，那么就能同时从其结构上的某个独特方面看到他们被编织在其中的关系网络。人们发现，他们与侍从仆役人员的关系的固定模式，表现在围绕着"侧院"和前厅的房间分隔上；丈夫和妻子之间的独特关系，表现在他们的"私人住宅单元"富有典型特征的分隔上。最终发现，他们被编织到社会中或者社交上的特性，以某种方式表现在社交区域的空间布局上。社交活动空间占据着具有代表性的（建筑物）地上一层的主体和中间部分，而且比夫妻二人的"私人住宅单元"加在一起还要大，主体和中间部分本身在这些人的生活以及他们的社会关系中具有重要的象征意义。他们生活的侧重点就放在这里。

社交场所的空间分为两部分。它们的中间是大厅，是宫廷贵族的社交中心，一般包括（建筑物）地上三层的高度，大多用柯林斯式圆柱来装饰。客人在主建筑前面的露天台阶旁走下自己的马车，穿过一个大的长方形前厅，进入圆形大厅，在大厅一旁由一个专设入口从前厅到达"社交活动套间"（appartement de société）、接待室和衣帽间；随后是"友人会客厅"（salle de compagnie），一个较小的椭圆形会客厅，接待较亲密的朋友，接着是餐厅，餐厅的边上是餐具柜；大厅的另一边是富丽堂皇的公务套房（appartement de parade），包括一些小的公务用房和办公房间，紧挨着大厅的是一条长廊，长廊远远超出侧翼的建筑，把大花园与那些小花园隔开。此外，公务套房的卧室及其附属物也属于公务套房。

室内社交空间的这种二分法具有某种独特的社会意义。"社交套间"用来招待男主人自己的比较亲密的社交圈子,也许女主人可以优先使用。他们一般下午在这里接待那些来陪伴他们的人。这些房间的存在,首先追求的不是体面的应酬,而是舒适,是为那种比较亲密的、不太拘泥于礼节的社交而设的,18世纪的人们称之为"沙龙社交"。

与此相反,公务套房则是法兰西王政时期旧制度下大贵族在公众眼里真正的地位象征,即便他们并没有担任任何官职。在此,他们大多是在接近中午时接待同等级或更高等级的人的正式来访,商谈宫廷生活中所有让他们与他们比较狭隘的社交圈子之外有所接触的事务;他们是作为他们"家族"的代表来接待访客的。此外,公务套房的卧室自有接待室和办公室,用来接待高贵的客人,尤其是那些必须敬重的贵宾。不过,女主人作为"家族"代表会用这里的"公务卧房"(lit de parade)处理一些特殊事务,接待某些正式宾客,比如来此分娩、接生的人。恰如这里所显示的那样(在很多方面也有所显示),这种把我们一般算作私人生活的很多方面纳入公开的社会生活范畴,对于这些人的生活布局而言是极富特征的。

这首先使得把社会活动的房屋空间划分为"社交房间"和"公务房间"变得完全可以理解。高贵的等级和由此产生的要在社交上保持体面尊严的责任,在某些情况下,赋予这些没有职业的人的生活一种严肃认真的态度和评价;在资产阶级的职业社会里,只有某种生意上或者职业上的拜访,才会有这么严肃认真的态度和评价,在"私人交往做客"时几乎不会出现这种情况。资产阶级各个阶层在职业上的拜访，通过与获得赚钱机会、飞黄腾达、保持或者提高职业—社会的地位的相互关联而被赋予特征。这种职业上的拜访，当然也包括那些所谓的"私人拜访"以及间接服务于职业目的的职业上的拜访。

宫廷的社交房间分为两种，一种适合比较私密的社会交往，一种适合正式的社会交往。封建领主社会的这种做法，某种程度上类似于职业社会中把房屋划分为私人交际用房和职业用房。基于这种划分，有一种客观情况（我们下面还会经常而且更加详细地谈到）是我们完全可以直接把握的：如果人们用资产阶级职业生活的结构及其划分标准来衡量法兰西王政时期旧制度下的宫廷人士的社会生活结构，那么，整个宫廷生活就会沦落为"私人圈子"。而这种界定会对人产生误导。因为对于宫廷贵族人士而言，他们过的并不是一种我们所谓的职业生活，因此根本无法区分职业生活和私人生活。然而，在社会上有自我保存的必要，有争取提高等级和尊严的必要，它们强加给这些人的种种严格的义务并不少，并把他们置于种种强制之下，而这些并不亚于职业生活基于种种类似的倾向对我们今天的人所造成的强制。

因此，在宫廷和宫廷社会里，社会方面的交往具有一种独特的两面性：既有我们私人生活的功能，如放松、享受、闲谈消遣；也有我们的职业生活功能，是升迁发迹和自我保护的直接工具，人由此擢升或沉沦，是作为义务所经历的，实现各种社会要求和强制。在一种活动上也许极为强调这个功能，在另一种活动上则强调那个功能，毋宁说，那种功能比这种功能更加容易排除。这种两面性表现在社会交际室内部空间的区别上。在"社交活动空间"聚会上，可能更强调享受和闲聊，其他则更强调公众事务活动的方面，这方面并不在少数。与此相反，在公务房间举办的聚会上，首当其冲的是大贵族的公众特性以及保持其家族的各种利益和主张其权益的要求。

8. 法兰西王政时期旧制度落幕之际，克若伊（Croy）公爵曾经说过："就是这些房屋，它们把绝大多数高级贵族的家庭搞破产了。"①

如果没有理解，在这个大封建领主社会里，房屋的巨大和富丽堂皇首先并非财富的表示，而是社会等级和社会地位的表示，就会很难理解为什么人们会由于房屋的价值或者为了房屋的价值而让自己破产。在这种情况下，石头建成的房子的外表对于大封建领主和整个封建领主社会而言是一种地位的象征，对于当时其家族的意义、等级而言是一种象征，对于其超越数代人的宗族的意义和等级也是一种象征，因而对其本身作为还活着的家族代表的意义和等级来说是一种象征。

高贵的社会等级有权拥有一座与之等级相应的房屋并"豪华装饰"。从资产阶级经济制度上看，这是种铺张浪费——"如果他已经不得不负债度日了，为什么还不厉行节制呢？"事实上，这是独特的封建领主等级制度的表现。封建领主等级制度是从宫廷社会的结构和运作中成长起来

---

① 戴阿温乃尔（D'Avenel）：《法兰西发迹史》，巴黎 1927 年版，第 302 页。

的，同时也是维系这种运作的一个条件。它是不能自由选择的。

在那些表示不同房屋类型的概念上，人们已经看到这种情况。人们不会称一个商人的房屋为"府邸"。"府邸"是较高级宫廷贵族房屋的名称。也许在18世纪，这个概念已经没那么重要了，比如富有的赋税承包商①的房屋也称府邸。但无论如何，《百科全书》还非常明确地指出："各种住所，按其居住者的社会等级区别都有不同的名称。比如，人们称一个有资产者的住所为'房屋'，称一个大贵族的住所为'府邸'，称一位王侯或国王的住所为'宫殿'。"② "宫殿"一词，除了明确地指称国王和王子们的住处之外，也称呼高等法院的所在地，因为高等法院在某种程度上是国王住所的一支，是行宫；最后也把高级神职人员的住所称为"宫殿"，并形成了惯例。

"除了这些之外，"《百科全书》还说，"任何人，哪怕他属于贵族阶层，也不许在他的房屋大门上挂'宫殿'字样的匾额。"③

9. 与这种名称上的等级分化相适应的，自然是住所位置形态上的某种等级分化。由于人们对这种分化历历在目，因而

---

① 赋税承包（Steuerpächt）是欧洲专制主义社会的一种赋税征收程序。国家设置赋税管理部门，比如法国1728年至1790年设立了赋税承包行政机构，奥斯曼帝国也有这类机构。但是国家并不直接征收赋税，而是让赋税承包商私人承包去征收，其交给国家的税收总数由国家或法律规定，法律可以提高征收数目。——译者
② 参见法文版《百科全书》，第8卷，"Hotêl"词条。
③ 参见法文版《百科全书》，第12卷，"Palais"词条。

宫廷社会 | 083

能同时在某个特定方面获悉这个社会等级划分的概貌。大量城市住宅成为所谓的"私人住宅"(maisons particulières)①，这种表达方式具有明显的特征：以"私人住宅"称之无法充分反映出这些房屋的社会性质。今天，"私人的物"的概念不仅表示是私人的，更是"职业的"，即一种与之对立的概念。一位高官的住所如果属于他个人，其中的房间并不用于房屋所有者的职业，比如充作办公室，那它也是"私人住宅"。与此相反，在法兰西王政时期旧制度下，有大量职业人员的房屋称为"私人住宅"，而他们的房屋恰恰服务于职业目的。人们这样称呼它们，是为了有别于某些阶层的人的住所，这些人并不真的具有我们今天意义上的职业，而是首先因为他们具有或高或低的社会等级地位，也就是说，首先是为了有别于贵族、神职人员、市政府高级官员、法官、教士以及财务人员即赋税承包商的住所。②

而且，人们对于职业阶层和社会等级之间区别的看法，在当时的习惯用语上也有清楚的表达：变成神职人员或军官，穿上法衣或军装；或者进入财税金融界，（18世纪）

---

① 这个名称以及下面所论述的资料都是根据法文版《百科全书》（再版），第2卷，"Architesture"词条。
② 财政人员、赋税承包商和他们的家属，被算作等级阶层，只有从某种偏颇的视野出发，今天才会令人感到惊奇。财政人员的努力，首先是谋求获得社会等级、地位、威望，为自己甚至至少为几代后人得到贵族称号，并过上一种高贵的、主要由其威望决定的生活。这非常重要，因为这表明，资本的拥有或者更准确地说货币的拥有，不必直接与"资本主义的"思想或者生活方式结合在一起。正在上升的中产阶级家庭希望通过获得资本达到什么样的目的和能够达到什么样的目的，取决于一个国家社会的整体结构。

年代有位作家①说，进入金融界的富人"占据了一个社会等级"，其他各种资产阶级的职能，即那些有用的职能，不得不接受那些令人感到有损身份的，诸如"行业"和"职业"等的称谓。

由这段话可以看出，在那些阶层一手遮天的情况下，各种职业等级被它们蔑视，但随后逐渐崛起、壮大。等级社会的人，尤其是那些在其中定规立矩、发号施令的人，首当其冲的是王子和贵族高官，就他们自己的意识而言，过着一种或多或少"公众的"生活，也就是说，一种在"社交"或者在（上流社会）"大世界"的生活。后者真正构成法兰西王政时期旧制度的"公众"，谁生活在它之外，谁就过着一种"私人生活"（vie particulière）②。

从宫廷社会的角度看，各种职业阶层的人都是一些不入流的门外汉。他们生活在（上流社会）"大世界"的边缘（这句话很有意思），就是一些小人物。他们的房屋不具有府邸和王宫的特性，即公众性的、代表其拥有者及其家庭的特性。就像这些房屋的居住者一样，这些私人住宅毫无意义。

与这些不同的社会功能相适应的是这些房屋所具有的不同建筑形态。③

---

① 德丹吉尔（P. De Dangeul）:《关于法兰西的优势和劣势的看法》，莱顿1754年，第72页。
② "私人"是"公众"概念的对立面，参见法文版《百科全书》，第12卷，"particulier"词条。
③ 不同房屋类型的图表在此仅作监督之用，参见吉姆贝特（Ch. Jombert）:《现代建筑学》，巴黎，1728年版。

在某种特定的传统范围内,宫廷人士对任何行为举止都极为敏感,即根据他在社会里的等级和作用,一个人应该或不应该有何种表现和形象,他们对此极为在意。人们极力关注一个人的所有生活表现,包括他的房屋,审视他是否遵守在社会等级内部为他的等级、地位所定的各种传统界限,而且注意一个人的所有东西,观察其社会价值、威望价值,完全与宫廷—贵族政体的统治机制和等级金字塔结构相适应,与以国王和宫廷为中心的社会相适应。这种关注和意识在统治阶层内形成,作为工具,进行自我保存和抵抗那些较低层的人向上施加的压力。与此相适应的是,这些人经历很多事情,我们初看起来,一般也许会把它们当作一些无足轻重、事不关己的事而拒之千里,在某种意义上,今天我们会在很大程度上感到它们早已丧失殆尽。下面将会一再重新指出这种情况。对于我们而言,首先需要这样一种从社会学方面进行反思的行动,才能在对这些"无足轻重""事不关己"的事进行观察并往往在为其斗争时,重新看见各种社会紧张关系和压迫强制的背景。

《百科全书》对各种不同等级和群体住房特征的描述,在这方面是很典型的。它首先指出下述原则是已经刻画过的、最下层的住房类型,即职业阶层的住房类型原则:"对称,和睦相处,舒适和经济节约"。这些原则的社会等级特征在建造的出租房屋——小手工业者和小商人的落脚之所——上很容易掩盖,因为它们相当准确地与当前①广泛开

---

① 在社会发展中,有各种升腾和沉沦的文化形式和理念,在这里,有一个有关各种文化形式形成的长期升腾的例子。这些原则的社会等(转下页)

展的运动对任何一种房屋所要求的东西相适应。然而，在编纂辞书时，它们被称作最低社会阶层的房屋标准，仅仅在与这些下层有关时，才特别考虑到"经济节约"作为建筑方面的原则，对于整个住宅建筑的发展来说具有典型特征，并不亚于从很多方面获得支持的这种观察：对于宫廷的—专制主义统治者上层的房屋形象而言，"经济节约"，即节俭和节约并没有决定性意义。在论述这些阶层时，没有提及任何一个阶层会执行这个"经济节约"的原则。这些最低下的社会阶层不需要有什么代表性、什么体面，它们没有任何要履行的社会等级义务。因此，作为对它们住房具有决定性意义的各种特征就放在了首位，在其他阶层的住宅建筑上，这些特征

（接上页）级特征与职业的和群众性的阶层上升，在功能上结合在一起，是容易认识的。经济、舒适、对称以及和睦相处与这些原则的社会等级特征，作为房屋的占支配地位的特征，在某种程度上得到贯彻执行，然而它们的贯彻执行，首先必须拒斥在法兰西王政时期旧制度保留下来的高等阶层的那些房屋种类，对于这种类型的房屋来说，有 5 种建筑方式（参阅下一个原注）特别具有典型特征。各种房屋传统上的装饰旨在谋求社会升迁、威望和代表性的体面，当然，首先甚至在法兰西王政时期旧制度下，这种装饰对各种社会下层的房屋形态也并非没有影响。在这里，这种方式的形式结构和立面形态总是由上向下传播，并加以简化。这两种倾向即在节俭地和体面地通过图案纹饰——这些图案纹饰作为社会等级和威望的象征发挥作用——装饰房屋之间的斗争，还保留了很长时间，一直持续到今天，哪怕旧的图案纹饰所体现的代表性特征慢慢地淡化。这种特征被保持下来，因为在贵族阶层的浪潮之后和与它们一起的一些新的浪潮之后，资产阶级各个职业阶层在其要求提高社会地位、体面代表性和威望方面，利用法兰西王政时期旧制度的上层所精心雕琢的风格特征，作为它们提高自己的威望和表达自己温文尔雅的意志的表现——当然，有所偏离（特别是在法国和德国，还增加这种或那种源于其他时代的风格特征）——同时，源于各种职业阶层的要求经济节俭的强制，也把其他形式倾向推向高潮。在经济节俭和要求在传统的威望象征的意义上的装饰之间的冲突，是建筑学里庸俗风格的根源之一。

无需完全付诸实现，却决定性地退居到代表性、体面和威望的功能背后。在建造上面所提到的各种职业等级的住房时，使用价值如舒适和协调、和睦相处，赤裸裸地和毫不掩饰地变成主要。强制的经济和节约在外表上已经明显可见。

10. 与此相反，在其他所有群体里（而且它们的等级地位越高，就越是表现得强烈明显），与它们的社会等级相适应，在行为举止表现上的义务和通过它们的房屋就能表现出它们是哪个社会等级的义务，越来越多地走到前台。在它们的住房方面，威望价值超过纯粹的使用价值。在这里，在较高的各个阶层里，社会等级地位伦理——即把（房屋作为）自我保存的手段——放在优先地位；在各个最低阶层里则把经济伦理——即（房屋作为）自我保存的工具——放在首位。

在这个地方，有关这些相互关联的暂时性论述只有借助从总体上逐步阐明这个社会的结构，才能得到充分证实和完善，如若人们看到这种生活习惯赞同给予（紧接着论述的）那一组房屋——虽然还是一些市民的房屋——一些什么样象征，这些相互关联就会变得更加清晰。

在这种房屋等级金字塔结构里，紧接着的是"私人房屋"，是一些富有的市民将其作为经常性住处而建造的。这些房屋"既不要建得像宾馆那么漂亮，也不要建得像一般房屋那么简易俭朴（也就是说，不要像前一组市民的住房那么简易）。建筑学的风格形式永远不要毫无道理地用于装饰，不管其建造者多么殷实富有"①。

这就叫做真正的等级构想，即在法兰西王政时期旧制度下较高的各个等级的想法！房屋的大小和装饰并不取决于拥有者是否富有，而仅仅取决于社会等级地位的高低，因而也取决于居住者体面的、符合身份的义务。②

倘若人们观察这类房屋建筑③，那么大致上就会再次发现像是在观察府邸建筑上的各种相同要素。作为在生活方式在一切问题上都订立规矩、发号施令的阶层的房屋形态，也构成上升了的市民阶层房屋形态的榜样。但是，所有的规模范围、标准都有所降低。庭院，首先是两边的侧院都很小；与此相适应的是，周遭用于家庭日常生活的房间也局限在较小的规模上；除了一个厨房、餐厅和小工作室外，就不再有其他房间了。房屋的主人和夫人的套间单元挨得很近，这是市民婚姻的空间相对比较狭窄——以宫廷贵族婚姻空间很广阔来衡量的话——的象征和决定性基础。然而，尤其是社交房间，完全压缩掉了。很典型的是，根本没有装饰辉煌的公

---

① 认识法兰西王政时期旧制度下的这5种建筑风格形式：琼尼风格（jonisch）、铎里风格（dorisch）、柯林斯风格（korithisch）以及一种与柯林斯风格相似的叫做"混合式风格"（l'ordre composite）和托斯卡尼风格（toscanisch）。这些风格方式表达的内容在与不同的社会阶层的关系上，完全准确地衬托出来（参见法文版《百科全书》，第11卷，"ordre"词条。

② 在法文版《百科全书》里会出现这样一些具有代表性的观察，在这种语境下是不能回答的。不过，至少已经指出，在法文版《百科全书》里，在一系列条目里，等级地位的分化被描述为完全不言而喻的事并且加以肯定（请查阅，如"noblesse"词条），尽管大多数在思想意识上进行某些重新解释。

③ 有关图表在前面引用过的法文版《百科全书》，图表XXV和XXVI。

务用房套间。有一个小的圆形客厅，但是很小，限在一个楼层里，紧挨着它的，一边是一个长形房间，集办公室功能和画廊功能于一身，另一边是一个小小的女会客厅（boudoir），第三边是一个"会客厅"（salle de compagnie）。前面的接待室同时具有家庭餐厅的功能。如果用作餐厅，那就把客人送到入口处的门厅，在那里招待客人。这就是这里用作社交房间的全部。

11. 由此出现的资产阶级社会的（房屋）建筑和宫廷贵族社会的（房屋）建筑之间的区别，是很有启发性的。在宫廷人士的生活里，社交占有一种迥然而异的空间和时间，不同于在资产阶级生活里。宫廷人士在自己家里可能和必须接待的人数比较多，职业资产阶级人士①在社交上必须和可能在家与之交往的人数比较少。前者用于社会交往的时间的量完全不同于后者，在他那里，直接的关系网络比在职业资产阶级人数那里更加紧密，社交接触次数更多，直接的社交约束力更强，在后者这里，通过职业、钱财或者商品中介促成的各种接触大大占据优先地位。

从时间上看，直至 18 世纪六七十年代，这一切大致上都还适用。在这段时间里，职业资产阶级的各种群体在社会方面和经济方面的跃升总是变得越来越明显，而大部分贵族则越来越穷。然而，无论是从法律上看，还是从社会交往方面

---

① 从这种描述中可见，撇开诸如税收人员和法官、官员这些中间阶层不讲，职业资产阶级虽然是市民阶层，但是在生活方式上却模仿贵族，而且有一部分还生搬硬套贵族的生活方式。为了能理解这些中间阶层，首先必须了解成为他们榜样的宫廷的各个阶层。

看，对于各种不同群体的思想意识而言，他们之间层层叠叠的壁垒还是十分坚固的。

12. 在（贵族上流社会的）"大世界"里，把什么标志看作用来表明"府第"特征——封建领主的住所——是合适的呢？《百科全书》在谈到这些住所时说道："它们的装饰方式要求美，符合让建这些房屋的人的出身和社会等级地位的美。但是，永远不许装饰得像一座国王的宫殿那么宏伟豪华。"① 我们大多数人纯粹是从美学角度感受各种文化形式结构，即将其作为某种特定风格的变化，而它们本身也被生活在其中的人们认为是各种社会的品质的极为界限分明的表现。府第当中的任何一栋府第，原先是为某个确定的委托人或"家族"建造的；而建筑师努力让人在府第的形态和装饰上可以直接看到其居住者的社会地位。

一位率领一支军队的王子的住所，大致可以说，相当于一位红衣主教的住所，一位"首席法官""行政长官"（premier magisrat）的住所，也就是说，司法最高职务或者行政最高职务的拥有者的住所，最后，一位接受政务委托的"开明的大臣"（ministre éclairé）的住所。王子的住所，其外表完全有别于法兰西的一位仅仅担任军职的将军，有别于一位主教或一位"高级财政官员"（president à mortier），也就是说，有别于在贵族、教士、法官和高级主管官员的等级金字塔内较低等级的那些人的住所。所有这些人，"如果他

---

① 这里和下面的引文请查阅法文版《百科全书》，《图表集》，第 2 卷，《建筑学》，第 5 部分。

们在社会里并不拥有同一等级，他们的住宅的建筑布局必须表明在国家里面各种不同的等级顺序，或者高一些或者低一些的等级"。

这些王子的住所也叫宫殿，更准确地说，（用国王宫廷的标准来衡量）叫做二级宫殿，另一些王子的住所只能叫"王府""大府邸"（de grands hôtels）。但是，这两种房屋的装饰必须与社会职能相适应："人们应该为军人的住房选择一种在军事方面发挥作用的装潢，应该通过直线轮廓、各种平面和曲线的平衡来表达，整体而言，通过某种铎里风格的建筑来表达。

"教士的住所应该选择某种不太严格的建筑方式，通过其各部分的布局安排来突出这种方式，通过对此合适的划分，以及总的来说通过某种克制、不张扬的风格来强调这种建筑方式，这种风格不应被一些伤风败俗的装饰图案所埋没。①

"最后，对于市政高级官员或高级法官的住所来说，应该选择一种形式，通过其各部分的一般规划设计和正确的布局安排，适合于从远处就能清楚地显示出其所有者的价值、温和善良和城市特性。

"而且还要重申一下，在任何建筑构想上，绝对要避免

---

① 在法文版《百科全书》里还要更加仔细刻画的这种特征的描述，通过指出从一系列巴黎著名的府邸中选择的一些特定的例子，得到支持、印证。作为军官府邸（hôtel d'un minitaire）例子，有苏比斯官邸，后来老教堂路的档案馆。在同样这条大街上，人们也发现作为家庭例子——在这种家庭里，继承着高尚的精神方面的威严——的府邸：罗翰府邸，是18世纪为斯特拉斯堡的红衣主教埃尔曼·戴罗翰建造的，由德拉迈尔所建。他也是苏比斯官邸的建筑师。

模仿国王宫殿的宏伟和豪华。"①

13. 倘若不能同时从社会的视野和我们的视野来观察社会,就不可能理解一个社会的(住宅)建筑。当前,似乎或者往往是这样的,人们借社会的视野可能获得极高把握性的唯一方法就是用数量来表示,历数一些头面人物,这是一种

---

① 在19世纪资产阶级—资本主义的世界里,各种使用的东西也保留着各种体面代表性的功能和威望的功能。然而,在法兰西王政时期旧制度等级社会里具有体面代表性的东西,如前所述,是社会地位和等级,它们着重把个人与一系列其他的人、与某一个或大或小的阶层或群体结合在一起。新成长起来的东西,也顺应着他的群体只能缓慢演变的、传统的表达形式。各种群体和社会阶层作为整体,是真正的威望的提供者;一个人的财富,即他所使用的东西形成的某种特定的形式,在最广义上应该真正表达的东西,也就是他归属这个或者那个社会等级群体,能够属于等级金字塔的某一个特定的层阶,分享其各种特权和威望。与此相反,在职业资产阶级社会,尤其是在19世纪晚期职业资产阶级的社会里,首先应该体现具有体面代表性的东西,是货币财富,即一个家庭的货币财富。在这里,不想更加详细地深入论述这种重要的区别,与上面的描述相对立的另一种关于资产阶级时代的论述,也许会对一种十分错综复杂的客观事实,给予某些色彩上太过于清晰的表述,然而,在这种相互关联上,这种论述却会在体面的代表性和威望要求的意义和形态方面,传递出一种有关演变的很好的画面。

引自恩斯特·海尔伯恩(Ernst Heilboern)《两次革命之间》(第2卷),柏林1929年,第127—128页:

"要知道叶妮·特莱博尔(Jenny Treibel)夫人外表如何,就必须看看那只波罗格尼斯小狗,它蹲坐在轿式马车里,在她的身边。这只波罗格尼斯小狗的价值不仅仅在于它的令人赏心悦目,不仅仅在于它表现出的优秀的和令人愉悦的各种特征,而且首先是人们知道,它特别昂贵。因此这涉及叶妮·特莱博尔夫人的体面,不管她显得很可笑,还是令人敬佩,她都是很高贵的。叶妮·特莱博尔夫人为她自己的衣服、为她的侍从仆役、她周围的人所花销的钱财,决定着她的,即叶妮·特莱博尔夫人的社会价值。……于是,就出现劳动分工,丈夫的义务是赚钱,妻子的责任是对外代表家庭,要表现得体面风光,显耀摆阔。

测量手段。恰如人们所看到的那样，也有其他的途径。如若人们致力于对某些（社会）形态的界定，在科学上就不能仅仅通过思想把它们碎化成原子颗粒、细微末节的行为、具体的意见，从而接近它们，那么此时就特别需要其他办法。

研究宫廷人士的房屋形态以及他们自己对房屋形态的经验和建造房屋的"观念"，是分析（社会）形态的一个例子，这种分析是同时从他们的视野和我们的视野来进行的。房屋形态本身的社会规范或者（如同以传统方式表达的那样）"宫廷人士的房屋形态的客观方面"构成其出发点。房屋形态是可以区分的，但是不能完全与房屋形态的各种"主观"角度分割，不能与有关的群体本身如何体验和阐明这种房屋形态的方式分割。

如果这样观察，对宫廷社会的房屋形态和空间形态的研究就会获得一种对相关社会结构初步的有限的认识，而相关社会结构就是我们在这里探讨的。同样，以这种方式观察它，既从他们的角度，也从我们的角度，即人们把他们视为其他人的（社会）形态。人们说"他们"就是指其他人；人们同时看到这些其他人是如何看待他们的，如果他们说"我们"，就是指他们是如何看待自己的。

这是一个按照金字塔结构安排的等级社会。不过，这种专制主义的等级社会有别于此前中世纪的等级社会，因为君主政体的代表们清清楚楚地赢得压倒其他各个等级的优势。中世纪等级社会比较动荡不稳的权力分配，让位于一种比较稳定的权力分配。现在，国王在权力方面远远优于其他贵族、高级神职人员和高官们，这是毋庸置疑的。一种象征性的表现就是没人能够和敢于建造一栋房屋，其规模大小、豪华显赫和图纹装饰接近甚至超过国王的王宫。紧随国王家族其他成员之后的是三大最高层领导骨干团队,即高级武士贵族、高级神职人员、高级法官和行政官员的团体。他们在内部都是按照金字塔结构安排的。在他们之后,是三大最高层领导骨干团队中的每个部门的一些中下基层。变得十分富有的赋税承包商和资产阶级市民大致是从这个队列中大步迈出的。赋税承包商和为国务活动筹措资金的人员,在所有这类最杰出代表之列。

第三等级根本不再是一个真正的等级,而是各种不同职业群体的聚集地,它们的社会结构与它们从上面沿袭下来的作为"等级"的表达方式越来越不吻合。属于这个"等级"的最下层是小百姓,即农民、小佃农、小手工业者、工人、仆人和其他佣人。不过,还不止这些,人们可以想一想,把"私人住房"分为两类,这种二分法至少大致上与它相适应。属于这个等级的还有在各种等级划分坐标上的那些中等资产阶级,即"商人、工厂主、律师、法官、官员、职员和辅助工"。从第三等级中,一些最上层群体奋起反抗武士贵族(noblesse d'épée),这些反抗者有就职于高级法院和行政当局者、赋税承包商和做秘书工作的资产阶级知识分子。随着这三个群体的出现,同时规划出市民阶层进入等级社会的三条升迁大道。高级市政官员早就要求得到与武士贵族同等的待遇,赋税承包商官员不得不满足于在表面上超过武士贵族。

《百科全书》把高级市政官员放到世袭贵族那个系列

里，也把比较高的神职人员放在同一系列里①。高等法院，尤其是议院，从路易十四逝世起，某种程度上已经能与贵族和神职人员平起平坐、进行较量。不过，在专制主义统治机制内，它们总是构成一种比较温和的反对派力量。它们为它们的权力要求和它们的社会骨干队伍的威望而斗争，但是它们从未完全得到承认。从法律上看，除了在路易十四统治下已经变成新贵族的最上层家庭外，它们仍是某个资产阶级的代表，尽管享有种种特权。然而，它们的最上层群体却成为一个特殊贵族，即长袍贵族，尽管其权力日益上升，却从未丧失其作为官员贵族的特殊性质。

作为社会交往的团体，这些"官员"的房屋，至少在首都（这里仅谈论首都）并未扮演着与宫廷贵族的房屋相同的角色。后者仿佛基于等级地位的原因承担社交上的义务，并且乐意为之；直至革命之前，一直在整个法兰西王政时期旧制度里构成"高贵的宫廷社会"、（高等贵族的）"大世界"、"好人的伙伴社团"（bonne compagnie）的真正核心群体。这个高贵的社会是一个由一些交际阶层组成的网络，高等宫廷贵族构成其中至关重要的、最负声望的和最能发号施令、定规立矩的群体。财税方面的交际阶层，毋宁说，紧挨着这个"高贵的社会"的边沿。撇开少数相互交错的结合（诸如贺瑙尔德会长的沙龙）不说，在宫廷社会里，市政高官也许从未构成被严肃认真接受的詹森教派②的核心团队，

---

① 参见法文版《百科全书》，第 11 卷，"noblesse d'épée"词条。
② 按照荷兰天主教反正统派神学家詹森（Cornelius Otto Jannsen, 1585—1638）的教义创立的教派，17 世纪流行于法兰西、荷兰等地。——译者

甚至从未成为巴黎的一个社交社会①。

18世纪的资产阶级市民中大致能归入（高等贵族的）"大世界"交际圈的人，首先是资产阶级知识分子的代表，他们一般是作为客人而非东道主，这对于这种"社交"结构肯定不是毫无意义的。他们聚会的地方，他们找到他们社交需求的前提的地方，能够产生那些让这个"大世界"的不同分子保持团结一致和向下划分的明显界限的地方，是一些府邸、官邸，而不是资产阶级市民的房屋，那里有着平等的社交礼节（savoir-vivre）、不相上下的机智风趣、优雅的兴趣爱好和精心培养的丰富多彩的喜好。通过这类立即可见可感的特征，这个"大世界"的成员们卓然于普通人群。与之息息相关的是在"大世界"里培养特殊威望和体面交际应酬的意识，这种意识早已证明是房屋形态上产生影响的创造性因素。

埃特蒙德·德·龚古尔和儒勒·德·龚古尔在谈到18世纪最宏伟最标准的沙龙，即卢森堡元帅夫人的沙龙时说："高贵的社会是两性的一种结合，其目的在于与不良的社交、各种庸俗的会社、狭隘的社团加以区别，亦即通过实现令人赏心悦目的各种形式，通过各种行为举止的端庄优雅、可亲可爱、乐于助人，通过体贴入微和生活方式的技巧，……外观和行为举止，作风态度和礼节礼仪，'高贵社

---

① 有关资料主要引自E.和J.德·龚古尔（de Goncourt）的《18世纪的女性》（*La femme au XVIIIe siècle*），巴黎1877年；以及V.杜布勒特（V. du Bled）的《16至20世纪法兰西的社会》（第5卷）。

会'都有详细规定。"①

14. 通过形式分化形成的外在事物作为社会分化的手段,以形式体现社会等级,不仅对于宫廷社会的房屋,而且对于整个宫廷社会的生活形态,都表现出明显特征。这些人对于在他们发挥作用的范围内,包括在他们自己的各种活动范围内,社会等级和要求可以看得见的东西的形态的相互关联十分敏感,这种敏感同时也是他们的社会地位的产物和表现。《百科全书》在表述住房建筑时曾经说道:"让建造房屋的人所属的社会等级肯定是各种不同(风格)表现形式的渊源。但是,在这个(高等贵族的)'大世界'里,人们要学会区分所有的要求和这种住宅或那种住宅适合于这个拥有者或那个拥有者的风格,……如果人们在里面没有什么交往,又将如何达到这些表现形式呢?毋庸置疑,通过交往——通过高贵社会里的交往——人们就获得对理应做到的事的感觉;人们学会观察良好的交际形式,获得判断力,在那里产生梳理他的各种理念的能力,在那里得到纯正的趣味喜好、学会正面认识那种对于任何建筑都合适的特征。"②

这类思想里所表现的态度,指出了这个社会各种具有决定性意义的二律背反之一种。回顾起来,今天一般似乎表现为奢侈的东西,恰如马克斯·韦伯认识到的那样,在这个已经这样建成的社会里并非都是多余的。费伯伦认为,这种

---

① E. 和 J. 德·龚古尔的《18 世纪的女性》,德译本见 Hyperion 出版社版本,慕尼黑 1920 年,第 1 卷,第 61 页。
② 法文版《百科全书》,《图表集》第 2 卷,《建筑学》第 5 部分。

"奢侈"从概念上讲就是"为了引人瞩目而消费""为了炫耀而消费"。如果在一个社会里，任何属于一个人的形式都具有某种社会的体面的代表价值，那么在这个社会里各种高雅的社会阶层为了威望和体面交际应酬而花的种种开销，就有着无法回避的必然性。它们是社会方面自我保存的不可或缺的手段，特别是倘若（恰如在这个宫廷社会的实际情况那样）一种为争夺社会地位和威望的机会而进行的永无止境的竞争把所有参与者都压得喘不过气时，情况就更是如此。

一位公爵必须这样来建造他的房屋，让它表达出：我是一位公爵，而不是一位伯爵。这同样适用于他的整个表现。他不能容忍，另一个人的出现比他本人更像公爵。他必须十分清醒，在正式的社会交往中他的地位要高于一位伯爵。若他执掌一个国家或一个州，他将通过他的实际职能、权力大小使自己总是拥有高于伯爵的地位。

于是，在社会交往中表达这种优越地位是十分重要的，不过绝非必不可少；因为他不仅在这里实现自我。然而在这个专制主义的等级社会，几乎没有什么统治职能是与这些不同的贵族等级相适应的。整体而言，这是国王授予的头衔、称号。尽管它们也与一定数量的土地财产结合在一起，但是这种地产更多体现为某种可以经营的收入来源，而不是统治范围。因为在这个国家里，唯有国王在施行统治。因此，实现这种等级的基本方式是通过在这个等级的意义上符合社会习惯的表现、行为举止来证明这种等级。强行体现这种等级是冷酷无情的。如果缺乏用在这方面的金钱，那么等级，因而也是拥有等级者的社会存在就仅仅具有十分微不足道的现实性。一位公爵如果住得不能像一位公爵应有的那样，就是说他也不能再正正经经地履行各种社会责任，那他就几乎不再是公爵了。

不过，正如人们看到的那样，这样一来就必须了解封建领主经济运行所卷入的困境。商人为了确保其社会生存，必须量入为出。大封建领主显贵为了确保其社会生存，必须根据等级地位的各种要求安排他的财务支出。"贵族的义务"这条原则在其原始意义上是一种伦理的体现，这种伦理与职业资产阶级各阶层以经济为取向的伦理是不同的。这是宫廷贵族社会生存的二律背反，法兰西的经济越是成为理性经营者的战场，这种二律背反就越是强烈，越是明显可感。这种二律背反就在于，虽然花销是社会等级及其由社会强加的体面交际应酬的种种义务安排的，但是用于消费的收入并没有这样安排。

对于贵族来说，还会使这种态势变得更加困难，因为18世纪贵族在行为举止和生活方式上都必须在日益扩大的规模上，与蒸蒸日上的资产阶级各个阶层，首先是金融投资者们竞争。人们并非无缘无故地把后者归入等级阶层，而非职业阶层。"金融巨头"也并非无缘无故被称为"拿下一个社会地位的人"。金融投资者也或多或少地适应等级的思维形式和行为方式。他们起初并没有什么传统地位，现在他们也要求有符合等级地位的体面交际应酬。在这里，恰如在市政高官身上一样，实际上并非与各种职业资产阶级阶层有关，而是与资产阶级等级制度的各阶层有关，同时应注意的是，最高层的市政高官总是至少有一部分家族被保留下来。他们早在17世纪就已飞黄腾达，从那时开始，他们就认为自己在社会等级方面已经脱离职业资产阶级，而我们在18世纪才听说的金融投资者家庭则几乎毫无例外是在18世纪才飞黄腾达成为富豪的。不过,从他们的行为举止可以看出,社会等级、荣誉和威望所激发的动力①比经济利益所激发的动力更加重要。诚然,在这当中也产生了形形色色的混合形式和过渡形式。

要求抬高自己、有别于非自己所属等级的成员、在社会上出人头地,这也表现在一些概念的表达上,比如"价值""动机""尊贵"② 等,不言而喻,应用它们既是社会等级归属性的识别标志,也是实现各种相同的社会理想义务的证明。如同象征着这些概念的行为举止和价值一样,这些表达方式本身也或迟或早地传承到正在蒸蒸日上的资产阶级的、宫廷社会的同化者即金融投资者们身上。在他们的圈子里,"经济"和"利益"(的诱惑)正在丧失其优势;经过一两代人之后,通过"荣耀"、高贵和名望要求而形成的诱惑就会

---

① 神父科伊尔(Coyer)在其《商人贵族》(*noblesse commerçante*)一文中建议让贵族从事职业活动和商业活动,以消除贵族的困顿。他说(见《商人贵族体系的发展和维护》,阿姆斯特丹1757年,第136—137页):"在我们当中,有些人对贵族想去经营商业的想法惊恐万状,他们可能与孟德斯鸠先生一样把君主政体的原则视为荣耀,这种荣耀历来就被视为是(社会的)价值之父。他们会说,这条原则会被某种完全针锋相对的原则所破坏,比如我们在商业里找到的原则,即营利的原则。"人们看到而且也有意识地目睹了区分职业资产阶级的各阶层和法兰西王政时期旧制度里各等级阶层的结构变化形式。
② "尊贵"在表达上,今天也还余音袅袅,比如,"一位尊贵的(distinguierter)先生";但是,今天"尊贵"的严格意义作为社会等级的表达,余音却十分微弱,而作为当时与社会等级不可分割的外在表现的表达,其意义却跃居前台。

超越它们。①

然而,金融投资者的生活方式反过来也对封建领主们的生活方式产生了反作用。现在由前者一起决定的各种流行时尚,也在驱赶和鞭策着后者。摆脱时尚,总是意味着丧失威望。同一时期,价格都在提高;② 贵族的年金收入保持不变,他们的货币需求却在步步攀升。③

---

① 自从第三等级致富后,很多非贵族人员进入(高等贵族的)"大世界"。一位萨穆埃尔·贝尔纳德的后代就不再是图卡雷特(Turcarets),而是巴黎的杜威麦(Duvermey)、圣-詹姆斯(die Sandt-James)、拉伯德斯(die Labordes)。他们让自己表现得温文尔雅,培养自己的精神和心灵,很有节奏感,了解文学、哲学和美好生活,知道如何办庆典和待客。人们几乎能在他们身上找到一位大领主才会有的社交方式。他们的儿子们像他们与之交往的年轻公爵们那样挥金如土、穿戴时髦。转引自 H. 泰纳(H. Taine):《现代法国的起源:旧制度》(Les origines, L'Ancien régime),巴黎1876年,第1卷第3章第3节,第173页。
② 亨利·泽尔(Henry See):《法国经济史》,耶拿1930年,第170页。
③ 关于贵族日益贫穷,参见 A. 托克维尔的《王政时期的旧制度与革命》,巴黎1866年,第8章。他在书中援引一位贵族1755年的抱怨说:"尽管贵族享有种种特权,但是正在没落破产,每日都在丧失其意义,而第三等级手中却掌握着财富。"

四

关于宫廷—贵族政体相互交织的特征

1. 恰如人们所看到的那样，导致一个不劳而获阶层的社会生存破产的窘境，其强迫性和无法回避性并不亚于导致一个劳动阶层破产的情形。这就是克若伊公爵的话里所表达的情况："这些房屋让绝大多数大家族破产。"

培养一种这样的态度并使之保持下来的特殊（社会）形态，借助它，必然能隐隐约约地反映出来。但是，源于被编织到这样一种宫廷社会里的特殊态度本身，在进行这种研究时通过各种他治的价值评判的重复叠加，通过职业资产阶级经济伦理的掩盖，会让观察者看得更清楚一些。这种经济伦理并非某种不言而喻的东西。不管人们生活在什么样的社会，只要他们仅仅是为了自己才能"理性地"或者"符合逻辑地"进行思维活动，那么他们就不会依照经济伦理的戒律行事。宫廷贵族对货币收支的态度，与职业资产阶级是不同的，这不能简单地通过假设某些个人缺陷或恶习弊端的偶然积累来解释；这里无关一个参与者个人的随心所欲或者缺乏高瞻远瞩、自我克制等弊端的传布。在这里，人们遇到各种准则和价值判断的另一种社会体系，只有当个人放弃在他们的社团内进行交往，放弃他们的社会群体的归属性之时，他们才能摆脱这个社会体系。由于很多个人的内心藏着秘密，这些准则是无法解释的；只有在与特殊（社会）形态的相互关联上，借助这种很多个人一起组成的（社会）形态，并借助一些特殊的、把他们捆绑在一起的相互依存、相互约束，它们才能得到解释。

2. 一方面是职业资产阶级的社会伦理，它的各种准则让一个个家庭承担责任，必须量入为出，而且如果可能的话，把当前的消费维持在收入水平之下，因此希冀提高未来的收入，节省下来的收支余额就可以进行投资。在这种情况下，已经有了保障的家庭地位甚至社会方面的成就，获得了一种较高的地位和威望，都取决于个人的收支战略。另一方面，从长远看，为了未来的赢利，不能有太大的偏差，要让他的短期消费倾向服从"为未来而节约"的伦理。

用于维持名望的消费，其规范与这种职业资产阶级的行为举止规范是有区别的。在一些社会里，这种不同的伦理（即合法地位消费的伦理）占支配地位，纯粹是为了保障一个家庭的现有社会地位，而这样就已经要取决于人们把他的家庭预算开支、他的消费、他的整个花销首先与他的社会等级、他所拥有的或者努力争取的地位或威望完全匹配；更不要说，为了通过社会威望获取社会成就，更得如此。若谁的行为举止不能符合他的社会等级，就会失去他的社会对他的尊重，就会在不断争取社会地位和名望的过程中落后于他的竞争对手们，就会有危险、会破产、不得不靠边站，以致不得不退出他的社会等级和地位所属的群体。

与他的社会等级相适应，这种花销的义务要求他学会如何操控钱财，这种操控与职业资产阶级对钱财的操控是不同的。在泰纳[①]所展示的黎塞留公爵的一种行为里，人们会发现这种社会伦理的一种非常典型的表现："他给他儿子一个鼓鼓的钱包，让他学会像大领主那样花钱，当这个年轻人把钱又带回家时，父亲当着儿子的面把钱包扔到窗外。这是社会传统意义上的一种社会化，给个人打上了深刻的烙印：他的社会等级强迫他必须履行慷慨大方、挥霍钱财的义务。在量入为出和为了节约而有计划地限制消费的意义上，"要经济、勤俭节约"这样的表述，直至进入18世纪甚至在法国大革命之后，才从宫廷人士的嘴里说出，而且还带有某种轻蔑的意味。这是小人物的社会美德的象征。正如人们所看到的那样，费伯伦在研究"社会威望消费"时，还在很大程度上由于并没有批判性地运用资产阶级的价值评判态度作为其他各种社会的经济行为举止的标准，而把自己弄得头晕目眩、不知所措。这样一来，他就妨碍了自己从社会学角度分析威望消费的途径，也看不清楚其背后的种种社会强制。

威望消费——即在某种社会地位和名望竞争的压力下消费——的各种类型，存在于很多社会。一个著名的例子是北

[①] H. 泰纳：《现代法国的起源：旧制度》，巴黎1876年，第1卷第2章，第2页。

美洲西北海岸的几个部落里设有送礼节①，比如特林吉特部落（Tlingit）、海达部落（Haida）、科瓦基库特尔部落（Kwakiutl）等。在这种制度下，一个家庭的社会地位、社会等级和名望，时时刻刻都会一再受巨大开支所迫而采取大吃大喝、送大礼的形式，尤其是宴请和馈赠那些社会地位及名望上的竞争者，以采取另一种方式经受考验，如果可能的话，加以证明。

如同在法兰西一样，17、18世纪的英国各种社会上层里也有强烈的社会地位和名望竞争时期，这种竞争同样（其中包括）表现在建筑豪华房屋［今天习惯称为"富丽堂皇的房屋"］上。诚然，在英国，国王和宫廷并不构成一种超越一切的权力中心。因此，英国的高层社会等级并不在相同的程度上像法国的高层社会等级那样具有宫廷的性质。在法兰西，路易十四加固了各种贵族最高阶层和资产阶级最高阶层之间的社会障碍，以此巩固他自己的权力，而且他总是将这放在心上，并精心监视、保持和维系；因此，在英国，这类障碍比较不那么尖锐，也比较能够容忍。尤其是英国的富有资产阶级的大地主们、绅士们，在某种永远无法消失的社会地位竞争的压力下，参与追逐名望、建筑豪宅，十分普遍地

---

① 送礼节（der Potlatch）是北美洲一些部落的威望消费制度。部落首领和高级官员的婚丧喜庆或其他庆典时，根据社会等级高低送礼、宴请宾客，等级越高，礼品越贵重；当然，送礼者也会在威望、地位、官位、称号等方面获益。在与欧洲人尤其是欧洲商人接触之后，这种风俗逐渐瓦解。19世纪末，加拿大和美国陆续开始禁止这种大肆挥霍、铺张浪费的节日。随后，这种恶习逐渐减少、消失，而且当时还有其他法规整治这类丑恶行为。因此，1950年代，加拿大和美国先后废除这类禁令。——译者

为争夺社会地位而消费，他们在这方面的激情并不亚于身居领导地位的贵族家庭，因而也有一系列家庭以这种方式沉沦、破产。

从远一点的视角看，在这种情况下，家庭破产可能看起来是发生在个别家庭里的现象，是因为个人的无才无能。某种意义上，情况当然是如此。如果某人赛跑输了，那么这肯定意味着完完全全因为他自己不能像他的对手们跑得那么好、那么快。不过，竞赛是这样的：只要不是不分胜负、打成平手，就必然会有失败者。各种高等阶层都有社会地位的消费伦理以及某种程度上强烈的社会地位竞争，它们是这样安排的：它们当中总有一系列家庭会没落、破产。

3. 在欧洲的发展过程中，孟德斯鸠提出了最早的社会学模式之一，以此解释他所观察到的贵族家庭破产的规律性。他把武士贵族家庭的这种沉沦看作是发生在各种等级之内，是在各种家庭的社会循环的阶段上的。同时，他从两个前提出发，它们对于他的社会的结构和他自己的社会属性是很独特的。他的出发点是：把他的社会里各种不同的社会精英隔开的障碍，无论是法律上的障碍，还是其他各种障碍，都仍然未被撼动。他认为，法兰西社会占支配地位的各阶层骨干分子之间的各种区别也好，各等级之间的各种区别也好，都不能和不应被混淆。不过，他同时也看到，在这些等级及其精英分子的这种牢固框架内，各种家族、家庭的上升和沉沦在不间断地循环。

把法兰西社会的两种贵族——即武士贵族和官员贵族——与广大人民群众隔开的最重要障碍之一，是法律禁止他们参与任何商业经营。贵族若以这种方式增加收入就会被视为不光彩、不正派、不伦不类,其后果是丧失贵族头衔和等级。孟德斯鸠认为,这种禁令是专制主义君主政体的一种有益的、实际上完全不可或缺的机制。他评论道,在这种情况下,一种独特的、不同于其他方式的社会奖赏、报酬会赋予最高等级群体中的任何一支。恰恰是这给它们以激励:

"收税人的宿命财富;财富本身就是报酬。显赫和荣誉是属于贵族的:他们除了显赫和荣誉而外,不懂得、看不见,也感觉不到还有什么真正的幸福。尊敬和景仰是属于朝臣和官吏的,他们兢兢业业,日以继夜,为帝国的幸福工作着。"[1]

从中可以相当清楚地看到孟德斯鸠本人的立场。他属于最后提及的那个群体,即官员群体。在他的表述里,官员贵族和武士贵族之间的竞争一目了然。他很少会放弃谈论武士贵族,又不加入一些讽刺性的评论。然而,与两个贵族群体的代表们所作的那些评论相比,孟德斯鸠的评论还是很有节制、很温和的。很少有人能像他看得这么清楚,武士贵族家庭的没落破产的规律性并不能简单归结为他们个人的软弱无能,而应是他们的社会处境,特别是他们的社会价值体系的一种后果。

他首先指出,想取消禁止贵族通过经商来发财致富的规定是多么不正确。如若真的这样做,就会夺走商人们所具有

---

[1] 孟德斯鸠:《论法的精神》,第 13 章,第 20 节。
此处采用商务印书馆 1987 年版张雁深译《论法的精神》上册,第 226 页。——译者

的想赚很多钱的主要动力：作为商人，他们越是精明，脱离商人等级和买到一个贵族称号的机会也就越大。如果他们借助他们的财富先上升至官员贵族，那么稍后可能还会升至武士贵族。倘若这种事情真的发生，那么他们很快就会被迫为符合其等级身份而大肆挥霍，资产也将减少。孟德斯鸠不无讽刺地说，因为武士贵族是一些总在想着如何搞到钱财的人，但他们同时也在想，只增加财富而没有立刻开始大肆挥霍，那也是一种奇耻大辱。这是这个民族的那一部分人，为了报效民族耗费着他们所拥有的财富的原始资本。倘若一个家庭因此破产，就会有另一个家庭取代它的地位，后者同样会很快开始将资产消耗殆尽。

因此，在孟德斯鸠的模式里有一个封闭的循环怪圈，它从那些发财致富的资产阶级市民家庭开始，他们上升至贵族，取代那些日益贫穷的贵族家庭，后者最后也许不得不通过自己的劳动赚取一日三餐，这样，他们就被夺走了他们那个社会等级以及骄傲，重新进入市民阶层，沉沦到"普通百姓"当中。这种模式把客观事实简单化了，但与此同时，它又让人看到在等级金字塔结构里的各种社会等级和它们的精英分子之间牢固的障碍，这种障碍某种程度上与社会等级流动结合在一起，对于个别家庭而言，这种模式让某个等级和精英分子阶层的某个家庭有了上升、没落成另一种家庭的可能。

4. 若不回顾一下孟德斯鸠的观察，看到社会分层的僵化与灵活是如何相互结合，构成法兰西专制主义统治机器的一个不可或缺的组成部分，就无法理解这种僵化和灵活的结合。路易十四年轻时亲身感受到，如果等级精英们，尤其是武士贵族、高等法官和行政官员的精英们，克服彼此厌恶的倾向而共同对付国王，这会对国王的地位造成多大的危险。也许，他也从英国国王们的经验中得到了一些教训，后者把自己地位受到的威胁和削弱很大程度上归咎于贵族群体和市民群体的联合反抗。

无论如何，强化和巩固在各个等级——特别是精英分子——和在他们内部其社会地位、威望的等级金字塔上不同等级和层阶之间的现有区别、对立和竞争，是他的统治策略中坚定的准则之一。恰如以后还要更详细表明的那样，很显然，他的国家最有实力的精英群体之间的这些对立和嫉妒，是国王们掌握大权的基本条件之一，国王们的大权在握表现在一些概念里，比如，"不受限制的"或者"专制主义的"概念。①

路易十四的长期统治大大有助于下述情况的产生：社会等级地位的区别和其他方面的划分社会等级的不同，两者之间有着特别严格的区分，由于它们经常被用作国王的统治工具，在这些相关群体自身、在思想和感情上、在他们自己的信念里，这种区分的坚定和严格也能被感受到是一种根本性特征。由于在社会等级、社会地位和威望方面的激烈竞争深深扎根于被统治者的各种信念、各种价值评判态度、各种理想之中，因而一再制造出紧张的关系和嫉妒，在不同的社会地位和等级，特别是在这种等级金字塔结构的社会里进行竞争的最高层的群体之间，这种紧张关系和嫉妒被提升和强化

---

① 参见附录一（原文第461页）。

了，宛若一台空转的机器，总是一再让位给一种更容易被忽视的、较少始终如一的操纵，即便是在路易十四去世后，国王有意识地玩弄紧张关系的平衡和系统的操作，情况亦如此。如同在其他情况下，在这里，人的整个群体对于他们起初依附于其他人、受其他人统治而被强加或者因任何原因被强化的各种行为举止的习惯，大大有助于各种紧张关系和冲突的常态化。

在这里，在研究各等级的精英分子之间的区别和竞争时所出现的东西，同样适用于社会等级变化，尽管有种种社会等级竞争和等级差异，社会等级变化还是会从一个等级阶层走向另一个等级阶层。哪怕是各种家庭、家族的上升和没落也会产生在等级社会内，社会等级变化则首先是在社会环境方面确定的；也就是说，这些家庭、家族并非是由某个国王或者其他某个个体创造出来的。恰如社会分层的等级结构规定本身，这些家庭、家族的上升和没落首先是这种（社会）形态的内在固有动力的一些表现形式。然而，倘若各等级的代表和国王之间的一系列斗争之后，人的这种整个（社会）形态的权力平衡向着有利于国王的方面移动，就像17世纪在法兰西经过很多次动荡摇摆之后出现的情况那样，那么，机会就会落到王位的拥有者身上，他就会顺应国王地位带给他的利益或者干脆是他本人的兴趣和观念来操控社会等级变化。路易十四非常有意识地这样做了。[1] 在他死后，利用这种机会就变成了一种惯例，最后又落入宫廷的精英团队和其他精英团队的内部争斗上。

---

[1] D. 奥格（D. Ogg）的《路易十四》，伦敦1967年，第140页。

只要国王地位的权力回旋空间仍然足够大,那么无论如何,国王及其代表们就会通过把贵族称号授予那些富裕的资产阶级家庭,为了自己的利益并且按照自己的标准来衡量,亲手操控一些家庭在社会的上升。因为这些家庭在很大程度上也受制于社会地位消费伦理,受制于把他们的社会等级视为他们支出的最高准则的义务,也把贵族的特权视为符合等级要求的收入来源。

在这样一种(社会)形态的框架内能够从国王的地位出发,控制和驾驭(个人或家庭)在社会上的升迁,与此完全一样,在社会上的没落也是在某些范围之内的,也可以从这种地位出发来控制和驾驭。国王能够通过他个人的恩惠来缓解或者阻止一个贵族家庭走向贫穷或破产,他可以通过赐予这个家庭一个宫廷职务、一个军事职位或者一个外交职位来帮助他们;也可以让他们进入他所操控的神职人员队伍,给他们一个职务;或者干脆采取年金之类的形式给他们送去金钱。与此相适应的是,国王的恩惠属于武士贵族家庭所拥有的最重要的机会,能阻止他们耗尽家产、强装体面、应付交际应酬、钻进魔鬼怪圈。不言而喻,人们不愿由于自己的行为而令国王不悦,错失这种良机。恰如孟德斯鸠所指出的那样,国王会让他的臣民"像他想要的那样"进行思维。只要人们研究国王和他的臣民是如何卷入相互依存、相互斗争里的,就不难理解为什么会是这样。

5. 宫廷建筑及其形态在其所属的社会(人员)眼中所具有的意义,如果从其所有者和他们的社交圈被编织到相互依存的特殊网络的相互关联上来理解,就会很明显。今天,要理解这种相互交织是困难的，因为在比较发达的工业社会里，想保住一种高等的社会地位和崇高的社会威望，不必经常通过与之相符的丰富多彩、代价昂贵的体面交际应酬，或通过衣着打扮、家庭财政、整个生活方式，来向公众证明。至少在今天这是可能的。需要为维系社会等级进行消费、为各种等级象征而有种种开支，进行争夺名望的竞争，这种社会压力肯定没有消失。这里所谈的有关宫廷社会的很多看法，让人敏锐地察觉到工业时代的民族社会里各种相应的现象，有助于更加敏锐地从概念上来理解结构的相似与区别。

有一种社会压力，是让人要通过利用因人而异的社会名望，通过为争取社会地位和名望的机会而进行斗争，来提高自己的社会地位；而这些斗争，有一部分是要通过彼此竞争、付出比较昂贵的代价来彰显其社会地位和名望象征，引人注目，最终决定胜负；无疑，在工业社会的高层也能看到这类社会压力和竞争。具有决定性意义的区别在于，工业社会的高层的名望消费和体面交际应酬的强制性，相较于宫廷专制主义社会而言，明显变成了私人性质的；它们与工业社会的中央权力斗争的结合则宽松很多。在这种社会里，它们不再直接嵌入统治机器，几乎不再作为统治工具来提供服务。比较起来，社会强制进行的名望消费和维护社会地位的体面交际应酬也相应少了很多；而且不再像在宫廷社会里的那样无法摆脱。

也就是说，从此前的各种社会景象来观察，工业社会界限分明的、相对较新和令人惊讶的特征之一是：在这里，即便是拥有最高收入的群体、最富裕的人都要厉行节约，用一部分收入去投资，不管他们愿意不愿意；他们总是想要越来越富，哪怕投资是有风险的。宫廷社会的富人和有权力的人，一般都把他们的全部收入用在维护体面的交际应酬上。在较发达工业社会的最有权和最有钱的精英群体，缓解、降低维护体面的交际应酬的强制性，对于房屋形态、衣着装扮的发展以及十分普遍地对于艺术装饰品的发展来说，甚至已经变得具有决定性意义。此外，在这些民族社会里，有权有势的人不仅跟比较贫穷和没有权势的人没什么差别，甚至也像他们那样从事劳动。可以说在某些方面，今天的富人像从前的穷人那样生活，而穷人也像富人那样生活。

6. 在工业化之前的各种社会，最显赫的财富是不劳而获的财富，即继承而来的财富，首先是从继承的土地财产获得的地租年金收入。可能是为了获得财富去劳动，而非劳动本身（一如劳动所获的财富本身），在工业化之前社会的宫廷阶层里、在其价值评判的方针上很不受重视。这种情况在17、18世纪标准的宫廷社会，即法兰西的宫廷社会，特别明显。当孟德斯鸠指出很多武士贵族家庭依靠资本生活时，首先意味着他们可以出卖土地财产，然后也许是出卖珠宝和继承的其他有价值的东西，以偿还债务。他们的地租年金收入日益减少，而强制性的体面交际应酬并没有给他们真正的、可以缩减他们消费的可能性。他们不断举债，卖出更多的土地，收入却一再减少，但通过积极参与有利可图的商业企业经营来增加财富既为法律所禁止，也有辱个人人格。而限制家庭生活开支和体面的交际应酬也同样令人感到是奇耻大辱。

在这种社会里，为争取提高社会地位、名望以及类似权力的机会而进行竞争,其压力并不亚于在工业社会的商界,为争夺资本利润和类似的经济上的权力机会而进行的竞争。撇开继承遗产、与富有家族联姻以及国王或其他宫廷大人物的赏赐不谈,举债借钱是人们在这种情况下可以采取的最易理解的手段,为的是能在收入减少的情况下,短时间维系已经习惯的维护社会地位的消费。如若没有这种消费,在与社会地位的竞争者的不间断竞赛中,一个家庭就会落后于其他家庭,就会遭受丧失自尊和失去别人尊重的痛苦。如前所述,唯有国王的恩惠,才能拯救举债度日的贵族家庭免于彻底没落、破产。

并非宫廷社会所有的家庭都会陷入没落。但究竟百分比是多少,目前尚无定论。在这种相互关联上,重要的并非百分比的数字(尽管数字有其重要意义),而首先是各种相互依存的形态,这个社会里的人都处于这些相互依存的压力之下。即便某个家庭能有效驾驭它的帆船穿越狂风巨浪,也是能明显感受到没落的危险的。在宫廷、外交使团、军队、教会里,有大量职位基本上都是为武士贵族们保留的。隶属于宫廷社会,或者与宫廷人士有交往,或有靠山,在很多情况下都是得到这类职位的条件。这类职位有收入保障,但同时也需要履行义务,即进行体面的交际应酬。最后,有个别的贵族家庭(尤其是那些社会地位和等级无疑极高的家庭)打破了不许参与大工业企业经营的禁忌,开始投身大型商业经营。如果参与较小的商业和企业的经营,则依然是有损名誉的,会令人声名狼籍。

这是一个精英团体,它在某些方面与工业社会那些比较熟悉的精英团体不同。这篇有关这个宫廷社会的人被编织到各种相互依存的网络里的简短论述，作为探讨这个精英团体的引言，对于论述这个团体已然足矣。它撇开某些一旦从其他方面观察便会引出需要更加详细地探讨的话题不谈。与此同时，它作为进入拉开较大距离的思维方式的引言也可能是有益的，如果人们试图让自己更近地理解另一种不同社会的结构和经验，就需要这种思维方式。

7. 在这里，以研究住宅的结构作为研究社会方面相互依存的出发点，初看起来可能会显得很陌生、很奇特；特别是把贵族的房屋形态与专制主义的统治结构联系在一起，也许会令人意外。今天，以下这种习惯已经根深蒂固：人们称为"社会"的东西和称为"国家"的东西在思想上有着严格的界限，但与此同时又没有把一种清楚的、有关（"社会"与"国家"之间相互）关系的想法与概念上的分隔结合在一起探讨。人们在思想上已经习惯于各种社会现象可以归纳到某些特定的概念里，而又不必去过问它们的关系。人们把这些现象大致分为政治的、经济的、社会的、艺术的以及其他类别，仿佛这是不言而喻的。人们已经习惯于不去检验这样分类是否适合可以观察到的各种事实，而且也不关心这些不同等级的关系是否有一个清楚的模式。人们想当然地把这种与工业时代民族社会里特定职业上的区别肯定有关的分级模式，挪用到处在分化的不同阶段上的各种社会，这种想当然在很大程度上会给理解造成困难。

倘若人们发现宫廷人士所处的社会环境，并指出这种（社会）形态与建筑物形态之间的相互关联，这既不会减少对宫廷建筑物的审美愉悦，也不会减少其在艺术上的意义。

对于从统治结构到住房形态的一脉相承而言,《百科全书》的看法颇具特色,它说,任何宫殿的装饰都不许与国王宫殿的一样。恰如人们已经看到的那样,这里又是在依照各种等级来进行阶级划分。人们希望一个不属于国王家族的高级宫廷贵族的府邸在布局上与一位正统王子的官邸保持距离,不可雷同。这同样适用于其他等级,每个等级都有自己的适用标准,最低等级也不例外,而且适用标准都不相同。

在这当中,偏离标准有多远取决于权力分配,比如在已经发财致富的税收人员那里,在地位竞争的压力下,就可能甚而必须容忍他们偏离标准。在我们熟悉的各种社会里,整个社会的权力分配与我们列入"私人生活"的事的各种不同方面(包括住房的形态)的相互依存,相对而言是间接性的和中介性的。在宫廷社会里要直接得多,有关人员还会更为直接地感到,这就是当下的状况,直接地摆在人的眼前。因为在这种宫廷社会里,一个人的"公众生活"和"私人生活"之间的界限并不像在当前的工业社会里那么分明,因此工业社会里"公众的"和"私人的"生活领域之间的严格区分,如果想用到宫廷人士身上,就不那么合适了。

8. 倘若人们深入其他社会观察人所生活的各种社会的相互关联,将会更好地理解自己的生活的各种相互关联。如果人们仅仅想到那个独特的社会,那么对那个社会的独特的价值评判态度就会成为人们自己陷入其中的、各种相互依存的链条上的一环,研究宫廷社会就会比研究一般出现的情况更加清楚一些。哲学和社会学的各种理论,往往把人们称为"价值"或者"价值评判态度"的东西,作为某种不能进一步解释的东西，作为某种"最后的"和"绝对的"东西来探讨。于是，人想把怎样一些价值以及价值评判态度作为自己的价值和态度，似乎完全可以自由决定。人们很少过问，那些他们将其作为自己价值的东西究竟从何而来？恰如孩子们很少过问，圣诞老人送出的礼物是从什么地方而来？或者（仙鹤送子的童话里）仙鹤送出的孩子都是从何而来？由于人们所追随的各种价值、所持的各种价值评判态度而陷入的种种限制（包括种种强制），也很容易被忽视。

这里有关宫廷社会的论述，将有助于理解各种统治结构和社会结构以及价值评判态度的相互关联。如果在人们生活的那个社会里，拥有贵族称号者比拥有财富者的等级更高；隶属于国王的宫廷或者享有特权便能接近国王个人，并因而能接近现有的权力结构，从而有幸拥有更高的社会地位，那么只要他自己的家庭地位和自我能力评估使之成为可能，他就很难摆脱强制，很难不在社会的既定价值和准则的意义上安排自己的目标以及参与争夺这类机会的竞争。人们认为可以长期争取的目标是有价值的，而且永远不会仅凭自己的满足和价值的增长来决定（在他自己的眼里，任何进步都会赋予一个人的目标某种价值），还会期待在他人眼里看到自己的价值，或者看到对自己的尊重的增加。

对于一个健康的人来说，在他自己的价值和他为之努力奋斗的各种价值形成的观念以及这种观念通过其他人的行为举止得没得到证实之间的关系上，不可能有绝对的零点。在一个社会里，很多个体的价值评判态度在结构上的相互依存，会让单独某个个体很难（如果不是说不可能的话）试图以某种方式去实现他的奋斗，如若这种奋斗的实现根本没有机会在当前或未来，或在其他人眼里，以承认、赞赏、爱、钦佩的方式，总之以确证或提高他价值的方式给他带来种种奖赏的话。换言之，价值上的相互依存降低了这种可能性：一个单一个体的成长，没有让社会上其他人的价值评判态度变成他自己的一部分。这种可然率极低：如果某个个体不在某种意义上参与同其他人争夺各种机会的竞争，这些机会在这个个体或其他人看来都是很有价值的；如果他没有以某种方式去试图实现他努力奋斗的目标（这种努力奋斗目标的实现，肯定会通过其他人的态度让他的价值经受某种检验），那么他就完全可能会靠边站，被排除在社会之外。

很多（即便不是全部）生存机会是宫廷社会中人穷尽一生精力在求取的；在此之中，这些生存机会已然丧失其光辉和意义。恰如人们可能曾经为了这类虚无缥缈的事激动不已一样，人们可能会去过问，或者甚至可能把他们的一生置于这类空洞无物的目标上吗？然而，尽管很多崇高价值的光辉随着赋予其意义的权力结构的式微而失去光泽，但是这个社会的人的情况以及与之相伴的对各种价值评判的相互依存的理解，在社会学研究中，对于另一种社会的人而言也会清楚而生机勃勃地再现出来。至于这些价值评判，它们要求有这类社会上认为有价值的目标，让这些价值评判在个人身上牢牢固定下来。人们并不需要赞同宫廷人士的各种价值评判态度，这也是可以理解的，它们属于他们社会的强制性东西，对于绝大多数的人来说，很难（哪怕并非完全不可能）逃脱为争取各种社会认为有价值的机会的竞争。

在宫廷社会里，赐予一位公爵爵位，对于一位公爵很有意义，赐予一位伯爵爵位，对于一位伯爵很有意义，赐予一个人享有特权，对于任何享有宫廷特权的人都很有意义。一个家族的特权地位受到任何威胁，就如同整个等级特权体系受到任何威胁一样，都意味着这个社会的人在自己的眼里、在他们交往的人眼里以及他们感到在这些人的看法里很重要的东西，赋予其价值、意义和意涵的东西，都会受到威胁。任何损失都意味着某种思想意识正在变得空洞。因此，这些人当中的任何人都必须履行所有的代表性义务，所有的体面交际应酬的义务，这些义务与他的地位、他的种种特权是结合在一起的。与各种等级相适应，以及与在这个等级丰富多彩的社会里的地位相适应，曾经存在过极为不同的价值的截然对立。

整个体系充满了紧张。它贯穿着人的无数争斗，他们试图通过跟较低层的人划清界限来维护自己的地位，也许同时也在试图通过软化、降低跟较高层的人之间的界限来改善自己的地位。所有这些方面都争斗激烈、火光四射。虽然宫廷社会的各种知识分子群体开始质疑特权体系本身，但是就像稍后还将表明的那样，大量享有特权的人在他们的（社会）形态里死死抱住作为宫廷社会的特权体系不放。围绕着种种具体的特权，总是有无数的紧张和冲突。特权本身受到威胁，就意味着赋予他们的感情生活以意义和价值的东西普遍受到了威胁。在法兰西专制主义的社会恰如在其他社会一样，也有一些飞地（Enklaven），人们在避开各种核心价值机会的战场、避开对于这种机会的竞争时可以去寻找这些飞地。修道院和教会的某些职位就提供了这类回避和逃离的可能性。不过，它们大多也反过来打开了通往其他形式的社会地位和名望竞争的道路。

9. 宫廷人士曾经认为值得争取和努力追求的很多东西，现在已经失去光彩，几乎显得毫无价值。但是，并非一切东西都如此。与丧失意义和光彩的等级森严的宫廷价值评判态度结合得最紧密的，是那些很少丧失其意义和光彩的价值评判态度。比如一系列艺术和文学作品，在宫廷社会，艺术和文学作品显然最能培养出良好的审美鉴赏能力。住宅建筑也包括在其中。如若人们能同时理解体面交际应酬和审美敏感的强制性，而这种强制性在与地位竞争的相互关联上是这个社会极富特征的东西，那么，人们就能更好地理解这些形式的语言。这样一来，那些没有丧失其价值的现象在社会上就与那些已经丧失其价值的现象是息息相关的。正如在对这样一种（社会）形态的分析时所显示的那样，人与他们相互依存的种种强制所进行的斗争也许永远不会完全丧失其意义，哪怕这些固有的强制性来自其他方面。

源于一种旧的哲学传统，关于人类的价值和价值评判态度的各种观察往往被归纳到两个概念范畴里，后者一般被理解为是针锋相对的。于是，所有的价值评判态度似乎要么属于这个范畴，要么属于那个范畴：据此，人们只能在两种观念之间进行选择，即所有的人类价值都是"相对的"或者"绝对的"。然而，这种简单的逆命题几乎不符合可以观察到的各种事实。人们探询权力结构和社会价值坐标的各种结合，不再意味着人们探询各种能够可靠地显示出来的事实。这并不意味着，要让某种绝对的价值相对主义的观念拥有话语权。除此之外，这种看法并不意味着人们热衷于某种价值绝对主义。

如果人们努力谋求获得一些可以在研究各种事实本身的

进程中加以检验，而且必须经受住检验的理论范畴，那么这些传统的哲学上的等级划分就会被证明是一些过分简单化的划分，而且未能使界限分明。社会学研究中所遇到的各种难题，要比这种简单的概念上的逆命题错综复杂得多。用生命去追求某些转瞬即逝的、然而当时却认为永恒的价值，这在人类社会的发展中随处可见。不过，在投身于各种转瞬即逝的价值的过程中，这些牺牲对人类各种事业的产生，或者对各种具有比较持久的价值的人类（社会）形态的产生，有时也做出了贡献。只有借助各种可以相互比较的，也能理解那些失去的价值的权力结构和价值坐标，才能有希望获得一种比较清晰的有关权力结构和价值坐标的观念；其中，这些权力结构和价值坐标具有某种比较持久和稳定的机会。

五

礼节和礼仪：人的行为举止和思想意识作为其社会权力结构的功能

1. 为了理解独特的宫廷贵族的行为举止以及法兰西王政时期旧制度下上流社会宫廷贵族的伦理，需要有一幅宫廷建筑结构的画面。不过，上流社会与宫廷的关系却并不总是相同的。

18世纪高尚社会的"大世界"，用我们今天的社会关系来衡量的话，就是一种极为牢固、彼此密切相关的产物。然而，与17世纪高尚社会的"大世界"相比，尤其是与路易十四时代的上流社会相比，却是比较松懈的。因为在这里，宫廷不仅是路易十四时代基本的和权威的中央，而且路易十四基于以后还要谈到的种种理由，不愿看到在宫廷周围的社交活动支离破碎、不愿看到形成若干个社交圈，即便这类社交圈并不能完全避免；所以，社交生活在很大程度上集中在（法兰西）宫廷里面。[①]

这是一个渐进的过程，在他去世之后，牢固的圈子开始松散下来。[②] 首先，社交需要一些最优雅的地方，诸如王宫——君主就住在那里；或者寺院——路易十四生前在那里居住，当然1706年至1714年被火灾焚毁，大修道院院长旺多姆（der Groß-Prior von Vendôme）即亨利四世一个私生子的后代也在那里居住，在他之后，康提（Conti）公爵在那里居住，而梅尹（Maine）公爵也住一处宫殿——他是路易十四最有权势的私生子之一，路易十四死后，他先与奥尔良公爵争权，后又与他来自孔代家族的妻子争权，她作为正统的公主，在等级上还高出她的丈夫。所有这些社交圈无异于一个个小宫廷。③

在路易十五的统治下，社交的重点有部分从各个宫殿转移到了各种府邸、官邸，即转移到非王子出身的宫廷贵族的宅第里去了。而与此同时，国王的宫廷本身绝不会因此丧失其作为中心（中央）的重要意义。社会的一切线索最终会在这里交汇，如同过去一样，宫廷人士的等级、名望甚至在某种程度上他们的收入，都取决于这里。这个宫廷仅仅在其作为社交载体、作为社交文化教导者的意义上，从现在开始，越来越多地与贵族的社交圈共享。社交和社交文化慢慢地非中央集权化，社交文化从宫廷贵族的府邸延伸到赋税承包人员的府邸。在此过程中，高级贵族的"大世界"绽放出了闻名于世的沙龙文化的鲜花来。

在软弱的路易十六政府的治理下，作为社会中心的宫廷

---

① 不过，正如还将表明的那样，法兰西宫廷并不与"共同体"概念结合在一起的画面相切合。然而，这并非是说，专制主义的国王宫廷社会的形成，与"社会的"对立的范畴更加切合。

② 泰纳：《现代法国的起源：旧制度》，巴黎1876年，第1卷，第2章，第1节，第191页上说："君主制度创造了宫廷，宫廷则孕育了宫廷社会。"

③ 埃特蒙德·德·龚古尔和儒勒·德·龚古尔的《18世纪的女性》，巴黎1877年，第2章。

进一步丧失了它的重要意义。① 上流社会还在进一步松散，不过，它与向下的阶层的界限并未因此变得模糊不清。只不过对于考察者而言，这些界限越来越难以把握，② 直至革命风暴最终摧毁整个等级结构。取代宫廷的是最后在帝国里形成一个新的上流社会，它的中心起初是在拿破仑的宫廷里，它的生存应归功于变化了的各种条件，而恰恰因为条件的变化，在生活的精雕细琢上、在生活方式的认真谨慎和温文尔雅上，它从未达到旧的上流社会的水平。从这时开始，从18世纪继承而来的社交和审美鉴赏的文化逐渐消耗殆尽。现在，那些需要掌握的新任务存在于其他方面。

看一看这些线索就知道了：18世纪贵族的沙龙以及财政巨头、金融巨头的沙龙，源自17世纪后半叶国王的沙龙。在路易十四的宫廷里，形成和造就了一种新的独一无二宫廷社会。在这里，终于结束了一个已经准备了很长时间的过程；在这里，骑士和骑士阶层的宫廷追随者，终于变成了真正意义上的宫廷人士，他们的社会生存，尤其

---

① 在他的统治下，部分大的宫廷家族首次搬出宫廷，比如罗翰（Rohan）家族、诺埃利斯（Noailles）家族、蒙特莫仁西（Montmoncy）家族。参见马克斯·冯·伯恩的《18世纪的法兰西》第4版（增订版），柏林1923年，第67页。

② 界限还是存在的，比如从下面的言论就可以感觉到，这些言论同时可以证明上面所谈到的有关高级贵族的"大世界"对种种颇具特征的价值的重视和动机的某些方面。涅克尔（Necker）作为大臣举办了一个冠冕堂皇的节庆，当时的报道说："这次节庆给他带来的信誉、恩惠和稳定，比他所有的财务经营所带来的还要多。关于他的最后一次赋税的安排，人们仅仅谈论一天，但是关于他所办的这次庆典，时至今日人们还在议论。"《秘书通信》第5期（*Corresp. Secrète V*），第277页，转引自泰纳的《现代法国的起源：旧制度》，第1卷，第2章，第2节，第108页。

是他们的收入，依附于他们在宫廷和在宫廷社会里的威望与评价。

2. 住宅等级的金字塔结构象征了社会等级的金字塔结构，上文从出租房屋到各种官邸、府邸都已经分别进行了观察。因此，现在要谈一谈整个等级金字塔最顶端的形态，即国王的宫殿，宫廷和宫廷社会的真正中心，同时也会谈到那座建筑物，首先，其他的宫廷人士都会感觉到这座建筑物是整个欧洲宫廷社会的标准结构。

对于国王的宫殿，有一个建筑物最能淋漓尽致地体现，那就是凡尔赛宫。也就是说，在路易十四统治下，在各种官邸、府邸成为宫廷生活一些比较不集中的中心点之前，它们仅仅是国王宫殿的一些附属建筑，必须根据它们来阐述一下这个运动的出发点，即凡尔赛宫本身。至少在几个方面需从社会学角度加以说明。

对于这座建筑物，首先一眼就能看到的是某种很独特的东西。人们看到一个错综复杂的建筑物，它可以容纳几千人居住。从数目上看，这是一座城市可能拥有的人口。然而，这几千人并非以城市市民的方式一起居住在此；并非像市民那样，由一个个家庭组成一些社会单位，依照这些单位的需要和界限来塑造房屋住宅的空间单位。市民的住宅空间单位是相互封闭隔绝的，而凡尔赛宫是个建筑物复合体，既是国王的房屋，也是整个宫廷社会的留宿地，即便只是临时性的。至少这个社会的一部分人总是能在这里，在这座国王的房屋里，分配到一处住所。路易十四很乐意看到他的贵族住在他的房子里，不管他们多么频繁地在宫廷里留宿，只要有人请求他在凡尔赛宫为其安排一处住所，他就会非常高兴。① 首先是高级贵族，他们遵从国王的愿望，几乎经常在宫廷里逗留，甚而每天都从自己住的城市府邸来到这里，比如："我几乎不再离开宫廷，"圣-西门说，"我夫人也如此。"② 人们必须知道，圣-西门没有担任任何宫廷官职，而实质上官职才会更直接地把他与宫廷捆绑在一起。

在凡尔赛宫居住过或者可能居住过的准确人数，很难调查清楚。不过无论如何，有报道向我们显示，1744年，包括侍从仆役人员在内，大约有10 000人居住在凡尔赛宫；③ 这大致向我们展示了一幅恢弘的画面。当然，在这种情况下，从房屋的地下室到顶层都会住满了人。

与宫廷贵族里的各种住宅需求和生活习惯相适应的是，所有府邸、官邸具有的典型特征也存在于国王的宫殿里。不过，恰如这些特征在经过简化之后也出现在市民的房屋里一样，在宫殿里，它们仿佛以极大潜力加以扩大，不仅源于实际的需求，而且还与另外一些需求息息相关，即它要同时作为国王权力地位的指针和威望的载体。首先，宫殿前面的庭院就是这样的。诚然，国王的庭院比他王国里所有人的庭院

---

① 路易十四死后，圣-西门某次在对路易十四做概括性的描述时说："他让人在凡尔赛宫建造很多住宅，如果有人向他请求一处住房，那是对他的谄媚恭维。"在同一处，他也谈到国王先后让人在凡尔赛宫扩出了一些"硕大无比的建筑"（圣-西门《回忆录》，F. 罗泰森译，柏林-斯图加特1885年，第2卷，第82页等）。

② 圣-西门《回忆录》，巴黎德罗伊出版社1843年，第17卷，第35章，第248页。

③ M. 冯·伯恩的《18世纪的法兰西》，柏林（无出版年），第109页。

都要大，要成为马车站，因为越来越多的人会来到这里，所以会有越来越多的马车停在这里。然而，类似于在商品流通中，与流通中介的意义和目的、商品、货币价值的当量相比，一块地产的价值、直接意义和目的退到次要地位一样，宫廷的直接有用的价值在此一如其他任何用品的实物价值，都被宫廷的社会威望价值盖过了。

宫廷在某种意义上是放大的官邸。在描述宫廷时，《百科全书》是这样说的[①]：这里是在勾勒宫廷里的画面，"通过它的外表，应该反映出屋里所居住的人的社会等级"，当人们穿过进入凡尔赛宫的道路时，就必然会唤起自己经过入口庭院的回忆。一个庭院不足以表现国王的威严和等级，因而首先是一个宽敞的前院，这是从西面步行或乘马车穿过的必经之地，它更像一个露天广场，而不是某种确切意义上的庭院，其两侧有两条大道通往宫殿，每条大道都有一排长长延伸着的东西向的侧翼建筑围绕着，大道优先供首相和大臣们使用。随后就到达了真正的宫殿。庭院的范围变窄了。人们穿过一个正方形的大院，接着转入一个较小的庭院，这两个庭院构成了"国王的宫廷"，最后到达第三个更窄的庭院，一个大理石庭院，它的三面都被宫殿围着。

中间这部分是很大的，在它的内部又建有四个小庭院，左右各二。国王和王后及其宫廷社会就在这里生活，在中间宫殿的第二层。"国王的宫廷"的最大的部分由中间宫殿的两个狭窄的出口廊道所组成，紧挨着的是宫殿的南边和北边

[①] 法文版《百科全书》，《图表集》，《建筑学》第5部分，第3页。

两个很大、很长的侧翼建筑物。北面的建筑里包括祈祷室，由一个小庭院隔开，还有唱诗班的房间；南面的建筑里包括王子们和国王兄弟们的住所。整个建筑包括它的各种侧翼建筑和庭院、几百个套房、几千间房屋，以及大大小小、时而昏暗时而明亮的走廊过道，也就是说，它（至少在路易十四时代）构成了宫廷和宫廷社会的独特外观。

3. 这就是人们特别着重强调的，要赋予房屋什么样的居住功能、发挥什么样的作用所包含的意义。因为人们让自己房屋中心点上的那个房间或若干房间具有想赋予它的这种功能和作用，这首先特别适用于法兰西王政时期旧制度。那时，上层（首先是国王）并没有后来才租用的或者后来住满的已经存在的、通过合理预算有所限制的房屋空间，反倒首先是居住的需求，尤其是威望的需求，决定着建筑的开支和房屋的形态。

也就是说，在这个意义上，如果人们看到，建筑物二层中间的房间是给国王作卧室用的，站在窗边可以一览无遗整个出入口通道、大理石庭院、国王宫殿以及宽阔的前院，并不会令人感到无趣。

这种布局首先表现出了高等领主的农村庄园里常常出现的一种类似习惯。这些领主也乐于将建筑物二层中间的房间作为卧室[①]，也就是说，宫殿里的这种布局可以视为一种

[①] J. F. 博隆德尔（J. F. Blondel）的《有趣的住房布局》，巴黎1737年。

表示，即国王在这里觉得自己是一家之主①，国王的职能和一家之主的职能在路易十四身上是高度融合在一起的，对我们来说，这种高度融合几乎不可想象。国王统治范围的大小，在其房屋形态上充分地反映了出来。国王在某种程度上是整个国家的家长，而在似乎最为私人的住所里，他还是国家的主人。国王的卧室，一个不仅用于睡觉的房间的形态与这种客观事实处于最密切的联系之中。显然，这个房间是一种独特的礼仪礼俗的表演场所，就国家礼仪的隆重庄严而言，几乎是不容怠慢的。在这个房间里可以清楚地看到，统治者作为家长和作为国王的特征相互融合在了一起。

路易十四卧室里的礼仪礼节已经被充分提及。然而，在这种语境下，就像在一个历史博物馆看一件满是灰尘的陈列品一样，来观察这些礼仪礼节是不够的，这种落满灰尘的东西会让观众感到某种稀奇和陌生；而在这里，至关重要的是，一步步将这些礼仪礼节带到生活方面，从而有可能在它们身上理解宫廷（社会）形态——尽管仅仅是这种（社会）形态的一个切面——的结构和发挥功能的方式，同时也能理解人们一起构成的这种（社会）形态，并被这种（社会）形态打上深深烙印的人的各种特性和风度。

也正是在这里，把宫廷生活的结构、技术和培养教育作为一个例子。首先是礼仪礼节，卧室是国王各种礼仪礼节的表演场所，这些礼仪礼节从狭义上讲，会让国王卧室的重要意义得以阐明；从广义上讲，会让这种统治类型得以阐明。

---

① 参见上文第三章。

对国王卧室的礼俗必须详细地、一步步地加以表述，要像人们描述今天某个工厂里的工作过程、某个机关里的审理过程或者某个原始部落的酋长礼仪一样来描述国王的"起床"（仪式），表述一下他的起床（仪式的程序）①。

4. 一般来说，早晨 8 点要叫醒国王，无论如何，起床时间是他钦定的。由第一宫廷侍从去叫他，他就睡在国王的床脚。房门对侍从们是敞开的。② 他们当中的一人在此期间已经告知"大管家"和侍从总管③，第二侍从通知宫廷厨房④准备早餐，第三侍从在国王卧室门外站岗，只允许享有特权的先生们进入卧室。

这种特权的等级划分十分细致。有六种不同的群体是允许依次进入卧室的，人们称为不同级别的"准入"。首先是"家庭成员准入"，尤其是国王的一部分合法的儿孙［国王（与王后所生）真正意义上的孩子们］、正统的王子和公主、首席医生、首席外科医生、首席侍从总管和管家。

---

① 下文参见 M. 马里翁的《17 世纪和 18 世纪法兰西社会制度词典》，巴黎 1923 年，"Etiquete"词条，同时参见圣-西门《回忆录》，巴黎 1715 年。
② 圣-西门的描述有些不同，他说是医生和国王的乳母（只要还活着）先进去，给国王脱衣服。参见圣-西门《回忆录》，F. 罗泰森译，第 2 卷，第 112 页。
③ "大管家"和侍从总管是宫廷高级职位之一。这个职位上的人有权监督所有的宫廷侍从和侍卫。参见《艺术和职业百科词典》（法文版），日内瓦 1777 年，第 2 卷，"chambella"词条。
④ 准确的表述是"bouche"（做小点心），第 75 页，参见《百科全书》（法文版），"bouche"词条。

宫廷社会 | 131

随后是"大人物准入",包括宫廷侍从和卫队的主管①以及国王认可享有这种荣誉的贵族领主。紧接着"首批准入"的是文书阅读官员、负责娱乐和庆典的高级官员以及其他高官。接下来是第四批的"卧室侍从准入",包括所有的其他"卧室侍从主管人员",此外,还有"大牧师"、大臣和国务秘书、"国务参事"、贴身卫队军官、法兰西的将军们,等等。第五批准入在某种程度上取决于首席宫廷侍从的善意,当然,也取决于国王的恩赐。属于第五批准入的,还有得到宫廷侍从主管恩准的贵族和贵族夫人;他们因此而享有比其他人更容易接近国王的优先权。

最后,还有第六批准入。这是所有的准入当中最令人渴求、最难得的。在这种情况下,不是从卧室正门进入,而是从后门;这种准入为国王的孩子们(包括非正统、非婚生的王子)开放,包括他们的家庭和他们的女婿,此外,还有握有大权的"整座建筑物的监管"。身在这个群体意味着享有一种崇高恩惠;因为其中的人随时可以进入国王的内阁办公场地,如果国王表示正在议事或者刚开始与他的某位大臣商讨某件要事的话,他们可以一直留在房间里,直至国王去做弥撒,甚至国王病了他们都可以留在那里。

人们看到,这一切都有周密的规定。前面那两组人,如

---

① 从这个例子可以看出为什么这些称呼当中很多无法翻译。这里谈的可能是高级的或者大的宫廷侍从的军官主管,或者是宫廷侍从中的大的文职主管。两种表达方式都会唤起完全相反的联想。所有这些宫廷官员职位都是可以花钱买到的;当然,需要国王的批准。此外,在路易十四时代,这些职位只留给贵族。这种宫廷等级金字塔也好,功能也好,都与我们今天在德语里理解的军官或官员仅有极小程度上的一致。

果国王还在床上,他们也可以进去。国王总是戴着小的假发套,即便在床上睡觉也不会不戴。当他起床后,大总管与第一个侍从主管接过王袍放到他的房间里,接下来唤下一组人,即首批准入人员。如果国王已经穿上鞋子,他就要求卧室侍从主管人员为下一批准入人员开门。国王接过他的王袍,首批侍从主管从右臂,卧室第一侍从从左臂给他脱下睡衣;首批侍从主管或者正好在场的王子之一送来白天穿的衬衫,第一侍从主管扶着右手,卧室第一侍从扶着左手,帮忙穿衬衣。国王穿上衬衣后,就从他的靠背椅站起来,卧室侍从主管帮他把鞋子系紧,把军刀挂在一侧,给他穿上王袍,如此等等。国王穿完衣裳后会祷告片刻,这时大牧师会轻声念一段祷文,如果大牧师缺席就由其他某个神职人员来念。在此期间,整个宫廷(人员)都已经在花园后面的大回廊上,即国王卧室的后面,宫殿第二层的十分宽广的中间建筑物①里等候觐见。这就是国王的"起床"(仪式的)程序。

在这当中,最引人瞩目的首先是安排得令人尴尬的细致入微、繁文缛节。然而,正如人们所看到的那样,这里反映出的并非现代意义上的某种合理的组织安排,即事先精心地规定好任何一个具体"过程";而是反映出一种组织类型,其间的任何行动都具有一种威望性,这种性质与这种类型结

---

① 类似的景象,如大阳台,也经常在较高级贵族乡下庄园的建筑上出现。在这里看到建筑方面的风俗习惯,被用于宫廷礼仪的目的,是饶有兴味的。回廊或大阳台[参见博隆德尔的《宫廷建筑图表》,第67页。]在那里也许是无拘无束进行社会交际的场所,在此却是一种接待厅的功能,一种为贵族效劳的空间的功能;而且人们利用它的超大空间把整个宫廷囊括了进来。

合在一起，成为其权力的象征。在当前社会结构框架中，大多数（如果不是全部的话）具有次要功能的东西，在那里广泛具有主要功能。国王利用他最为私人的方式制造等级差别和奖赏，以证明他的恩惠，并相应地表明他的反感、不满。这已然表明：在这种社会和这种政府形式的结构里，礼仪礼节具有一种意义重大的象征性功能。必须更进一步审视宫廷生活的反复循环，才能看清楚这种功能，这种功能包括其作为国王职能的不同，也包括其作为贵族职能的差异。

5. 上面那种看得见的、与住宅建筑的等级金字塔结构有关的行为举止，在这里更加突显。在这里，即在与这种国家社会的决定性权力因素的相互关联上，在与国王的相互关联上，人们看到它发挥作用的地方，至少在轮廓上，十分清楚地表现出各种社会的强制，强迫人们培养这种行为举止，使之变成必需。国王脱掉睡衣，穿上白天的衬衫，毫无疑问，这是一种必不可少的日常事务。然而正如人们已经看到的，在社会的相互关联上，它立即被赋予了一种奇特的意义；国王从中为有关的贵族造成一种特权，这是它所表现出的优于他人的特权。宫廷侍从主管享有这种优先权，可以从旁协助（国王穿衣），根据详细的规定，如有必要他只能把这种特权转给一位王子，不能让给任何其他人[①]，允许或者有权准入国王卧室的情况完全应该参照这个来安排。

这种参与和这种权利并不会让我们有兴趣追问其实用目的。然而，仪式过程中的任何一种活动都具有某种详细划分

---

① 参见《百科全书》（法文版），"chambellan"词条。

等级的威望价值，要告知参加活动者得到的威望价值和那种活动的威望价值，给国王穿衣的威望价值，获得首批准入的威望价值、第二批准入的威望价值或者第三批准入的威望价值，如此等等，它们在某种程度上是各自独立的。这类似于上文中简述过的有关国王宫殿和贵族房屋的装饰，成了一种威望崇拜。仪式中的任一活动作为指针，在宫廷人士之间，在由国王操控的、极为动荡不定的权力平衡之内，服务于（获得或提高）个人的社会地位。蕴藏在所有这些行为当中的使用价值，即直接的使用价值，或多或少地退居次要，或者无论如何是无关宏旨的。赋予这些活动以重大、严肃和隆重意义的东西，仅仅发挥一种效应，也就是它们在宫廷社会内要传递给参与活动者的，即表示比较重要的权力地位、社会等级和威严。

礼仪礼节方面一切活动的这种偶像崇拜特征，虽然在路易十四时代已经足够清楚地形成，但是在他那里，总是一直会察觉到这种与某些特定的主要基本功能的结合。他足够强大，随时都能出手干预，阻止礼仪礼节的某种空转，阻止一些次要功能压倒基本功能。①

不过在后来，这种结合在很多方面松散了，礼仪行为的特征作为对威望的崇拜，赤裸裸地毫不掩饰地突显出来。随

---

① 恰如人们所看到的那样，从近距离观察这样一种礼仪的重构，就能轻而易举地理解这种社会现象的重大意义，在较大程度上与这种统治结构是息息相关的。在这种宫廷礼仪上，至少有三个功能融为一种不可分割的功能复合体：实用的功能、威望的功能和统治的或者国家的功能。马克斯·韦伯所假设的目的理性和价值理性的对立性，如若人们尝试把它应用到这类现象上，就会证明不是很适当。

后，赋予礼仪以生命的驱动装置在这里、在这个社会一再重生，特别容易从某个特定的方面公之于众：一旦在礼仪礼节内创造出一种特权的等级金字塔之后，只要人们卷入这种机制，想通过这种机制享受特权，可以理解地想保留任何哪怕只是小小的特权和保留深深扎根于这种特权的种种权力机会，这种竞争就会让这座等级金字塔保留下来，并且以某种地地道道的幽灵般的方式，由自身出发，继续紧锣密鼓地扩张，恰如某种脱离其供应目的的经济那样蔓延。

在路易十六和玛丽·安托瓦内特时代，人们大体上还生活在相同的礼仪礼节之下，恰如在路易十四统治下那样。所有的参与者，从国王和王后开始，各种不同等级的贵族都在忍受，虽然早就反感，但也仅仅是在内心里反感而已。我们有足够的证据表明在上面谈到的那个松散的过程中，它是如何丧失整个威严的。尽管如此，直至大革命前，它还以完整的规模继续存在着；因为放弃它，就意味着从国王到宫廷侍从放弃了种种特权，丢弃了种种权力机会和威望价值。正如礼仪礼节完全变成空转一样，卷入其中的种种次要权力和威望功能，最后是如何战胜那些披上次要功能外衣的基本功能，在下面的例子中表现得清清楚楚[1]：

王后起床（仪式）的程序，类似于国王起床（仪式）的程序。宫廷仆妇的女主管在王后穿衣时，把衬衫递给王后，宫廷仆妇给王后穿上裙子和上衣。当偶尔有国王家庭的一位公主参加这个过程时，她有权给王后披上衬衫。有一次，王

---

[1] 根据玛丽·安托瓦内特的宫廷女仆卡姆班夫人（Mme. Campan）的报告，转引自伯恩的《18世纪的法兰西》，第75页。

后让宫廷仆妇脱光了衣服，一丝不挂。宫廷仆妇的女主管拿着衬衫，正在递给宫廷仆妇时，奥尔良公爵夫人进来了。宫廷仆妇把衬衫递回给女主管，而她正好想把衬衫交给公爵夫人。此时，普罗旺斯伯爵夫人进来。于是，衬衫又回到女主管手里；这时，王后才终于从普罗旺斯夫人手中接过衬衫。这整段时间里，她不得不像上帝创造她时那样，一丝不挂地站在那里，看着这些宫廷仆妇和贵妇们如何拿着她的衬衫，客客气气地互相说着恭维的话，传过来，递过去。路易十四肯定无法永远容忍礼仪礼节这样压倒主要目的。然而，早在他的时代到来前，就已经可以看到最终产生这种空转的社会结构和心灵结构。

6. 值得对这种结构详加探究；因为恰恰是在这种相互关联的语境下有一些这种强制的固有特性，那些相互依存的人在他们的（社会）形态里相互施加强制，恰如人们也在很多其他社会里发现的这类强制一样。如同前面那个例子所表明的那样，礼仪礼节和风俗习惯越来越成为一种幽灵似的永动机，这种永动机完全独立，无视任何直接的实用价值而继续存在，继续运转，它像一台取之不尽用之不竭的发动机，在其相互关系里以及与被排除在外的大众的关系里，卷入其中的人争夺着等级地位和权力机会，被他们所需要的某种明确划分等级的威望一直不停地驱动着。

权力、等级地位和社会威望的机会不断受到威胁，毫无疑问，为了保持和争取这类机会而进行斗争的强制性，最终将成为支配性的主导因素，在此基础上，这种等级金字塔式的统治结构内所有的参与者相互判决，都命定必须去履行已经成为负担的礼仪礼节。构成这种（社会）形态的人，没有哪个有可能引领对传统进行的某种改革。任何（哪怕是最小的）对那种十分棘手的紧张关系的结构进行改革、改变的尝试，都会不可避免地导致对各个个人和家庭的某些特定的威望与特权的动摇、减少，或者甚至是废除。触动这类权力机会，或者甚至废除这类权力机会，在这个社会的统治阶层是一种禁忌。这种尝试将招致其他享有特权的阶层的反对，引火烧身，这些阶层的担心也许不无道理，即倘若人们触动传统秩序的哪怕是最微不足道的一部分，那么，赋予它们特权的整个统治结构将会受到威胁，或者彻底崩溃。于是（不可进行变革），一切便依然故我。

诚然，礼仪礼节对于所有有关的参与者都是一种或大或小的负担。18世纪晚期，让丽丝伯爵夫人曾说："人们只能心怀厌恶地到宫廷里去。如果不得不去，他们会无休止地大声抱怨。"[1] 但是，人们还是照去不误。当国王脱靴子时，路易十五的女儿们必须出席国王的就寝仪式，给国王脱靴子。为此，她们得飞快地在居家紧身外衣上披一件大的绣金丝的钟式裙，在腰间系上规定必须系带的、很长的宫廷曳地长裙，把其余的东西藏在大塔夫绸外衣下，她们生怕迟到，就与宫女们、宫廷侍从们、举着火把的男仆们一起迅速穿过宫殿的长廊，跑到国王那里去，一刻钟之后又飞快返回，就像去野外打猎一样。[2] 人们心存反感地容忍礼仪礼节，但是，不能从内部加以突破，不仅因为国王要求保留这些礼仪

---

[1] 参见伯恩的《18世纪的法兰西》，第75页。
[2] 同上，第73页。

礼节，还因为卷入其中的人的社会生存本身也受它们的约束。

当玛丽·安托瓦内特（王后）开始动摇这些传统的礼仪礼节规则时，奋起反抗的是高级贵族，实际上，这是很容易理解的。因为迄今为止，只有公爵夫人们才享有坐在王后面前的特权，这意味着如果她们不得不目睹那些级别较低的夫人现在也获准坐在王后面前，对于公爵夫人们是一种深深的伤害。黎塞留老公爵在法兰西王政时期旧制度行将灭亡之时，曾对国王说[①]："在路易十四治下，人们沉默不语；在路易十五治下，人们敢于窃窃私语；现在在您治下，人们大声嚷嚷，无所畏惧。"他之所以这样说，并非因为赞同这种事态的发展，而是要斥责，表达他对此的不满。各种礼俗枷锁被打破，对宫廷贵族来说意味着它们作为贵族政体的特性被粉碎了。诚然，也许有人会说"我再也不用去参加那种仪式了"，而个别的一些贵族也许也如此行事。但是，这同时也意味着放弃各种特权，意味着丧失掌握权力的各种机会，意味着与其他人相比自己正在没落、边缘化。总之，意味着灰心丧气，在某种程度上自暴自弃，除非有关人士自己具有和在其他人身上找到其他源泉可以为他的价值、他的骄傲、他的自卫和他的乐于标新立异不愿随波逐流进行辩护。

在宫廷机构内，一部分人的社会等级要求也会让另一部分人的社会等级要求不得不保持清醒。一旦各种特权的某种特定的、达到平衡的体系稳定之后，享有特权的人谁也不能去打破它，因为一旦打破，他自己的这些特权就不可能不被

---

① 参见伯恩的《18 世纪的法兰西》，第 128 页。

触动，那么他整个个人的和社会的生存基础就岌岌可危了。

这些相互有关联的享有特权者，在这种情形下，某种程度上会抱成团，紧紧抓住不放，即便他们对这种情况只能带着厌恶地忍受。社会等级较低的阶层和较少享有特权的阶层都会对社会等级较高的阶层、享有较多特权的阶层施压，要求保持他们的特权；反之，来自上面的压力会驱使因此而受拖累的阶层，努力争取给自己减压，做着与前者相同的事情，换言之，这种压力催促它们加入社会地位等级的竞争。谁若享有特权，能够参与"首批准入"，参加国王的起床仪式或者给国王递衬衫，他就看不起那种仅仅享有特权、获得第三批"准入"国王起床仪式的人，不想降贵纡尊；王子对公爵、公爵对侯爵都不想降贵纡尊，作为"贵族"，这些人都不想，也不能给那些没有贵族称号和必须缴纳赋税的人让步。

这种态度催生出另一种态度，于是，在压力和反压力的作用下，社会的运行维持着飘忽不定的某种特定的平衡状态，并稳定下来。礼仪礼节里表现出来的这种平衡状态，是人人都看得到的。对于受其约束的任何人而言，礼仪礼节意味着他的详细划分等级的社会存在及其威望的某种安全保障，当然，不过是一种很脆弱的保障；因为这种社会运行充斥着种种紧张，又依靠这类紧张来维系，在这种紧张状态下，其中任何一个环节都不断遭受各种冲击，所以等级较低的人或者类似等级的人和竞争者们，不管是基于某些功劳也好，基于国王的恩典也好，还是仅仅基于某种灵活机智的策略也好，都会试图在礼仪礼节方面进而在等级制度方面推动某些改变。

在这里，等级制度里的变动无不表现为礼仪礼节的变动。反之，在礼仪礼节上，人的社会地位哪怕是最微不足道的变化，都意味着在宫廷和宫廷社会的等级制度里的某种变化。有鉴于此，任何个人对于在这种机制运行当中的最微小变化都是极为敏感的，会警惕地注意最细小的变化，会保持等级平衡的现存状态，如果不是正好涉及他，就想变得对他有利。因此在这个意义上，这种宫廷的运作像一台罕见的永动机，它受到种种威望的需求和争夺威望的紧张关系的滋养，持续不断地运转着，这些需求和价值一旦存在，就会通过它具有的竞争价值一再滋生出新的需求和价值。

7. 无疑，并不是路易十四创建了礼仪礼节的机制。然而，他基于自己的社会职能的种种机会，利用、巩固和扩大了这种机制，而且是从一种视野出发，这种视野与卷入其中的贵族要保留的视野是明显不同的。这方面有个关于礼仪礼节在他手中如何发挥作用的例子，可以作为上面对某种特定礼仪礼节的一般性描述的补充，这个例子可能将它对国王的重要意义直观地呈现出来。①

圣-西门放弃军职的事，与某种特定的（贵族）等级争端颇有关系。他禀告国王，出于健康考虑，他遗憾不能再继续为国王效劳了。国王并不喜欢他这样。后来，圣-西门私下里得知，国王在接见官员时说："又有一个人离开我们了。"

不久之后，圣-西门再去参加国王的就寝仪式。此时，屋内虽然很亮，但总有一个神职人员拿着一支特殊的枝形烛

---

① 圣-西门：《回忆录》（德文版），罗泰森译，第 1 卷，第 142—143 页。

台。国王指定出席此次仪式者中的一位,即正在履职的神职人员把枝形烛台交给他。这是一种表彰、奖赏。仪式如何进行,有详细的规定。圣-西门说:"人们脱下手套,向前一步,国王在躺下的瞬间还执着枝形烛台,随后递还首席宫廷侍从。"不难理解,圣-西门感到很惊讶,尽管他已经放弃军职,国王在这晚还点名让他掌灯(以此奖赏他)。

"国王,"圣-西门又补充道,"之所以这样做,因为他对我很恼怒,又不想让人觉察。不过,这就是我在三年内得到的全部恩赐。这段时间,他利用任何微小的机会向我表明他难以宽恕。他不跟我说话,只是偶尔看我一眼,不跟我提任何有关我从军队退役的事。"

在这件事上,路易十四的态度是极为独特的:恰如人们所看到的那样,礼仪礼节并非一台不再由任何人操控的、幽灵般的永动机,恰恰相反,在国王看来,某种特定目的清清楚楚地与之结合在一起。他不单单是坚持传承下来的等级制度;礼仪礼节处处都有回旋空间,他随心所欲、任意专断地利用这些空间,后者哪怕在微不足道的事情上也在决定着宫廷里面的人的声望。他利用与金字塔式的贵族政体的社会结构相适应的心灵结构,利用宫廷人士对威望和恩惠的争夺,通过将在他那里他的每个臣下所享有的恩惠进行详细的等级划分,从而让宫廷社会内的人的等级制度和声望,按照他的统治目的发生变化,同时也让这个社会内的种种紧张关系按照他的需要以平稳的方式发生转移和变化。礼仪礼节的机制并未僵化,而是成了国王手中一个极为灵活的统治工具。

上文在考察宫廷住宅建筑的构想时,已经清楚表明人们是多么细致入微、多么有意识地怀着独特的对社会威望的衡量来谋划，让住房空间的形态和装饰截然不同、各有千秋、各得其所。如同圣-西门描述的那样，国王就寝仪式的场面显示出在另一种不同语境下的某种类似态度。同时，它也更加清楚地表明，在宫廷社会内一切外在表现的这种小心谨慎的区分和细致入微的色彩变化的功能：国王感到有些委屈，但他并没有暴跳如雷、大声叱骂，并没有直接放纵自己的情绪、发泄愤怒，而是自我克制，通过一种极为精心权衡的态度来表达他与圣-西门的关系，这种态度直至细微的色彩变化都准确地反映出国王认为在这种情况下所要表达的不悦的理想程度。这种小小的表彰与在其他情况下对圣-西门的不器重结合在一起，便从不同层次回应了圣-西门（放弃军职）的行为。这种斟酌权衡，这种仔细计算对别人的态度，这种富有特征的情绪克制，总的来说，对国王和宫廷人士而言是很典型的。

8. 这种态度是如何产生的呢？让我们先来审视一下，这种对态度的斟酌权衡和仔细计算，这种对人与人之间关系的细微变化的观察，对于大多数宫廷人士来说具有什么样的功能，又发挥着怎样的作用。

所有这一切都或多或少取决于国王个人的决断。也就是说，国王对他们态度的哪怕是最细微的变化，对他们来说都具有重要意义，它是他们与国王的关系以及他们在宫廷社会内的地位的可见标志、指针。不过，这种依附状态同时也通过很多中间媒介对宫廷人士彼此间的行为举止产生影响。

在宫廷社会内，他们的等级制度首先肯定是由他们的家族或家庭的等级、他们的正式头衔或称号决定的。而与此同时，这种等级制度彻底发挥作用并有所变化、修正，在宫廷社会内还是一种与分化远远不同的、尚未受到制度认可的和迅速变换的、现实的等级安排，这种等级安排是由一个人在国王那里得到的恩惠，以及在宫廷的紧张关系中他的权力和重要性决定的。比如，公爵之间有一种机制方面的等级制度，基本上是由他们的家族源自法兰西王政时期旧制度的特性决定的。这种等级制度在法律上有准确而详细的规定。

同时，在现实中，也许有个比较年轻的家族的公爵，因其与国王或王室女主人（王后）的关系，或某个其他有权势的集团的关系，所以其威望比一位较古老的家族的公爵更高。在宫廷社会的角逐中，一个人的实际地位总是由两种因素决定的，即正式的等级和现实的权力地位，不过，后面这种（权力地位）因素在宫廷人士对他的态度上具有更加重要的意义。因此，一个人在宫廷等级制度里所占有的地位是极为不稳定的，一个人所获得的实际声望，直接催逼着他，要求他提高正式的等级。任何人的等级提高都必然意味着压制了其他人的等级提高，在这种情况下会引发斗争，撇开报效国王的战争行动不讲，而是只有宫廷贵族才有可能进行的那种在宫廷社会等级制度内争夺地位的斗争。

最引人注目的这类斗争之一，是卢森堡公爵与16位等级较高的公爵和法兰西勋贵大臣的对抗。圣-西门以下面的话详细描述了这种争端，刻画了上面提到过的宫廷等级制度的两个方面及其相互影响的方式：

"卢森堡先生为他的成就，以及他的胜利在高级贵族中获得的喝彩感到骄傲，他相信自己有权按照法兰西王政时期旧制度下大贵族当中的做法，从第十八位晋升至第二位，即紧跟在于泽公爵（d'Uzès）之后。"①

9. 在宫廷社会内，现实的等级制度并不稳定，一直在摇来晃去，时而是小的、几乎不会被人觉察到的动摇，时而是大的、十分引人瞩目的震撼，不断改变着其中的人的地位和差距。对于宫廷人士来说，密切注视这些震撼在持久发生时会造成什么样的后果，是生命攸关的。因为如果对一位在宫廷里扶摇直上的人不友好，那是很危险的；而对一位在等级制度下日益没落甚至近乎失宠的人太过友好，其危险性也不会比前者小；如果人们刻意这样做，那就只有一种解释，他们是另有所图的。因此，对于宫廷里的任何人，持久地精心考察其行为举止的细微变化是不可或缺的。宫廷人士认为，对待任何其他人合适的行为举止，对后者本身而言，如同对所有的观察者一样，是（行情表上的）一个准确的指针、标志，表明根据当前的社会舆论他处于什么样的行情。因为一个人有什么样的行情，与他在社会方面的生存是一致的，所以，社会交际的各种细微变化——人们在其中相互表达有关行情的看法——具有异乎寻常的意义。

这整个运作与股票市场有着某种相似之处。在运作过程中也形成了一些在当前的现实社会里变幻不定的、有关各种价值的看法。然而，股市上体现的是有关货币投资者对各家上市公司的（股票）价值的意见；宫廷里则是关于所属人士的价值的各种看法：在前者那里，任何（哪怕是最小的）震荡都可以用数字来表示，在后者这里，一个人的价值，可能

---

① 圣-西门：《回忆录》（德文版），罗泰森译，第1卷，第16章。

首先表现在人们相互之间的社会—社交的各种细微变化里。《百科全书》所说的与房屋所有者的社会等级地位相适应的房屋装饰的细微变化,人们只能从高级贵族社会的交际中获知,这种房屋装饰的细微变化还很粗略,这种粗略,恰如等级划分是相对的。因此,若是要求房屋装饰必须精准反映宫廷之内鲜活的、现实的等级制度的细微变化,那么其色彩变化显然还很粗略,不细致。

从这类相互关联上,人们学会理解宫廷社会的圈子里形成的理性的特殊类型。它如同理性的任何类型一样,也是与特定的种种强制——强制自己控制情绪——结合在一起而形成的。在一种社会形态内,在较高的程度上把外来的各种强制变成一些自我强制,[①] 这种(社会)形态是产生各种行为的一种约定俗成的条件,人们试图通过"理性"的概念,指出这些形式的截然有别的各种特征、标志。于是,"理性"和"非理性"概念的错综复杂性关系到个人行为举止的操控,可以观察到现实的种种相互关联的短时间情绪冲动和比较从长计议的思维模式之间的比例关系。在行为举止里的短时间情绪冲动的指针和比较从长计议的、倾向于现实的指针之间,在紧张的平衡动荡不定时,后者的分量越大,行为举止就越理性。前提是情绪控制的指针不要走得太远,因为这种控制的压力和满足,本身就是人的整体现实的一个组成部分。

各种倾向于现实的思想模式参与对人的行为举止的操

---

① N. 埃利亚斯:《文明的进程》,美因河畔的法兰克福 1987 年,第 2 卷,第 321 页等。

控，根据社会现实的不同结构，这些思维模式的类型也是不同的。与此相适应，宫廷人士的"理性"亦不同于职业资产阶级人士的"理性"。进一步研究将会发现，从发展上看，前者是后者的一些前期阶段和条件。二者的共同之处是，在某些特定的社会领域和状态下，在行为举止的控制上，在波浪起伏的紧张关系的平衡中，长期的、趋于现实的种种考虑占有某种优势，会压制住瞬间的情绪冲动。然而，在控制行为举止的职业资产阶级人士那里，当算计财力机会的赢亏时，这种类型所固有的"理性"扮演着首要的角色；而在宫廷贵族那里，在算计获得和丧失权力的威望以及等级地位的各种权力机会上扮演着首要的角色。

正如已经看到的那样，在宫廷的各种阶层里，获得提高威望和等级地位的机会有时是以丧失各种财务上的赢利机会换来的，是花钱买来的。与此相适应，在宫廷社会的意义上似乎"理性的"和"理性主义的"事，在职业资产阶级的意义上却是"非理性的"和"非理性主义的"。二者的共同之处是，操控行为举止时，瞄准各种能够获得的实力或权力的机会，恰如人们理解的那样，即依据这些人各自所处的（社会）形态来操控自己的行为举止。

人们不得不满足于揭示一下这个问题。在这种情况下，指出（"理性"和"非理性"）两极之间的一种简单的、绝对的、概念上的二律背反是多么不够，这种二律背反没有给处于假设的绝对"理性"和绝对"非理性"之间的发展状况留下任何可以回旋的空间，以便作出某种明确的概念上的界定。显而易见，为了符合客观事实，需要一些极为精细的截然不同的概念，但是，这类概念我们现在手头并没有。

宫廷的理性——如果可以这样称呼的话——自有其特殊性，它既不像科学理性那样，主要建立在力求认识和控制人类之外的大自然的种种内在联系上，亦不像职业资产阶级的理性那样，在争取各种经济实力的机会的竞争中，主要建立在对自己的行为举止的战略进行权衡规划的基础上；而是恰如人们已经看到的那样，面对着不断争夺社会地位和以威望来竞争权力机会的压力，瞄准了这类机会可能会获得或丧失，主要建立在精心算计、规划自己的战略之上。

在很多社会的人群里，可以观察到为争取社会威望和等级地位进行的种种竞争；可能在很多社会的人群里，都能找到（或发现）这类竞争。人们在这里，即在宫廷社会里看到的东西，在这个意义上是具有典型特征的。它把注意力引向一种社会形态，那里吸引着构成这种社会形态的个人投入一种特殊的、旨在争取社会等级地位和威望这类权力机会的竞争中。

面对这类现象，人们往往满足于从个人心理上做出一些解释，比如说某某有某种特别强烈的虚荣心，沽名钓誉。不过，在这个案例里，这类解释是不够充分的。人们基于这类解释认为，恰恰是在这个社会里，偶尔会有很多个体聚集在一起，这些人基于特别强烈的虚荣心或者一些不自主、他治的个人特征，而这些个人特征的特殊性可以解释宫廷的等级地位和威望竞争的特性。这种假设就是众多尝试之一，即试图通过无法解释的东西来解释无法解释的东西。

倘若不从很多单一的个人出发，而是从这些个人相互间组成的（社会）形态出发，这将是一个比较可靠的基础。从这种（社会）形态出发进行观察，就不难理解对于（待人待己的）态度的精心权衡，对各种表情姿态的准确算计，对言语总要精细区分，总之，要理解理性的特殊形式（而这种特殊形式成为这个社会中成员的第二本性，他们都善于毫不费力地、风度翩翩地驾驭它），实际上，这种操控要求人比如特别能控制情绪，作为在这个社会里不断竞争等级地位和威望的手段，是不可或缺的。

10. 今天，人们喜欢问：面对各种外在的琐碎小事，那么缺乏主见；而面对他们认为是其他人的"错误的行为"、某种外在特权受到的最小的损害或威胁，以及我们今天轻易就能视为无关紧要的各种小事，为什么这些人会那么敏感呢？然而这个问题，这种把宫廷人士自认为命运攸关的大事视为无关紧要的小事，已然源于社会生存的某种特定结构。

今天，我们还能在某种程度上允许比较不明显地掩盖人与人之间的各种现实的社会分歧，或者至少保持模棱两可，因为以赚钱和职业方面的各种机会为媒介的人与人之间的关系，以及和与此相关的人们的分歧，依然是现实的、有效发挥作用的，哪怕在面向公众的公开场合它们并不会明确地表现出来。

首先，一个人可支配的各种赚钱机会的大小，在今天的社会结构里不必或者不允许明显地表现出来，因为在职能的民主化过程中，没有什么财产的各阶层的权力与路易十四时代的相应的权力分配相比，已经有所增长。不过，在前者那里，恰如在宫廷社会里一样，这个人所在的社会和高高在上的国王同意给一个人等级和声望上的社会现实；一个人在社会舆论里得不到关注或者得到近乎微不足道的关注，导致其思想意识也或多或少地丧失或下降；走在别人前面在别人前面坐下的可能性；根本不是无关紧要的外在琐事。此外，接受别人的亲切问候，受到别人的友好接待，等等，也根本不是无关紧要的外在琐事，只有在货币的功能或者职业的功能作为社会生存现实的东西发挥作用的地方，这才是无关紧要的外在琐事。不仅不是无关紧要的外在琐事，反而是直接记载着社会生存，即人们当前在宫廷等级制度里所占位置的大事。等级制度里的升迁和贬谪，对于宫廷人士至关重要，恰如做生意时赚钱还是亏损对于商人至关重要一样。宫廷人士会因为社会等级和威望有可能降低而烦躁不安，这并不亚于当商人得知资本有可能损失时出现的烦躁不安，也不亚于一位经理或者官员在得知有可能失去升迁发迹的机会时会产生的烦躁不安。

11. 如果再进一步观察，就会发现以下各种相互关联：在一个社会领域，社会生存建立在赚钱机会和各种职业功能之上，已经变成了主宰生存基础的形式，在那里，对于个人来说，他的现实社会是比较易变的。他在职业上与其他人打交道，后者当前对他的重视和评价，当然总是起着或多或少的重要作用，但是在某种程度上，人们总是能摆脱这种重视和评价。职业和金钱是导致比较动荡不安的生存的原因。它们（至少在职业资产阶级社会里）时而移到这里，时而移到那里，而非无条件地受到某一特定部分的约束。

宫廷的生存基础则迥然而异。那些对于任何"高雅社会"直至某种程度上都富有典型性的固有特质，在这里已经达到极为完美的程度。在任何"高雅社会"或者说在倾向于从周围的社会环境中分离和突显出来的社会里，比如，在任何贵族政体的社会和任何城市贵族社会里，这种极为卓越超群的"高雅社会"属性本身如同社会的生存一样，属于个人人格的认同和社会存在的基础。由于一个"高雅社会"有其稳固的连贯性，这种情况会逐渐有所不同。如果是一个从职业资产阶级领域突显出来的"高雅社会"，其约束力就会小一些，如果涉及的是一个宫廷贵族政体的社会，其约束力就会强一些。

然而，"高雅社会"结构的规律性，即一种"等级伦理"的形成，因此而不同，而且在形形色色的各种偏离中，这种规律性都是可以感觉到的。倘若人们为了清晰明确地了解这一点而观察一种贵族的"高雅社会"，那么立即会看到：在这里，一个人是在多大程度上依附于属于这个社会的其他人的意见、舆论。只要其他人这样认为，即把他看做属于他们所在的社会的人，只要他不有损于自己的贵族称号，实际上就能长期属于有关的"高雅社会"。换言之，社会舆论具有完全不同的意义和功能，不同于广大的职业资产阶级社会里的任何社会舆论，它为生存奠定了基础。在任何"高雅社会"里，社会舆论的这种意义和功能的一种明显表征就是"荣誉"，以及这个概念的衍生词。今天，在职业资产阶级社会里，荣誉顺应这个社会的各种条件，广泛地变换形式，改头换面，用新的内容来填充它。

无论如何，"荣誉"起初是属于一个贵族社会的表征。只要人们按照有关社会的舆论——因而也是对于自己的思想意识来说——被视为这个社会的所属成员，那就享有荣誉。丧失荣誉，就意味着丧失他的"高雅社会"的归属感。在这些自己所属的、一般相当封闭的社会圈子里,通过社会舆论这个法官的宣判,名誉就会丧失殆尽,而且有时还会通过这些圈子特别授权的代表们,采取名誉法庭的形式进行宣判。他们在一种特殊的贵族伦理的意义上进行宣判,处在贵族伦理的中心的是在传统上确保与地位较低的各阶层拉开距离的一切东西,也是在维护和保存贵族的生存,将其作为一种自我价值。

倘若这样一种"高雅社会"拒绝承认一个成员属于其中,那他就丧失了他的"荣誉",进而也丧失了他的个人人格的同一性结构的一部分。实际上,往往有贵族为了他的"荣誉",不惜孤注一掷,宁愿丧失生命,也不愿丧失他属于这个社会的资格,也就是说,不愿在丧失这个资格的同时失去他超越周围大众的伟大形象,只要特权社会的权力仍然未被触动,对他来说,一旦失去这种高高在上、卓越超群,生命就毫无意义。

也就是说,在这里往往不用采取其他的权力手段——比如剥夺一个人的等级地位、将其从所在等级驱逐、抵制一个人得到其等级地位——其他人对个别人的"意见""看法"就能决定一个人的生死。在这个问题上,如果成员们对某一个别成员的看法达成共识,那么这种意见就具有一种直接作用,并会付诸"实践",进而决定一个人的命运。这里涉及的被称为社会"现实"的东西是另一种类型,它不同于在职业资产阶级社会里的那种"现实"类型。虽然在职业资产阶级社会的"高雅社会"里,用剥夺或者解除等级资格来对其中成员进行威胁,也并非毫无效力,但在这里,资本的拥有作为生存基础和"现实"或者各种职业上的功能,或者职业上的各种赚钱机会，这一切最终仍会保留，哪怕个别成员会被排挤出职业资产阶级的"高雅社会"，也不会对他的生死存亡产生决定性影响。

此外，在城市，尤其是大城市的各种会社里，对于个人而言，具有各种回避的可能性，可以大大减少来自某一地区性的、城市的、高雅社会的社会控制的威胁和束缚，而在流动性较少的农村社会圈子里，或者在一个专制国家的完全不可回避的、宫廷的最上层社会里，高雅社会就会产生这种威胁和约束[①]：正如人们所看到的那样，在宫廷贵族的评价上，资本的拥有是达到最终目的的手段；其所具有的意义首先是作为保持某种社会"现实"的条件，是必须从人民大众当中突显出来，鹤立鸡群，高人一等，是作为一个享有特权的社会成员的等级地位，而在一切生存状态下，都强调要有卓越超群的行为举止。总之，把显赫高贵作为自我价值，这些生存状态构成了社会"现实"的核心。

不过，因为在宫廷社会里，拥有财富的各种机会其本身尚未构成一种社会的、独立于他人意见的"现实"；因为通过他人意见承认（自己的社会）归属性，其本身对于这种归属性具有建设性意义；所以，在这种"高雅社会"里，人们相互之间的看法及其表达，在彼此的行为举止里作为一种培养教育和控制的工具扮演着特殊的角色；在这里，没有任何一位成员能够摆脱舆论的压力，或者能够不把他的归属感、

[①] N. 埃利亚斯和 J. 思科森（J. Scotson）引用的一个工人住宅区里的一种相应的社会人群的例子：《定居者和局外人》（*Established and Outsiders*），伦敦 1965 年。

他优秀的同一性、他个人的骄傲和荣誉的核心孤注一掷。

这在极高程度上适用于一个"高雅社会"的成员们在区域里联合在一起的地方，比如，适用于法兰西宫廷贵族——有别于在深山老林里的乡村贵族，在更广泛的意义上，在法兰西的宫廷社会里，情况亦然，法兰西贵族汇聚在巴黎，在凡尔赛宫，即总是汇聚在国王居住的地方。

在某些限制之下，它也适用于英国的"高雅社会"，其中的家族、贵族的"高雅家族"和比较富裕的资产阶级"绅士"，虽然他们每年一般都会有部分时间在他们遍布全国的农庄里消磨时光，但是，自从17世纪早期，他们的家庭成员就比较动荡不定地、断断续续地在首都，在伦敦的城市住宅里居住，而18世纪更是有规律地，即通常有几个月时间，在"旺季"时到首都，到伦敦的城市住宅里居住。在这里，由于人员大量地接触，他们的住所就形成了国家的"高雅社会"，成了名副其实的"上流社会"，成了"舆论市场"。他们在此相互评价，相互蔑视，因此在经常性的社交圈子里的种种娱乐享受过程中，掺杂着各种政治的—议会的党派斗争，这是与"高雅社会"的这种共同的、不成文的惯例相适应的；在个人身上，它会提高、降低或使他们丧失自身的"市场价值"、名声、威望，总之，会提高、降低或使他们丧失个人在社会上的权力机会。与英国社会的权力分配相适应，在这种情况下，宫廷和宫廷社会并非构成"高雅社会"的中心，而充其量只是构成它的诸多中心之一。其他大贵族家族作为"上流社会"的各种政治—社交的中心，往往会冲击、破坏它们的社会等级，让它们一落千丈。作为社会精英的执政机构，在这种统治结构的框架里，议会和议会里各个党派的争斗起着决定性作用。

统治结构和贵族社会的、进而也是"高雅社会"的结构之间的各种关联，在德国同样十分清晰明显，而且并不亚于英法两国。德国的权力转移不利于皇帝这个中央统治者，而有利于称霸一方的各位诸侯，德国的贵族既非法兰西意义上的统一发号施令的宫廷社会，亦非英格兰意义上的"上流社会"。至少截至1871年，甚至基本上到1918年，在德意志的领土上，各种贵族的区域性和地方性的"上流社会"，一部分组成了区域性的宫廷，一部分在农业地区组成地方封建领主的社交圈，它们作为个人行为举止、社会归属感和名誉的监控机制，在以军官团为首的统治者的协会里以及在社会方面占领导地位的大学生联合会里，扮演着十分显著的角色。

不过，尽管与法兰西的贵族社会或者英国的上流社会相比，德意志的贵族社会结构层次要多得多，也更色彩斑斓，但是，在帝国本身的贵族家族中，其成员的各自有别的归属性，以及在社会地位价值和威望价值上互相蔑视的思想意识却从未完全消失过。它们缺乏法兰西宫廷社会或者英格兰上流社会的某种中央政府的社会精英分子组成的群体，这类群体作为每个个体行为举止的统一培训场所，作为公众舆论对其中各个成员的"价值"的评价交流场所，能够通过面对面地考验个人品质，在高级贵族之外，提供这种服务，因为在区域和领土界限之外，高级贵族的个人接触仍然很少，并且这类群体还会相当有规律地向其成员们提供个人接触的机会。在德国则会首先通过书面形式比较严格地控制成员的家族出身和社会归属资格的清单（即族谱），即通过一种教育，这种教育让每代人都能从社会等级的视野和区域性舆论出发进行观察，都能准确地把握在形形色色的等级金字塔结构中的家族出身、社会等级。最后，通过各种比较牢固的区域性社会之间的无数非正式的交叉和横向的结合，来取代英法贵族社会的精英分子群体。

此外，很多德意志贵族群体的排他性，有别于巴黎的宫廷社会或者伦敦的上流社会的各种贵族群体的排他性，它并不简单地表现在严格观察各种等级的区别上，而往往表现在"自己完全身处其中"，没有跳出贵族群体。他们或多或少地把资产阶级排除在正常的社会交际之外，德国贵族群体的排他性的各种特殊形式旨在阻止各种资产阶级阶层效仿贵族的行为举止对他们进行广泛的渗透，人们可以观察到在法国和英国，有很长一段时间都存在这种渗透。只有在比较狭隘的领域里，各种跃升了的德国资产阶级阶层才会接受他们那里贵族的行为举止的价值，比如在军官和大学生那里会接受"荣誉"的一种特殊概念；传统的对于经商赚钱的藐视，有部分也通过贵族中现存的俗语传播到职业资产阶级身上；此外还有对城市生活的藐视，甚至当古老城市的市民使用"城市化"之类的概念时，这种蔑视仍然残留。

最终，这表明在德意志精英多姿多彩的"高雅社会"和在城市市民的"高雅社会"之中，缺乏一种相对比较统一的社会等级和地位的制度。在德国，曾经有过而且现在仍有很多这类高雅社会群体。甚至随着柏林成为帝国首都，也根本没有一个城市的"高雅社会群体"能作为榜样确立起来，获得压倒其他社会群体的优势，给予其所属成员以某种特殊的威望。柏林的上流社会从未像伦敦的上流社会那样，具有比所有地方性的"高雅社会"更清晰明确和更大的优势,在伦敦的上流社会里,乡村贵族、宫廷贵族和领主的市民以及城市资产阶级的市民,各类人都汇聚在这里——在伦敦的高雅社会群体里。

几乎所有比较大的德国城市都发展出它们自己的资产阶级的"高雅社会群体",时至今日,依然存在。每个城市都有它自己的社会等级和地位的金字塔结构。一个家庭试图从一个社会群体转入另一个社会群体是可能的,比如从明斯特的"上流社会"转入结构完全不同的汉堡的"上流社会"。然而,直至最近,恰恰是在成员资格这方面似乎可以改变的时候,新转入的人往往要先经过一段时间的考验才能被接受。无论如何,他们的级别一般要低于"上流社会的那些老牌家族"。因为作为上流社会成员的资格的年限长短以及作为受尊敬的、有名望的家族其知名度持续的时间,即历史悠久的程度,在任何"高雅社会"里都是一种功绩,一种贡献,一种威望价值,这种威望价值对于把一个家族归入一个"上流社会"内部的金字塔等级结构的某个位置是极其重要、极有分量的。

不过,如果说在德国,各种不同的"高雅社会"的特性和结构是变化不定的,而且往往是极为不同的,那么,还是有——或者直到不久前仍有——一些特定的、统一的归属资格的标准。这些标准当中最有特点的一个,在德国曾经——也许今天还是——可以通过决斗要求对方道歉赔罪。个人荣誉的概念首先是在各种贵族圈子里借助强大的军人传统发展起来的,面对相同阶层的其他成员必须拿起武器捍卫个人荣誉,而对于其他阶层的成员则嗤之以鼻、置之不理,要么像伏尔泰那样，受到贵族的侮辱后要求这个贵族与他决斗，或者让他的仆人去揍对方一顿，亲自动手则会有损个人声誉。这种观念在德国资产阶级的各个阶层里，尤其是在资产阶级军官和文人阶层里，广泛传播。

所有的德国男性，从高等贵族成员，到资产阶级大学生和军官团的旧封建领主，以及大学生社团和会社所接受的各种协会，乃至商人，都被认为有能力通过决斗要求对方道歉赔罪，只要他们是预备役军官，都会要求决斗。如果他们受到侮辱，就一定要求通过武力决斗来获得道歉，绝不能放弃，不管他们来自德国的哪个地区。身为高雅社会成员的资格，在贵族那里比较容易掌控，但对于资产阶级人士而言，这种归属资格则要通过属于某一特定团体或某一协会来证明，后面这种归属性证明往往也决定着决斗时对助手或证人的选择。也就是说，很多"高雅社会"的复杂性和多样性在这里被抵消了，因为它们叠加在一起，某种程度上通过各种比较知名的协会和团体所组成的一个网络，构成有能力要求通过决斗获得道歉赔罪的一个社团。这个社团向下是封闭隔绝的，即不必对下面的大众通过决斗进行道歉赔罪。

12. 为了给"高雅社会"即法兰西王政时期旧制度的宫廷社会的研究提供一个比较广泛范围，对于各国"高雅社会"之间的差别作这样简短的插叙，在这种框架下可能已足矣。正如人们所看到的那样，在这里，关键并不是人们是否认为"高雅社会"是好的，或者认为某个"高雅社会"比另一个"高雅社会"更好。这类价值判断只能扰乱视线，不能准确建构出这类现象是如何产生的以及为什么会产生。——

后面的问题，正是此处所探讨的。

此外，这类比较更容易让人理解，为什么宫廷人士面对在他们的社会中占支配地位的舆论，其处境是无法回避的。在其他某些"高雅社会"，某种程度上或许是能够避开社会压力及其舆论的；而法兰西王政时期旧制度的宫廷社会却让其成员根本没有任何回避的可能性。因为它在威望方面以及作为其成员的威望的给予者，与其成员是不可相提并论的。对于法兰西王政时期的宫廷人士来说，根本没有换地方的可能性，他们不可能离开巴黎和凡尔赛宫，但是通过转入其他价值相当的社会，并作为等级相当的人继续其生活，在他们的意识里并没有威望上的损失，并且认为生活还是同样很有价值和意义。在这样一种宫廷社会里，身处其中的人能够把在他们看来赋予他们的生活以意义的东西——即他们作为宫廷人士的社会生存——与其他一切东西保持距离，把他们的威望包括他们自己的形象（即他们人格的同一性）都保留下来。

他们到宫廷里去，不仅因为他们依附于国王，并仍然一直依附于国王，还因为只有通过到宫廷去和在宫廷社会里生活，他们才能与所有的其他（非贵族的）人保持距离，他们灵魂的救赎，他们作为贵族的威望，总而言之，他们在社会上的生存和他们个体人格的同一性，都有赖于这种（与非贵族的大众）拉开距离。如若对他们来说，主要是考虑到一些营利机会，那么，通过商人或者赋税承包商的某种活动，可能会比在宫廷里更能达到他们的目的。然而，因为他们的目的主要是保留他们在宫廷社会里的精英性质和社会等级，所以他们不可避免地要奔走于宫廷，并且不能摆脱对国王的直接依附。与此相应的是，他们也不能避开宫廷舆论的压力。恰恰是因为只要他们不甘心放弃作为贵族的社会生存，就得在完全不可能回避这种压力的情况下接受这个社会的约束，所以对他们来说，其他宫廷人士的舆论以及他们对舆论施加压力的行为，就具有在此谈到的极端重要的意义。

如果说，对外必须保持距离的这种必要性，把每个宫廷人士都与宫廷牢牢地捆绑在一起，迫使他进入宫廷的运转之中，那么在宫廷社会内部，竞争的激烈程度总会驱使他不断前进。从宫廷社会的决定性动机上看，这里涉及威望的竞争，但并非对一般威望的竞争。因为与这个社会的等级金字塔结构相适应，获得各种威望的机会也仔细地划分了等级，所以人们为了争取划分为各种等级的威望机会，或者换言之，为了争取划分为各种等级的权力机会，而相互竞争。因为一个人在他与其他人组成的（社会）形态里所拥有的较高或较低的威望，他在其他人当中的"市场价值"，在他所处的（社会）形态的多极性紧张关系的平衡里，是他的分量的表现；他的重要性的表现，是他获得较大或较小的、不得不对其他人施加影响或受他人的影响的机会的表现。

不过，在这个社会里、在这个人际关系里发挥作用的一切东西，都会变成获得或提高威望的机会；社会等级、"家族"世袭职位和年代的久远，也会成为获得或提高威望的机会；人们拥有的或者得到的钱财，同样会变成获得或提高威望的机会。此外，国王的恩惠，在宫廷贵妇或大臣们那里的影响，从属于一个特殊的集团，作为军事统帅所做的贡献，乃至聪明才智、优异的行为举止、漂亮的脸蛋，等等，所有这一切都会变成获得或提高威望的机会，它们在每个个体的身上结合在一起，决定着他在宫廷社会所固有的等级制度里的地位。

13. 在这里表现出了宫廷人士所固有的一种价值评判态度和行为举止的方式，圣-西门对此作了如下描述①：在宫廷里，重要的永远不是事物本身，而是这种事物在与某些特定人员的关系上究竟意味着什么。这再次表明，对于宫廷贵族而言，礼仪礼节和习俗仪式具有何等重要的意义。我们很容易认为这种机制毫无意义，一如我们往往也喜欢从每个人的客观实际职能来观察一个人，我们疏于将其与客观事实相联系，即找不到某种在它之外却又与它有关的益处或目的。然而，正如人们观察到的那样，宫廷社会所强调的重点正好完全相反。我们乐于把要求有关人员做到的事客观化和物化，而宫廷人士则喜欢把客观事物加以人格化；因为他们觉得，人以及人们相互之间所持的立场总是排在首要位置。也就是说，在礼仪礼节的框架内，他们并非"为了某种事情"而一起合作。他们的生存，他们威望的展示，与较低阶层的人保持距离，承认较高阶层的人与自己保持距离，所有这一切对他们而言，本身就是目的。

然而，正是在礼仪礼节方面，这种拉开距离作为目的本身具有十分完美的意义。它成为宫廷社会的一种行动，在这种行动之中，划分等级的种种获得威望的机会按顺序排列起来。每个实践者在实践之中都表明是这些获得威望的机会的

---

① "……人们评判各种事物永远不是根据它们是什么东西，而是根据它们所涉及的人员。"见圣-西门《回忆录》，第10卷，第185章。

载体，这样一来，他们就让彼此拉开距离的关系变得明显可见，这种关系同时又把他们相互结合在一起，让他们相互陪衬，并且在自己的行为里检验大家都有目共睹的等级制度，检验他们相互承认的宫廷的"市场价值"，即检验他们的威望价值。

换句话说，付诸实践的礼仪礼节是宫廷社会的一种自我表现。在这当中，每个人——国王首当其冲——都会感到其威望及其比较重要的权力地位，都要通过其他人来证明和表现。社会舆论建构着个人的威望，在一种按照某些特定规则共同进行的行动中，通过个人之间的行为来展示社会舆论，也就是说，在这种共同行动中，同时可以直接看到宫廷人士个人受到现存社会的约束。他的威望如果没有经受这种行为举止的考验，就会虚无缥缈，空空如也。人们高度重视展现威望以及遵守和维护礼仪礼节，这并非注重"各种表面上的事"，对于宫廷人士的个人身份认同而言，这是性命攸关的事。

不过，因为任何社会总会极其精细和多样地对它最为性命攸关的领域彻底分化，使之色彩纷呈，所以，我们正好在宫廷社会里找到等级划分和色彩微妙变化的精巧细致，职业资产阶级对此则是陌生的，它习惯于在一些完全不同的领域里谨小慎微地加以区分。在宫廷社会，人们精心组织每一次风俗仪式、每一次礼节活动，细致入微地感受和算计任何一个步骤的威望价值，这与礼仪礼节和人们相互间的行为举止对于宫廷人士所具有的生命攸关的重要性是相适应的。

下一节将会表明，为什么国王不仅要让贵族遵守礼仪礼节，而且他自己也遵守礼仪礼节。在这里，首先应该理解各种动机和强制，基于它们，宫廷贵族认为自己在礼仪礼节方面受到约束，也就是说，同时在宫廷里受到约束。首当其冲的强制并非源自各种统治功能的实行；因为所有这类政治上的功能是封闭隔绝的，在很大程度上，与法兰西的宫廷贵族没有干系。他们也不是以能从宫廷里得到多少赚钱机会为出发点，因为通过其他途径，会有更好的赚钱机会。而主要的强制的出发点是，这些人士自己作为宫廷贵族，既要在面对受歧视的农村贵族时突显自己，高人一筹，也要在面对官员贵族和人民大众时维护自己，保持或扩大已经得到的威望。一个小小的例子，或可让这种想法生动起来。

英国国王、西班牙大公和法兰西王子同在一处军营里。法兰西王子对于西班牙人与英国国王交往时的不拘小节极为不满，便决定给他们上一堂课。于是，他邀请西班牙人和英国国王来做客。当这些人一起进入房间时，客人们惊讶地发现，只有一张通常只容得下一人就座的放着饭菜的桌子，靠背椅也只有一张。法兰西王子请英国国王就座，其余的客人只能站着。法兰西王子站到（英国）国王背后，开始伺候国王。而这是符合法兰西的礼仪习俗的，即只有国王可以坐下，高级贵族们要伺候他；其余的人必须站着，保持适当的距离。对此，英国国王表示抗议，西班牙人更是觉得受到侮辱，暴跳如雷。而主人保证，在国王就餐之后，也会像款待国王那样款待其余的客人，他们会在另一房间里享受丰盛的宴会。人们明白：这位王子想要强制推行礼仪礼节；他对国王降贵纡尊，与国王保持距离，尽管（英国）国王根本不要求这样做，但对法国人来说，这种屈尊和保持距离是他作为王子的社会存在的一种考验。他期望保持礼仪礼节，即使在这里并没有这种要求，他仍希望如此，因为如果他忽视了与国王保持距离，那么他底下的人一旦也忽视与他保持距离，就会有损于他的地位。

14. 这样一来，宫廷人士所生活的人与社会交织在一起的某个特定层次就会被铲除。显而易见，这还不是一些此处涉及的专门化的、经济上的盘根错节、相互依存，虽然经济上的各种强制对宫廷生活的干预和塑造是不言而喻。对于保持距离和威望的要求，在这里不能以对各种经济机会的某种要求来解释，哪怕借由所处的某种特定经济环境可能出现这种要求。宫廷人士的等级伦理并非一种精心装扮过的经济伦理，而是一种结构上不同于经济伦理的东西。在拉开等级距离和威望的光鲜外表下的生存，也就是说，宫廷人士的生存对于宫廷人士而言，完全就是目的。

这里表现出一种行为态度，对这种态度进行社会学分析的意义超出直接的题材。对于任何一个在某种程度上稳定的、精英的，或者说出类拔萃的群体、社会等级或社会阶层（往往既处于由下而上的社会压力下，也处于由上而下的社会压力下）来说，这都是适用的，哪怕这里着重指出的是这类统一体（单位）的结构的规律性。因为对于它们以及其中成员而言，它们纯粹作为一个精英社会统一体成员的生存，部分来讲，绝对就是其价值本身和目的本身。于是，保持距离就成了他们行为举止的决定性因素或者塑形机。这种生存的价值对于其中成员而言，无需任何理由——尤其无需用某种实惠——来解释。人们不会逾越这种生存，去探寻某种俗世里的意义。若在一个社会里，仅仅存在各种精英的倾向，也会表现出同样的现象。

这类精英的统一体的概念机制，整个思维，是由这种结构规律性、纯粹社会生存的目的本身、不作任何思考的存在主义决定的。这类社会统一体在一些象征和理念里表达其行为举止的目的或动机，因此，这些象征和理念总是具有某种威望崇拜的特征；它们本身仿佛被实体化或者被聚集在一起，包含着整个威望，而这种社会本身基于其作为精英分子的存在，要求具有这整个威望。

在这种相互关联的语境下再次指出作为行为动机的"荣誉"的象征，可能已足矣。以荣誉为出发点的强制，就是强行保持其载体的生存——即作为一种在社会上拉开距离的生存。荣誉巍然屹立，它的载体容光焕发，光芒四射，既无需也不可能通过荣誉之外的某种东西作进一步阐述。然而在这里，在与宫廷人士相互关联的情况下，用"荣誉"或"威望"来列举某种动机的等级伦理，与职业资产阶级各个阶层及其各种等级的经济伦理是有差异的，后者以获得实惠为动机，但是等级伦理的各种要素也渗透到它身上，或者在某些情况下与它相互交融。

一旦在职业资产阶级各个阶层里出现各种固步自封的倾向，即精英分子的倾向，这些倾向瞄准维护、保留那种固步自封的群体——作为某种拉开距离的群体——的生存，同时直指对这种生存的美化、神化。这些倾向也会表现在各种威望的象征里，而这种生存借助其威望的灵光，表现为目的本身，虽然在这里，即在资产阶级各阶层里，各种获益的实惠、各种经济利益总是同时与各种威望的价值直接混杂在一起，但恰恰是在与此有关的语境下，研究宫廷社会的结构和

宫廷社会 | 165

盘根错节会令人产生兴趣。因为在今天，在其他情况下作为一种动机——而且往往又不是作为主要动机——出现的东西并非源自威望，一如人们已经看到的那样，在这里，在宫廷社会里，源于威望的等级仍然完完全全不受限制地独占鳌头；在这里，等级伦理与职业资产阶级各阶层的经济伦理依然有着明显的差异。

也就是说，人们必须从这些相互关联出发来理解礼仪礼节，而不需要从某种获益的实惠来进行阐释。在这些礼仪礼节中，宫廷社会自身得以表现，每个人都被其他人衬托着，在面对非其成员时，大家就相互衬托，一起考验作为价值本身的他们的生存。①

15. "宫廷生活是一场严肃而忧伤的演出，它就像某种布局：人们必须安排其中的各种人物和身份地位，必须有一种策略可以据此与对手抗衡，有时要把他自己的幸福孤注一掷，要敢冒被迫出局的风险；在经历所有这一切幻想和阴谋诡计之后，人们终于能在棋盘上'将别人军'，有时也会被人'将军'。"②

宫廷社会里的生活并非一种和平的生活。持久地、不可

---

① 这一节也是对威望社会学的一种贡献，至少在结束时还指出同样献给威望社会学的一本书，即路德维希·莱奥波德的著作《威望》（柏林，1915年）。这位作者是从其他条件出发并用其他观点来论述这个题材的，因此，在这种语境下无法加以应用。莱奥波德把下述看法视为威望的一些普遍特征：它属于感情世界，它活跃在温驯和放弃之中，实际上是相互混合的。这两项研究的层面并没有交集。
② 参见让·拉布吕耶尔的《品格论》（巴黎，1890年）中《宫廷》（*De la Cour*）一章。

避免地被束缚在一个圈子里的人数量很多，他们相互施压，为争夺威望机会、争夺他们在宫廷威望的等级制度里的位置而争斗不息。纠纷丑闻、阴谋诡计、等级争斗和争宠夺爱从不间断，没完没了。每个人都依附于其他人，所有人都依附于国王。每个人都可能会伤害其他任何人。每个可能在今天晋升等级的人，也可能在明天一落千丈。没有打不碎的玻璃。每个人都必须寻求与最有可能备受器重的人结盟，必须避免不必要的敌对，必须缜密思考与无法避免的敌人的斗争策略，必须根据自己的社会等级和现时"市场价值"在与其他人交往时的言谈举止中，在对待他人的态度上，最准确有序地安排好与之的距离和接近程度。①

与这种结构相适应，宫廷社会在培养宫廷人士的一些方面同资产阶级—工业社会是截然不同的。这里列举几个方面：

1) 观察人的技巧

也就是说，不是从科学意义上的"心理学"，而是从宫廷本身的生存必然性中培养起来的那种能力，亦即有能力预计其他人的构想安排、各种动机、才能和局限性。人们将看到这些人是如何小心翼翼地绕开其他任何人的身体语言和表情，如何听取同仁的所有言论，细致入微地考察其含义、意图和重要性。

---

① "一位宠臣必须能管好自己；因为如果他让我在他的接待室等待的时间比平常短，他的表情也比较开朗，比较少皱眉头，更加乐意听我的话，而且陪伴我的时间比平常多一些，那我就会猜想，他很快下台了，随后，我的想法很快就会得到证实。"参见让·拉布吕耶尔的《品格论》，第185页。

有一个可以用在很多人身上的例子:

"我很快就觉察到,"圣-西门有一次在谈到某人时说,"他的反应更冷漠了;我从他的眼神、眼角的细微变化看出他对我的态度,这并不是一个肩负困难事务的男人身上偶然出现的态度,也不是我猜想可能搞错的态度。但是,我的猜想很快就被确证无疑,我对他退避三舍,却又不能让他对此有哪怕一丁点儿的觉察。"[1]

这种在宫廷里观察人的技巧,从不是仅仅观察有关单一的个人本身,如同观察一个人主要从其内部感受各种基本规律和特征,这将更加接近真相。在宫廷世界里,莫宁说,人们总是在其与社会的相互交织中观察个人,把他放在他与其他人的关系中来观察。在这里,也显示出宫廷人士完全受社会的约束。不过,观察人的技巧不仅涉及其他人,也延伸到观察者本人身上。在这里发展出了一种自我观察的特殊形式。"受宠的人必须能很好地自我克制。"恰如拉布吕耶尔所说。[2] 观察自己和观察别人是一致的。如果只有一种观察,而没有另一种,那只会无的放矢。也就是说,这里所涉及的并不是一种主要源自某些宗教动机的自我观察,也不是一种对自我"内心"的观察或作为单独的个体专心致志地自我修炼,以便——上帝保佑!——检验和约束他自己最隐秘的躁动不安,而是涉及一种对他自己的观察,以便使他能在社会规范—社会交往中约束好自己:

"一位了解宫廷生活的男士会堪称典范地控制好自己的

---

[1] 圣-西门:《回忆录》,第18卷,第31章,第172页。
[2] 参见让·拉布吕耶尔的《品格论》,第120页。

各种姿态、目光和脸部表情；他会深藏不露，城府深得让人根本无法看透；他会对各种鄙陋行径置之不理，他会对敌人报以微笑，会抑制他的喜怒无常的脾气，会隐藏好他的各种痛苦，他会违心行事，即便他的言行有违自己的感情也在所不惜。"①

而且，这里并不可能存在任何东西，能够甚至会让人喜欢对他的行为的种种推动力感到迷惑不解。恰恰相反，正如他也是被逼无奈去寻找其他人的外表掩盖下的以及受控制的行为举止的背后的真正动机和动力，正如倘若他不能一再透过与他竞争威望机会之人的毫无激情的表现，去揭示促使他们前进的情绪和兴趣，他就会一败涂地；他必须了解自己的各种情绪，才能确切地加以掩盖，伺机而动。有关利己主义的观点作为人的行为举止的各种动机，并不是在职业资产阶级—资本主义的竞争空间才形成的，而是首先形成于宫廷的竞争空间。在这个空间里，首先产生了在新时代里对人的各种情绪的毫无掩饰的表述。比如，最好想一想德拉罗什富科②的"格言"。

描述人的技巧与观察人的技巧是相适应的。书籍对于宫廷人士的意义完全异于我们，写作亦是如此。他们的意图并不是进行某种合乎情理的、带有因果关系的自我阐释和自我表现。上文所谈到的关于宫廷人士对待自己的态度，在此依然适用。这就是价值，无需也不可能阐明或者辩护。

---

① 参见让·拉布吕耶尔的《品格论》，第120页。
② 弗朗索瓦·德拉罗什富科（François de La Rochefoucauld, 1613—1680），法兰西作家，擅长格言写作。——译者

宫廷人士主要是在言行之类的特定做法上展现自己，其著作无非是社会生活一些间接的组成部分[1]，很多谈话和社

---

[1] 宫廷贵族的社会本身不是适合文学形式和知识形式的土壤，文学形式和知识形式不能满足宫廷社交生活的各种要求，不能满足突出社会地位的需求，这是易于理解的。那些具有宫廷社会特征的文学形式和知识形式，与其种种特殊需求和标准是相适应的。首先是一些回忆录、书信集、箴言，还有某些抒情诗，即一些文学形式，它们直接或间接地超越了这个社会的永远无法撕裂的对话，进入这种对话里。此外，自18世纪中叶以来，某些特定的知识形式也进入这种对话，拥有这些知识形式就能使宫廷人士在他们的社会里享有某种特别的声望，因而给予他们某种宫廷职务或外交职务的候补资格。比如，后来贝尼斯红衣主教（Kardinal Bernis）在其回忆录（康拉德[Konrad]翻译，慕尼黑和莱比锡，1917年）里面说："研究历史，研究幸福和道德（在宫廷社会里，道德就是知晓各种习俗和人的个性。像'17世纪法兰西道德主义者'所作的这样一种表达，必须在这种德国人感到不寻常的意义上来理解。——作者），进一步成为我唯一的工作；因为我想悄悄地让这些人习惯于把我视为严肃的，视为适合于做这种工作（即外交服务工作）的人。"

与此相关，下面这段来自贝尼斯红衣主教回忆录的引语十分富有特征（他本人也出身于一个古老的封建领主显贵家庭）："必须承认，今天的大封建领主比过去时代的封建领主少了一些愚昧无知。甚至在他们当中遇到好的作家也并不罕见；然而与此相反，人们发现在从前的那些人当中，有些几乎不会读书和写字，却是精明强悍的军队统帅和灵巧机敏的大臣。并非书籍培养了伟大人物，而是各种社会事件、心灵的高贵和荣誉感造就了优秀的人才。"

对于这个社会来说，考虑或不考虑什么样的文学形式和知识形式，从下面书信里的一段话可以看得特别清楚。这段文字出自德斯塔尔夫人（Mme. de Staal），她是曼恩公爵夫人（Herzogin von Maine）的侍女，刻薄泼辣、观察力敏锐。有一天，伏尔泰和女友夏特莱侯爵夫人去阿内旅行，造访曼恩公爵夫人的住所，而且是在夜间到达的。他们有些疲倦，便留宿下来，第二天却不见了。1747年8月15日，德斯塔尔夫人给杜得芳侯爵（du Deffant）夫人写信道："他们昨晚10点钟出现。我不相信，今天早上能看见他们，一个（他）在写历史著作，另一个（她）在评论牛顿……他们既不想游玩，也不想散步。都是些社会上的饭桶、蠢蛋，在这里，他们的学术论文根本没有任何影响。"1747年8月20日，德斯塔尔夫人给杜德凡特侯爵夫人写信道："'她'（夏特莱侯爵夫人）坚持要在深夜才能见面，伏尔泰写了一些风流诗篇，……（转下页）

交游戏以及大多数的宫廷回忆录,都会有碍于对话和交流,基于这种或那种原因,谈话就会缺少对象;因此,那些有关宫廷生活的书籍里为我们很好地原样保留了这些人在自己的生活里所采取的态度,保留了宫廷生活的画面。

于宫廷人士而言,观察人是生活中最重要的技艺之一,因此不难理解,这种技艺在宫廷的回忆录、书信和箴言警句里得到了极大的完美体现。

因此,从法兰西宫廷社会的各种条件出发,它为法兰西作家和法兰西文学开辟道路。基于种种(在这里不可能研究的)原因,这种文学在法兰西作为宫廷的思想意识的直接继承者,超越法国革命,至少可能有一部分与某个巴黎"上流社会"的继续存在息息相关,这条道路从当时的一系列作家一直延展到最近的时代。①

2)待人接物的技巧

如上所述,宫廷社会对人的观察并非源于喜欢进行某些理论思考,而是直接源于社会生存的种种必要性,源于社会交往的种种要求。对人的观察构成了待人接物的基础,恰如

(接上页)这些风流诗篇稍微弥补了她的异常行为的恶劣效果。"

有学识的文章与这个社会的社交生活没有任何关系。这类文章远离这种生活。这反映出一种不合礼仪、不合时尚。然而,风流诗篇属于这种宫廷生活的范畴。而通过这些风流诗篇,伏尔泰弥补了他和他女友的不合礼仪、不合时尚;这正好既是伏尔泰对社会学的一种贡献,也是他对有关宫廷封建领主社会具有典型特征的文学形式和知识形式的社会学的一种贡献。当然,在这种语境下,不能对他如何做出的种种贡献详加叙述。

① 至少提及一条线索:对人物的描绘,从圣-西门开始,经由巴尔扎克、福楼拜、莫泊桑,直至普鲁斯特,对于后者来说,"高雅社会"既是生活空间,也是观察领域和写作素材。

后者亦是构成前者的基础。在这个方面里，另一个方面必须得到验证、经受考验；从那个方面里，这个方面也得到了滋养。有鉴于此，待人接物也是根据行为者的各种目的精心准确计算的。有一个例子，或许能解释在与人交往过程中的这种战略上的计算，它说的是当时的王位继承人路易十四的孙子。恰如圣-西门自己所说，他感到至关重要的是对这位未来的国王应该显得谦恭卑微，圣-西门所在的社会等级，即公爵和励贵、上上下下的大贵族们，一方面必须忍受对正统王子们——包括国王——的言听计从，必须服服帖帖，另一方面必须忍受对大臣们卑微恭顺，贬低自己。

在这方面，圣-西门的行为是这样的：

"首先我认为正确的做法是对王位继承者……进行某些观察……同时，我也不失时机地谈及我们的尊严。也就是说，我尽量小心翼翼地打断那些偏离这个目标的话语，把谈话重新引回这个目标，所有不同的问题都谈及。……我把他引到这个话题上，是因为我注意到他对这些问题很敏感。……我提醒他记住巴伐利亚的（神圣罗马帝国）选帝侯对阁下各种要求的罕见的新奇之处①。……我建议他就容忍这些滥用权力对国王们和王位、王冠造成的极端不公进行如下思考。……我向他明确指出，这场风暴可能会殃及我们大家。……②

"随后，我对西班牙的大公与（法兰西的）公爵励贵作

---

① 他在其中首先谈到一点，即王位继承人自己的利益可能有风险。
② 他向王位继承人指出，王位继承人自己的利益和圣-西门的等级利益，可能遭到同一对手的损害。

了比较，这是一个非常值得探讨的领域。……再往后，我转而谈论英国的情况，欧洲北部和全欧洲的国王；我能够轻而易举地证明，唯有在法兰西，而且是在所有等级当中，大贵族不得不遭遇如此困难，其他国家没有哪个勋贵能容忍这种情况。……王位继承人非常活跃，对我的这些看法很感兴趣，说我的这些考虑很好，还往往自己把这些考虑一直探讨到结束。这让人很容易看出，他坚信这些考虑是符合真情的。按照令人愉快的、有建设性的方式来讨论它们①。……王位继承人……兴奋异常……抱怨国王无知和缺乏思考反应能力。

"我能轻而易举地提及所有这些话题，把它们摆到这位王子的眼前，让他感到满意，谈论它们，而且向我表明我给他上了很好的一课，也让他可能坚信不疑，愿意肩负责任，愿意奋勇直追，而且允许我看到他的感情、他的思维方式和接受各种考虑，他从这种认识获益匪浅。最后，采取这种方式更容易说服他和激励他努力奋斗。然而，我所做的这一切，并非为了把这些推理和附加说明推到极致，而是引导他谈论其他话题，通过我的克制更大程度地激励他的理智、他的正义感、他自己的信念、他的信任。同时也是为了争取时间，在任何方面看透他，这样一来，就能同样温和而彻底地

---

① 恰如这种行为方式的典型性，在格拉奇安写的预言里，人们读到下面的话："最可靠的聪明才智在于内心的适度控制。人们提出谨慎保密的圈套是矛盾的，这种矛盾要求作某种解释，并要求用一些具有煽动性和挑衅性的语言。"（转引自胡塞尔译本，巴黎1697年，第217页，第179条格言）

让他接受我的感情，以及我对这些话题当中任何一个的看法。……"①

在这段闲谈中，可以看到很多东西对于当时的情况而言都是非常富有特征的、典型的：这位反对派贵族试图与王储建立联系，王储自己的立场也令他乐于持某种反对派的态度。然而，这种行为是危险的，对于圣-西门而言更为危险。他必须小心翼翼地试探王储的态度，才能知道自己能走多远。而与此同时，他的这种行事方式对于整个宫廷的待人接物而言，也是富有特征的、典型的。在圣-西门的这段描述中，人们首先看到的是他借以奔向目标的意识极不寻常，同时也能看到他对于自己达成目的的驾轻就熟的技巧多么津津乐道。这恰恰清楚地表明，等级较低的贵族是如何以及为什么会在极大程度上成为交谈对话的战术家的。如上所述，在这次交谈中，他是最受威胁的那个人。王储随时有可能在某种程度上偏离宫廷谈话的有的放矢的游戏规则；只要他觉得合适，他可能会随便以什么理由结束谈话和他们之间的关系，而这对他本人并不会有太多的损失。相反，对于圣-西门来说，很多东西取决于这样一种交谈的结果，也就是说，对他而言，做这件事是性命攸关的。所以，在交谈时他要极为自我克制，并且深思熟虑，但又永远不能让谈话对象觉察到。

在这种情况下，一个人必须控制好自己，内心由于行为举止受到拘束而紧张，对外却要强作欢笑，此时，他实际上就是处于劣势。把级别较高的人悄悄地、小心翼翼地引到人

---

① 圣-西门：《回忆录》，第18卷，第106章，第11页等。

们想带他去的地方，是这种宫廷人士待人接物的最高信条。比较独立自主的同等级的伙伴与他交谈时，比如商人或者资产阶级知识分子之间在交谈时，那种姿态有时可能是有益的，即或直接或间接强调自己的聪明有时可能是有用的；任何像"我就是什么什么样的一条汉子！"这样的表达，不言而喻，在宫廷社会都是禁止的。

"永远不要谈论自己"是格拉奇安一条格言的标题[①]。与此相应，不仅必须总是普遍地时刻牢记谈话伙伴的社会情况以及谈话可能带来的种种后果，而且必须在谈话中一再注意和预计谈话对象不断变化的真实的自然而然的（社会）形象。我们可以把"外交"概念压缩一下用来称谓那种技巧，在宫廷社会的日常生活中它得到了养分。圣-西门与王位继承人的交谈就是这方面的一个十分生动明显的例子。那些特征，过去基本上只有一国的外交代表在谈判时才会被要求展现出来，今天对我们而言却是明显可见的。而各种康采恩或政党在谈判时越来越具有这类特征，等级金字塔的"高雅社会"甚至会产生并强行要求具备这些特征，相应地，它们也在这个社会中的任何一人身上或多或少地打上深深的烙印。

但是，在观察宫廷人士的待人接物时，所有这一切从一个新的角度立即就能理解，这意味着对于出身于职业资产阶级的、与此保持较远距离的旁观者，特别是德国的观察者而言，在宫廷社会以及在随后很大程度上由它形成的法兰西社会里，无论面对"何事"，总是特别强调"如何行事"。上面的观察，已经从某个方面暴露出如此观察外表事物的各种

---

① 《格拉奇安格言》，第117条，第143页。

根源，在这种社会结构里观察"如何行事"的各种根源，那就是我们所称的"外表的东西""外在琐事"以及"形式主义"的东西，不是别的，无非是首先表达与一切出现的东西或现实中发生的事的关系，表达与做这一切事的人获得社会地位和权力机会的关系，或者说表达这一切都属于获得社会地位和权力机会的这个人与其他人的关系。在此意义上，暴露出这种只能很不充分地理解为"形式主义"和突出强调"如何行事"的行为举止，仅仅是形成职业资产阶级的思想意识的客观化和物质化的对立面，在职业资产阶级的思想意识里，毕竟是"某种东西"占主导地位，它优于"如何行事"，在这种思想意识里（往往是所谓的）"客观事物"就是一切，而"人"以及人的行为举止的"形式"意味着无足轻重，不足挂齿。

还有一种类似的东西在此也有所表现，它是从圣-西门与王储的示范性交谈中显示出来的。借助此次闲谈，靠着他自己的策略，对于圣-西门来说是至关重要的，可以确保他自己发挥更大的作用，获得更大的权力，赢得王储的信赖，甚而与之结盟；那种表面上的"客观事实"，即抱怨他的社会等级被压低，有损尊严，其本身同时又是某种最崇高的"关乎个人人格的事"。然而，恰恰是因为要适应宫廷社会的结构，对于圣-西门来说，如果他在他想发挥作用的事情上周密预计可能出现的情况的话，如果他要不断地考虑他自己的各种利益，考虑对他发挥作用的要求，那他只能奋发自强，让自己发挥作用。正因如此，"如何行事"在这里就具有了前面提到的重大意义，即需要特别的权衡思虑。这种交谈或者类似的闲谈，其目的绝不是唯一的客观实际的，也不会是在交谈中产生的，比如签订一个合同的目的总是在对话者之间建立某种关系。就此而言，这种待人接物永远不单单是为了达到某种目的，这种交谈本身同时就是目的；在谈话双方的紧张关系中，谈话形式和策略以及"如何行事"[①]或者如何对抗会不断考验他们的实力对比，倘若双方的兴趣或利益在这当中得到满足，他们就可能在一种比较持久的关系中增强彼此的实力。

职业资产阶级人士，比如商人，也有他的策略和特有的待人接物方式。不过，他们很少能达到宫廷人士那种程度，至关重要的只有人本身，亦即把整个人放在第一位；因为宫廷人士总体而言，与其所处社会中的其他任何人都处在某种终生的、持久的关系之中；所有宫廷人士根据其在宫廷社会中的地位，无论为友、为敌抑或中立，都不可避免地或多或少处于某种关系中。因此，对于他们来说，在任何时刻、任何场合的相遇都必须极为小心谨慎，小心谨慎或克制进而成了宫廷人士待人接物的最重要的显著特征之一。可见在这个

---

① 有关这一切，参见《格拉奇安格言》，第14条，第14页"客观事实及其表现形式"。"仅有物质实体是不够的，它需要有各种状态。一种糟糕的表现形式会毁灭一切，会扭曲公正和理性；相反，一种好的表现形式则会令一切变得完美，会让反驳变得闪闪发光，会让真理的僵硬变得舒缓，会赶走皱纹上的岁月痕迹。对于一切事情，如何行事会挖掘出很多东西，会解决很多问题。……一位大臣仅仅忙忙碌碌是不够的，一位上尉仅仅勇敢是不够的，一位学者仅仅盯着他的学术工作是不够的，一位王公仅仅大权在握是不够的，如果这一切不是由这种重要的习惯形式伴随的话。一个统治者在统治时，没有任何行动比这种习惯形式更为重要。在上层人士中，这是一种卓越的手段，与其说它是暴虐的，不如说它是富有人性的。也就是说，如果一位王公特别努力追求人性，那么这就是一种双重义务，既要在统治上服从他，又要在人性上热爱他。"

社会里，任何关系都必定是一种长久的关系，哪怕仅有一次未经深思熟虑的表现、一次微不足道的失误，也可能会永远挥之不去。

与此相反，一般来说，职业资产阶级人士在很大程度上是为了某个特定的、在时间和客观事实上有着准确设定的目的而进行谈判。另一种人的兴趣主要放在与某种特定的、每次会见时都会彰显出来的客观价值的直接或间接的关联上，而对作为谈判对象的个人则看成是次要的。如果一个人给另一个人提供的获得客观物质价值的各种机会显得不再那么有利，会见就会终止，关系就会逐渐解除，人很快就会各奔东西，形同陌路。与宫廷人士的待人接物方式相反，对于职业人士的待人接物方式而言，各种人际关系是可以解脱的，其在时间上的可限制性具有决定意义。各种持久的关系仅限于私人生活方面。众所周知，在各种职业资产阶级社会视为不能解脱的各种私人关系，在职业领域里却越来越受到冲击，各种私人关系变得普遍可以解脱和可能改变。

3）宫廷社会的理性（为达到某些性命攸关的重要目的而约束、压抑感情冲动）：

什么事是"理智的"或"理性的"，这取决于社会结构。我们具体地称为"理智"的或"理性"的事，必须适应某种特定的社会和实现，而要贯彻和保持这种适应就要在这个社会里具有某种特别的前瞻和预计，并能抑制短时间内的个人情感冲动，唯有如此，这种"理智"或"理性"的事才会出现。一定数量的事先预计或者理性，仅是构成包罗广泛的现象的特殊情况之一。理性是具有典型特征的，不仅对于西方国家的职业资产阶级人士如此，马克斯·韦伯在有关宗教社会学的论文里已经指出了这一点。然而时至今日，人们尚未充分认识到，即使在西方国家，除了职业资产阶级—资本主义的理性外，也曾有过其他类型的、产生于其他社会并有其必然性的理性——也许今天仍有这些类型的理性。

在研究宫廷时，遇到的是非资产阶级类型的理性的一种。迄今为止，有一系列例子能清楚地显示出宫廷社会的理性：对装修一栋房屋的规模和方式的准确计算，对起床仪式的组织安排，在就寝仪式中国王对圣-西门采取的克制态度，等等。①

为什么这种态度对于宫廷人士来说是性命攸关的呢？这很容易理解：发泄情绪的波及面是很难估计的。它在某种程度上掩盖了相关当事人的真正感受，因为无法计算，所以情绪发泄到这种程度可能是有害的；也许会导致在争宠和争夺威望的竞争中将胜利拱手让与他人。最终来讲，它甚而是劣势的标志；而这恰恰是宫廷人士最担心的。宫廷生活的你争我夺迫使人们在人际交往时不得不控制情绪，以便采取某种精打细算小心权衡的态度。这个社会的成员的（社会）结构，这个社会的社会交往结构，给其中成员的各种自然而发的感情表达只留下了微不足道的回旋余地。

为了让生活变得可以预计，亦即让人的相互交往变得可以预计，如上所述，人们采用的手段完全类似于经济社会所采用的手段。在经济社会，如果想让一个工作过程变得可以计算的话，人们就不让它听凭习俗传统、偶发事件或个人喜怒哀乐的主宰，而是让它独立于各种变换不定的个性以及私

---

① 让·拉布吕耶尔的《品格论》，第181页。

人关系的摇摆不定；人们会对它进行彻底的组织安排，还会把它分为一个个局部的过程，通过组织使它能在人的眼中显示出全貌。因为一切都独立于个性的各种摇摆不定，都以越来越相同的方式实现，所以整体就变得可以预计，而通过分割为各个局部的过程，就有可能在宫廷社会里确定每一步骤的威望价值，就如同在资本主义社会确定货币价值一样。

进一步地对礼仪礼节、习俗仪式、装修装饰、服装穿戴、行为举止乃至交谈对话的形式做出详细规定，并且精雕细琢，也会产生出同样的作用。在这里，任何细枝末节的事都是在争夺威望的斗争中的常用手段之一，而对形式进行详细规定并精雕细琢，不仅有助于彰显地位和权力的示威性交际应酬，有助于人们相互之间的争权夺利、对外（与下层）拉开距离，还有助于在思想上划清等级界限。

职业资产阶级—工业的理性是迫于经济上的纠葛而形成的；借助它，建立在私人资本或公众资本之上的实力、权力机会将首先变得可以预计。宫廷的理性则是迫于精英分子的社会—社交的纠葛而形成的，借助它，人和作为权力工具的威望机会将变得可以预计。

16. 在此出现的社会结构和个体人格结构的关系有着千差万别的后果：

比如，我们称为"古典主义"的艺术形态就是相同姿态的一种表现。如果准确、冷静而清晰地对建筑结构进行彻底区分，精心细致地对其展现出的效果和威望进行计算，确信没有任何难以把握用处的装饰物，因而也没有任何难以预计的抒发感情的回旋余地，那么这一切都会在这里一再出现。同样的情况也适用于古典主义的法兰西戏剧。首先，它曾经是社会的共同生活的一种直接要素，而不是节假日的休闲活动。观众们坐在舞台上，甚至塞满后台和舞台两侧。在他们当中表演的东西，同样显示出了对于结构的力争均衡、深思熟虑，这两者对于整个宫廷生活来说是极富典型特征的。激情可能会十分强烈；激情的喷涌爆发却是有禁忌的。至关重要的并非剧本内容（在这里几乎总是涉及一些早已众所周知的素材），而是表演风格的高雅，登台表演的人们借助这种高雅来操控他们的命运，解决他们的各种冲突。高雅总是具有决定意义——一如对所有高等阶层来说具有规范性的宫廷社会生活里的那种方式、方法——人们借助它来把握某种局面。与宫廷社会对任何行动都普遍划定红线的习惯相适应，而这种行动也不是用言语（即对话）来实现的。在法兰西戏剧里，与英国戏剧相反，并非真的在表演一些事件，而是在对话和空谈各种事件，后者观众的眼睛是看不见的。

宫廷的理性和古典主义之间的这种相关性，也许值得进行某种专门研究，以便仔细考察。这种相关性不仅表现在法兰西，它同样（当然，有所变化）适用于德国的古典主义。魏玛的文化是德国人在近代创造的唯一确有重要性的宫廷文化。在这里，人们也再次发现上面提到的宫廷特征中的一大部分优秀特征——至少是以这些特征为理想。当然，在这里，资产阶级正在上升的各阶层与宫廷的关系完全不同于17世纪的法兰西：泰然自若，控制情绪，温和平静，深思熟虑，尤其是那种特有的庄严隆重，通过这些特征，宫廷人士就从大众中间突显出来，卓尔不群。①

此外，宫廷的理性产生了一系列对抗运动，而且在宫廷社会之中进行种种尝试，企图解放"情感"，放松情绪，在面对某种特定社会压力时甚至试图同时解放个人。然而在 17 世纪的法兰西，至少表面上看，它们总是以失败收场 [比如请看居伊昂夫人（Mme Guyon）和费奈隆夫人（Mme Fénélon）等]。恰恰是在与这些对抗运动息息相关的情况下，表现出某一社会领域的检验是多么重要，可以看出它的结构在什么方向上可能这样放纵感情，又在多大程度上对无拘无束和放纵感情之人通过社会方面的放逐、淡忘或者至少是社会等级的下降、贬抑来加以惩罚。而宫廷正是这样一个地方。

如果不明白卢梭既反对宫廷理性也反对通过宫廷生活来压制"情感"，就不可能理解他以及他的影响和作用，还有他为什么能在高等贵族的"大世界"里取得成就。从这方面看，详尽分析 18 世纪这个高等贵族"大世界"也身处其中的放松宫廷社会森严的等级制度的运动会对理解那些结构性变化有所启发，当时，这些结构性变化允许在某些特定的（绝不是所有的）心灵层次上比较自由地释放各种自发性的感情冲动，因而也让某种有关"情感"自治的理论能得以产生。

最后还要指出的是，17 和 18 世纪自觉的知识界的理性主义——我们一般在习惯上用一个不太确切的词称之为"启蒙（运动）"——绝不能局限于与职业资产阶级—资本主义

---

① 人们只需对比一下进入宫廷之前的歌德和进入宫廷之后的歌德，就能更清楚地看到这些关联。当然，千万不能忘记，魏玛是一个很小的、在某些方面接近资产阶级的宫廷。

的理性有关的语境下理解，而应通过一些强大的关联途径，从宫廷理性引向这种唯理论去理解。比如，在莱布尼茨的著作里相当容易发现这些途径，在伏尔泰那里也不难看出与宫廷理性的联系。

倘若人们看到"基本的人格特征"当中的几个特征，或者正如人们有时所说的那样，宫廷人士的"精神"出自社会结构，出自他们共同形成的（社会）形态，出自他们建立在相互依存之上的交战；倘若人们理解，他们自己和他们的各种表现是在不同的氛围里，在不同的方向上，以最富活力、最丰富多彩的方式形成并经过精雕细琢的，与我们时代的迥异，而且他们这种方向、这种精雕细刻的氛围对他们而言是性命攸关的，那么，立时就可以大致看见一条发展的曲线，看到它从那时对人的塑造延伸至我们（时代）对人的塑造，而且可以借助这条曲线看到在这种演变过程中我们得到了什么、失去了什么。

17. 法兰西王政时期旧制度及其宫廷和宫廷等级社会本身所包含的各种生活形式、经历的可能性，对于民族工业社会的绝大多数人而言，鲜有能直接企及的，而人种学家所研究的那些比较简单的社会生活形式和经历的可能性也同样很难直接企及。正如人们所看到的那样，哪怕仅仅是在脑子里想象一下，尝试让它们重现，都会很艰辛。我们自己时代的少数西方国家的宫廷社会基本上有别于 17 和 18 世纪的宫廷和宫廷社会，它们已经变成资产阶级社会的一些组织机构。但是，这两个世纪的宫廷社会赋予人的形象的很多东西，以及人们与之打交道的一切具有宫廷生活方式的东西，无论家具、绘画作品或者服装、问候形式，或者礼仪礼节、戏剧、诗歌，还是房屋，在 19 世纪甚至 20 世纪，也都继续存在着。然而，这是宫廷社会的遗产在资产阶级社会所经历的一种特别阴森恐怖的变化。这种遗产在新的群众性社会里以特殊方式变得粗俗不堪，其原始内容已被挖空耗尽。①

法兰西王政时期旧制度的宫廷和以宫廷为中心的"高雅社会"，在西方国家是最后的比较封闭的社会群体，其中的人从一种经济的和进行预算的意义上讲，是不工作的、不考虑（量入为出之类的）盘算的。若以它们的收入方式来称呼它们，那它们基本上是一些靠年金收入为生的人，不仅有时间、爱好，精致周密地安排他们的生活环境；在 19 世纪，随着人的生活分化为职业生活和私人生活，在符合这两种生活的氛围中进行这种精雕细琢。而在 19 世纪，随着人的生活分化为职业生活和私人生活，在合理经营作为私人生活的局部压力下，这类时间安排、喜好和精心细致的安排失去了它们的意义。对于法兰西王政时期旧制度的统治阶层来说，就发展完备的、传统的意义上而言，由于他们可以靠年金生活，才有可能在行为举止上风度优雅，在（房屋）装饰方面高尚雅致；由于社会的风俗习惯和争夺威望的竞争，他们也不得不如此行事，也就是说，行为举止风度优雅、（房屋）装饰高尚雅致是他们生活在那个社会并在其中得到升迁的前提条件。

---

① 换言之，它（宫廷社会的遗产）的形式被改变了，在很多情况下成为那种特定生活方式的一种基本要素，人们一般——不公正地以一种蔑视的态度——用"庸俗"的概念来刻画这种生活形式的特征。

19世纪的职业资产阶级人士，首先是由必须操持某种职业决定的，职业要求工作有或多或少的规律性和各种情绪的高度稳定成为常态化。现在首先要从职业上精心雕琢人的行为举止和人与人之间的相互关系，而人在社会上的相互依存对单一个体施加的各种强制的中枢就在这里。这样一来，不仅社会在其各个成员身上形成的种种特性和行为方式会发生变化，而且在法兰西王政时期旧制度下，在占支配地位的人的相互依存的压力下，在个人的各种个人行为和关系上，获得的某种特有印迹和精心雕琢的东西，现在大都落入一个范围，而这个范围不再处于由社会雕琢成型的东西的中枢。

对于法兰西王政时期旧制度下"高雅、正统的社会或社团"的人来说，在社会风俗习惯的意义上，房屋和花园的格调高雅的布局，房间按照时尚或更多是出于庄严高雅的、舒适融洽的考虑的装饰，男女的分化有别和实现他们之间关系，乃至所有的细枝末节之处，都不单单是为了满足个人的各种乐于实践，也是社会交往的一些性命攸关的要求。掌握这些要求是获得社会尊重的前提，是获得社会成就的前提，而后者关乎我们的职业成就。只有观察这些不劳而获、依靠年金生活的宫廷人士，才能让上面所提到的新的社会生活分裂为职业领域和私人领域，而对于后来的人的特征以及对于从前两个世纪继承的留给他们的遗产进行消化处置究竟意味着什么，也变得可以理解了。

17和18世纪的宫廷社会精心塑造、精雕细琢的几乎一切东西，无论是舞蹈、问候方式的细微差别、各种社交方式，还是用来装饰房屋的各种画像、一次求婚的手势表情或者一位贵妇的早晨起床仪式，现在都越来越多地进入私人生活领域。正因如此，这些东西已不再处于社会所追求的形式的中心位置。资产阶级人士的私人生活，虽然肯定不会全然不受社会各种强制的影响，但似乎是在间接地从人们现在首先交织在一起的领域，即职业场合，接受可靠的社会方面的塑造、教育。职业场合的各种形式，即职业生活的各种行为方式，是强行为之，完全不同于私人生活，现在更是以普遍的形式、普遍的色彩示人，而这是经过深思熟虑的。

法兰西王政时期旧制度的以宫廷为中心的"高雅、正统的社会或社团"，与其他任何社会一样，在其中各种人士的身上，肯定只能让某些特定的方面得到发展，因为人类有着种种可能的特征，多姿多彩，无法统观全貌。那里的人像其他所有人一样，都是有其发展局限的（撇开所有的个人局限不讲），即受到这种特殊社会环境的种种特有障碍和各种可能性的限制；而它似乎是把在这种意义上发展受限的人理解为一个具有相同张力的整体。干脆这样说吧，这个社会里的人并非白天 10 或 12 小时站在阳光下或在公众监督下，随后撤到一个应该算是私人领域的地方。在这个私人领域里，由于要顾及公开的职业活动，再加上较少考虑一种几乎囊括一切的社会和社交，更由于涉及非个人事务的法典和主要在职业成就和职业工作方面打上印迹的良知转而针对私人时间，总之，宫廷人士的行为举止是这样塑造的。

无疑，早在 18 世纪就已显示出这样一种（职业生活和私人生活）分野，在那些并不真正举足轻重的阶层里，这种分野会出现得更早一些。不过，只有在城市的大众社会里，才有可能出现充分的分野；即只有在这里、在法律监督下，个人才能在某种程度上摆脱社会的监督、控制。无论如何，对于17和18世纪最广义上的宫廷人士而言，尚未有这样的分野。并不是职业领域决定着他们的行为举止的成败，即便这种成败随后也在私人生活里发挥影响；而是对于他们在这个社会的地位而言，他们的行为举止每时每刻乃至所有的日子里都可能具有决定性意义，都可能关乎成败。也就是说，在这种意义上，社会的各种培养教育倾向借助社会监督、控制立即直接扩展到人的行为举止的所有领域里。由此，那种社会把其中的所有人都理解为一个整体。

本书稍后还要经常谈到的、较早期社会的这种特性作为概念或对立的概念，对于理解过往和当前都是同样重要的。资产阶级的大众社会越来越强烈地表现出不同特性，与之有着明显的差异。在资产阶级的大众社会里，职业领域成为在人身上施加各种社会强制和各种社会塑造教育倾向的首要目标。而私人生活虽然在形态上不得不承认它依附于职业状况；但它的各种具体的（社会）形态和各种行为方式并不是在以当时宫廷贵族社会里同样的强度继续塑造，宫廷贵族社会的人没有"职业"，他们不知道今天意义上的职业领域和私人生活领域之间的分野为何物。资产阶级大众社会的人普遍都明白，在其职业领域里应如何行事。社会使其将自己的创造性首先用于职业行为的精雕细琢上，社会的各种强制首先在这里生根发芽，开花结果。不过，所有因此而被置于私人领域的事或物，不管是居住，还是两性的求婚或者艺术鉴赏；不管是就餐，还是节日庆典，都不像在从前人们的社会—社交活动中那样直接和自动地获得具有决定性意义的形式结构，而是间接地、往往非自主地作为职业环境和职业利益的功能出现，不管其职业功能是那种通过其私人时间来实现的强制，还是通过其他人的艰辛来实现的强制，大都源于这两种倾向的某种交叉。①

---

① 在较发达的工业社会里，职业工作时间慢慢缩短，私人时间慢慢延长。如果想进一步朝着相同的方向继续研究发展，研究这种转移一般对于人的特征，尤其是对良知的形成，有什么样的影响或者将会有什么样的影响，也许为时过早。不过，有对于自由活动理论的前期研究可资借鉴。见 N. 埃利亚斯和 E. 邓宁（E. Dunning）：《追寻休闲刺激》，载《社会与休闲》，《欧洲休闲与教育中心公报》布拉格 1970 年第 2 期，第 50—58 页。此外，还有一篇较长的相同的论述：见 N. 埃利亚斯和 E. 邓宁：《休闲的刺激——文明过程中的体育和休闲》，牛津/纽约，1986 年。

六

通过礼仪礼节和威望机会与国王产生密切联系

1. 初看起来,如果说人们喜欢通过指出贵族依附于王公来回答礼仪礼节的社会学问题,那么只要进一步仔细观察,就会发现一种更错综复杂的客观事实。贵族不再扩大自己的需求与贵族失去生存勇气、自暴自弃是一致的,贵族需要彰显自己,以卓尔不群来迎合国王的各种统治需求。受到威胁的精英群体的这种与他人拉开距离的要求,是国王可能设置的借以驯服贵族的攻击点。贵族自我保护的倾向和国王的统治任务,宛若一条绑在贵族身上的铁链,环环相扣。

倘若一位宫廷人士说:我对"卓越""敬意""身家""幸福"或者任何富有典型特征的威望和拉开距离的象征根本不感兴趣,那么这个链条就会被打断。

但它们仍然彼此交织在一起,环环相扣:国王本身(基于很多有待逐一阐述的原因)对于维持贵族作为一个显贵优雅的、脱离(下层)群众的阶层,是感兴趣的。也许首先指出这一点就已足矣:他自视为"高雅贵族""首席贵族"。人们在偶尔谈到宫廷里的某人时会说:"他是个疯子,或者国王不是高雅贵族。"如果让贵族没落消亡,对于国王而言,也就意味着他自己家族的没落消亡。作为贵族的统治者，他在面对贵族时要拉开彼此距离，但他同时也属于贵族，这种拉开距离和份属同类的同时出现，在礼仪礼节里对于国王的地位来说具有决定性意义，恰如从国王的角度看，礼仪礼节本身具有重大意义一样。

从贵族的角度可以在礼仪礼节上看见的东西，如果从国王的角度来检验，就会愈发明显，即拉开距离作为目的本身，被看作是理性的，事事都要细致入微、注重细节变化而且被看作是对情绪的控制；然而，如果从国王的角度看，这一切还具有一种不同于上面所表述的意义。礼仪礼节对于国王来说，不仅是拉开距离的手段，也是统治的工具。路易十四在其回忆录（第2卷，第15章）中说：

"那些认为这不过是一种纯粹的习俗仪式的人大错特错了。我们统治的人民，并不能认识到这种事物的深刻意涵，因此，他们仅仅根据他们所看到的做出自己的判断，仅仅根据表面现象和社会等级来决定自己该如何尊重别人、顺从别人。因为除此之外，对于公众来说，只让唯一的一个人来执政是十分重要的，所以强调这种统治职能超过其他所有职能，谁也不许对此心生疑虑，或者用拥有这种职能的人的标准来衡量自己，同样十分重要。就此而言，绝不允许夺去国家元首身上各种威严的标志，正是这些标志把他与他的臣民区别开来，且并不因此给国家的一切法人造成不公和损害。"[①]

---

① 转引自 E. 拉维斯（E. Lavisse）：《路易十四》，载《法兰西历史》，第7卷，第1章，巴黎1905年，第125页。

也就是说，对于路易十四本人来说，这就是礼仪礼节的意义。这里所指的不仅是一种习俗仪式，还是一种统治臣民的工具。对于一种虽然存在，但并不从当权者本人的行为中表现出来的权力，人民大众是不相信的。他们必须亲眼看见，才会相信①。一位王侯与自己的臣民之间的距离越大，民众对他就越尊敬。

宫廷贵族不再拥有统治职能，在他们身上，（与较低阶层）保持距离本身就是全部目的；在国王身上，保持距离亦是如此，因为他完全把他和他的存在看作是国家，是国家存在的意义——"朕即国家"。

有一位反对派说过②："从前，人们只谈论国家利益、国家需求，要保家卫国。今天如果这样说，就是对陛下的侮辱。国王取代了国家的位置，国王就是一切，国家变得什么都不是。他现在是受崇拜的偶像，人们把各个省份、各个城市、各种财务、大人物和小人物，总而言之一切的一切，都奉献给了这个偶像。"

对于路易十四来说，他自己作为国王的存在，其本身就是目的，恰如对于贵族而言，其本身的存在就是目的一样。而垄断统治（权力）作为他的各种标志之一，亦属于这种存在。也就是说，如果国王基于他的统治目的从某个方面看待

---

① 在此，只是顺便一提这种态度的普遍性，就像宫廷礼仪和教会礼仪之间肯定不是无关宏旨的种种关系，也不能在与这项研究相关的情况下有所涉及一样。

② P. 朱里厄（P. Jurieu）：《法兰西奴仆的叹息》（*Soupirs de la France esclave*），1691年，转引自 M. 马里翁：《17世纪和18世纪社会制度词典》，巴黎1923年，第215页。

礼仪礼节，那么，统治的目的最终还是为了他自己以及他的存在、他的荣耀、他的名誉。要把统治（权力）完全调整到适合国王的个人形象、他个人的高人一等或者卓尔不群，最明显的表现就是礼仪礼节。

2. 不观察为此而形成的空间的建筑结构以及必须与之相适应的各种条件，就不可能理解这样一种统治手段。对于社会学家来说，便产生了一项独特任务：把宫廷作为统治机制加以研究，这种统治机制像其他任何统治机制一样，为想在其中或以之为出发点进行统治的人规定了一些十分特殊的途径或手段，由此达到统治目的。无疑，宫廷仅仅构成了国王所拥有的从更大的统治领域分割出来的一部分。它并不完全（但在某种程度上）是整个统治机制的核心形态，国王借由这种核心形态对更广阔的统治领域发号施令。

也就是说，首要任务是让国王发挥作用的主要空间能被理解为在其结构上的统治机制。其次，必须回答这样一个问题：在与更广阔的统治领域相关的情况下，宫廷到底是如何产生的？以及为什么一代又一代人（正如我们所看到的那样）总是一再重建宫廷？

就像自然科学家界定特殊的分子结构一样，人们几乎可以明确地界定作为某些相互依存的人的（社会）形态的某种特定类型的统治机制。不过，不应就此认为，在自然科学研究对象和社会学研究对象之间存在某种实体论方面的同一性。这个问题在此不作探讨。在这里，这种对比只将萦绕在社会学家面前的理念塑造得更牢靠一些，更形象直观一些。任何一个统治领域都可以表现为相互依存的人与他们的群体的短兵相接，一场战役，他们在某一特定方向上一起行动或互相对抗。恰如还将表明的那样，可以在一个统治领域的不同群体彼此施压的方向上，按照所有组成这种统治机制的人和他们的群体的相互依存的方式及强度来区分各类统治领域。那么，作为国王的统治范围的宫廷，与人们的各种相互依存基于何种关系呢？

在宫廷之内，国王处于一种独一无二的地位。这里的其他任何人都受到来自下面的、周遭的和上面的压力，只有国王不会感到来自上面的压力，他在所有人之上。然而，在他之下的各等级的人对他施加的压力肯定不是微不足道的。倘若所有在他之下的社会群体，哪怕只是宫廷里的所有群体，都从同一个方向以同样的力度反对他，那么这种压力将是无法承受的，会把他甩到一边，让他靠边站，一事无成。

不过，这些人的方向是不同的：他统治的人具有的由他们的相互依存决定的某种潜在力量，有很大一部分是敌对的，因而在对国王发挥作用时相互抵消。这在某种广义上（这里暂且不谈广义的问题）适用于整个统治领域，在狭义上则直接适用于作为国王发挥作用的主要空间和统治领域的宫廷。在这里，不仅每个人都在某种程度上与其他个体相互竞争社会等级机会，而且不同群体也在你争我夺，相互较量；正牌的王子和公主们与国王的合法私生子们进行竞争，"大贵族们"、公爵和勋贵们也在同国王的非婚生子女们争权夺利。出身市民阶层、往往是从穿长袍的神父、法官晋升而来的大臣们，其本身亦是作为群体存在的。他们也完全属于宫廷；倘若他们不能理解宫廷生活的那些不成文的规则，就难以守住自己的阵地。

但是，所有这些群体以及存在于这里的其他一些群体，其自身同时也在发生分裂。不同群体和社会等级的人相互结合在一起。某些公爵、大臣和王子们互相结盟，有一部分得到他们夫人的支持，以对抗其他公爵、大臣和王子们。王位继承者以及贵妇们时而插手这边，时而干预那边，在动荡不安的、人头众多的紧张平衡之中摇来摆去。

3. 如同人们看到的那样，在这里，对于国王来说，就产生出一种十分特殊的统治任务：他必须经常保持头脑清醒，让宫廷人士争权夺利的对抗倾向按照他的意思正确地进行：

圣-西门曾经说过："国王利用很多节庆、散步和郊游，以请谁参加和不请谁参加作为赏罚手段。因为他看到，他无法以足够（实惠）的恩赐来进行赏赐，无法不断塑造良好的印象，所以他以一些虚幻的奖赏替代一些实实在在的奖赏，以激起猜忌嫉妒、各种日常的小恩小惠、宠信偏爱来代替实惠的奖励。他在这方面的发明创造任何人都望尘莫及，没人能比他更有作为。"[1]

国王以这种方式"进行分配（奖赏或惩罚）并进行统治"。他不仅予以奖惩，在他身上还可以看出，他那宫廷里存在着某种对各种实力的强弱关系很精确的权衡，在宫廷之内对紧张关系的压力和反压力精心平衡，使（各派实力）达到某种不相上下，势均力敌。

在这里，只需指出这种策略的一条具体线索：他宠爱、

---

[1] 圣-西门：《回忆录》，F. 罗泰森译，柏林/斯图加特1815年，第2卷，第84页。

提携一些人，这同时意味着他总是最毫无顾忌地与一些人结盟，这些人的一切都归功于他，没有他，他们就一无所有。奥尔良公爵是他的外甥，后来的摄政王，或者他的孙子作为王位继承者，这些人哪怕在他那里，并不特别受宠，也总还是有头有脸的。他们是潜在的竞争者。提一提另外一个例子，圣-西门，在路易十四那里他并不失宠，但是，也从没有真正受宠，他作为公爵和勋贵，在宫廷的角力游戏里总是扮演某种角色。他非常有意识地与某位王位继承人结盟，如果这位继承人死了，他就在下一位继承人身上寻求支持。"由于殿下的去世，在宫廷发生变化之后（也就是说，宫廷形势发生动荡，即宫廷紧张关系的平衡和宫廷人士的整个等级制度发生动摇），我为形势所迫，改变了对新的王位继承人的态度。"①

这就是他②的策略。有些高等贵族在一定程度上独立于国王，当然，这种独立从没有被允许变为某种公开的不服从、违抗。所以，路易十四后来更加依仗一类人，这类人在宫廷里的地位由他决定，只由他决定，如果他让他们倒台，他们就会一无所有，而他首先是依赖贵妇们、大臣们③和非

---

① 圣-西门：《回忆录》（法文版），巴黎 1840/1841 年，第 18 卷，第 3 页。
② 即路易十四。——译者
③ 有很多例子可以说明某位大臣的状况，同时也可以证明以下的描述：人们是多么精心考量和观察每个人的权力状况（圣-西门：《回忆录》［法文版］，第 13 卷，第 234 章，第 111 页）。同时，人们也注意到，在这里，这些相互关联的语境下的关于"信誉"的概念在宫廷里是如何用于表达对一个人的"重视"的。圣-西门描述各个宫廷集团反对国王的大臣沙米亚尔（Chamillart）的斗争："他——即沙米亚尔——从没有关心殿下（王位继承人）。王子非常小心谨慎，他活在父亲的压力下，深受其苦，父亲极端嫉妒，不许他有任何的得意洋洋，哪怕是最微不（转下页）

宫廷社会 | 195

婚生子们。如果他提拔非婚生子，尤其会惹恼贵族。

这就是国王用来阻止宫廷社会联合起来对付他的办法之一，借由这些办法，他推动和维持着他所期望的紧张关系的平衡，以及维护他统治的前提条件。这是一个很独特的统治领域，因而也是很独特的统治形式，它在这里首先表明与宫廷相关的方面，在专制国王的更广阔的统治范围内也将有类似的表现。这种统治范围内的富有特征的一点是利用被统治者之间的种种敌对关系来减少他们对专制统治者（即国王）的敌对，增强在他们关系里对专制统治者（即国王）的依附。

4. 也有一些完全不同结构的、相应地也是不同类型的统治领域。众所周知，马克斯·韦伯在他提出的统治形式的各种类型里，谈到了另一种他称为"魅力型"的统治形式①，与等级的世袭领主制度的统治形式形成对比，法兰西的专制国王体制便属于后者。倘若以这种方式来观察宫廷社会在其中是如何形成的，那么人们会看到以下情况：在一个更广阔的统治范围内，统治者是有一个最初发挥作用的领域的，至少在西方国家出现了这种形式，并且倾向于实行政治上的统

（接上页）足道的喜悦都要得。沙米亚尔误以为他得到国王和曼特农夫人的恩惠，便可以放弃其他任何支持，并且担心如果他使殿下产生最微小的懊意（因为后者与国王关系不好），将会危及自身甚至引起国王怀疑，怀疑他与殿下狼狈为奸。因此，他不会满足殿下的哪怕不足挂齿的愿望。这位大臣依仗国王和曼特农夫人，认为不必"谨慎地对待"（这是一个无法翻译的宫廷词语）这位王位继承人，尤其是国王并不很爱他——如果从努力培养一个继任者的角度看，国王根本不爱他。

① 马克斯·韦伯：《经济与社会》，第3章，第9节，第138页。

治。独裁统治者、一个精英核心群体或者诸多核心群体以及更广阔的统治领域的相互关系,这三大因素对于魅力型统治的结构和命运至关重要,具有决定性意义。

首先也许可以说,从总体上讲,在更广泛的统治领域内,阶层变化的各种过程发生了或多或少的深刻变化,而现存的紧张关系的平衡发生改变或消失,构成了建立某种魅力型统治的前提条件。这种改变和失衡为随后作为魅力载体出现的人创造了具有决定意义的机会;也赋予他的崛起一种马克斯·韦伯十分强调的性质,即"日常事物之外的超凡性质"①。魅力型统治危机四伏,是一种危机型统治,它并不具有稳固的持久性,除非危机、战争和暴动成为一个社会长期存在的正常现象。若以一种特定社会统治组织的传统日常事务和各种升迁形式来衡量,这种魅力型统治的崛起就是超常的、非凡的;这种统治组织从内部爆发出隐蔽的或者公开的破裂,通常也会在有些人身上产生结构性的震撼,于是,这些人随后就会属于魅力型的核心群体,让他们对此有所准备。

然而,未来进行统治的代表人物在这里发现的任务,这种他要完成、他要解决的任务,他必须验证的东西,恰恰是马克斯·韦伯称为"魅力"的东西,这种任务是十分特殊的,明显有别于赋予专制统治代表人物的任务:只要他和他的人还必须为了上升而斗争,或多或少有意识地把所有最终构成他的统治的核心群体的人的奋斗目标引往一个方向,在

---

① 马克斯·韦伯的《经济与社会》,第 142 页:"在其原始形式里,魅力型统治特别具有'日常事物之外的超凡性质'。"

一个进一步松懈的和失去平衡的社会领域把一定数目的人牢牢团结在一起,让他们的社会压力沿着相同的方向一致对外,即进入更广阔的领域发挥作用。

包围着专制主义统治的代表人物的也是一个核心群体,即宫廷,而他借助宫廷这个中介来统治,恰如魅力型统治的代表人物借助他的核心群体的中介来统治。然而,当前者作为统治者时,他所面对的任务是在一个社会领域,为这个领域的实际结构提供巨大的机会去操控各种紧张关系的平衡,既要保持这种紧张,也要保持其相对平衡,或者一再重新制造这种紧张和平衡。这适用于他的更广阔的统治领域,但也适用于他的核心群体。如上所述,他必须小心谨慎地操控各种紧张关系,培养各种嫉妒和争风吃醋,小心谨慎地在各种群体中、在他们的目标内(因而也在他们的压力之中)维持其四分五裂、支离破碎的状态;他必须在极大程度上让压力和反压力互相得到满足,并把各种紧张关系玩弄于股掌,操控其平衡;无论如何,极度自私自利地精心算计亦包含在这个(策略)之中。

独裁的统治者,即社会阶层的一种深刻演变或者群体演变的实施者,一个魅力型统治的代表人物,则迥然不同。倘若人们首先观察在上升时期的魅力型统治的代表人物,就会看到如下情况:在这里,核心群体之内产生的嫉妒、对抗竞争和紧张关系是富有危险性的。无疑,它们总是存在的。但是,它们的出现不应太过强烈;它们必须受到压制。因为如前所述,至关重要的是,把这个群体里面所有联合在一起的人的力量、目标以及压力引向对外施展,亦即去对抗等级森严的礼仪礼节制度被动摇的社会领域,对付应该征服的更广阔的统治领域。马克斯·韦伯称为魅力型的那种领导形式和统治形式的独特秘密,是建立在能够胜任这种任务之上的。首先必须在统治者和统治者的核心群体——用社会其他领域的大小来衡量相对有限的核心群体——之间形成尽可能广泛的一致利益和同样的压力方向,因此,被领导者当中任何一人的手臂在行动中就会如同统治者的手臂延长了一样来发挥作用。

在一位魅力型统治的候选人所处的位置,首先因为可预见性比在专制统治领域里小一些,所以可谋划算计的可能性也就小了一些。在社会领域内,某一特定结构和某一特定紧张平衡保持得越稳定,对于行为人来说,在各种人的事物和社会事物里,某些事物的可预见性就会越强烈。与此相反,魅力型统治的候选人是当一个社会领域的某种紧张关系的平衡变得动荡不定、汹涌澎湃甚而全面震撼时被推到风口浪尖的,这种情形让他出类拔萃,他恰恰就是那种新人(即使并非总是新人),相对于迄今以来他的社会领域的统治者,他是作为社会新秀登上舞台的,他会许诺要打破迄今一直占支配地位的、习以为常的和看得见的各种姿态与动机。这在某种程度上也适用于支持他的核心集团。二者加在一起必然会勇于冒险,直奔某些他们作为始作俑者比较无法预见的事情。因此,他们的目标容易带上"宗教信仰的"性质。他们必须利用这类尚未检验过的手段,利用这类状态或者行为方式。如果仔细研究,也许可以确定他们是如何以及在哪里让他们的各种行为方式和目标与已经存在的东西结合在一起的。

不过无论如何,在这些情况下,他们的举动的不可预计的风险也属于其结构的特征。他们想通过他们的领导者、统治的候选人的恩惠及"魅力"来掩盖风险的不确定性和大小,如果能够充分认清风险的不确定性和大小,那也许是令人难以忍受的。在这当中,打破很多习以为常的准则、规章和行为方式,即迄今为止的统治者借助这些准则、规章和行为方式在不同层级操控被统治者。这让魅力型群体面临着一项非常特殊的任务:在这里,或许不能再首先通过一些受过检验的、相对固定的途径,从上到下地由领导者来领导,而是仅仅通过领导者或少数下层领导者不断更新个人承诺——即通过在统治者和核心集团人员之间建立某种或多或少个人的和尽可能直接的关系——来领导。

所有以这种方式团结在一起的人,也许都具有他们出身的那个阶层的种种特征;这些特征总是会进入个人的性格之中。不过,在核心群体之中,人的关系、人发挥的作用,尤其是人的飞黄腾达,首先并非由迄今在较广阔的统治领域里一直适用的等级制度以及个人从那里得到的社会名望来决定,而是大体上由单个人的某些特定品质决定,这些品质与核心群体的任务和情况是相适应的。拥有这类品质,对于选择统治者或领导者而言,是具有决定性意义的;拥有这类品质,比起某种继承而来的或者此前获得的社会等级,在更大程度上决定了他与核心群体其他成员的关系。

在魅力型的核心群体里,建立了一种人类特有的核心群体的等级制度。它虽然也在不同程度上以必须征服和渗透的更广阔的统治领域的社会等级制度以及阶层分化为前提,但在这种核心群体的等级制度内的选择是按照一种不同的规律并采取不同形式实现的,迥异于在这个统治领域里的选择。

换言之，魅力型的核心群体提供了某些极为特殊的升迁机会①。在这里，人们能够发号施令；在那里，什么命令也下达不了。不仅只属于这类核心群体本身，对于从其周围环境涌入的人来说，即使是在最低的位置上，也是一种升迁。他们从广阔的统治领域的日常生活和人民大众之中脱颖而出，进入群体之中的一个小圈子，即一个感到自己有些特殊的群体的精英圈子。

与作为升迁机制的魅力型核心群体的这种职能相比，宫廷的核心群体至少在某种程度上是一种维持和捍卫精英分子的机制。而与前一种职能息息相关的，是同时实现以这种方式升迁的人在立场上和性格上的重大转变：个人与他出身的、较广阔的统治领域里的社会阶层或群体的一致性变弱了，甚至消失了，无论这种社会阶层或群体是乡村、城市、部落、抑或职业群体、等级群体，都是如此。相比之下，一种新的与魅力型核心群体的同一化取而代之并走上前台。于是，就身处其中的人的感受而言，这一群体具有了一种社会家园的功能。

让自己疏离原有的基础群体——这种疏离当然程度会十分不同——而与一种社会产物同一化，对于所有的参加者来说，这种社会产物又会在不同的意义和规模上具有某种升迁

---

① 在这当中，升迁可能意味着截然不同的东西。这里所涉及的是一种更为普遍的社会学现象，比一般仅限于职业资产阶级各个领域里的升迁产生的表象更普遍。拯救一个正在没落的阶层的某一特定群体或某些特定群体，使之获得一个新的不再走下坡路的位置，也是一种"升迁"，而且还借助一些特殊的变化产生出对于升迁者来说非常典型的一些特征。同时，以他们的出发点来衡量，升迁意味着在某一社会领域里的任何变化能给升迁者和参与者带去提高社会威望及自我意识的机会。

途径的功能，疏离和同一化最后具有共同的兴趣，那就是要实现自己群体的征服任务、完成使命和升迁任务，并且必须保证具有精英分子的特性，也就是说，面对周遭的各种力量必须保障和实现部分已经完成、部分还需去完成的升迁。这些（功能和使命）构成了实现那种结构的前提，通过那种结构，魅力型的核心群体以明显有别于宫廷的核心群体的方式构成了内部紧张关系的缓解——即便不会完全消失——的前提，构成了其中成员的压力方向一致对外的前提，只要尚未成功地上升到统治地位，压力的方向就会直指必须渗透的空间。如果目标已经达到，统治已经实现，各种紧张关系通常会变得更激烈。[1]

此外，与统治地位已经牢固的某种当权派不同，魅力型当权派在其核心群体之外一般并没有牢固的权力结构和行政机构可以利用。因此，他的个人权力、个人优势首先在核心群体内使用，一向是这种机制发挥功能的一个不可或缺的条件。不过，这样一来，统治的代表人物可能和必须采用的统治框架也就同时确定了下来。无论如何，在这里，与整个社会领域的结构和态势在功能上息息相关的核心群体的结构，也会对统治者产生反作用。如果认为这位统治的代表人物或领袖将会引领大家实现共同的目标，或者维护和保障在通往目标的道路上已经达到的位置，那么，只要这种信赖、希望和信念依然生机勃勃，被束缚在这个群体之内的大多数人总是会把他作为这个群体的活生生的化身，认为他就等同于这个群体。

---

[1] 参见附录一。

恰如宫廷的统治者对其核心群体中人进行掌控、驱驰，是基于后者对于拉开距离以及与此息息相关的争得威望和恩宠的期望；魅力型统治者在崛起时，尽管会掩盖风险，并且往往激起令人晕眩地对升迁的恐惧，但也会根据升迁的需求来操控他的核心群体。也就是说，这两类统治者为了完成他的操控任务，需要完全不同的品质。前者可能创造一种机制，从而大大降低他的风险，并且不得不非同寻常地投入个人的力量。与此相反，后者则要在行动中持久和直接地经受考验，并且要对付某种不断产生的无法预计的投入的风险。在魅力型核心群体内，没有任何地位（也包括领导者的地位），没有任何等级制度，没有任何礼仪礼节，没有任何习俗仪式，地位不是由其针对的群体的共同目标决定的，因而在目标所指的各种行动来回摆动时是不会受伤和改变的。

魅力型领袖操控群体的一切辅助性机制，首先从那里感受到其意义。尽管肯定必须对核心群体的不同派别和人员之间的紧张关系加以操控，使之达到平衡，但在某个贵族政体的国王稳固其独裁统治时，这种必要性是首当其冲的，而在不牢固的魅力型独裁统治下，这种必要性并非完全没有，只不过在后一种情况下，这种必要性仅仅起着某种次要作用。与整个（社会）形态相适应，这里并不存在稳定持久、年复一年地保持平衡的群体；在这里，待人接物的某种仔细权衡、长久适用的战略的灵活技巧起着微不足道的作用，至少比起得心应手地操控无法预计的冒险，比起重新跳进黑暗的感觉是微不足道的。但是，这种待人接物的方式又会感到绝对有把握，即相信最终会跳进光明，前途会一片灿烂。

实际上，人们可以说，要坚信自己的天赋，相信自己总能在混乱不堪的各种社会状况以及普遍没有把握的情况下做出最终会被证明是正确的、卓有成效的决定，即便没有任何理性依据支持这种坚信，或者似乎根本无需任何理由地坚信不疑。做出这种决定属于魅力型领导者的决定性的基本态度，但这些基本态度尚需仔细研究。他们当中的任何一位，在某种意义上都是一位骑马飞越博登湖①的骑手。他跃过薄薄的冰层，飞马扬鞭，直达彼岸，于是，某些历史学家便根据广泛传播的他的个人喜好，将其成就归功于个人的伟大，轻率地称其具有某种异乎寻常的聪明才智，总能在各种困难的形势下做正确的事；如果他踏破冰层掉进湖里，与他的随从一起淹死了，那么他也许会作为一个一无所获的冒险家载入历史。

这样的人的一种才能，这种毫不动摇地坚信自己的天赋，总能做出一些正确的、成效可以期许的决定，并把这种天赋传给他人。这种才能如同黏合剂，能让他的核心群体超越一切竞争和利害冲突，保持一致，牢牢团结在一起。这种才能和信念就是相信他的魅力与生俱来的实质。它在克服某些难以预计的或者几乎无法预计的危局中成就卓著，使得魅力型当权者在核心群体和更广阔的统治领域的被统治者眼里极富魅力。他本身的和他追随者的"魅力型"性格，只能在不断重现这类局面或者诱发这类局面时保持。如果它们没有出现，如果为了贯彻实现某种稳固统治的各项任务，要求有其他的聪明才智提供完成任务的一些不同（于在通往稳定的

---

① 博登湖在德国南部与奥地利和瑞士交界处，面积538.5平方公里。——译者

道路上所采用的）形式，那么人们往往会尝试诱发它们，会无事生非、制造乱局，创造自我表现的平台。

也就是说，如若在很大程度上超出他的基本实力，那么统治的载体即领导者就必须完成他所处的形势一直带给他的各种新任务。一旦遇到他的核心群体的哪怕最微不足道之人的对抗，对他来说，都可能变成考验。没有任何礼仪礼节，没有任何社会名望，没有任何机制，可能保护或者帮助他。他的个人力量，他个人的灵活应变，在遭遇任何这类情况时总是不得不重新让他成为有优势者，以经受考验，这样他作为统治者的身份才能合法化。

5. 路易十四的情况则完全不同。他可以作为一个持之以恒型统治者的突出榜样，与一跃而成的独裁统治者形成鲜明对照。路易十四其风格肯定属于西方历史上的"伟人"，属于影响巨大且异乎寻常的长远的人物。然而，他的个人根基，他的聪明才智，根本没有那么出类拔萃。他与其说天赋非凡、超群出众，不如说极其平庸。这种一目了然的自相矛盾将引领我们进入问题的核心。

我们所称的"伟人"，简单地说，就是这样一些人，由于他们卓有成效地完成了他们的社会环境带来的某些特定任务，它们的影响特别大，特别深远，不管是短暂地轰轰烈烈，还是贯穿他一生中的某一阶段；不管是贯穿他一生，还是在他去世后才发挥影响，他们都是"伟人"。长远影响大多——并非总是——既是地域空间意义上的，也是时间—历史意义上的；而且其影响越大，我们就越觉得造成这种影响的人物伟大。

刚刚谈及的路易十四的"伟大"的矛盾之处，反映出一种独特的客观事实：有些形势下最重要、最有影响的任务，恰恰不可能由一些我们浪漫地认为具有创造性或者基本创造力的人来解决，也不可能由明显表现出异乎寻常的冲击力和主动性的人来解决，而是由一些平静的四平八稳的中庸之辈来解决的。路易十四的情况就是如此。他的统治任务前面已经描述过：与崛起的魅力型统治者相反，在他的统治下，被统治者的社会压力，尤其是其中精英的社会压力不可能被引导到同一个方向上。

6. 年轻时，路易十四亲历过一个曾试图推翻现存制度的时代——这实际上对他的家族是不利的——那就是"投石党运动"时代。当时，几乎所有的社会群体都朝着同一个方向进攻，都直指国王体制的代表人物。这种团结一致很快又土崩瓦解，变为一盘散沙。当路易十四成年并登上王位后，王室已经重新夺回统治权，由作为继承人的路易十四执掌。他因登基而肩负的统治任务，并不在于征服（对手）或者重新创立（王朝）、夺取政权，而是在于确保稳定、巩固政权，总之在业已形成的统治机制之上扩大并保持稳定和牢固。在紧张关系的较量上，各种等级和阶层相互对立，虎视眈眈，他必须小心谨慎地监视这个战场，密切注视其动向。一位天才的革新者也许会被这项任务弄得粉身碎骨，也许会错误地驾驭这台机器，破坏对他有利的（社会）形态。但路易十四并非革新者，他也不必成为这种革新者。

"如果他（路易十四）不宽容，而且还很争强好斗、咄咄逼人，那么机构内部的各种冲突可能会把君主政体搞得混乱不堪，陷入无政府状态，如同在之后那个世纪发生的情况。如果他是一位天才的好斗的人，那么这种缓慢的错综复杂的机制就会把他弄得烦躁不安，他就有可能打碎这台机器。但他很平静，处事井然有序，而且因为他本身并不十分聪明，他需要求助于别人为他出谋划策。"①

按照圣-西门的看法，他的智力在中等水平之下。这可能有些夸张。但是，他的智力肯定不会超出中等水平，更不会出类拔萃。

此外，他的整个教育，包括知识方面的教育都被极大地忽视了。在他青春期时，正好处在动荡时代，这使得他的家庭教师，包括（尤其是）红衣主教马扎林②，无法在他身上倾注很多精力，关注他的培养教育。"人们经常听到他痛苦地谈及这个时代；是的，他甚至说过，有一天晚上，人们在宫廷御花园里找到他，他正好刚刚掉到了水池里。几乎没人教他读书写字，因此他一直很无知，甚至连历史上那些极其著名的事件都一无所知。"③

路易十四本人曾说过："每当意识到自己不知道那些其他人都知道、人人都了如指掌的事，他就会感到一种撕心裂肺的痛苦。"④

然而，毫无疑问，他是西方最伟大的国王之一，最有影响的人物之一。对于他的特殊任务，即他作为王位继承人，

---

① E. 拉维斯：《路易十四》，第 157 页。
② J. 马扎林（Jules Mazarin, 1602—1661)，也是路易十四的首相。——译者
③ 圣-西门：《回忆录》，罗泰森译，第 2 卷，第 69 页。
④ E. 拉维斯：《路易十四》，第 125 页。

宫廷社会 | 207

必须捍卫和扩大他所继承的这个十分重要的统治地位的任务，他不仅胜任，得心应手，而且宛若他被（上帝）创造出来，就是为处理这种任务似的。他解决得非常完美，同时也是根据所有以这种或那种形式参与他的整个统治的人的意思采取行动的，哪怕他们本身在很多方面也同时受到这种任务的压力：

"路易十四的大权在握和他的权威，源于他本身的人格与他的时代精神相一致。"[1]

有趣的是，让我们来看看他是如何表述赋予他的任务（即他作为统治者的这种任务）与他自己的种种需求爱好是分毫不差地一致、完全不谋而合的：

有一次，他对他的儿子说："你不要相信国家的事就像科学领域那些棘手和神秘莫测的疑难问题一样，科学疑难也许会让你感到乏味。国王的任务主要在于玩弄"常理"的感觉，会感到"好玩"，这种感觉会不由自主、毫不费力地活跃起来……对于完成这项任务而言最必不可少的一切东西，亦是令人心情愉悦的东西；总而言之，我的孩子，这一切就在于要放眼世界，从所有的地方省份和所有的国家不断获得各种新奇的东西，了解所有的宫廷秘密，了解所有的王子和所有的外交大臣的脾气与弱点，知悉无穷无尽的事件的消息，而人们会以为我们并不知道这些事。同样，要观察我们的周围，看看人们神不知鬼不觉地对我们掩藏了什么，他们有什么秘密。最后，要发现我们自己的宫廷人士的看法和

---

[1] E. 拉维斯：《路易十四》，第 134 页。

立场。"①

换言之，这位统治者对他周围或大或小的环境里的人身上所发生的一切事情都会感到好奇，沉迷不已。把他们隐藏的各种动力加以体验，对他来说，意味着一种"体育运动"，同时给予他一种异乎寻常的满足。不过，这同时也是赋予他作为统治者的社会职能的最重要任务之一。此外，人们在此还发现，从这位统治者的视角看，整个世界好似一个放大的宫廷，即可以按照宫廷的方式来引导和操控。

"统治"是一项综合性工作，对人的控制，是这种名为统治的多功能体的最重要功能，这在前面已经强调过。对人的操控作为关键功能，既存在于魅力型统治里，也存在于征服型统治里，恰如既存在于路易十四的捍卫（权力）式统治里，也存在于他的维系（权力）式统治里。

因此，操控方式在这二者间是十分不同的。路易十四对他儿子所说的话已有所暗示，这位捍卫（权力）式和维系（权力）式的统治者是如何以及通过什么手段来操控的，他是通过精确预计所有人的激情、弱点、错误、秘密和兴趣。从人的方面来思考，当然，是从"处于某种地位的人"的方面来思考，这在前面谈到整个宫廷人士的典型特征时已经引述过，如今在这里又发现，这种思维方式也存在于国王身上。倘若对于那些受到某种来自所有方面的压力的宫廷人士而言，在争夺威望的过程中，"谁若心怀大志、雄心勃勃，就必须消息灵通"②这种思维具有斗争工具的意义，可以自

---

① E. 拉维斯：《路易十四》，第 130 页。
② 圣-西门：《回忆录》，罗泰森译，第 2 卷，第 156 页。

卫和提高自己；那么，在只受到自下而上的压力的国王身上，这种思维无疑具有一种对下的斗争工具的意义，可视为一种统治工具。

征服型统治者在很大程度上必须信赖他的核心集团成员的真挚的、发自内心的忠诚。他能够做到这一点，是因为他们的利益在极大程度上与他的利益是吻合的。必要时，他对他们施加的压力会让他感到轻松，会减轻他的压力，实现他的意向和目的，在更广阔的统治范围采取的行动中获得的成就要让每个被统治者都能看见。

路易十四早就看到一种由下而上的威胁，他生活在由下而上的可能的威胁之下，在这种形势下，维系（权力）型统治者永远不可能信心百倍地预计、期待被统治者会真心实意地发自内心地对他表示忠诚。因为他为了维系自己的统治所施加的压力，不可能在某种共同的对外行动中得到缓解，也不可能会有所减轻，至少在他尚未卷入战争时不可能如此。也就是说，观察和监视他人对他来说，不啻为一种用于统治的不可或缺的手段。路易十四全力以赴地完成这任务，这与他在做这件事时获得的满足是相适应的。这种情况已经列入他的信条。在他的实践中还会更清楚地反映出这种强制和观察人的倾向，对于宫廷贵族和国王来说，是多么富有典型特征，国王直接对贵族施加强制，以便约束贵族：

"国王十分好奇，想知道他周围发生了什么事，这种好奇心越来越强烈；他授权他的首席宫廷侍卫和凡尔赛宫总管征召大量的瑞士人来服役。后者穿上国王侍卫的制服，只听命于刚刚谈到的那两个人，受其指挥，他们接到秘密任务，日日夜夜、从早到晚地四处巡逻，穿过过道和走廊、庭院和御花园，四处躲藏，偷偷观察和跟踪人，看他们到哪里去，何时回来，偷听他们的谈话，还要给出详细的报告。"①

在这种普遍进行的监视下，对于处在路易十四的位置的一位要保住权力地位的国王而言，观察人们的种种紧张关系和反目有着一种特别重要的作用。考虑到迄今已有必须保障权力安全可靠的统治结构的论述，此处就不再强调了。保持被统治者之间的紧张关系，对于国王来说是性命攸关的，如果他们联合起来，往往会威胁他的生存。无论如何，看看他是如何有意识地理解这项任务，如何支持甚至制造人们之间大大小小的分裂和紧张，是令人感兴趣的。

他对他的儿子说："你必须挑拨一些人之间的相互信赖。对一个人的妒忌，能刺激其他人的雄心抱负，会让他们野心勃勃。然而，尽管他们相互憎恨，但为了蒙骗他们的主子，他们也会有一些共同的利益或兴趣，也会相互谅解。因此，主人在其参政议政的狭隘圈子外，也需要各种信息，要与这些支配着国家的种种重要信息的人保持某种持久的关系。"②

7. 这就是这位统治者为保障自己的全部任务，而迫使他采取行动的某种独特形式。如果以征服型统治者和魅力型统治者的那种更为积极的态度来衡量，可以将他的这种态度称为"被动的"；然而，面对分化的社会现实，"主动的"和"被动的"是一些较为模糊的概念，太不讲究细微差别。征

---

① 圣-西门：《回忆录》，罗泰森译，第1卷，第167页。
② 转引自E. 拉维斯：《路易十四》，第158页。

服型独裁统治者会自己推动其核心集团采取行动。而如果缺少了他，他的集团的主动性往往会被摧毁。保守型独裁统治者某种程度上是靠他的职能所创造的社会领域的相互嫉妒和各种对立、紧张关系来支撑及维持他的地位的；他只需有针对性地干预这些紧张关系，创造一些能保持这类紧张关系与差别并统观它们的组织结构便足矣。

这样一种调节、保障和监控机制，从国王的角度看，其中之一就是宫廷和礼仪礼节。这恰恰是上面所谈到的法兰西王政时期旧制度的一种社会永动机。与征服型—魅力型统治相比，人们再一次把它看得清清楚楚。征服型统治者的核心群体中的紧张关系越严重，核心群体就越是支离破碎，因为此时，面对它的任务，它必然会在更大程度上不听使唤，无能为力。

内部防御型统治的核心群体并非旨在通过共同行动来征服，而是旨在进行共同防卫和其他阶层拉开距离，只要国王能够控制住、压制住被统治者，在某种程度上，一再重新借助被统治者针锋相对的志向、野心，这种核心群体就能自我保护和重现活力，不断地重获新生；同时也能保住国王的广阔的决策空间。如果可以说得极端一些，那么此时可能会有人从争夺威望的圈子里跳出来，跟国王耳语，说些诋毁他人的话，随后又跳出一人，报告一些诋毁前面那个人的事；接下来，这种事就在这个圈子里层出不穷。不过，做决定的始终是国王，他在决定处置某个人或某个群体时，只要不触及各阶层和整个体系共同的生存基础，某种程度上所有人就会成为他的盟友，站在他一边。

也就是说，在这里，并非需要具有某种突发奇想的智慧才能施政。这种体系一旦建立，路易十四自己称为"常理"的东西就足以对它进行调控，让它保持平衡。不过，在这样安排社会机制时，对于统治的代表人物来说，极有可能投入较少的力量，就会获得较大的效应。在由竞争驱动的永动机里，自动产生各种能量——用这位国王自己的话说就是"一个人的嫉妒，会牵制另一个人的野心"，而国王只需挥动他的指挥棒。这种机制就像一个动力观测站那样发挥作用，在动力观测站里，操作者压下杠杆所激发的力量，是他所用力量的数倍。

在这些方面，魅力型统治者总是会自己走近人群煽风点火，积极投身其中，贯彻实现他的各种理念。而人们总是走近像路易十四这样的统治者，带给他某些东西或向他请求某些事情，当他从那些努力谋求他恩宠的不同的人嘴里听到赞成和反对后，他就做出决定。各种能量在某种程度上会推动他有所行动；而他会保持克制，巧妙利用这些能量。他不需要有很多伟大的理念，何况他也并没有这种理念；其他人的种种理念会涌到他那里，他只需善加利用：

"谁也不会像他那么善于兜售他的言辞，他的微笑，甚至他的眼神。他的一切都十分宝贵，因为他区别对待，也因为他的沉默寡言和言简意赅，他为自己赢得了威严和崇高。如果他转向某个人，向其提出一个问题，发出一个无足轻重的提示，那么此时所有在场的人的目光都会投到那个人身上。这就是人们所谈论的奖赏之一，一种向来会提高人的名望的奖赏。"……"从本质上讲，没有哪个人会像他那样客气，那样看重年龄、等级和功勋的不同，不管是在他的回答里（如果他不只说'我将会去看看'，甚至说得比这句话还要多一些），还是在他的行为举止里，皆是如此。"①

在国王的周围，妒忌的漩涡汹涌澎湃，此起彼伏，这样才能保持社会的平衡。国王在这里表演，宛若一个艺术家。在这当中，除了一般的保持稳定外，他最首要的兴趣是能够统观他指挥的人的机制，毫无疑问，这种机制本身蕴藏着大量的爆炸性材料。国王玩弄人的机制的能量，让自己的统治机制发挥作用，影响到达远方，让自己的统治机制随时随地都看得见和可以预计，这些倾向对于维系型和捍卫型统治形式来说是极富典型特征的。魅力型统治者在无法预计的东西面前不能保护自己，而路易十四的整个生活是这样安排的，如果可能的话，不要有任何新的和不可预见的东西，除了疾病和死亡外，不要有任何东西靠近国王。整个（社会）形态的这种差异并非人们指出的某些人的某种特性，如果人们谈到这种专制的独裁统治的"理性"和魅力型独裁统治的"非理性"的话。

"带一本历书和一个钟表，即使去到 300 英里之外，人们也能准确说出他在做什么。"圣-西门在谈到路易十四时说。②

无论是国王采取的任何步骤，还是他周围人员采取的任何步骤，都是预先确定的。一个人的任何行动都会牵涉到另一些人的行动。

8. 在相互依存的各种链条中，每个人都依赖于其他人准

---

① 转引自圣-西门：《回忆录》，罗泰森译，第 2 卷，第 86 页。
② 转引自 E. 拉维斯：《路易十四》，第 124 页。

时依照规定完成交付给他们的各种步骤，并且出于名望的考虑也乐于对此加以监视。因此，在这种（社会）形态的架构中，每个人都自动地控制着其他人。任何人"离开队伍、出格地起舞"都会伤害其他人，都是对其他人的轻视。因此，对于单个人而言，要有所突破是极为困难的，如果不说它是不可能的。倘若不存在这类机构组织、礼仪礼节、仪式规矩，单个人就可能随心所欲地长时间消失得无影无踪；就会给他自己的衡量尺度留下较大的回旋余地。然而，宫廷的礼仪礼节和仪式规矩的机制不仅让每个人的一切步骤在很大程度上都服从独裁统治者的控制；同时也让数百人变得明显可见，它在某种程度上像一台信号装置那样发挥作用，在这种信号装置的作用下，一个人的任何任性固执、任何情绪冲动、任何错误都会暴露于光天化日之下，会公之于众，因为这或多或少会妨碍其他人，伤害其他人的威望权益，并且通过整个一系列中间环节，消息还会传到国王那里。

正如人们再次看到的那样，对于结构上的这种"符合目的性""符合价值理性"和"符合目的理性"的区分就失去了明确界限。礼仪礼节这种机制在很大程度上对于维持和保障国王的统治是"符合目的性"的。在此意义上，它也是一种"符合目的理性"的组织安排，无论如何，其"符合目的理性"的方面并不亚于那些统治工具，那种为了赚钱机会和职业机会而竞争的社会所产生的工具。在那里也好，在这里也好——哪怕在那里[1]更不加掩饰一些，"统治"对于其载体

---

[1] "那里"指"国王的统治"，"这里"指"为了赚钱机会和职业机会而竞争的社会"。——译者

即其代表人物而言就是目的本身,同时也是价值所在,至少是以某些似乎无需进一步解释的价值为取向的。在这个意义上,这些效力于保障"统治"的工具,既是"符合目的理性"的,也是"符合价值理性"的。

像在法兰西王政时期旧制度的社会领域形成的那种国王地位,以独特的方式让其拥有者的各种力量释放出来。涌到王位拥有者身上的不仅仅是货币(比如,以赋税和卖官鬻爵的收入的形式出现的金钱),他本身也不必通过某种职业性的旨在赚钱的活动一再重新开放各种相应的机会,而且还有不计其数的其他各种社会能量,以他能够支配的各种非物质化的人力形式涌向他。他拥有支配这些人力的权力,不仅是(但基本上是)因为社会的各种相互依存的结构把这种支配权赋予他,因为与被卷入这些相互依存的人及其群体的需求相适应,国王的社会地位是这样安排的,在小得多的规模上,国王通过他自己的主动性从社会领域把这种地位攫为己有。此外,因为国王能够支配的所有这些人的潜在能量在同时代的人所称的"机器"(la mécanique)[①]里是这样安排的,即让它像一台增强国王的各种能量的放大器那样发挥作用,换言之,哪怕国王仅仅动一根手指,仅仅说一句话,就会在社会领域里动员起比他所用的力量要大得多的种种能量,因此,国王的各种能量不管是大是小,实际上都在很大程度上释放了出来。

9. 路易十四是在十分安全可靠的状态下继承了统治的遗

---

① 比如圣-西门就这样看,转引自 E. 拉维斯的《路易十四》,第149页。

产，他不用再亲身经历统治受到威胁的时代，不必再看到为维系统治而进行的斗争，因此，他缺少他前任在统治期间面临的那种总是充满紧张感的形势，在他身上，这些被释放出来的能量大部分都倾注于追求享受和快乐上，他的能力比较自由地释放出它所产生的享受和快乐。对于（宫廷）顶端各阶层的第二代来说，往往应该克服那些漫无目的穷极无聊的生活。

与此相反，对于路易十四来说，统治、维持统治和统治的安全依然是一项任务。把他作为国王与其他人拉开距离造成的实际威胁，在他执政过程中虽然越来越小（在他登基执政之前，胜负基本上就已真正地定了，威胁已基本解决）；但因为他作为年轻人还是经历过威胁、危险的，所以保护和捍卫他作为统治者的职能对他来说，还是更为直接的目标和任务，完全不同于路易十五。

上面有关宫廷人士以及除此之外还包括各个保守阶层的理念世界和目标方向的论述，在他身上也可以找到特别深刻的烙印：他有一个目标，但这并非一个在他之外的目标，也并非一个未来的目标。在一种较为特殊的相关情境下，他曾经写道："（一个领导者）总是在一些希望中掂量自己，思前顾后、摇摆不定的就是个糟糕的领导者。"[①] 这基本上也适用于更广阔的相关语境：他是一个立于巅峰之上的人物，他所拥有的地位已经高得不能再高。他通过他的地位而获得的他的能力，其目标是确保、捍卫尤其是首先美化、神化他当前的存在：

[①] 比如圣-西门就这样看，转引自 E. 拉维斯的《路易十四》，第122页。

"也就是说，路易十四把自己——这从他最初的几句话和行动中就可以看出——视为万物之源和目标……如果他说出'朕即国家'，那么他真正的意思就是：'我，路易本人，正在跟你们说话。'"①

如果说人们把路易十四说成现代国家的开创者之一，那么，倘若不应被这种观点完全引入迷途，至少就必须知道，在他自己的动机里国家作为目的本身，实际上完全起不到任何作用。他的工作在比较严格的中央集权国家的意义上对法兰西国家的进一步形成做出贡献，这是毋庸置疑的。无论如何，在与此相关的语境下，已经指出了上面引用的P.朱里厄的那段话："国王取代了国家的位置，国王就是一切，国家什么也不是。"② 圣-西门有时会谈到他自己身上有一个"辉格党"，总之他是一个秘密的反对派，他曾经颇为激动地谈到在一次激烈辩论中，王位继承者反对路易十四的态度：

"一条伟大而崇高的原则是：应该说国王是为人民大众创造的，而不是人民大众是为国王创造的，或者人民大众是属于国王的。这（原则）直达他的灵魂深处，在那里灼烧，因此对他来说，骄奢淫逸和战争同样可恨。"③

国家作为目的本身，在这里完完全全是一种反对派的理念。与这种理念相对立的是国王本身的威望要求，作为路易十四的动机以及因而也作为在他统治下的法兰西的政策和各

---

① 比如圣-西门就这样看，转引自E. 拉维斯的《路易十四》，第131页。
② 参见马里翁的《17世纪和18世纪社会制度词典》，"Etat"（国家）词条。
③ 埃利亚斯引用的这段圣-西门的话，没有留下出处的线索，我也无法证实。——本书编者克劳迪亚·欧皮兹（Claudia Opitz）注

种行动的决定性动力，不仅要拥有和行使支配他人的权力，而且要经常看到这种权力得到所有其他人的承认——语言和姿态的公开承认，使权力因此得到双重保障。在路易十四身上，人们早已发现，对他而言，权力的公开展现和象征化反过来变成了目的本身。这样一来，权力的各种象征就获得一种自己固有的生命，并且具有威望崇拜的性质。威望崇拜极好地表达了国王存在的价值，威望崇拜就是"荣誉"观念。

岁月如梭，世易时移，然而时至今日，这种威望崇拜对于法兰西的政治来说依然具有决定性意义。不过，它已经转移到将其作为自身价值的民族身上，转移到那些认为自己代表着民族的人身上。此外，它还与经济功利的各种动机密切联系在一起。与此相反，对于路易十四本人而言，基于已经表述过的种种原因，威望动机绝对优先于各种其他性质的动机。他并非总是知道和注意到经济上的种种困惑必然会影响他的行动方向。然而，如若人们没有注意到，这种社会结构就很容易促使当权派把各种威望的要求置于大大超出各种财务要求的位置上，并且把后者视为前者的附属，那将很难理解各种事件发生的过程。

倘若不重视在他的自我形象（即他自己的形象和他作为最终价值的"荣誉"的形象）的结构与他作为这种地位的结构，以及他统治领域的结构之间的关联，那么路易十四的外交政策也好，内政政策也好，都是无法理解的。在这方面，他的地位的各种机会和任务以及他个人的各种倾向和喜好，都密切地相互发挥着影响。他的地位给他提供的各种机会——尤需强调的是，在国王即他自己身上的荣誉和威望——得以施展，而他个人的各种倾向、喜好的重点都处在相同的方向上，这便是人们所谓的他作为国王的伟大的决定性条件。他并不是以他的聪明才智、奇思妙想、浮想联翩和富有创造力著称，而是由于他的严肃认真闻名，他试图将这种严肃认真通过他的行为举止来贯穿自己的一生，不管采取任何步骤都要展现他自己的有关法兰西国王的伟大、尊严和光荣的理想。

他掌握王位是在法兰西社会发展阶段，后者允许他异乎寻常地表达他个人对"声望"和"荣誉"的要求。与此相适应的是，在力量的角逐游戏中，人数最多的他的臣民、社会精英人士、上层人士们自己的威望要求也被极大地动员起来，投入到展现他们国王的伟大形象上，而这又促进了他们自身的威望要求，尽管是在比较小的程度上。

他们理解他；并且他们——至少一部分人，至少有段时间——与他的统治散发出的光辉是一致的、相互映照的，还可以感到通过他的威望，他们的威望也得到了提高。

10. 一位现代历史学家在做与路易十四的君主政体相关的论述时说，在法兰西的眼里，"专制的君主政体不仅解决了谋求建立最好的政府的问题，它也是一种恩赐，一种天意的加持：自我理想化和自我祈求对于国王的威严而言，是一种迫切的需求。在宣誓绝对效忠之后，通过某种普遍的共识，现在国王体制实际上仍然是这个民族长期的基本政治信条"①。

无疑，这是把一种极为局部的现象加以普遍化。一方

---

① 转引自 E. 拉维斯的《路易十四》，第 134 和 135 页。

面，只有在看得见的成就可以清晰地表明困顿苦难的压力不太沉重时，臣民与国王的这种一致性才能得以保持。然而，通过这种理想化的表述，很多被统治者在对待国王的态度上富有典型特征的矛盾心理就被掩盖了。对于这个社会领域的结构来说，一个明显的特征是，几乎所有被统治者的群体尽管一方面与国王一致，在与其他群体的斗争中把国王视为盟友和支持者，但另一方面，他们总是生活在与国王的紧张关系之中，不管他们有没有表达出来；他们的态度总是与国王对立、对抗的。

不过，在做出这种郑重其事的限制的情况下，上面提到的国王个人和各高等阶层所确立的目标之间的一致性根植于主要动机，即源自威望的相同动机。要理解这种理据形式的全部意义，就必须听一听国王自己是怎么说的：

"喜欢荣耀、热衷名望在我内心肯定占据着首要位置。……当年的青春激情和我对提高个人良好声望的强烈要求，曾使我身上洋溢着热情并投入行动，但是到了此时，同样的温柔情感与——如果我可以这么说的话——同样的谨慎矜持以及平和得多的热情，仍会唤起我对荣誉和名望的热爱。……我几乎既感受到一种唯一的渴望荣誉的抑制，也感到对荣誉的渴望在驱使我。"[1]

他之所以率领军队征战，因为征服者的等级地位是所有头衔中"最尊贵"和"最崇高"的，因为一位国王在某些程度上必须依照他的职能、他的决定来领导战争。如果他创建和平，路易十四就会自豪地说，他对他臣民慈父般的爱占了

---

[1] 转引自 E. 拉维斯：《路易十四》，第134页。

宫廷社会

上风，盖过了他自身追求荣耀的雄心。

对于贵族是荣誉的事，对于国王来说亦是"荣耀"的事。然而，他的社会生存的自我美化、神化和他的威望要求，就其规模和强度而言，就其权力超过他国家里所有人的程度而言，超过了所有其他人的社会生存的自我美化、神化和威望要求。国王不仅需要行使他的权力，而且要不断地（部分是通过某些象征性的行动）显示、证明他的权力，在战胜和征服其他人的过程中看到这种权力的反射（这恰恰就是"荣耀"），显示出其背后的紧张关系的强烈程度，而他必须遏制和极为警惕地操控这些紧张关系，如果他想行使和维持这种权力的话。

11. 作为国王，对威望有着强烈的要求，对自己的生存有进行美化、神化的需求，他的生存显然超过所有其他人，从所有其他人当中突显出来，出类拔萃。与此同时，这种要求和需求又给国王缠上了种种链条，把他牢牢捆绑，毫不留情地把他纳入社会的运转机制里。上面已经提出问题：为什么国王不仅把贵族，而且也把他自己编织进礼仪礼节和习俗仪式的机制里？恰如人们所看到的那样，国王的理想是自己不仅要进行统治，同时也要将自己作为统治者所采取的任何做法表现出来，借助每一种活动来体现出他就是统治者，以符合其社会等级。总之，借助他所属的宫廷社会的各种理想来理解他的自我克制的各种条件，理解他也需要威望和个人表现来渗透他的思想和感觉，就能最终找到上面所提的问题的答案：国王为什么会让自己也进入这种机制？因为他不能只让别人服从那些作为他的统治手段的礼仪礼节和用于体现社会地位的强迫性机制,而他自己却置身事外,不必服从这些手段。

人的各种相互依存,以及迫使他们相互依存的各种强制,总是能在人的某些特定的打上社会烙印的需求和理想里找到其诸多出发点之一。根据其被打上社会烙印的、针对他人的并且依附于他人的需求方式的不同,编织到这种机制里的方式也是不同的。

上面已经指出,贵族对威望和拉开距离的需求如何给国王提供理据,把贵族紧紧束缚在宫廷机制上。现在则想指出,这种机制的强制性是如何对国王产生反作用的:红衣主教马扎林死后,他想自己执政,想把所有的统治线索都牢牢掌握在自己的手中,不想与其他任何人分享统治者的荣誉和威望。比如,他的态度受到他前任的状况的影响有多大,可以从下面的情况看出,他终其一生都坚信不疑,永远不要让一个神职人员进入他的议政咨询机构里。他不会让任何人有成为第二个黎塞留的可能。也许在他自己看来,那是他一生中最困难的时刻。马扎林死后,他声明自己将不再任命新"首相",从现在开始,他自己掌政。后来,他谈到自己登基成为国王的首次亮相:

"毫无疑问,我想获得一种极其崇高的名望,这种名望超越一切,甚至高过我的生命,但同时我也理解,我最初朝着这个方向前进的脚步,或许为此奠定了基础,或许把对此抱有的希望毁灭殆尽,使之荡然无存。"[①]

不过,在他走出这一步之后,作为国王的他就成了这种

---

① 转引自 E. 拉维斯:《路易十四》,第139页。

国王地位的囚徒，他不仅是在统治，更是在操持政务，他要服从这项他为了自己"极其崇高的名望"而揽下的任务对他的强制。从现在开始，不允许任何人有其他的作为，也不可能有其他的作为，他们只能帮助他操控和监视周围的人。他自己再也不能想做什么就做什么，再也不能有一些偶然的相会、交际。为了把他的国家牢牢掌握在手中，他必须把自己与它绑在一起加以组织安排。他以某种可以尽可能统观全貌的、可预计的组织形式来扩张他的国家，尤其是扩张他的核心群体（即宫廷）；相应地，他就必须使自己的全部生活，他的整个一生，都服从于一种经过精心计算的可以统观全貌的制度，对之俯首听命。如果没有后者，前者就无法发挥作用；如果没有后者，前者就根本毫无意义。

倘若国家是作为一种具有自己固有的意义和自我价值的社会组织机构来面对国王，那么对他来说，也许还有可能在自己的生活中把投入到国家层面的活动与仅仅事关他本人的活动区分开来。然而，因为对他来说，国家本身并不具有自己固有的意义和自我价值[①]，因为与这种社会的驱动装置里的威望动机相适应，一切实际上都旨在对作为真正的自我价值的国王的生存进行美化、神化，因为一切的一切，人民、宫廷甚至家族、家庭，最终都是为抬高国王（的地位和威望）服务的，所以在国王的生活中，在国家行为和个人行为之间也不存在什么区别。他是统帅，发号施令的主宰，因而集万事万物于一身，他作为家长在国家实行统治，作为国父在家里进行统治。国王的手势、表情，需要甚而必须展现国

---

① 这句话可以理解为"朕即国家"。——译者

王和他的尊严，如上所述，这些都渗透着他最为私人的日常事务。他的起床，他的就寝，他的爱，都是一些十分重要的精心安排的行动，完全如同签署一项国家条约；它们都在同等程度上为维护他个人的统治和他的"名望"服务。

12. 他的权力范围越大，宫廷人士越直接依附于他，簇拥在他身边围着他转的人就越多。他喜欢人们的这种簇拥，他期望着这样的簇拥；因为人们在簇拥时也美化、神化他的存在。不过，如果他未能组织安排这种簇拥，他就是失败的。他的任何手势、话语，所走的任何一步，作为提高威望的机会，对于这些追随他的簇拥者来说都具有极大意义；无穷无尽的竞争者都在努力追求获得和提升个人威望的各种机会，他作为各种机会的垄断者必须保留对这些机会的分配权，对他来说，机会的施舍同时也具有发挥威望功能和统治功能的作用，如果他不想输掉对这种驱动装置的统治，就要借助这些功能，让这些机会是可以预计的，并且是精心安排的。

倘若他的统治区域变得小一些，如同中世纪法兰西国王们的统治区域那么大，那么，他的权益要求也就会变得小一些。那些中世纪法兰西国王把广大领域里的统治权交给领主封臣们，然而也因此把他们的自主权和声望交给了领主封臣们。一个小区域可以比较容易地让人持续统观全貌，从这个区域来的带着各种请求和决定去求助统治者的人永远不可能太多。统治区域越大，依附他的人、簇拥他的人，他作为个人所要面对的数量、区域统治者的压力以及因此对统治者权益要求的压力也就越大。然而根据传统，统治者还试图以治理较小区域的方式来掌控这个较大的区域，就作为整个国家的家长、他自己以及唯一一个有权这么做的人来掌控这个比较大的区域。

在感受到这种压力的同时，压力也在增大，紧张关系更会越来越严重，他必须缓解这类紧张关系，只有这样才能满足他的职能向他提出的，也是他自己向自己提出的各种要求。国家越大，统治者的"威望"也越大；然而，对统治者保持这种威望的要求越高，他因此受到的种种强制也会越大。他的每一步都受到礼仪礼节和习俗仪式的约束，在他周围人的虎视眈眈和压力之下，必须通过礼仪礼节清晰明确地界定出他与他们以及他们与他必须表现出的距离，因此，从这个角度看，礼仪礼节和习俗仪式就是统治工具，而且是统治对统治的代表人物所施加的强制的表现形式。

拉布吕耶尔说过："国王什么也不缺，除了缺乏私人生活的舒适外，他要什么有什么。"① 除了他的地位的种种权力机会必须保持不得减少外，首先不能减少的是这种追求"荣誉"的需求、威望的要求。基于这种要求，他的统治的强制性迫使他必须彻底进行精心安排，亦迫使他投入他的整个生活、他的一生。根据那种旧传统，在国王身上，家族、家庭主人和国家主人的职能尚未明确地严格区分，与此相适应，在为了统治而不得已而为之的强制性的驱使下，路易十四作为国王，也许彻底接受了这样的状况，即他的整个生存都被置于（私人生活和国家事务的）纠缠不清的死结上。

---

① 让·拉布吕耶尔的《品格论》，第218页，《最高主权和共和政体》一章。

本书这一章的种种思考是以他卧室的布局和功能为出发点的，他卧室的布局和功能就是这方面的一个象征。这位国王在凡尔赛宫几乎没有什么可以称为"私人住宅"的房间。当他想摆脱在凡尔赛宫中必须服服帖帖地遵守的礼仪礼节时，他就去马尔利行宫，或者其他的乡村地区行宫，在那些地方，礼仪礼节和习俗仪式的压力比在凡尔赛宫小一些——不过，无论如何，以我们的概念来衡量，总是处处都压力重重。

与此相反，路易十五——遵照其经常提及的轻松活泼的性格——离开了路易十四原来的卧室，让人在大理石宫殿的立面建筑群里安排一个住处，布置一些与他那（继承下来的、正式的）"私人住宅"相比较为私密、较少用于对外应酬接待的房间。于是，国家和国王逐渐区分开来，这种分化的最终结果是作为目的本身的国家或人民，与作为某种公众生活和私人生活的履职者、它们的最高领导者，开始显露出其分化的迹象。

13. 作为国王的路易十四的地位，恰如人们所看到的那样，是两种现象你中有我我中有你的绝佳范例。在与可以观察到的各种现象没有任何关系的情况下，即从哲学角度观察，这两种现象一般是不可能结合在一起出现的：他的决策回旋余地的大小——往往被设想为"个人的自由"——和他受其他人约束、依附于其他人的程度，总之他不得不屈服、不得不强加于自己身上的种种强制，在他的个案里就是同一现象的两个方面。

基于他的地位，可供他支配的大量权力机会只有通过对在他的较大和较小的统治领域的错综复杂的多极性紧张关系的平衡，进行精心细致和精确算计的控制，才能保持、维系。礼仪礼节和习俗仪式属于组织工具，他可以借此来维系宫廷社会的所有群体和所有人员——他自己也包括在其中——之间的距离，并因此保持他统治的精英核心群体内的所有集团和个人之间的紧张关系的平衡。它们肯定不是他为了达到这种目的可以支配的唯一工具。倘若没有其他权力手段（这在其他地方有更为详细的论述）①，没有支配军队和整个国家收入的权力，借助礼仪礼节来控制宫廷社会，还有与此密切结合的对其中所有人员和等级的监视，乃至玩弄他们于股掌使他们势不两立、相互嫉恨，那么，对宫廷的控制几乎就不能长久。然而，如果不能灵活操控这些宫廷的统治手段，国王就很容易陷入那些相互竞争的群体和人员中任何一方的控制之下，进而丧失他对有形的权力和税收进行垄断的部分支配权。

在一个大型组织的最高领导位置上，对相对最为自由、最有权力的人员加以约束是一种比较普遍的现象。只不过当前人们谈论大型组织机构时，通常会很容易将仅仅是工业方面的大型组织与这个概念联系在一起，却忘了在国家"概念"所涉及的种种（社会）形态下，在国家若干组织机构的框架下产生工业方面的大型组织之前，就已经存在整个这一系列大型组织了。当前在（拙著）有关组织机构问题的讨论

---

① 权力垄断和赋税垄断作为统治手段的问题，在 N. 埃利亚斯的其他著作里有更详细的论述，参见《文明的进程》，美因河畔的法兰克福 1997 年，第 1 卷，第 123 页等。

和研究里，国家的组织机构问题所扮演的角色，远比工业上的组织机构问题小得多，这也许部分与这两种问题不同的概念上的等级划分息息相关。

各种"国家"是作为政治现象被构想出来的，有别于各种工业企业，后者是被纳入经济现象的等级之中的。在研究政治现象及历史现象时，研究各种组织类型在当前还起着某种较为微不足道的作用。这总是一些原因造成的。如果人们把国家类型简单地视为一些组织机构，尝试理解这些组织机构的结构和发挥功能的方式的话，可能就会了解到一大堆有关国家的不同类型。

在提出这类问题时，也许会更清楚一些地看到路易十四发现他自己所面临的麻烦。这是处于任何组织的领导岗位的人都要专心致志进行研究的问题：个人如何让自己对人数众多的整个大型组织的监控保持得长久一些？在当前社会发展的状态下，即便是少数大型组织，比如大型工业性质的组织中，对其最高层的监控实际上是由一个人来实施的，因而有大量不靠人员进行的监控方法可供领导者使用。各种骨干队伍的权限、等级、发号施令的权力，部分采取的是一些普遍的规定和规则，并用书面形式确定下来。各种书面文件——完全撇开它们的其他功能不讲——同时也有种种监督功能；因为它们让人有可能在极大程度上、在某种特定情况下进行检查：究竟发生了什么事？做出了什么样的决定？以及是谁在做决定？此外，在大多数的大型组织里都有监督专家，他们主要监督组织里发生的事，并且以这种方式减轻最高层监督的负担。

尽管在路易十四的国家组织里，建立在形式上、书面契约上和资料基础之上的组织框架起初还残缺不全，仅仅部分地得到发展，但在今天，很多大型组织里，甚至工商业机构里也仍然存在等级地位的争斗，存在各种局部之间紧张关系的起伏不定、难以平衡，存在上级人员利用内部竞争和一些在研究宫廷里相互交织的密切关系时所看到的现象。然而在大型组织机构里，人际关系的调节在最大程度上采取非人员性质的方式得以确定后，这类现象今天一般具有某种或多或少非正式的和不具形式的性质。与此相适应的是，人们还能十分明显地大规模地发现宫廷社会的某些现象，只不过今天它们往往要隐蔽得多，被很好地掩盖在高度官僚体制化的组织结构之下。

14. 如果不再追述几句话说明这类研究在原则上的意义，对于像路易十四这样一位大权在握的统治者身上存在的种种错综复杂的问题就难以告一段落。在一般的日常思维里，往往似乎只是被统治者依附于统治者，而不是统治者同样依附于被统治者。不太容易阐明一个问题，即一位统治者——比如国王——的社会地位，能在相同意义上从一个社会由职能构成的种种各自有别的相互依存上突显出来，犹如一位工程师或一位医生所处的社会地位，敏锐的观察家（比如路易十四的例子中，像圣-西门那样的一位来自与统治者关系比较密切的圈子的观察家）往往能够从各种依附关系上充分看出他的决心和决策的影响。不过，较为宏观地来看，统治者往往是作为其种种决策和行动的首创者出现的，他是独立自主的创始者，做出决策和采取这些行动是自由的。在历史书写中，这种臆想虚构的观念也表现在一种广泛传播的倾向里，即乐于利用像路易十四或者腓特烈大帝、俾斯麦这样一些统治者来对各种历史进程做最终解释，但又没有——像在这里，在比较有限的规模上发生在路易十四身上的情况那样——展现出在依附方面短兵相接的战斗画面，这种短兵相接的战斗构成了他们各种决策的框架，给他们唯一的独特性以回旋余地。于是，被统治者往往会以这种方式想象他们的统治者或者也包括一些小的权力精英就是个人自由的象征，会觉得历史本身就是这类个人的行动的集合。

在社会学中，类似的观念当前往往体现在行为理论或者互动理论里，这些理论——或默认或明确强调——建立在这样的观念上，即对于所有的社会方面的研究来说，其出发点都是一些自由决策的个人，他们都是他们自己行为的绝对独立的主宰和大师，他们也是作为这种人物来"互动"和相互影响的。倘若从这种行动理论出发不能很好地解决各种社会学问题，人们就会以某种系统理论进行补充。在一个社会系统之外，个体的观念一般是以一种社会学的行动理论为基础的，而系统理论则一般建立在各种个体之外的一种社会系统的观念之上。

上述对于有关宫廷的研究，尤其是对单独一个个体（即国王）的地位的研究，若尝试这类与经验毫无关系的理论问题，也许能够缓解人们所面对的各种概念上的难题，因为在这种情况下，所有理论上的观念都可能联系到某些特定经验的既定事实上。

一个宫廷，一个宫廷社会，是由很多单一个体组成的。人们当然可以把这样一种产物称为"体系"。但是，要把（体系）这个词与社会学研究领域各种相关现象密切联系起来，并不是轻而易举的。人们谈论这样一种"人的体系"，会显得有些不搭调，不合拍。因此在这里，取而代之的是（人的）（社会）形态的概念。人们可以说，宫廷是一些单一个人组成的一种（社会）形态，这样就不会给（宫廷）这个词抹上暴力色彩，以致这个词陷入窘境。这样一来，实际上就使以下的困难有所缓解：一些理论家想借助迄今社会学领域的某种规律性把人们的注意力引向各种个人，另一些理论家则想把注意力引向社会。这种困难总是让这两派纠缠在胜负难分中，不断对抗和博弈。

此外，（人的）（社会）形态的概念亦有其优点，即它有别于"体系的概念"，既不会唤起某种在很大程度上闭关自守的封闭观念，也不会唤起某种内在固有的和谐观念。（人的）（社会）形态的概念是中立的。它可以针对人的各种和谐、平和、友好的关系，也可以涉及各种不友好的、充满紧张感的关系。宫廷社会充满紧张关系，却并没有破坏其作为人的特殊（社会）形态的特性。

那么，这样一来，单个人和社会的相互关系的问题就接近解决了吗？显然，还需再走几步，才能至少看到解决问题的端倪。恰如（拙著）开始时就已暗示过的，人组成的各种（社会）形态具有独特性质，它们可以继续存在，不会有多少偏离，即使组成它们的人已经故去，由其他的个体取而代之，它们也依然存在。因此，既有路易十四统治下的法兰西宫廷，也有路易十五统治下的法兰西宫廷。后者是由其他一些个人组成，不同于前者。然而，在宫廷中人不断来来去去的情况下，一种（社会）形态转入另一种（社会）形态。在此意义上，人们可以说在这两种情况下，所涉及的是一种可以将特殊的相同概念用到其身上的（社会）形态，即一个"宫廷"和一个"宫廷社会"的形态吗？尽管那些共同组成这种（社会）形态的单一个人有所变换，尽管宫廷发展的"概念"所指明的（社会）形态也发生了某些特定变化，是什么让人有理由在这两种情况下仍然谈论一种宫廷和一种宫廷社会呢？在此情况下，尽管发生这种变化，仍然保持不变的东西究竟是什么呢？

乍看起来，人们或许会对如下的回答感到满意：虽然一个个的个人会发生变化，但是人际间的各种关系却不会发生变化。然而，这种回答仍是一知半解的，令人摸不着头脑。关系的概念还很容易解释为某种仅仅依附于这个单一个人或那个单一个人的事。不过，宫廷人士之间的关系或者国王与不同等级的宫廷人士之间的关系——尽管各种个人的变化可能极其丰富多彩——最终是由某些特殊条件决定的，而这些特殊条件对于各种个人——包括国王在内——来说，则是不会改变的。

这里所遇到的困难在于，人们在概念上往往把这些条件理解为某种存在于这些单一个人之外的东西，比如在谈论各种"经济的""社会的"或"文化的"条件时便是如此。如果进一步仔细观察，就会发现在某种特定形态下，把人相互结合在一起的东西、他们结合的状态（往往历经数代人）——其中包含某些发展中的变化——以及赋予他们的结合形态以持久性的东西，就是各种个人相互依附的特殊方式，或者用专业术语讲，就是一些特殊的相互依存。同时，前面对相互依存的分析表明，这类约束不只具有和谐、平和的性质。人们同样可能依附于竞争者和敌对者，一如依附于朋友和盟友。在研究宫廷社会时所发现的多极化的紧张关系的各种平衡，对于很多类型的相互依存来说，都是具有典型特征的：它们存在于所有分化了的社会。多种相互依存的长期演变和它们（在某些情况下）的突破，即一种传统的紧张关系平衡的崩溃和一种新的紧张关系平衡的产生，都可以进行细致的分析。

这就是人们通过使用这类毫无批判性的词语——比如"社会条件""时代精神""周围环境"和一些类似词汇——来伪装、扭曲的客观事实。"互动"的概念在其当前所理解的含义里，对于各种可以观察到的客观事实也是不适用的。同样，对于像"行动"或"行为"这种社会学的概念来说，"互动"的概念也并不像初看起来那么不言而喻和毫不含糊。正如前者容易导致这样的猜想——行为的性质和方向只能从行为者个人的主动性来解释；后者也容易导致这样的猜想——行为的性质和方向只能源自两个原先独立的个人——一个是"自我"（拉丁文：Ego）和一个是"另一个人"（拉丁文：Alter）；一个是"我自己"和一个是"其他人"——的主动性，或者源自很多原先独立的人的聚集。

当下的各种研究清楚地表明，为什么行动理论和互动理论不太能够促进经验社会学的研究。这些研究都是以相同的人的观念为基础的，这种相同的人的观念——没有言明——也在很多历史研究里扮演着教父的角色，起着主导的作用，诸多单一个人的观念，最后就是其中每个人都绝对独立于所有其他人——一个人本身就是一个"被闭锁个性的人"，一个"囚徒"。

在当下的一些研究里，社会学的相互依存的理论是作为主导思想的，而且通过这类研究，反过来又得到细致而清晰的表达，这种相互依存的理论更加贴近事实。它以这样的观察为出发点，即每个人从儿童时期开始就属于相互依存的众多人群之列。在他生于其中的相互依存的战场上，他的相对的自主，即作为一个能自己做出决定的个人——在不同程度上、依照不同的榜样——发展着，不断经受考验。如果在研究历史和社会问题时，在思考各种个人的此类行为和决定时，仍然认为它们仿佛与对有关个人的依附没有什么关系，与他们以及他们同其他人共同组成的相互依存的网络没有什么关系，即便如此，也能让人理解，那么这正好掩饰那些构成他们"互动"的牢固框架的人际关系的方方面面。

像路易十四那样手握大权的国王所面对的既短兵相接又相互依附的战场，是一个很好的例子，可以在分析相互依存时变得很有把握。前面已经说过，这是——不妨重复一下——一个能够经受检验而且也需要检验的相互依附战场的模式。凭借这样一种对相互依存的分析，就能把历史问题和社会问题的研究引向可能使研究具有很大持续性的轨道上。这里表现出来的各种相互关联，并非由研究者的先入为主的理想决定。为了意识到它们，为了清楚明确地强调它们，人们往往必须撇开自己的各种理想，并且不予考虑。倘若不是涉及有关人的事情，也许可以说：在这里，人们正在逼近客观事实本身。一位国王或者他的宫廷人士的相互依存，是可能发现、找到的既定事实，但不可能是发明创造出的既定事实。

指出人的相互依存，就会因此在思想上剥夺他们的"自由"吗？

如果没有更好地理解人们对彼此的种种强制，尤其是理解让人们相互依附的各种打上深深的社会烙印的需求，就不可能知道"自由"这个词在普遍使用上意味着什么。当前供我们探讨这类问题所使用的概念，特别是"自由"的概念，还是太不够细化，不足以清楚明确地表述进入我们视线的东西，假如我们在人们的交际中观察鲜活的人——即我们自己——的话。

因为握有强权的国王依仗他的各种权力机会，拥有了比他的任何臣民都要大的决策回旋余地。在此意义上，也许可以说，他比他的任何一个臣民都"更加自由"。当下的研究清楚地表明，在此意义上，虽然也许可以称一位握有大权的统治者"更加自由"，但是，如果"自由"与"独立于其他人"的含义是相同的，那么，可以肯定的是，他也是不"自由"的。对于人的相互依存的问题而言，没有任何东西比如下的事实更加富有特征，即一位统治者的任何行动也许最贴近一个人基于自由决定的行为的理想观念，因为这种行动是针对他人的，虽然统治者的行动也是要让被统治者依附于他，但他们可能会奋起反抗或者不以统治者期待的方式接受其行动。这就是相互依存的概念所表达的意思；如同下棋，一个人的任何独立决定的行为却是社会大棋盘上的一步棋，是唤起和促使另一个人（对手）——或者实际上往往是很多人（对手）——对抗的一步棋；对手的一步棋既会限制这个人的独立自主，也会显示出他自己的依附性。两个棋手都不是绝对自由、绝对独立自主的，他们都是相互依附、相互依存的。

从根本上讲，任何活着的和一定程度上精神健康的人，包括奴隶和戴上手铐脚镣的囚犯、俘虏，都有某种程度上的自主，或者换句更富戏剧性的话说，就是都拥有某种自由的表演场所、自由的回旋余地。囚徒和俘虏也有某种程度的自主，这种情况有时被浪漫地加以美化、神化，从形而上学角度看，视为人的自由的证明。然而，单一个人在受到其他人约束之外的某种绝对自由的这种构想，其意义也许首先在于，它是在迎合人的感觉。倘若想让所有关于"自由的问题"，在形而上学或哲学上的、不用与各种可以研究和可以观察到的现象联系起来就能证明和证实的推论都搁置一旁，不予理睬，那么人们就会发现自己面对这样的事实：虽然可以观察到人们的独立和依附的不同程度，或者换言之，在其相互关系上观察到人们拥有权力的不同程度，但是不会观察到一些人或另一些人的自由处于绝对的零点，他们的权力绝对为零。

此外，一般情况是这样的：一个人的相对独立的行动会让其他人的相对独立性成为问题，会改变人与人之间本来就动荡不定的紧张关系的平衡，会让紧张关系本来就不稳定的平衡状态发生变化。可以相当有把握地预言，在下一个发展阶段上，善于思维和从事研究工作的人将会越来越拒绝使用像"自由"和"确定"（或"被限定"）这类绝对和僵化的两极化概念，并转而探讨平衡的种种问题。

不过这样一来，已经超出这里所确定的框架，迈向其他问题的范围。首先，前面的论述足以表明，如果像在传统的、围绕这种非此即彼的辩论所使用的"自由"和"确定"（或"被限定"）的概念那样，这两个概念就太过粗糙，太忽略细微差别了，在研究可以观察到的人类现象时，它们还不能更长久地具有其价值。主宰这些辩论的传统，坚持的是一种高度人为虚构的，因此不能加以利用的问题的出发点。它把一个被单一化的人置于各种问题的中心点上，这种被单一化的人完全自立，似乎绝对独立于其他所有人。人类幻想出的这种人造产物的"自由"或"确定"（或"被限定"），就是人们正在讨论的"自由"或"确定"（或"被限定"）。只有当人们把各种研究和讨论置于社会学基础上，换言之，只有当人们不把一个单一的、绝对独立自主的人确定为研究和讨论的出发点，而是切实地把可以观察到的东西，亦即相互依存的人的多样性，比如构成宫廷的那些特殊（社会）形态，确定为研究和讨论的出发点，才能带领这些研究和讨论走出这类集体幻想。

　　如果是这样来确定问题的起点，那么今天探讨理论问题和各种实际问题时往往割裂开的高大屏障就会消失。如同人们所看到的那样，对一个社会进行局部、细致的探讨研究，就会提供材料，以便人们探讨研究在其相互关系中各种个人的相对依附和相对独立的普遍问题，即理论问题；反过来，后者也有助于厘清前者。在对一位手握大权的统治者进行社会学研究时所反映出的种种问题，在这种相互关联上特别富有启发性。如果不是把两个针锋相对的概念，如"自由"和"确定"（或"被限定"），而是把（相互依存的）程度和（关系的）平衡推到观察的中心点上，那么，就会表明，在比平常表现得更为密切的相互关联上，自由问题和人们实际的权力分配问题是并立的。

七

法兰西宫廷社会的形成和演变作为整个社会权力转移的功能

1. 任何统治形式都是一种社会斗争的沉淀,是与斗争的出发点相适应的权力分配的固化。同时,这种固化的时间点,在政权制度诞生时这种社会发展的状态,对于这种政治制度的特殊形态及其进一步发展的命运都具有决定性意义。因此,便出现了如下情况:比如,普鲁士的专制制度比法兰西的专制制度晚得多才形成固定形态,普鲁士的专制制度最终把封建贵族纳入其统治结构,也远比法兰西的专制制度晚得多,在这种固化和并轨过程中能够创造出一个机构的结构,而在法兰西专制制度诞生时,不仅在法兰西,甚而在整个西方,都还缺乏这种机构的结构存在的前提。

在这两种专制的统治结构产生之前,国王和封建贵族之间进行过种种斗争。二者之中,贵族失去了其较为重要的独立自主性,然而 17 世纪的法兰西国王可能想借助新获得的和新得到保障的权力开始创建的东西,与 18 世纪的普鲁士国王可能和希冀开始创建的东西是有所不同的。在后者那里,显示出一种在历史上经常可以观察到的现象;它反映出一个在某方面发展得较迟的国家,在把握各种机构的问题时接受和形成一些比较成熟的形式后，将比一个此前一直领先的国家更加成熟。腓特烈二世在他的国家能够发展起来的很多东西，比如，他开始实行官僚体制和行政管理的方式，在法国大革命时才出现过类似情况，之后通过拿破仑才得以保留下来。这些官僚体制和行政管理的方式在法国解决了某些问题，相反，普鲁士和随后的德国在很久之后才着手解决这类问题。

何时——同时也总是包括如何——提出和解决在西方大国里反复出现的社会问题，对于每个个体的命运以及各国人民的"天命"具有极大意义。国王们绝非处于这种发展的命运之外。发展的天命把种种问题和任务强加于他们，把他们的天性驱赶到这个或那个方向上，在这里，命运所承担的任务让天性窒息，在那里，却使之蓬勃发展。他们也像任何其他人那样，受到根植于人的相互交织的现象的强制。

2. 必然有很多东西会误导人们，使他们把自己看作处于社会命运和社会网络之外的人，因为他们似乎并非直接属于各国的阶层中的某一个。人们至少乐于把他们的行为与他们功绩的动机和方针，基本上仅仅从他们个人、从他们的天赋来理解。无疑，在较早时期，在社会领域中，他们的地位、他们实现个人特性的各种机会，总之他们被编织到社会整体里的方式，往往是很独特的。然而，他们也以特殊的方式被编织到人的争斗之中。一位国王或者一系列的国王，都各自处在某种特定的社会传统里。他们曾经可能很伟大或者很渺小，他们的行为方式、他们的各种动机和目标的类型，都分别由某种特殊的社会生涯、由他们与某些特定社会阶层和世代的种种关系塑造而成，在这当中，他们中的某些人，诸如拿破仑一世、普鲁士的腓特烈二世作为一种社会变革或国家转型的执行者，因而也是突破某种传统的统治者，他们的动机方式和他们的行为类型是具有多种含义的，其他那些人则是可以明确归类的。法兰西王政时期旧制度的国王就属于这种可以明确归类的统治者，根据他们的行为举止、他们的各种动机、他们的社会伦理的类型，他们曾经是而且一直是宫廷贵族，即一个社会阶层的代表人物。所以，人们不得不负面地、无能为力地称呼这个阶层为没有劳动收入的阶层，一个不劳而获的阶层，因为我们时代的市民语言对那些正面的特征，喜欢无端加以谴责。

法兰西国王觉得自己是高贵的人，是"第一贵人""首席贵族"①，而且张口便说他是在贵族的文明教养和思想意识里成长起来的，他的行为和思维是这种思想意识塑造的，如果不曾探究法兰西国王政体的渊源以及从早期一直贯穿至中世纪的发展，就不能完全理解这样一种现象。在这种语境下，不可能做这样的探讨。在这里，重要的只是要理解，在这个国家里，恰恰是因为贵族在文明教养上牢固的、多姿多彩的传统贯穿整个中世纪，直到近代，从没有真正被打断过，还在不断地持续着——与德意志地区的很多州正好相反。国王作为这种传统的一个环节，为了履行传统的义务，就需要与志同道合的人进行交际和来往，国王受到这种传统

---

① H. 莱蒙尼尔（H. Lemonnier）:《查理八世和路易十二的法兰西》（*La France sous Charles VIII, Louis XII et François Ier*），巴黎1903年，第244页（《法兰西历史》，第6卷，第1章）。

宫廷社会 | 241

的约束，其程度远远超过其他国家的国王。在后者的国家里，要么中世纪和近代之间存在一道深深的切口，要么贵族思想意识的形成并不像法兰西那样丰富多彩，那样具有独特性。

3. 与以上情况息息相关的第二种情况，其重要性较之并不逊色，却容易被忽视。无疑，法兰西的国王们经历了几个世纪，从亨利四世到路易十四，都处在一种尚未决出胜负的斗争中，虽然并非与整个贵族对抗——因为总是有一些贵族站在他们这边作战——但至少要与高等贵族及其随从争权夺利。在这种斗争中，胜利越是向国王这边倾斜，贵族的文明教养就越想从一个地方（即巴黎）和一个社会机构（即国王的宫廷）里找到其规范化的中心，贵族的文明教养的整个形态就必然会发生改变。然而，为贵族的文明教养的这种转变做出贡献的国王们，在这种转变的过程中却受到了转变的最猛烈冲击。他们永远不像后来的市民阶层那样站在贵族之外。关于市民阶层，在某种程度上有理由这样说：这种阶层逐步脱离贵族的文明教养，不把贵族作为榜样，最终也就不再能够理解贵族的行为，即将其作为一种自己固有的、非贵族的行为举止，从外在超越贵族。不过，随着不受限制的、专制的国王体制的建立，随着16和17世纪在法兰西，国王们驯服了大大小小的贵族，这无异于在某些方面、在同一社会阶层中逐步发生了重点转移。

从分散在全国的贵族当中产生出以国王为中心的宫廷贵族，作为中央政府和发号施令的权力。如同大多数骑士变成封建领主和大封建领主贵族一样，国王们在同样的意义上也发生了转变。弗兰茨一世还是一位骑士国王①。他喜欢骑士的马上比武，喜欢打猎；对他而言，战争是一种辉煌的骑士赛马游戏。在游戏中，他作为骑士，投入他的生命；因为这既是骑士贵族的习惯、规则，也是他的荣誉，他感觉到他作为国王，像其他所有的骑士一样受到骑士行为的这一条律则的约束。

亨利四世的情况也类似。有一次他还作为胡格诺教派的领袖和法兰西国王的大封建领主，在接到对手的战争武装军备的消息之后，自告奋勇要与对手的领导者决一雌雄，即他自己要与吉斯兹公爵决斗②："等级不同，不应妨碍我这样做。"他们想用武器决斗，一对一，二对二，十对十，二十对二十；骑士之间在关乎名誉的事情上以决斗分胜负，向来习以为常。他也曾经这样说过。在大权在握之后，他本人在某种程度上体现了从晚期的国王骑士类型向着不同的宫廷贵族类型的过渡，后者随后在路易十四身上有了第一个完美的体现。那种类型不再像亨利四世那样，以骑士的方式率领他的贵族走上战场，而是越来越多地让将军们率领雇佣军去打仗，即使他偶尔也披挂上阵，但总的来说还是不习惯御驾亲征，亲自走上战场，投入战斗。后来，在路易十四的统治下，骑士的马上比武也失去个人决斗的性质，不再是一对一地决斗。决斗变成一种宫廷的赛马游戏。如果人们想举个例子，看看现在国王在其行为举止上是如何变成一个宫廷贵族

---

① 这一句话和下一句话参见 H. 莱蒙尼尔：《查理八世和路易十二的法兰西》，第 188 页。
② L. 冯·兰克：《法国史》，莱比锡 1876/1877 年，第 4 版，第 1 卷，第 6 部，第 1 章。

的，而在宫廷社会内一种特殊的分量又是如何加诸他身上的，这种特殊的重要性又是以何种方式重新把他与其他贵族拉开距离的，那么，可以看看在路易十四的统治下，1662年举办的一场骑士游戏的画面：

"有5个骑士方队，每个方队穿着不同颜色的衣裳，每个方队代表一个民族，罗马人，波斯人，土耳其人，黑人，俄罗斯人；每个方队都在一个最高领袖的率领下。国王统领着第一支扮演罗马人的方队：他的格言是：'太阳驱散云彩！'他的骑士方队中的第一个人手持一面镜子，镜子反射着太阳的光芒，另一个人拿着一根月桂树枝，因为对于太阳而言，月桂树是神圣的，第三个人领着一位贵族，贵族的目光注视着太阳。……"①

兰克说道："如若不是一种游戏，那就近乎偶像崇拜。第一方队的所有格言，在同一意义上近乎偶像崇拜；其余方队的格言则勾勒出这种意义。仿佛它们都否认自己的存在；就此而言，只有当它们处于与国王的某种关系时，它们才是某种自然而然存在的东西。"

这场骑士游戏是一种象征。如果不仅从游戏本身来观察，而且似乎从权力机会的发展来观察，并且把路易十四的行为举止与亨利四世要求两人进行决斗的态度作比较的话，就会清楚地感觉到，为什么说亨利四世在某种程度上是最后一位骑士国王，而路易十四则是一位宫廷贵族的国王。二者在其整个文明教养和思想意识上，在其行为举止的各种形式

---

① 贝利森的《路易十四的历史》，第1卷，转引自兰克，第3卷，第12节，第3章，第294页。

和动机上，都属于他们的贵族社会。这种社会和社交作为某种不言而喻的无法摈弃的东西，属于他们的生存。然而，这两位国王在他们的社会所具有的重要性，分量却各不相同。在贵族面前，亨利四世作为国王的权力地位虽然比此前的任何一位国王都要尊崇，但还是比不上路易十四。他未能像后者那样鹤立鸡群，因而也未在这种程度上与贵族拉开距离。

4. 路易十四虽然生活在宫廷社会之中，但同时某种程度上也成了宫廷社会的唯一中心，这是他的任何前任都望尘莫及的。国王和他所属的贵族社会之间的力量平衡点，已经发生了彻底的转移。现在，在他与其他贵族之间存在很大的距离。但尽管如此，这也只是在他那个社会阶层内的某种距离。在这出骑士赛马游戏当中反映出的具有示范性的东西，适用于路易十四在宫廷贵族中的地位，也适用于他对整个贵族的态度。这种贵族构成了他的社会。他属于贵族，他也需要作为社会的贵族，但同时他在同样的程度上拉开与贵族的距离，恰如他的权力地位使他高出其他贵族一样。

在路易十四对待宫廷贵族的态度上，以下两种倾向总是相互影响，它们决定着贵族在这种统治机制里的地位，它们在一些机构里十分牢固，又不断从这些机构里产生一些倾向并强加于人，直至这种制度终结，这些倾向对他的后继者来说都是富有典型特征的。当时，面对大大小小的贵族的所有权力要求，首先是倾向于通过形形色色的机构建立和保障国王不受限制的个人统治权；其次是倾向于保留贵族，使之既依附于国王、为国王效劳，又凭借其特殊的文明教养、不同于其余社会阶层的地位来作为唯一与国王相适应的且必要的社会。

国王对贵族的这种矛盾态度，从此时起，对于贵族的形态产生了决定性意义，这种矛盾的心态并不是个别统治者随意专断的表现，而是形势所迫。由于在16世纪慢慢形成的特殊的发展形势，贵族大部分的经济机会都被剥夺了，他们的社会地位和在社会方面拉开距离的基础也因此而被剥夺；同时，鉴于国王们一生下来便注定拥有的统治权及其职能，处在这种形势下的贵族便把各种大的、新的机会拱手让给了国王们。基于出身和文明教养，国王们与贵族结成同盟；由于法兰西社会的发展，他们从同侪之首、出类拔萃的地位逐渐登上至尊权力的宝座，这样的权力地位把在他们的王国里所有贵族的地位都远远甩在了身后。宫廷的形成，解决了既出自同一阶层又要彼此拉开距离所产生的各种冲突。

5. 长期以来，法兰西一直存在贵族和国王政体之间的斗争。直至17世纪，此类斗争的各种原因仍然似雾里看花，始终没有得到澄清。不过无论如何，到了17世纪，这场斗争终于变得有利于君主政体。此外，实际情况也确实如此，各种远在法兰西各位国王个人意志之外、他们的精明强干之外乃至他们的势力范围之外的状况，某种程度上也明显有利于君主政体。宗教战争之后，王权正好落在亨利四世身上，这可能归因于个人天赋和一些比较偶然的情势。然而，相对于贵族，国王的权力地位此时终于非同寻常地朝着越来越有利于国王的形势推移，而且此后，显然还在这个方向上扩大，这基本上是社会发展变化的结果。社会的这些发展变化处于国王的权力范围之外，或者某个人的权力范围之外，甚至某一具体人群的权力领域之外,这些发展变化把各种至关重要的机会拱手送到国王手中。当然,在具体情况下,根据各位国王的聪明才智,他们也许能利用这些机会,也许不能;然而这些发展变化却动摇着贵族的生存基础。

6. 16 世纪进程中,在西方国家的社会结构里所实现的种种演变,其重要意义几乎不亚于 18 世纪末才明显出现的种种演变的重要意义,这是毋庸置疑的。诚然,从海外国家流入各种贵金属以及流通手段的相应增加并非 16 世纪种种演变的唯一原因(流通手段的增加在西方所有国家里或早或迟都会发挥影响,当然,影响的方式各不相同。),但是,总之可以这样说:贵金属的流入作为催化剂在发挥作用。"如同大雨般的黄金和白银"让播种在西方国家的社会发展中的很多种子生根发芽,茁壮成长,若没有这场大雨,它们的发育成长也许会慢得多,也许有一部分还会枯萎凋谢。而另一方面,倘若欧洲各种社会的发展本身尚未达到一个需要贵金属和能够利用贵金属的阶段,贵金属的这种蜂拥而至也几乎是不可能的。对于法兰西来说,货币手段的增加和这个时代社会阶层分化的方向之间的相互关联在很大程度上是显而易见的。[①]

货币增加的第一个后果是货币的异常贬值。根据当时的

[①] 这一段和下一段论述,参见 H. 泽尔(H. Sée)的《法国经济史》,第一卷,耶拿 1930 年,第 118 页等,以及参见 H. 莱蒙尼尔,第 266 页,在那里可以找到更仔细的参考文献目录。

估计①，货币购买力下降了四分之一。而物价相应上涨，流动性的财富增加。哪怕土地仍然始终是一切财富的基础，家里保存大量现金的习惯却逐渐根深蒂固。不过，这种货币贬值对于人民大众中的不同阶层有着各异的后果。对于其中的相互关联，没有什么表述能比下面这几句话更简明扼要、更清楚：大约从1540年起，"里弗尔②一直在贬值，而物价悄然上涨。这些现象在弗兰茨一世时代已经造成一些后果，比如土地租金和土地买卖价格上涨。与此相反，货币收入却在下降，比如地租下降……不过，这对于农民、生产者以及商人来说，并非都是负面的，他们发现商品的价格是按比例上涨的。仅对地主和工人来说，各种后果都是负面的。……地主和贵族在宫廷或者政府里寻求职务以便让自己发挥作用；资产阶级人士则接任政府的行政管理职位和官员职位。有些人簇拥在国王周围，另一些人分布到各种职位上。这样一来就加速走向专制主义制度，加速走向中央集权化，加速走向贵族政体和官僚体制"③。

撇开这些事件的发生对于与此相关的其他阶层的意义不讲，无论如何，对于大部分法兰西贵族而言，货币贬值就算不意味着破坏他们经济上的生存根基，也意味着一种极大的震撼。贵族从他们的土地收取固定的年金，因为物价持续上涨，他们凭借相应的各种契约所得到的年金就或多或少地入

---

① J. 马里约尔（J. Mariéjol）：《亨利四世和路易十三》，巴黎1905年，第2页（载《法兰西历史》，第6卷，第2章）。
② 近代早期的法国货币单位之一。——译者
③ H. 莱蒙尼尔：《亨利四世统治下的法兰西》，第269页。

不敷出，以至于生存难以为继。绝大部分的贵族在宗教战争结束后都负债累累。在多数情况下，债权人掌控着他们的土地。绝大部分的地产在这个时候变更业主。至少一部分贵族离开他们的土地，走进宫廷，想在那里找到一种新的生存方式。人们看到，在这里，社会的命运在多么强烈地挤压着整整一个阶层的各种机会，因而也挤压着他们的权力机会、社会名望，缩短他们与其他阶层的距离。

7. 倘若想把国王直接算作贵族的话，那么，他可以说是这个国家唯一一个经济基础、权力地位、社会距离都没有受到这些事件挤压的贵族，而且完全相反，这些方面都被扩大了。

起初，与对于所有贵族一样，对于国王来说，他的土地财富的收益是主要的收入来源。然而，这种情况早已发生改变。在国王的收入之中，赋税和其他类似收入越来越具有重要意义，这些收入在某种程度上是从他的臣民的货币收入当中索取的。因此，拥有土地和对土地进行分配的国王就逐渐变成拥有货币和对货币进行分配的国王。

16世纪晚期的骑士国王是一种介于两者之间的过渡型国王。与此相反，17和18世纪的君主政体，从经济学角度看，是一种建立在货币收入基础之上的君主政体。也就是说，16世纪行将结束和17世纪开始之际的贵族，基本上是依靠其土地收入生活的，几乎没有参与当时的各种贸易活动，所以几乎不会因货币贬值而变穷。而国王不仅由于货币贬值能使其通过很多渠道——首先是通过赋税或者卖官鬻爵——来提高自己的收入，除此之外，他还由于某些特定的有纳税义务的阶层的财富日益增加，大大增加了自己的收入。随着日益城市化和商业化，基于他们在整个国家社会形态里的地位的独特性，不断增长的种种收入就涌到了国王那里，这些不断增长的收入构成了他们在权力上相应增长的最具有决定性的条件之一。他们通过在为他们的统治效劳时所支出的货币，创建了他们的统治机构。

与此同时，不容忽视的是，对于国王们来说，这种收入不同于商人和手工业者的收入。国王们的收入并不是真正从其与社会错综复杂的关系中获得的劳动收入，不是从事某一职业的劳动获得，而是通过领取薪俸的骨干官员队伍的工作，从各职业阶层的劳动收入中涌到了国王那里。国王的职能之一就是统驭这些骨干官员，安排协调他们的工作，并在国家社会的最高协调等级上做出种种决策。由此来看，如果说，国王们是贵族阶层独一无二的一些成员，这种（社会）形态变化就把有所提高的各种机会拱手让给了这些成员。因为国王们能够在具有决定性意义的规模上保留他们的封建领主性质，他们不需要从事任何职业劳动，却可以通过他们国家的蒸蒸日上的财富来增加他们的收入。

国王的权势在上升，其他贵族的却在下降，这就是上面所谈到的平衡的重心转移。路易十四所保持的他本人与其余贵族之间的距离（比如在礼仪礼节上，他最刻意地拓展这种距离）并非单纯是由他本人"创造"的，而是由整个社会的发展"造就"的，社会的发展用种种巨大的机会来装点国王的社会职能，却削减了其余贵族的各种机会。

在同一时期，战争的领导权发生的改变，对于贵族的命运并非无关宏旨。在与王公贵族的中央统治者的紧张关系的平衡中，中世纪的贵族占有较大的分量，尤其是因为在所有的战争行动中，中央统治者在很大程度上依赖于贵族。贵族领主们必须自己承担他们本人和随从人员的军事装备、盔甲、马匹及武器的绝大部分费用，以他们的地产收入的剩余来支付，或者干脆自己披挂上阵，缴获战利品，以支付自己的军事开支。恰如偶尔发生的那样，他们没有奉上级领主的征召出战，在规定时间内擅自离开军队，返回他们的庄园、城堡和庭院，最后只能让他们去参加惩罚性的远征。不过，倘若中央统治者拥有足够的军队，气势逼人，让他们去远征或者威胁要送他们去远征，仅仅是期待（他们）将功补过。而能否拥有这样的军队，反过来又取决于中央统治者能否和在多大程度上可以信赖一部分他的军人贵族，如果没有信任，就不可能自己拥有军队。

在16世纪的进程中，战争领导权发生的种种变化越来越明显，长期以来，已经在为这类变化做准备。同样，这类变化也部分与货币的流通过程日益完善息息相关。以下引文即反映出了过渡时期的某些明显特征在结构上的固有特性：

"在16世纪的法兰西军队里，若干不同性质的要素混杂在一起。在某些紧急情况以及随后不太常用到军队的情况下，还有一些不幸的情况下，人们呼吁贵族的领主封地要建立武装军团。旧的采邑军队已经逐渐消失。有武装能力的贵族，更确切地说是编入重骑兵的连队里，编入到传令兵的连队里。人们把这些连队归入所谓的'卫队'之下：卫队提供马匹和贵重的装备；没什么钱的人作为骑兵射手编入这些连队。……在作为骑士发起英勇的攻击时，当然也包括个人提供人员帮助方面，军人是很光荣的，而且是训练有素、极有

宫廷社会 | 251

教养的，对于将军们来说，军人也是无可替代的。然而，这个兵种却不再有什么前途可言。轻骑兵与重骑兵严格地区分开，在级别上远低于他们。但是，轻骑兵的发展越来越多地建立在现代射击武器的作战上。……军队的整个形成和发展建立在军饷之上。"①

在大多数军人贵族和王公的中央统治者之间紧张关系的平衡中，战争领导权日益转移到了有利于后者的方面。货币日益流入他们的金库里，允许他们雇佣军队作战。指挥军队的人同时也是企业家，他们装备从下层征召来的军队。在社会发展的较早期以及较少货币化和商业化的阶段，出让土地、分封采邑是支付军人酬劳的手段，现在用货币来支付，军饷越来越多地成为支付军人报酬的主要形式。王公们租用雇佣兵或士兵。在这两个词里面，回响着回忆这个发展阶段的余音。这样一来，他们对他们的封地贵族的依附就大大减少了，他们对货币来源的依附随着更为广泛的错综复杂的交往而变得越来越大。

此外，由于射击武器的进一步发展，在战时有利于征兵重点从在各高层征召转向大部分从下层征召。比较古老的射击武器，如弓弩，是农民和其他非贵族军队的传统武器。在骑兵部队的战斗中，射击武器对军队起着辅助作用，其中原因之一是骑士和马匹的装备限制了射击效果。由于射击武器的发展（难以保障人和牲口的装备不受伤害），征兵对象的

---

① L. 埃里希·马尔克斯（L. Erich Marcks）:《加斯帕尔·德·科利尼和他那个时代的法兰西》，斯图加特1892年，第1卷，第1章，第45页等。

重点发生转移，过去是从各贵族中征召，现在是从下层征召。各国的整体发展使得王公们有可能花钱租用雇佣军，这有利于步兵的火器的发展，而火器的发展又有利于国家的整个发展。

将来，借助某些更准确、更包罗万象的模式（比这种框架下可能和必要的模式更准确和更包罗广泛）系统地研究各种相互依存和重心转移，将可以对这种方式的（社会）形态的演变进行概括总结。在这里，仅仅指出下述情况就足矣：中央统治者的社会地位使他们越来越多地拥有了众多获得货币的机会，同时，这减少了乡村骑士贵族在传统上获得货币的机会，靠装备着火器的雇佣兵开打的战争，日益受重视，日益重要，在传统的骑士战争遭受贬低的同时，也减少了对贵族的依赖，而贵族对中央统治者的依赖却在扩大。在贵族和国王的相互关系上，权力平衡转移的概念不能这样来理解，即仿佛这种转移始于社会发展的某个个别领域。贸易的扩大，如果没有日益增长的国家对商贸通道的保护，没有国家为商人提供法律保障，是无法理解的；没有前者，后者也是无法理解的。如果没有足够的军队，国王就不能期待有可靠的赋税收入；如果没有后者，也不能期待可以支配前者。

8. 一种权力分量的分配转向另一种权力分量的分配，一种紧张关系的平衡转变成另一种紧张关系的平衡，在此过渡期间的种种问题是形形色色的。另外补充几点，或许能有助于让这种（转移的）画面变得更丰满一些。国王在自然经济领域赐封土地，以及在货币经济领域赏赐货币年金，分别反映出了极为不同的关系形式。前者使获得采邑者在地域空间上远离国王,只要信用交际还是缓慢和不发达,使他们长期远离自己的土地就永远都不是件易事。即使在各种征战讨伐以及引领亨利四世走向胜利的战斗中,如果胜利不是指日可待,如果不能如愿以偿地缴获战利品,贵族很快就会离开军队,返回家乡,退守故土[1]。

而国王发放货币(即赏赐年金),往往有可能让人留在国王的附近,而且往往被迫要留在国王的附近。如果说实物年金意义上的土地财富对籍贯或多或少地施加了压力,那么,源自土地财富的货币年金则有可能远离地产财富。货币年金——比如,甚而直接从国王的口袋里得到的养老金或礼品——可能因恩宠的源源不断而增加,也可能因失宠而被剥夺,货币年金对人造成极大的压力,其目的是使人长久地停留在国王那里,迫使他们始终提供新的、个人的效劳以不断变换花样换取国王的眷顾。

因此,依附的方式有所不同,既有赏赐实物年金的,也有赏赐薪酬、养老金和金钱礼物的。相比后者,前者给予了一种较大的独立自主。因为贵族在其采邑封地可以自行其是,为所欲为,实际上如同一个小国王。而采邑一旦赐封和接受,受封者就相当有把握,无论如何不会被轻率地剥夺封地,因而不需要为了长期保留这个馈赠而一再去争取国王的恩赐。

然而,在某种程度上,人们必须一再从国王的宝库里得到货币馈赠。与土地财富、实物年金相比,货币年金、养老金则更快、更容易被剥夺,土地财产和实物在国家的某个地

---

[1] 兰克的《法国史》,第6卷,第2章,第368页。

方，远离国王的所在地，远离国都。在这个意义上，那些依赖国王的货币年金的人远比那些接受采邑封地的人生活得不安稳。

作为货币年金出现的国王的恩惠，对于依赖这种年金的人而言，蕴藏着一种更大的风险，造成了社会等级的一种更快速的升降，因而也说明这些人比较能随机应变，并以分化有别的态度和外形容貌来表现自己，从而有别于享受实物年金恩惠的人。与后者相比，在这里，前者的不独立自主以及对国王的依附会更显而易见。

恩赐货币或货币年金的宫廷社会的国王，作为个人，包括他的所有情绪、行为和感受都直接和长久地被希望获得他恩宠的人关注；相比自然经济形态下的国王，前者支配的人更多。他的钱财让很多人聚集在他身边，围着他转。

如果人们把恩赐土地的国王和恩赐货币的国王相对照，那会是一件很有意思的事，因为一种类型的国王，是直接或逐渐地从另一种类型的国王中脱颖而出的，其行为举止却从它继续发展而来。

换言之，如果没有把恩赐货币机会的法兰西国王对待其贵族的态度，视为从最高等级的采邑领主对待其领主封臣和采邑领主的一贯态度上发展起来的，那就无法理解宫廷社会的国王们的行为举止。当国王自称"第一贵人""首席贵族"时，当贵族感到自己是"祖国的鲜活的生命力，是祖国的活生生的躯体"[①]之时，大体上反映出了国王与贵族过去是如何结合的，国王的传统义务是保留、维护贵族，贵族的

---

① H. 莱蒙尼尔：《亨利四世统治下的法兰西》，第244页。

义务是为国王效劳；这些义务并没有消失。倘若留意一下法兰西王政时期旧制度的年金、养老金经济，有一点是不容忽视的，即在这种经济形态下，年金、养老金在宫廷里发生了变化，被取消了，而旧的封地采邑关系却依然无处不在。宫廷国王与宫廷贵族之间的这种态度的基本要素还包括一点——这种态度是从身为骑士的国王和身为骑士的领主封臣及其扈从的种种旧的、封建的相互依存关系中成长起来的。

不过，封建采邑封地义务的伦理，起初是建立在合作双方某种较为平衡的相互依附之上的；在这种相互依附一向十分微弱的地方，比如在大的领主封臣那里，这种伦理和义务责任也很容易被打破。采邑领主需要王公领主；王公是进行协调的、和衷共济的发号施令者，是争夺来的土地的拥有者和分配者，是他的扈从和采邑的世袭领主。而这两者作为军人和下级领导者负责保卫及扩大他的财富，为他东征西战。

此外，国王也需要其他贵族，抛开他本人亦出身贵族不讲，他的狩猎和巡视需要陪伴者，他的社交娱乐需要伙伴，他发动的战争需要军人。原先因为他只能从这些贵族中任命出谋划策的顾问——即使采取神职人员的形式，也只能从他们当中选拔。起初是出自他的军人群体中的一些人或多或少独立自主地为国王管理国家，征收赋税和颁布法律。尽管如此依赖贵族，尽管贵族的种种利益和国王的种种利益如此密切地交织在一起，但国王和其他贵族之间的距离尚未达到后来那么大的范围。

时移世易，一个层级或另一个层级的处于核心地位的统治者越来越多地从大多数贵族中脱颖而出；他们能够部分地扩大自己的权力，牺牲其他贵族的权力，办法是：把那个可以慢慢用于这类目的的等级，即资产阶级的人拉拢过来，去行使迄今一直保留给贵族和高级神职人员的职能。在法兰西，他们实际上成功地把贵族从几乎所有这些职能中排挤了出去，并通过那些从平民中崛起的人取代了贵族的位置。16世纪末，司法、行政管理甚至大臣职位的绝大部分已经掌握在这些后起之秀手中。

9. 那么，国王觉得贵族必须存在的原因还有哪些呢？恰如人们所看到的那样，这是一个具有决定性意义的问题。因为即使已经演变的封地采邑的关系在国王与贵族的宫廷社会关系方面依然保留着，从他们之间旧的责任义务、旧的社会伦理以及落在国王和贵族身上的不平等的机会和国王微不足道地依附贵族等方面看，无疑只有贫困潦倒的贵族为维系自己的生存而需要国王，但就任何意义而言，国王都不再需要（作为一个特殊的不可替代的等级的）贵族。而这就是问题之所在：国王现在还需要贵族作什么呢？

不过，这个问题的提出，随即会触及一个涉及面更广的问题：任何一种机构都是在一些相互依存的人类群体的紧张关系平衡中，某种特定的、对权力进行瓜分的产物。它不仅从这种状态中一次成型地产生出来，而且作为一种比很多人的生命更加持久的（社会）形态，会在很长一段时间里一再重新从中产生出来。也就是说，只有这个与法兰西王政时期旧制度有关的宫廷社会所产生的和再次产生的权力分配问题，才会让来去匆匆的人的这种（社会）形态变得清晰明朗起来。

前面提出的问题，即贵族对国王的依赖和国王对贵族的依赖——这种相互依赖在宫廷之中得到了充分表现——的方式和程度的问题,无非是对如何在社会方面产生宫廷和再产生宫廷的问题的一种略有差异的理解。只要人们没有从产生工厂的社会领域的结构来理解,就不能理解在工厂这样一种社会机构中,在何种意义上,人们过去和现在都依赖于充作工人以受雇于企业家的方式来生存,而后者又在何种意义、何种程度上依赖于前者;只要人们没有指出需求的公式,也就是说没有指出各种相互依存的方式和规模,而这些相互依存把不同的人和人群与宫廷联系起来,团结在宫廷之中,那么就不能准确理解宫廷里的这种社会机制。

只有这样,宫廷才会以其真实面目展现在我们的眼前,即不再把它作为一种随心所欲的或者偶然出现在历史上的群体集聚,即不能也不必去追问"为什么"会有可能和必要去创造这种群体集聚,而是把它作为某些特定阶层的人的一种(社会)形态,因为这种(社会)形态给以这种方式相互联系在一起的人提供了各种机会,满足其不同的、一再在这些阶层培养出来的各种社会需求和依靠。

从卡佩王朝的宫廷——首先是"神圣的路易"(1226—1270)的宫廷——到弗兰茨一世的驻跸宫廷,乃至后来路易十四及其他继任者的宫廷,可以称得上是一种持续不断的发展。从13世纪到18世纪,尽管偶尔有种种极为深刻的社会结构的演变在法兰西宫廷的传统中不断发生,而且生机勃勃地延续着,但这是法兰西宫廷的文明教养传统的最重要前提之一,此外,这从根本上讲也是打上特殊的"法兰西"传统烙印的最重要前提之一。

在这种发展范围内,15和16世纪是一个具有决定性意义的阶段。此前，除国王外，大的领主封臣也在逐渐失去他们自己的宫廷①，因此，法兰西国王的宫廷只是第一个宫廷，但并非一直是最豪华、最辉煌的标准宫廷，在这两个世纪里，随着国王权力的日益上升，他的宫廷才越来越多地成为国家的中心，一枝独秀的高高在上的中央。从贵族方面看，这种发展意味着贵族从自然经济的封建主义性质转变为宫廷贵族。倘若想更准确地找出可以看到这种转变的时代并一窥究竟，首先会碰到的一个问题就是弗兰茨一世的政体。

10. 如上所述，在骑士君主制度类型转变为宫廷君主制度类型的道路上，弗兰茨一世的统治是一种过渡型统治，与其说它更趋向于前者，倒不如说更趋向于后者。

正因为在他身上涉及一种过渡类型，因此很难（而且在这种语境下也不可能进一步细致准确地）阐明他的宫廷的结构。不过，倒是可以简明扼要地提一提 16 世纪的过渡性宫廷的若干结构要素，以便以此为起点，描述因国王们支配着种种获得货币的机会而具有典型特征的宫廷，阐明其成熟的表现。

一位法国历史学家说过："16 世纪，法兰西产生了某种新东西：贵族政体的社会。贵族政体最终取代封建制度，不啻为革命。"②

---

① 关于这个过程的更详细研究，参见 N. 埃利亚斯的《文明的进程》，美因河畔的法兰克福 1997 年，第 2 卷，第 168 页等。
② H. 莱蒙尼尔：《查理八世和路易十二的法兰西》，第 243 页。正如人们所看到的那样，在法语的习惯用语里，自然经济的、封建的贵族类型和货币经济的宫廷的贵族类型之间的区别，比在德语里表现得更加清楚，这是可以理解的，因为在那里的区分实际上比我们这里的类型更加明确。

这实际上就是一场革命。在涉及有关贵族的方面，它并非一般性改革，而几乎是形成了一种新的结构。

无疑，在弗兰茨一世的统治下，还有若干大的世袭采邑封地；然而，他不再容忍它们的独立自治，他的"执行官""大法官"以及由平民组成的各种法院、议会，日益排挤封建的行政管理和司法的权力。

同时，除了旧的地主贵族——他们的等级制度是一种封建采邑的等级制度——之外，从王子到法兰西勋贵，弗兰茨一世设置了一种简单的、享有贵族称号的贵族。国王授予的这些贵族称号，虽然仍与一定数量的土地财产和土地年金相结合，但是其等级不再或不再仅仅取决于在传统上与某种特定的土地结合在一起的等级，而是作为一种由国王授予的荣誉称号，其统治的职能越来越少地与这种荣誉称号相结合，国王也不再一贯坚持那种与土地结合在一起的传统，而是会随心所欲地打破传统①。在这当中，尤其是国王授予的军功，给予的奖赏。

在这里，对于那些"新贵"，即对于军人来说，有极好的升迁机会。部分是在旧的贵族等级金字塔的旁边与之平起平坐；部分是在旧的贵族等级金字塔之内形成一个新的贵族等级金字塔。在新的贵族等级金字塔之内，由国王授予的称号以及与称号挂钩的享受货币年金的荣耀，远远超过由传统授予的称号。对贵族结构所产生的种种影响，很快就表现了出来。在 16 世纪下半叶，几乎所有的贵族称号都是新的。

---

① 有关这段论述和下文的资料，参见 H. 莱蒙尼尔：《查理八世和路易十二的法兰西》，第 244 页等。

也就是说，贵族一如既往地是一个由军人构成的等级。在所有其他等级面前，国王尤其需要这个军人等级。然而，基于他所支配的各种日益增长的机会，他着手自己的事业——后世称为"理性化"、启蒙改革的事业：他打破传统，并且开始基于他的统治目的来改造贵族的结构。

供他支配的种种机会的增加，从下述情况就能看出来：与他的前任的财政支出相比，这位国王用于各种礼物、年金、养老金和薪俸的财政支出大大增加。也就是说，他业已实行对于后来法兰西的历任国王来说十分典型的债务经济。征来作为军事物资的各种储备太过迅速地消耗殆尽，人们试图通过年金支出、提高赋税、卖官鬻爵等重新打开一些新的货币收入来源。不过，这一切仅仅表明，在他的社会领域的发展变化以及在这个领域之中他的特殊地位的发展变化中，越来越多的权力机会呈现在国王面前。

与此相应的是，越来越多的人涌向宫廷。对于这个过渡型时代来说，这是一种典型特征。在这个时代，人们开始掌握一些在这种国家社会的发展过程中孕育出来的新形式，因此，至少在弗兰茨一世执政的前半段，根本没有什么建筑拥有足够大足够好的房屋，足以容纳不断发展壮大的宫廷。于是，现在必须大兴土木，不断新建和扩建房屋，以备日益增长的货币经济的宫廷之需，直至最终兴建了凡尔赛宫，它足以作为进一步发展的高峰，同时也是经济不景气的标志，对于国王宫廷的发展和整个社会的发展之间的一致性而言，这是很独特的。在国家社会的整个发展阶段上，国王的宫廷是国家社会最高的一体化中心。在国家社会的发展过程中，与职能分化的加剧相适应，一体化的各种任务也会或迟或早地日益增加。因此，从国王宫廷的发展上——在保留这种发展与王朝的国家社会里特殊的权力分配相适应的看法的前提下——某种程度上可以看出在大多数国家社会里劳动分工也在日益增长。

除此之外，对于过渡时期的宫廷而言，一个显著特征是，聚集在这里的人的生活虽然比从前更直接地依赖国王，但他们基本上还是骑士和军人，不像后来首先是宫廷人士聚集在这里，宫廷人士偶尔才会去参军作战。时代充满着征战和讨伐，在这当中，人的命运变幻莫测。只要想一想弗兰茨一世被俘就足矣。因此，宫廷本身也有点像一座军营。

还有一种情况也具有重要意义：宫廷越大，就越是难以持久地从一个地方给它提供粮食补给。

众所周知，有人曾试图以王公们或者国王们的宫廷周围聚集着大量的消费群体来解释早期资本主义的大城市的产生[1]。恰恰是这些相互关联表明，在阐释一种社会发展过程时，为什么以单独一种原因来解释某一特定事实往往是片面的。在这里，一种线性的因果关系不足以作为解释的范例。在这里，解释的任务在于指出各种相互依存，通过它们，一种单一的（社会）形态的发展被纳入整个社会功能的循环

---

[1] 桑巴特的论著《奢侈豪华与资本主义》（莱比锡1913年，第2章）提醒人们注意17和18世纪里各大消费阶层的存在和意义。按照他的看法，各种城市首先是一些大的消费阶层的聚集，亦即首先是宫廷的各个消费阶层的聚集。其中，他引用坎隆（Cantillon）有关城市理论的论述如下："一个（通过征服或发现大片地产的）王侯或贵族，在一个舒适的地方建立他的住处，而其他很多贵族在他那里居住。这样一来，就能更频繁地相会和享受舒适的社交活动。后来，这个地方就变成了大城市……"

之中。

宫廷消费阶层的成长和随之而来的早期资本主义城市的发展，不是作为原因的相互关联存在的，而是整个（社会）形态结构里的某种演变的功能。只有在与货币交换和商品流通的发展有关时，只有在与商品贸易的扩大和社会领域的商业化有关时，才有可能让大量的人群长时间驻留在一个地方——不难理解，其周围地区显然是单靠自己并不能养活更广大人群的地方。除此之外，土地拥有者的收入也必须或直接或间接地具有货币年金的特征，货币流通本身获得某些特定的可靠的形式，这样一来，一部分土地拥有者就有可能离开土地，作为消费者群体使自己的住所长久地远离故土，即把住所安排在城市里。换言之，宫廷消费阶层的形成是一个更广泛的运动的局部。

行政管理越是统一，管理区域越是遥远，国王获得收入的区域就越大；随着日益扩大的商业化以及在民事方面、军事方面国家行政管理的日益加强，国王的这些收入就越多，直接或间接地依靠国王的收入和财富来维系生活及收益的消费者社会就能变得越大；从整个王国里收缴来的、汇成国王总收入的财富流入哪个城市，哪个城市所得的好处也就越大。对于那个过渡时期的宫廷的形态，必须在与此相关的语境下理解。直至进入 17 世纪，宫廷仍没有十分固定地与某个地方绑在一起。巴黎虽是国王的首都，但其他一些城市也在与首都竞争，以争夺重要性。专制主义的中央集权化，一种唯一的贵族政体社会的形成，因而也是一种特定的人即作为唯一榜样和标准的人的类型的形成和锻造，才刚刚开始。国王的宫廷还往往设置在旅途当中①，他从一个城堡前往另一个城堡。国王、高级领主以及贵妇、侍从们骑着马和骡子，四处周游。手推车、马车、形形色色的仆役，甚至还有宫廷家具、地毯、器物和餐具，都在这个长长的宫廷朝圣队伍之列。

起初，以这种方式捆绑的地方生活与宫廷生活、乡村生活与城市生活之间的联系，尚未像后来这么紧，即便这种捆绑过程已经逐渐显而易见地让相当大的一部分贵族经常居住在宫廷里，或多或少地远离他们自己的土地。在这里，（国王与贵族、贵族之间、贵族与其他阶层相互之间）拉开距离的过程正在实现。然而，宫廷的经常性流动不定也让拉开的距离尚未固定下来。

宫廷各部门的结构和各种职位，其基本框架已经完全与后来路易十四统治时相同，尽管所有的规模都比较小。一个府邸大总管，监管着国王家族的所有职位。他与马厩大总管、卧室大总管、掌酒大总管和拥有较高宫廷职位者一样，不仅在宫廷里是手握大权的人物，在王国里也是有权的大人物。在这当中，贵族如何崛起并进入国王的日常起居，从下面的情况可以尤为清楚地看出：在弗兰茨一世的统治下，一些较低的职位如卧室侍从，在国王和正统王子那里出现了由

---

① 参见亨利二世时代的一段类似描述（见 L. 埃里希·马尔克斯：《加斯帕尔·德·科利尼和他那个时代的法兰西》，斯图加特1892年，第2卷第1章第159—160页）："这个宫廷带着几千人及他们的侍从，还有几千匹马，巡视整个王国、国王和大公爵们的城堡，巡访各种城市，他们负担沉重，旅途艰辛。"

贵族来担任的习惯①。然而在这个时代，一切关系都或多或少地处于动荡之中，宫廷人士的等级制度还不稳定，职位世袭比较少。因此，宫廷的流动性和战争生活并没有给一种牢固的、无法摆脱的礼仪礼节留下多大的回旋余地。

然而，一种对于其后果有着重要意义的倾向，早在弗兰茨一世统治时期就已经十分明显地显露出来。在属于宫廷的人和不属于宫廷的人之间产生的距离，在社会领域获得了一种越来越大的分量，在社会上越来越重要。迄今以来，表明和保持贵族与其他阶层之间距离的封建领主、领主封臣和骑士的各种传统功能越是丧失其意义，那么拥有"隶属于宫廷的资格"作为能拉开距离和提高威望的功能在社会价值上就越具有重要意义②。以这种方式在人与群体之间形成的分割线也贯穿贵族阶层本身。一部分旧贵族进入一个新的、在或属于或不属于宫廷的基础上形成的贵族政体；另一部分旧贵族则没有进入这个新的、对外隔绝的群体。同时，一系列资产阶级人士也有幸进入这个群体，而且在这个群体中迅速崛起，飞黄腾达。因此，在这个时代，在不同于此前那种拉开距离和有序持续的原则的基础上产生了一种新的贵族结构。

拉开距离，一种是建立在世袭等级功能和封建领主制度功能或者职业功能之上，一种是建立在属于宫廷或者接近宫廷的基础之上。后者先是表现在宫廷贵族与非宫廷贵族的存在上；后来也表现在接近宫廷贵族及宫廷社会和模仿它们的

---

① "自这个时代（弗兰茨一世）以来，就有贵族作为宫廷侍从伺候国王和最高王公，我是听一些老人说的。"见布朗托姆（Brantôme），转引自H. 莱蒙尼尔：《查理八世和路易十二的法兰西》，第207页。

② 同上，第211页。

等级资产阶级与非宫廷的职业资产阶级的存在上。这两种拉开距离的方式既并立又互相渗透，对于法兰西王政时期旧制度的社会结构具有极大意义。

"法兰西的领主起初不仅是顾问参谋，他们是立法者。"① 与贵族相比，法兰西国王们的整个权力大约从腓力四世（Philippe IV）起——尽管有些摇摆不定——就在逐步持续地增长。因此，在我们一般称之为文艺复兴的那个时代，在弗兰茨一世以及随后在17世纪亨利四世的治理下，只不过是实现了长期以来慢慢酝酿的东西，它们存在于中世纪封建制度里，在宫廷制度里已被取消和改变，但是，仍有很多东西保留下来，这是具有决定性意义的原因之一。贵族的各种统治权、三级会议对于参与决定的各种权利要求都受到了国王的挤压，但并不是突如其来的，也不是短时间的，而是在逐步发展的过程中实现的②。比如，人们对比弗兰茨一世所处的情势和查理五世所处的情势，就会发现在这当中，"臣民们通过独立存在的各种等级会议来自由支配货币，起着怎样的决定性作用"③，弗兰茨一世并不依赖于等级会议的赞同批准，并不受他们的约束，而查理五世在这方面却受到了很多束缚，也困难得多。

---

① R. 科泽尔：《近代史上的专制主义君主政体时代》，载：《历史杂志》，第61卷，慕尼黑和莱比锡1889年。
② "直接的和苦难深重的原因是……封建主义的直线式的和不停的变化，封建领主的权力悄悄地不断减少，而国王的权力极大扩展。"参见 A. 卡勒利（A. Callery）：《优秀的高贵等级》（Les premiers états généraux），载《历史问题杂志》，巴黎1881年，第87页。
③ N. 鲍姆加登（N. Baumgarten）：《查理五世》第2卷，第3卷，转引自 R. 科泽尔：《近代史上的专制主义君主政体时代》，第225页。

之后在16世纪，出现了某种挫折。又开始经常性地召开等级代表会议。在王国里，它们和国王们为权力分配而展开了种种斗争①，并再度激烈起来。诚然，如果没有进行非常深入的社会学方面的研究（这种研究目前尚很缺乏），对于法兰西的宗教战争的社会背景就难以彻底看清，首要原因是在宗教战争里，抛开各种群体真正的宗教信仰上的分歧不讲，各大家族为了争夺王冠而进行的争斗，以及因货币经济的后果而日益变穷、变松散的贵族为争取某种新的支持而进行的种种争斗，同时还有在部分贵族那里，尤其是在城市各阶层里，各种强大的为保持或重建各种等级权利和自由的倾向，以极为不同的形式相互交织在一起②。

不过，无论如何，倘若人们谈到，宗教战争以亨利四世的胜利告终，就是专制主义的君主制度战胜所有对立的社会阶层的胜利，也就是说，也包括战胜贵族，那么，永远不能忽视，通过这种表述，虽然在某种程度上，正确地再现这些斗争的结果，但是，在这些斗争中的各个阵线，或者哪怕仅仅是斗争者们的意图，在这种意义上，绝非是一清二楚的。如同经常发生的情况那样，在这里，人们往往也会这样说，仿佛事后变成的东西，与之前各种个人和人的群体实际上想要的东西是一致的；人们把各种单一的个人视为事物的策划者、创造者和专利所有者，实际上，这种事物只能从人们和他们的意愿在社会上的整个交织来理解，从作为整体的社会领域的状况和从整

---

① N. 鲍姆加登：《查理五世》第2卷，第3卷，转引自R. 科泽尔：《近代史上的专制主义君主政体时代》，第260页。
② 参见L. 冯·兰克：《法国史》第6卷，第3章。他在其中说："各个城市的目标就是德意志国家的各个城市的自由。"

体给予各个群体与各种单个人的种种机会来理解,单个人并非这种事物的策划者、创造者和专利所有者。

11. 亨利四世原本是法兰西国王的一位大领主封臣,地方诸侯,处在他这个位置,不太可能特别喜欢排斥大领主封臣的头衔,以助长法兰西国王们的专制权,这种概率很低。后来他成了国王。起初并没有掌握实权,尤其是国王应该掌握的货币权;只不过典型地处于旧式骑士贵族军队①的巅峰期。他率领骑士军队对抗雇佣军,后者一部分是西班牙国王派来的,一部分是教皇派来的。实际上,他根本不可能凭借自己之力来支付首批相当强大的雇佣军费用,因此,随后这位国王是在其实际权力不受限制的情况下才取得了胜利;恰如他最终为专制的国王权力开辟道路一样,他借助贵族,统率贵族军队,最终获得了胜利。当然,他也得到了外部势力的支持,后者送给他金钱和军队;此外环境也有利于他,比

---

① 参见汉斯·德尔布吕克(H. Delbrück):《战争艺术史》,柏林 1926 年,第 4 部,第 258 页。"胡格诺派的战争并没有让法兰西民族的征战向前迈进,而是——恰如人们所说的那样——遭受了挫折,又后退一大截。内战是建立在国内每个派别所能找到的追随者的基础之上的,而追随者总是或多或少地随个人所愿,来去匆匆。要挑起一场内战,必须具备强大的同情和支持,宗教战争尤其如此。在胡格诺派的战争中,热烈的拥护和支持形成了骑士军队中一种独特的奇怪现象。贵族亲自披挂上阵,效力于军职却不取军饷。他们作战英勇,但是,骑士军队的阴暗面也很明显。当帕尔马公爵亚历山大·法内塞尔(Alexander von Parma)1590 年解救被围困的巴黎时,既讲究策略,也耍花招,以避免交战。亨利四世的军队大部分是由自愿服役的贵族组成,这种军队无所作为,随后就分崩离析,各奔前程。他说他与帕尔马公爵之间的差别,最后只剩下货币了。如果他拥有较多的货币手段,他也能让他的军队坚守阵地。兰克指出,波托西银币在欧洲也属于培养军队精神意识的手段。毫无疑问,美洲的贵金属对西班牙人大有帮助。

如格雷戈里十四世①逝世，他的对手们情绪低落等。

人们有理由说，随着宗教战争的结束，王室和贵族之间的纷争已经得到解决，通往专制君主政体的道路已经畅行无阻。不过，完全抛开上面提到的各种社会运动——这些运动有利于一个国王施展其权力，它们把各种权力手段交到国王手上，保障和扩大他的统治——不谈，最后的这些宗教战争恰恰表明，战争期间，天主教的保皇派贵族与所有阶层的新教教派肩并肩地投身亨利四世的阵营，对抗与天主教城市、天主教教士、西班牙国王和罗马教皇结盟的天主教贵族，这是社会状态更广泛的一面，让国王的职能逐步超越了其他所有职能的代表，具有了占压倒性优势的重要意义。

在很多情况下，同时代人看问题很简单，认为亨利四世站在贵族的前列参加战斗，与他对抗的，除了一些相互竞争的贵族家族外，首先是城市的各种团体和部分天主教教士。无疑，各个阵营并非十分明确，因为有些新教教派的城市也支持亨利四世。同样无疑的是，亦有天主教的保皇派贵族站在他那边，站在新教教派那边。一部分温和的天主教贵族与跟他们针锋相对的严苛的天主教群体势不两立；杀害国王的凶手，杀害亨利三世的凶手，就来自后面这个阵营，而且在这个阵营里备受推崇，甚而被美化、神化。

恰如其他这类案例一样，在这里，各个等级的大部分贵族也聚集在一起。因而至少可以指出的一点是，造成大多数贵族与天主教神职人员对立的最明显的动机之一，并没有得到足够的重视和充分的观察。

---

① 罗马教皇。——译者

弗兰茨一世与罗马教廷签订了一份条约，以确保自己能获得法兰西神职人员的大部分薪酬的支配权。当国王们的封建领地的土地财富某种程度上被消耗殆尽时，他却因此掌握一个金库，可以源源不断地向于他有功的贵族分发最丰厚的薪酬。因此，很大一部分贵族变成了教会财产的受益者，其情形与英吉利海峡对面完全一样——在那里，亨利八世也以类似的办法，剥夺英格兰贵族的部分教会财产并占为己有。也就是说，在这两个例子里，国王的所作所为使得并非无足轻重的一部分贵族与神职人员对立了起来。倘若探究一下这类交织在一起的相互关系，也是颇有兴味的。随着时间的推移，在英格兰，这种相互关系把首都的相当多的市民带入了敌视旧教会的反对派阵营里；而在法兰西，首都（巴黎）恰恰是举办"一场难得一见的弥撒"的好地方。不过在这里，如果仅就贵族的一些问题而言，这样提一提已然足矣。

弗兰茨一世掠夺教会神职人员的薪酬，作为那些为国王效劳的男人们的薪俸，由此形成了一种局面，而贵族和神职人员之间的长期利益冲突便在其中孕育滋长起来。

布朗托姆直观形象地描绘了这种局面和这些利益冲突，因此，在这里值得不加任何评论地把他对这个问题的一些论述再次详尽地奉献给读者：

"促使弗兰茨国王决定与教皇签订条约，废除一切教区主管、修道院和修道院院长的选举而改为任命的原因，首先，部分是因为在选举时出现了大量的滥用权利和腐化，部分是因为国王期望开辟新的资源途径，以支付他手下贵族的薪酬，而王室的领地财富和赋税已经被庞大的战争开支消耗殆尽，难以支付给贵族的报酬。他认为，用有利可图的教会财产来支付为他效过犬马之劳的人的薪酬，无论如何都比把这些财富留给那些腐朽懒惰的修道士们要好。他说，这些家伙什么也不会，一事无成，只能吃喝玩乐，顶多就是玩玩羊肠弦做的琴，做做捕鼠器和捉捉鸟。

"不过在这里，我不得不提醒一下，有些时候，尤其是自建立天主教同盟以来，出现了一些有良知的人或者狡猾的溜须拍马之徒，他们怒斥那些占据教会财产的贵族，说这些财产不属于贵族而属于神职人员，说这么做是大错特错、违背天理和世俗惯例的，是的，还有悖于国王的良知。

"倘若贵族们完全占有这类教会财产，理所当然地当作自己的财富，那么还会让他们听到这种声音。只不过，那也会损害这些领主的财产所有权……如果在国王获得对修道院院长、修道士、穷人救济、什一税和其他赋税的管辖权之后，贵族只能享受剩余部分的话；这些小恩小惠，就像国王主子的桌子上掉下来的面包渣，是国王施舍给贵族的，以便让他们更好地为他效劳。"①

布朗托姆在另一个地方说：

"我听到几位有远见卓识的人对此表示惊讶，在法兰西，有大批贵族想站到天主教同盟一边，因为倘若后者掌握优势，那么毋庸置疑，神职人员会夺走他们在教会方面的财富。"②

---

① 布朗托姆的《法兰西王子们的传记片段》，载《历史回忆录的普通文集》，出版人：弗里德里希·席勒（Friedrich Schiller），耶拿 1797 年，第 13 卷，第 2 部，第 193 页。
② 同上，第 197 页。

宫廷社会

也就是说，在这里，人们赤裸裸地表达了大部分贵族反对"神圣同盟"的原因之一。但另一方面，除了天主教教士外，占大多数的首先是各种城市，而巴黎首当其冲，在16世纪迅速发展，从此时起，巴黎凭借种种不同的资产阶级团体开始在法兰西历史上扮演一种特殊的角色。这个阵营里也有贵族，尤其是来自大家族的那些男人，作为王位继承者，他们处在循规蹈矩的天主教的最高地位上。然而，法兰西的"大公们"基于显而易见的原因几乎不参加任何一个阵营。这些相互竞争的家族组成小集团，首先是正统王子和因此而追随他们、依附他们的贵族，这些人根据各自的需要与国家中其他的大的社会势力结盟，以便在其中抛头露面，突显自己。在这里，对这些争斗的基本的社会结构做个简单的勾勒就足矣。因为这种基本的社会结构对于理解以下这个独特的事实并非无足轻重：在这两个世纪里，尽管有种种潮流、反抗和斗争，法兰西的社会制度、社会领域总是一再在越来越高的程度上向着专制的君主政体的方向倾斜，直至最终达到平衡。

我们在16和17世纪的纷争中发现的东西，一般而言，一方面是"各种资产阶级团体"，他们已经变得足够富裕，人数也众多，因而十分强大，而且具有自我意识，足以对贵族的各种统治和权力要求进行最顽强的反抗；然而，他们既没有能力，也不够强大，无法为自己取得统治权。另一方面，人们发现的是一种贵族，他们足够强大，能对抗咄咄逼人的资产阶级，在面对后者时足以自卫，但他们又极为软弱，首先是经济上太过脆弱，面对这类资产阶级，无法建立自己的统治。对于这种状态而言，至关重要的是，在这个时代，贵族已经失去行政管理和司法的职能，而在这种职能的基础之上，富裕并因而强大的各种资产阶级团体，首先是议会，仿佛已经在资产阶级的上层形成。于是，贵族由于日益丧失其财政根基，就需要国王们施以援手，从而在面对这些资产阶级及其蒸蒸日上的财富压力时得以自保；而面对这些威胁，这些狂妄自负、盛气凌人，以及半骑士身份的贵族的片面特权化，资产阶级团体也需要国王作为其保护者和监护人。

由此形成了一种能够维持这种紧张关系的平衡的（社会）形态，在此，两个等级所形成的群体或多或少地保持着平衡，无论如何，主要的群体中没有哪个能够长时间地拥有压倒另一群体的决定性优势。而这种（社会）形态首先给合法的、似乎与所有具体的群体保持着同样距离的国王以机会，让他以和平缔造者的面目出现，给斗得筋疲力尽的双方带去大家渴望的和平与安宁。实际上，亨利四世就极大地发挥了这种职能的作用，对他的胜利，它也做出了决定性的贡献。只要一个阶层或团体受到其他群体和团体威胁，而又不能制服它们的话，这位国王就总是一再以这个阶层或者团体的盟友或支持者的形象出现。

12. 以上对专制的国王的核心群体、他发挥作用的主要空间即宫廷所作的论述，若稍加修改，也适用于国王统治的更广阔领域：他之所以能够实行统治，因为资产阶级和贵族的各种大的社会群体，尽管存在激烈的竞争，但在它们的权力机会方面保持平衡，并且只要能保持这种平衡，他的统治就能够进行下去。而人们将不得不检验一下，看看是否能因

宫廷社会 | 273

此找到从根本上适用于宫廷专制主义的社会学结构的规律性。若情况果真如此,那将(概括地说)意味着证明了以下看法:在划分等级结构的社会领域,此时王公们的机会在增长,而且因为实际的社会权力——与向前推进的货币经济息息相关——所具有的各种社会功能一方面落到了资产阶级的各个群体身上,另一方面也落到贵族的各个群体身上,所以造就了这样一种状态:在相互竞争、为获得压倒性优势而对抗的各阶层或群体中,不会再有哪个阶层或群体能够长久地拥有压倒性优势。

但是,王公能实行统治,而且是不受约束地统治,是因为这些争斗不休的阶层中的任何一个在反对另一个时都需要他,因为他能够操纵游戏,让它们斗个你死我活。在这当中,按照身世,他属于斗争双方的一方,即贵族,而这对于宫廷的结构和其他某些方面具有明显的意义。不过,正是因为他在某个特定方面能够依靠各种资产阶级群体,他便越来越不再是(贵族的)同侪之首,而与贵族保持距离;同样,因为他在其他方面能够依靠各种贵族群体,他也与资产阶级保持距离。作为与各方都保持距离的统治者,他通过精心巧妙地监督和维持他的统治领域内各等级和群体之间紧张关系的平衡来保护自己,如同前面所提到的他在宫廷里保护自己一样。

这意味着,不管这种结构在其他国家能从多大程度上得到证明,都是无所谓的,重要的是,对于法兰西而言,这种结构并不难证明。它揭示了国王们的社会领域的状况给他们提供的一切机会,而他们可能要利用或者必须利用这些机会,才能建立他们的统治。这种统治并不会贬低这些国王的尊贵和他们的丰功伟绩；如果揭示出的意义不被误解为对一个个体的人格价值的一再贬低甚至否定的话，这几乎是不必赘言的。而且正好相反，只有观察一个人的行为和思维是如何存在于并且如何卷入各种相互交织、相互纠缠的关系之中，才能真正理解他的伟大之处。在一个充斥着各种社会紧张关系的领域，如果考虑到国王对紧张关系进行平衡的职能，那么在这种情况下，人们立即就能理解法兰西高等阶层对待国王的方式具有一种独特性，即对待国王的矛盾心理，国王们越是独立支配国家的所有收入，这种矛盾心理就越是明显。

这些阶层中的任何一个，不管是资产阶级的顶层（即议会）也好，还是贵族的顶层（即宫廷贵族）也好，从它们的立场出发，原本都是乐意限制国王的权力的。而他们在这方面所作的各种尝试，至少是有关的被压抑的倾向，贯穿了整个法兰西王政时期旧制度，哪怕在路易十四统治下，也很少出现。不过，这些阶层中的任何一个，在相互关联日益增长的那些时代，在遭遇其他群体的威胁和损害时，也需要合法的国王以武力和权力来保护他们的地位。因此，偶尔也出现过很多贵族群体与议会结盟，反对国王权力的代表们，比如在投石党运动时期。但是，它们总是仅仅同行一小段路，随后就分道扬镳，因为他们很快就会担心起他们眼下的盟友的权力增长，甚至超过了对国王权力的担心，所以又采取这种或那种方式，重新与国王或王室的代表结盟。

也就是说，这种矛盾心理以及由此形成的冲突局势，可能会让不同的处于领导地位的群体之间短期结盟，对抗国王的权力。资产阶级市民在这期间，乃至大革命爆发时，几乎总是扮演一种或多或少有些消极的角色，作为实现某一精英群体的企图的工具。但是，在短期携手同行之后，这个或者那个群体总是离开与其他群体的结盟，重新向国王所在的群体靠近。尽管有种种变化和社会力量的重心转移，从宗教战争之日直至大革命之前，在各种社会形态汹涌澎湃的这个阶段，这只是其中一波浪潮。

13. 此外，资产阶级阶层也好，贵族也好，本身并不是团结一致的；更不用说天主教教士阶层了，这个阶层在力量角逐中的态度须留待以后专门分析。比如，17世纪时的各种议会还是平民阶层的顶端群体，18世纪时已经成了贵族和资产阶级之间的一个中间阶层——长袍贵族。而这些议会的议员们只要认为对自己的各种目的有益，就常常利用人民群众来维护各种传统的权利，尤其是利用各种城市的同业公会。不过，与很多城市相反，他们对古老的等级制度，尤其是召开各高贵等级的会议，并没有什么特别的兴趣，因为他们要求自己有权代表民族承担使命，以民族的名誉反对由国王提出一些似乎不合法律的规定、观念和反对意见。在有些情况下，他们也可能拒绝批准这类规定（它们必须由议会批准才能生效），同时引经据典，自认为来自国王的参事院，理应位列这些高等贵族之上。而与此同时，由于他们所拥有的特权，他们的职位（尽管是他们花钱买来的，体现了他们的财富）又最密切地与国王的统治结合在一起。当其他阶层——首先是贵族——表现出一些企图，想废除买卖官职的制度并因此毁掉他们的生存基础时，他们需得仰仗国王的帮助；同样，如果人民大众中间出现骚动甚至揭竿而起——在投石党运动期间，他们自己也做出了重大贡献——不仅超过一定规模，而且威胁他们的财产安全时，他们也要仰赖国王的权力。

"议会的议员们有时会吵吵嚷嚷，甚至推倒他们的座椅，但他们并不想马上去死，也不想丧命于野蛮人之手。祖国的父亲们在最后的时刻总是提醒他们记住，他们也是家庭里的父亲，而一种良好的健康的资产阶级传统要求：你留给孩子们的资本，永远不能比你从先辈们那里继承的少。因此，国王和贵族官员之间的冲突调子总是十分尖锐、激烈，这种冲突和争吵有时会把人送进监狱，不过在钱袋子面前，争吵会戛然而止。"①

恰恰是因为高阶官职的威望和钱袋子，恰恰是因为拨发的职位薪酬与传统的国王统治最为密切地结合在一起，所以才形成了上面所谈到的那种议会和贵族官员对待国王的矛盾心理。他们乐意参与统治，也乐意限制国王的权力；然而，他们也需要国王的统治，因为他们的生存、他们的职位是建立在这种统治的基础之上的。相应地，只要王室的权力地位大大超出其他所有阶层的权力地位，他们与国王的各种冲突就会出现一种典型的过程："议会会议做出决定，参事院和国王公告取消议会决议，议会抗议，王子们愤怒，造反派痛苦不堪，大家都审时度势，最后言听计从。"② 17世纪便是这样的。后来，相对于社会领域的其他群体，国王们的权力

---

① 查尔斯·诺曼德（Charles Normand）：《17世纪法兰西的资产阶级》，巴黎1908年，第249页。

② 同上，第264页。

地位逐渐弱化，他们从前对各种群体的紧张关系和权益要求的约束，此时也有所缓和，他们自己现在也是棋盘上的棋子，因而需要与其他群体结盟。也就是说，在18世纪，这些典型的冲突有了另一种过程，即冲突越来越多地以议会的胜利告终。

不过，整体上看，这是一个富裕的中等阶层面对若干条战线的典型态度：对抗贵族，对抗天主教教士，有时还要对抗人民大众，为此他们需要强大的国王的权力；而对抗国王，他们往往也要利用人民大众，有时还要与贵族尤其是高等贵族结盟。这个阶层与高等贵族的共同之处在于：高等贵族并非直接在广大贵族的意义上拥有等级的利益。只要天主教教士也出自议会和贵族官员的圈子，后者对待教士尤其是基督教徒的态度就是完全不可调和的。

这也许是一个例子，以此说明宫廷武士贵族几乎被剥夺了所有的行政管理职能和一切较高的司法权力这种情况，与什么样的竞争者——一个从资产阶级中崛起的竞争者——息息相关。同时，可以清楚看出，为什么骑士贵族需要国王以及有多需要国王；也可以理解，国王们如何在这些相互关系保持着近乎平衡的状态的群体的基础上建立和维系他们的统治，直至他们自己越来越多地直接被裹挟进这些群体的紧张关系和权力游戏之中。

14. 如同第三等级一样，贵族本身也分裂为不同的群体，因而让形势变得十分错综复杂，冒出了很多阵线，也增加了结盟的可能性。在这里，可以抛开地方贵族和乡村贵族不论，从宗教战争直至（法国）大革命爆发，这两种贵族几乎没有起过权力精英的作用。而至关重要的是，面对这种形势，高等贵族有着不同的处境，比如王子贵族和大公爵贵族、所谓的"大封建领主"①，还有大部分宫廷都处在这种

---

① "大封建领主"这个表达方式在法兰西王政时期旧制度的框架下是一个标准术语，在德语里则需要解释。因为在与法兰西王政时期同时的德国社会里，并没有确切对应的社会群体，因而也没有对应的标准术语。如果要在德国的贵族等级金字塔里找出一个群体，其地位相当于法兰西贵族等级金字塔里的"大封建领主"，那么首先碰到的是较小的乡村地区的王公。不过这样一来就表明，这两种社会的结构是截然不同的。

普法兹的伊丽莎白·夏洛特（Elisabeth Charlotte von der Pfalz）从德意志宫廷嫁到法兰西宫廷，她的一些观察让我们一眼看出了这种差别。她这样写道（转引自兰克的《法国史》，第4卷，第230页）："她感到德国所称的公爵与法国所称的公爵之间有着巨大的差别；在德国，这个词表示出身王侯，而且是自由的贵族；在法国，则仅仅表示一种由政府（即国王）授予的等级头衔……

"即使是正统的王子们可以提出更高的权益要求，她认为低于德意志的王侯们。'大孔代'与红衣主教黎塞留的侄女结婚，孔蒂（Condy）王子与红衣主教马扎林的侄女结婚，这两人不过是出身显赫。人们在这些家族里夸赞'伟大'，却不知'伟大'在哪里。在这方面，一位德国王侯的感觉要好得多，他没有资产阶级市民的亲戚，没有任何人会感到他是臣民。"

人们往往搞不清楚德国贵族的独特传统多么严厉，贵族一旦与社会等级较低、出身资产阶级家庭的姑娘结婚，会受到社会怎样的惩罚。（而且，当德国国家社会主义家庭制度里出现资产阶级化，即一个出身平民贵族的资产阶级与来自较低等级的姑娘结婚，也会受到社会的惩罚，可见这种传统依然存在。）这种传统与德意志帝国分裂为很多独立的统治区域有关。在国家一体化的过程中，在日益实现中央集权化的过程中，法兰西也好，英格兰也好，区域领主的统治职能在逐渐消亡。贵族头衔，比如王子、公爵、王侯和其他头衔，仅仅具有作为一个家族世袭的社会等级名称的意义。甚至一位王子就其与国王的关系而言，也是"臣民"。相应地，在贵族和资产阶级之间保留种种差别和壁垒的权力最终落在了国王们的手中。

在德国，贵族在更高程度上掌控着这些差别和壁垒。一个贵族与比他社会等级低的人结婚或给他的族谱"抹黑"，会丧失名誉，受到怀疑、嘲笑和歧视，但这不能通过国王的恩惠或其他权力机会加以弥补、抵偿。丧失名誉，受到质疑、嘲笑和歧视，其后果在德国远比（转下页）

形势下。因为,一方面这些大封建领主在贵族等级金字塔之内,离国王特别近,国王的亲戚们在某种程度上构成了等级金字塔的中心;在面对其他阶层时,他们无意葬送国王的权威,破坏国王的大权在握,也无意毁掉他们自己在国家的地位。此外,他们的名望与国王的威望极为密切地联系在一起。

不过,另一方面,恰恰是因为这些大封建领主特别接近国王,所以特别嫉妒国王的大权在握,特别喜欢抱怨,认为他们是被迫服从他,被迫作为臣民。在这个意义上,他们与其他阶层是处于同一地位的,是平等的。

在马蒙特尔(Marmontel)就"大封建领主"的论题为《百科全书》所写的文章中,尽管在思想方面颇为含蓄委婉,遮遮掩掩,但十分清楚地阐明"大封建领主"处于腹背受敌的独特地位。首先,他借助18世纪常用的证明这种分析的国家观念,把国家视为一种只有通过其各个零件的某种严

(接上页)在法国残酷得多,它关乎其所在等级的家族竞争。当然,出现"社会地位不相当的婚姻"及这样的禁忌,首先会想到儿子们的婚姻,女儿们的婚姻则较少受到关注。当然,由于从小到大所受的教育都在告诫他们,贵族与资产阶级市民结婚会让人名誉扫地,"血统不纯"会让人声名狼藉,这已经深入价值评判体系。社会地位较低的人往往也接受了较高阶层的人的价值评判标准,即便他们这样做的话是有损名誉的。因此,德国高级资产阶级的广大阶层也学会了他们的贵族阶层的价值评判态度并铭记在心。未来的社会学家有一项有趣的任务,就是观察这个例子里所提到的维持社会方面严格的等级差别的价值评判态度的传统,在一种这些价值评判态度在其中不再发挥真正功能的社会结构里,它还能存在多久。

如果感觉不到法兰西的不同贵族等级之间以及贵族与资产阶级市民之间的种种藩篱,以一种不同于德国的结构得以保持,那就不能理解法兰西贵族所处的局势。

格配合才能保持运转的机器，随后他对"大封建领主"的处境作了如下的描述：

"倘若国家陷入专制政体，作为第一流臣民的他们将会变成奴隶；如若国家成为共和政体，他们将沦为人民大众。因此，他们成为王侯，乃是由于他们高人民一等；而他们属于人民大众，则是由于他们依附于王侯……大封建领主受到君主政体宪法的约束，是基于各种利益和责任感这两种难以摆脱的束缚。"①

同时，对于国王而言，这些大封建领主恰恰是极富危险性的。因为只有这个圈子里——而且只能从这个圈子里——才会产生他的各种竞争对手。实际上，在路易十六时期，这个圈子还策划过迫使国王逊位的行动，想让他的一个亲戚取而代之。也就是说，如果说在18世纪，国王们又从中小贵族中任命大臣，那么这属于路易十四以来不言而喻的施政传统，这种传统很少被打断，只要在某种程度上切实可行，就会排除这些"大封建领主"参与统治，包括任何非正式的统治。这也是贵族内部充斥着紧张对立的一个例子。

《百科全书》曾经说过："'大封建领主'的雄心抱负似乎在沿着某种贵族政体的方向前进；即使'人民群众'会被引向这个方向，一般贵族也会反抗，至少如果无法保证他们能分享这种权威时，他们就会奋起反抗。不过，在这种情况下，'大封建领主'方面至少要一个主子让出2万个职位，因此他们永远不会赞同这种解决办法。因为单单是统治的野

---

① 参见法文版《百科全书》，第7卷"Grands"词条（有关哲学、道德、政治的解释）。

心就会引发种种革命，在只有一个人占据优势的情况下，苦难无疑会比较少，至少比大多数人平等的情况下少。"①

对于这些非此即彼的表述，从"大封建领主"的立场上来看，它既出色地再现了这种紧张局势的各种社会问题，也出色地再现了各种心理问题。国王"独具的优势"，就是让他们与比自己低的等级保持距离的保障。任何反对国王优势的斗争，都会迫使他们在同盟者斗争中去寻找自己的位置。也就是说，在这当中，他们的骄傲会使他们深受其害，因为他们不得不把自己同等级地位更低的人放在一起。拉开距离，拥有优越性，保持他们高高在上的存在感，这些要求使他们陷入一种——向上也好，向下也好——既充满排斥也充满吸引力的内心矛盾重重的境地。想摆脱这种困境则会处处碰壁，没有任何出路可言。

此外，还有一些东西也让"大封建领主"所处的形势变得十分错综复杂：这个圈子很小，又与国王的统治密切结合在一起，因此它的成员们并不真正代表等级的利益，即作为整体的贵族的利益。即使他们有时处在各种等级利益的顶端，或者为了争取盟友，首先至少必须做出一些与等级有关的让步，如同摄政者所作的那样，但并不能代表等级的利益。不过，在这个圈子里，几乎人人都直接把其他人看作竞争对手，人人都在为自己的个人利益而行动，也就是说，为他的"家族"利益而行动。大封建领主的群体实际上总是分裂为一些相互敌对、相互竞争的家族或派别。这些家族或派别中的任何一个，至少直到路易十四时期，想的都是如果不

---

① 法文版《百科全书》。

是由自己来统治，至少也要参与统治，随后他们的欲望温和了许多，而且更多是在幕后操作。在路易十四的继任者们的统治下，大领主封臣们又夙愿重生，还想进行统治，或至少分享统治权。

不过，如若"大封建领主"当中的某个人想在这个方向上继续推进，就会极为清楚地出现这种方式，即这个社会领域如何一再向着合法的国王方向倾斜，直到趋于平衡。同时，各种因素可能发生变化；但是基本的结构会一再突显出来，即这个具有很多社会阶层和社会群体的社会领域的独特的、不稳定的平衡状态会不断重新出现，在这些社会阶层和社会群体中，没有哪个具备有着明显优势的实力基础，在面对其他群体和国王时，他们的实力都不够强大，不足以稳定自己的统治。

与此相适应的是，在很多社会群体和社会阵线中，任何一个篡权者都会陷入相同的困境，他越强大，其他群体的统一战线也会越强大。但是，与他相比，合法的国王或者合法的王位继承人拥有更大的机会，那就是合法性。因为这种合法性在所有群体和阶层的思想意识中，不仅会或多或少地把合法的国王或继承人与自己的群体拉开距离，同时也会把他与所有其他群体和阶层拉开距离，这注定会让他在社会领域通常不太稳定的平衡中，作为维护平衡与稳定者发挥其作用。

这种情况的典型特征就是这个阶层最重要的人物之一——"大孔代"的命运。当马扎林主教裁定路易十四尚未成年时，各种群体再次聚集，这是绝对王权最终稳定前，他们最后一次试图一致反对以这位大臣为代表的王权的专制统

宫廷社会

治。议会、永久贵族、城市团体、高级贵族都试图抓住王权的软弱时刻,利用太后摄政——由红衣主教(马扎林)实际掌权——的机会,实现一己之利。然而,投石党的那次起义恰恰反映出了上文描绘的典型画面:各个群体团结起来反对这位大臣,反对国王的代理人。部分结盟者与这位大臣谈判后,离开同盟,调转枪头反对昔日的盟友;部分则重回盟友中间。这些群体中的任何一个都想削弱国王的权力,但同时又担心别的群体趁机壮大。

孔代亲王路易二世是这盘棋中最重要的棋子之一。他想要的,首先是独立于投石党运动,这是再明显不过的。他希望分享国家垄断的权力机会。1649年10月,他要求"在没有预先告知他和得到他建议的情况下,不许任命任何较高的职位,无论是宫廷职位,还是战时军中职位,无论是国内事务,还是外交事务,都需经他批准才能任命高职官员。在出现职位空缺时,要考虑他的手下和朋友,没有他的授权,不许在重要事务上做出任何决定。"[1] 马扎林首先向他承诺答应他的要求,然后,这位红衣主教加入孔代对手的阵营,与他们结成了同盟。马扎林似乎还在1650年1月16日给这位亲王写了封信,庄严地保证永远不会背叛他,并请求得到他的保护。而两天后,即1月18日,马扎林就下令逮捕了亲王。

但这种情况很快就急转直下。对马扎林的恐惧在各方面占了上风。一些大封建领主担心他们有可能遭遇孔代那样的命运,巴黎的议会、等级代表会议都坚决要求释放孔代亲王

---

[1] 文献刊于坎普隆出版的《孔代回忆录》,米夏德汇编,第2卷,第205页,转引自兰克的《法国史》,第2卷,第4章。

路易二世。2月18日，他返回巴黎。兰克在描述个人情况时总是无比清楚，对于归来的亲王的处境，他是这样描述的①：

"整个形势发生了变化。对于孔代本人而言，似乎至关重要的是，占据那个一年前他曾谋求的职位——成为国家的第一人。……然而，要施展一种大的权威，人们必须仅仅依靠自己。孔代被千头万绪的思虑束缚着。他向最正派的投石党党员承诺的友谊，宛若一个沉重的责任压在他身上。②……如若没有议会的保证，也没有大臣首领奥尔良公爵的保证；没有贵族的同意，也没有天主教教士阶层的同意，他还能做出些什么伟大事业呢？"

如果对他和他所属的派别置身其中的状况加以仔细考察，也能发现投石党的其他群体和派别里的一种类似的显著

---

① 兰克：《法国史》，第2卷，第4章。
② 与此同时，这种情况引领我们去理解宫廷的某些特定方面。宫廷和宫廷社会，即便不是战场，至少也是舞台的背景。在那里，个别派系在采取行动前至少准备了结盟的条约。路易十四的时代也是如此。而且如果1736年阿根森（D'Argenson）的那些记录（后于1787年以《路易的一位大臣》为题发表）里谈到大孔代，那么他的话也必须在这个意义上来理解。他对孔代的战争天才钦佩不已，谈到其对战术极为敏感，称赞其勇气和在战争中头脑果敢机智，之后他又说："这位战争英雄在宫廷里和其他各种事务方面不过是个平庸的政治家。他不善于彰显自己的地位。"宫廷人士阿根森最大的野心就是当上大臣，当他写下这些时，可以理解，他并没有看到亲王在其所处的错综复杂的环境里不得已而为之的东西，他仅仅从与亲王有关的人那里得知，亲王虽然经受住了战争的考验，但并不一定能在宫廷的阴谋中安然过关。这也再次表明，人们一般视为宫廷人士特征的东西的集合，即他们的独特的与他们一起相互组成的（社会）形态的鲜明的、平衡的和一体化的集合。这种特征是由很多相互对立和并列的群体的斗争孕育出来的（参见第3章，第1部分，第12篇，第126页）。没有哪一种军事天赋能使不同时理解宫廷艺术和宫廷政治的人收益。

状况。此时的整个局势极具结盟的可能性，每个人都在小心琢磨其他人，以免哪一个太过强大，对此，兰克引用 [据奥伯利（Aubery）引证] 的一段话颇为典型，其中说道："王子自己有所保留，'根据有关人士对他的态度，既可能是朋友，也可能是敌人……'"

人们可能会读到兰克的著作，他对他们的基本特征做了令人钦佩的描述，几乎没有被最近的法国研究所超越。例如，亲王是如何通过内部的各种同盟而同时与西班牙结盟，赢得了几乎所有阶层的支持，共同对抗马扎林。他再次占据上风，因为他在战争中勇敢以及受到了战争运气的眷顾，在圣安托万市郊击败了国王的军队，巴黎市民心甘情愿地打开城门，热情洋溢地欢迎他。在他想建立自己的统治那一刻，在他给他的朋友和追随者以领导岗位的那一刻①，巴黎市民的担心占了上风，他们害怕这位亲王的权力太大。对于削弱因马扎林之故而变得令人憎恶的国王权力的要求，在亲王的权力日益增长时，由于其害怕会对迄今由合法王权保证的地位造成威胁，并担心现有制度发生变化，便将这种要求搁置了。直至最后，资产阶级市民才失去了盟友。然后，在合法国王有保障的统治下，国家社会群体之间关系的平衡才逐步恢复。

---

① 参见兰克的《法国史》，第 2 卷第 5 章，第 108 页。其中也描述了这个过程的典型方面："众多有产者允许一个使他们背上沉重负担的政府被推翻，而不会参与对手的胜利；——旦后者掌权并发展了他们的种种要求，那么恢复旧秩序的时间就开始了；然后，从同时觉醒的同情中就会涌现出复辟的浪潮。"这种规律当然并不完全适用于投石党运动的例子。正如人们所看到的那样，还有其他可能更为重要的结构线决定了规律的发展方向。

从上面提到的意义上说，这些斗争和形态的构建，即它们所代表的震荡，从某个角度来看，是显而易见的：各个群体和派别正在结盟，但是它们当中的任何一个都害怕他人可能获得太多的权力。他们每个人都感受到了他人力量的威胁，法兰西的这种分裂层层叠叠，从社会基础来看，他们当中没有哪个能明显获得压倒其他阶层和群体的优势。这种分裂或多或少地让他们只能仰仗国王，仰仗其作为和平的缔造者，作为平息对手的威胁和相对安宁的唯一保证。如果说，近乎同样强大的社会群体之间的这种紧张关系带给法兰西君主巨大的机会，那么他从土地上获得的收入也越来越多，让他可以借助这笔收入来支付报酬从而指挥军队；与此同时也直接或间接地使得他获得了社会大部分的经常性收入，并利用这种紧张关系的平衡确保其广泛的统治。

15. "路易十四，"兰克说，"有幸回归，像亨利四世一样，作为一个压迫所有人，很少满足或者根本不满足的非法力量的解放者。"

这不仅仅是运气，而是与其他什么有关。在这个社会领域内，一个篡权者只有在以下情况下才能拥有机会：要么在社会力量对比中已经有了势不可挡的权力转移，而作为一个魅力型统治者掌握了新的强大阶层的领导权；要么他在金钱和实力方面都优于国王，不仅可以果断地击败国王的军队，还可以挫败所有对现有平衡状态感兴趣的群体的抵抗。倘若既非前一种情况，亦非后一种情况，那么很有可能迄今发展起来的形态，大体上会一再顺应此前已经达到的平衡状态，新崛起的统治者必然会被视为非法：对于合法的国王来说，即使他被一些声名狼籍的代表抹黑,后者最终也只有微不足道的篡权机会。

从某种角度看,一位国王的合法性或正统性的社会学意义就表现在人的这种形态上。众所周知,国王父子相继这种继位顺序被认为是毫无意义的,因为选择统治者的原则并非要求效率,而只是要求出身。从社会学角度看,在古老的深受传统束缚的法兰西,这种选举统治者的方式当然具有特定的功能。在这个领域,由于其上层和政治上活跃的阶层有着不稳定的平衡,这种选举方式给有意维持现有秩序的国王提供了某种保障,此外,它也保证各领导层都不会单方面与对立团体的利益联系起来。因为他与篡权者不同,他拥有控制权,不必先去寻找同盟,投身各个社会群体的斗争中。国王的合法出身,让他们与这个国家的所有社会群体保持着同样的距离。

情况是否确实如此,并不十分重要。重要的是,国王强调了他出身的合法性,在各个不同阶层的思想意识和他自己的思想意识中,把国王从那些陷入紧张关系的群体中突显了出来。在这样一个各阶层和群体几乎接近平衡的领域,没有哪个群体能容忍其他群体中的人作为统治者。但与此同时,如果他们是上层阶级①,既不想推翻现有制度,也不想社会长时间地陷入骚乱,最后,这些群体中的任何一个都会认为

---

① 在法兰西王政时期旧制度下,至少到1750年,甚而极有可能直到大革命时期,各种保守的精英群体都是"在政治上积极主动的",也就是说,首先是资产阶级等级金字塔的顶端群体、贵族金字塔和教会教士金字塔的顶端群体。这些改革派群体,比如身居领导地位的百科全书派,对于领导国家事务是否以及在多大程度上有影响,尚有待研究。

国王出身的"合法性"就是保障，在一次性权利的基础上上台的统治者没有义务告知其他群体，他不会单方面地与他们的利益纠缠在一起。人们可能会用这类观点来分析亨利四世或路易十四的情况，然后，作为一种对立面，分析摄政①处在合法性边界的地位，每个人都会从这种形态特定的多极平衡中发现事情的隐含后果。这种合法性越不确定，新的统治者与其前任的亲属关系就越远，统治者通过与个别群体结盟来确保其统治的压力就越大，对该领域其他群体和现有紧张关系的平衡的威胁也就越大。

然而与此同时，一旦国王获得了统治权，就会在各个群体期望的方向施加压力，迫使他们不会过多支持其中任何一个群体，并且不会把权力拱手让给任何一个群体。因为他的统治是建立在这些相互控制的群体之间的不稳定平衡之上的，他们相互施压，相互制衡，他们当中的任何一个群体的权力增长都会危及他自己的统治，以及其他群体的地位；从而影响这些群体的整体现存形态。

因此，在这个意义上，国王最感兴趣的是如何保持现有的不稳定和不断震荡的紧张关系的平衡。他们的出身和教养，可能会使他们特别依赖贵族。如果资产阶级不想破坏他们自己的权力回旋余地，他们就不会把一种威胁国家社会权力平衡的地位让给贵族。为了王国的平衡，他们必须保留贵族，但同时也必须与贵族保持距离。在这里达到了一个点，

---

① 兰克描述奥尔良公爵的摄政活动的话，让人立即认识到上文所述的结构规律："然而，公爵能登上最高的地位，并非没有做出一些妥协使那些人做出支持他的决定。"参见兰克的《法国史》，莱比锡1877年，第4卷，第323页。

它对于理解国王和贵族之间的关系，回答国王为什么保留贵族以及贵族在这个王国里具有什么样的作用等问题，都是至关重要的。

16. 社会领域的各阶层和群体之间的关系通常是个清晰的概念，似乎很简单，它们之间的对立占主导地位，这样一来，他们的历史就是阶级斗争的历史。如果仔细考察，这种观念虽然并不是不正确的，但也许是片面的。在一个国家的各种社会阶层之间的矛盾关系中，时而相互依赖时而相互反对是尤为常见的，在这种复杂的形态中，大多数群体都有多个战线，远远超过迄今为止所展现出来的。法兰西王政时期旧制度充满了这种矛盾的关系，如果不引入此类或者其他类似的范畴，就无法理解它。贵族对国王的态度，政治上活跃的资产阶级以及长袍贵族对国王的态度，同贵族与资产阶级之间的关系一样矛盾。这是法兰西王政时期旧制度中最有趣的问题之一，就像这种旧制度的特殊转变一样。资产阶级对贵族的矛盾态度，最终在某种情况下变成了资产阶级某一部分对贵族、国王、资产阶级的其他部分的明显敌对态度。

正因为贵族在社会方面特别接近国王，比人民大众的所有阶层都更接近，正因为国王总是出身贵族，所以，国王要拉开与贵族之间的距离会特别困难，但又特别重要；与此同时，国王也会觉得贵族特别危险，特别有威胁。在贵族的等级体系内，某一群体越接近国王，它对国王的威胁就越大，危险性也越大。上文已经指出，大领主封臣、勋贵尤其是正统王子们，不仅跟贵族的部分等级、跟资产阶级等级体系的精英一样，从他们自身的境况出发表现出一种要限制国王权力的倾向，而且在他们自己，即在从前的大领主封臣们和从前的国王们之间，恰恰存在着某种不稳定的竞争情况。一方面，如果国王属于贵族，他们有感于自己是贵族并以贵族角色行事时，又需要贵族作为该规则的整合元素；另一方面，贵族的存在同时也是对他们统治的潜在威胁，他们不得不时常避开这种威胁。因此，国王与贵族的这种矛盾关系，构成了法兰西王政时期旧制度下宫廷贵族所具有的特殊形态的基础，同时也是理解这种形态的关键，正如我所说，地方贵族在这里不再是一个政治因素。

17. 国王需要贵族作何用处，有人说：主观上，他需要贵族，要按照传统把贵族圈作为他的社会，同时为他所用。贵族也为国王提供最个性化的服务，使国王远离他王国里的其他所有人。毕竟，贵族的军事职能和外交职能不过是这类宫廷职能的衍生物。客观上，国王需要贵族，是将其作为他王国里其他各阶层的一种制衡力量。如果消灭贵族，取消贵族与资产阶级之间的差距，让贵族资产阶级化，那么，这种形态的重点转移意味着资产阶级各阶层的权力增长以及对国王的依赖。国王也许并不总是十分清楚，在其王国里的这种平衡对于他自己的社会地位意味着什么。尽管如此，只要他们需要，就会保留社会等级的区别，从而慎重考虑把贵族作为一个单独的、与其他阶层不同的阶层。

但是，如果国王需要贵族并因此而接受他们，那么他们也必须同时以某种方式接受这件事，这种方式在很大程度上剥夺了贵族对国王统治的危险性。一个漫长而渐进的发展为这项任务准备了最终解决方案。首先，借助资产阶级性质的官员制度，国王才把几乎所有较高司法职位和行政职位上的贵族赶下台。由此出现了强大的长袍阶层官员，他们能在实际权力方面（尽管不是在社会名望方面）与贵族势均力敌。在此过程中，国王们一直保持其倾向，而且反复显现出来，即他们喜欢自己治下的所有职位都任用不沾亲带故、没有形形色色关系、只依赖于国王本人的人。因此，16世纪的大部分贵族都被国王抛弃，重回骑士和土地所有者的职能，不再担任官职。

随着货币经济缓慢蔓延，首先是货币价值和军队的基础受到严重动摇。最重要的是，正是这种冲击将贵族中的很大一部分推向了宫廷，并以一种新的形式将其与国王联系在一起。而国王可以利用这个机会。在此背景下，"王权胜过贵族"这个公式就有了自己的含义。从有限的结果看，人们有理由说，王权和贵族之间的斗争取决于宗教战争的结果，而通往"无限权力的"君主制的道路基本上畅通无阻。有人说，贵族和王权之间的斗争，并非清清楚楚地表现为由参与其中的各派领导之间的斗争，这在上文已经有所谈及。

不过，亨利四世以贵族军队为先导开辟了通往专制君主政体的道路，这对于理解贵族和国王在这种君主制中的关系并不是没有意义的。且不说贵族依附国王和国王在新制度下依赖贵族，国王和贵族之间的依赖传统以及这种关系的精神，虽然在没有依赖的情况下无法维系，但作为传统，它也有自己的分量，在法兰西旧制度下从未完全消失。通过亨利四世的整个统治时期，它们在某种程度上逐渐由封建制度的形态转变为宫廷形态。从宗教战争之后形成的新的权力关系的意义上，实现相互依附又相互疏远这两种功能的社会机构就是宫廷，它最终是在路易十四统治下形成的。由此，通过宫廷和从宫廷出发，贵族中的很大一部分被剥夺了独立性，却保留了对国王的依附，接受其关照和供养。

宫廷的这种两面性，作为国王的贵族统治和照顾贵族的工具，完全符合贵族和国王在这里相互联系的关系的矛盾性。但宫廷的这种双重功能并不是一蹴而就的，并非基于哪一位国王的奇思妙想。宫廷在这个方向上慢慢发展，与贵族和国王的实际权力地位的种种变化有关，直至路易十四最终抓住了到手的机会，有意识地在供养和控制贵族的双重意义上把宫廷建成了他的统治工具。至少在一些大的特征上，这也许足以表明宫廷是如何在这个意义上形成的。

18. 在亨利四世和路易十三的统治下亦是如此，宫廷的各种职位就像大多数军阶、军衔那样，具有封建领主专制制度的职位的典型特征：它们是可以购买的，因而也是职位拥有者的财产。这甚至适用于总督和国家各地区军事指挥官的职位。同时，在某些情况下，只有经国王批准，职位拥有者才能行使职权；在其他情况下，职位干脆由国王恩赐，这是不言而喻的。花钱买官和通过国王的青睐来得到职位，这两种方法相互混合，交替并用。但是，前者慢慢占有优势，由于大部分贵族在金钱方面不能与资产阶级较量，第三等级异军突起，至少那些出身资产阶级、不久前才成为贵族的家庭，也慢慢地但很明显地奔向这些职位。只有乡村地区的一些大贵族，部分是由于拥有庞大的土地财富，部分是由于有国王发给的年金，因而还有足够的收入，在某种程度上，还能在这种制度里维系其生存。① 在这当中，亨利四世也好，路易十三也好，黎塞留也好，乐于帮助贵族的倾向是十分明显的。他们都想而且不得不让贵族远离政治权力范围，作为社会因素保留下来。

在他的前任遇刺身亡后，起初亨利四世完全依赖贵族，在这种情况下，他首先想到——也是应他的追随者的要求——立一个国王的誓言，一份书面协议，其中写道："我们保证为国王效劳，服从国王，根据他对我们的书面承诺，在两个月之内，陛下将召集王公、公爵和勋贵、王室卫队的军官们以及已故国王的忠诚仆人参加会议，以便所有人都可以为这个王国的事务提出广泛的建议并作出决定，直至最高等级……作出决定，恰如在已提及的陛下已经告知的各种许诺里所包含的内容一样。"② 人们必须听到，亨利四世在他宣誓登基之后，还要求在他的王国开始一场新的征服，他呼吁他家乡的佩里戈特贵族的首领们"集合起来，离开他们的家，来到他身边，在将来可能发生的某些事情上为他效劳"③；恰如他呼唤弗兰兹、比奥兹和布理等贵族忠于他一样，恰如他在皮卡第地区授权城市守卫者把"可靠和忠实的

---

① 如果人们看到在路易十四时期，这些大封建领主仍一再发动反对国王的暴乱，那么无论如何不要忘记，相对于国王的标准和资产阶级各阶层的货币财富，他们的钱包以及由此决定的他们的地位是在下降。参见兰克的《法国史》，第 7 卷，第 98 页，注 2。
② 转引自 R. 科泽尔：《近代史上的专制主义君主政体时代》，第 263 页。
③ N. 阿弗内尔：《亨利四世书信——法兰西历史文献选集》，第 4 卷，第 403 页。

仆人"带到他那里来一样。① 然而，这正是他在这个方向上的最后的关键步骤，在此过程中，国王和贵族依赖于旧的宗法式的结合方式，即领主和领主封臣或忠诚追随者的结合方式，演变为国王和宫廷人士的宫廷—专制主义的结合方式，这种结合方式在路易十四的统治下达到完美状态，即在他那里，国王和这个政治制度下的国王代理人对待贵族的矛盾心理，很快将变得一清二楚。

在亨利四世时代，与贵族的结合似乎是不言而喻的。他生活在一个贵族社会②。他对于那种让高贵而古老的家族受到破产威胁的情况颇多怨言，而他试图通过法律来帮助他们摆脱债台高筑的困境③。他竭力与当年帮助他的人和解，由于这些事情而发生的变化以及通过这种变化，这位当年的新教贵族领袖，现在变成皈依天主教的国王。然而作为国王，他的处境所固有的特征又迫使他不得不镇压那些日益式微且往往感到被抛弃的贵族在愤怒中引发的一切暴乱。面对这些反叛行为，起初他是温和和富有人性的，他感怀过往他们一起经历的各种斗争，似乎承认他有义务不忘过去。除了要求反叛者公开认罪，他别无所求，如果他们忏悔，他就给他们恩典，与他们和解，宽宏大量地接受他们，不会进一步让他们在过失中惴惴不安，终日悔恨愧疚。

但他必须毫不留情地要求他们屈服，认罪，他必须这样

---

① N. 阿弗内尔，转引自德瓦西雷（De Vaissière）：《法兰西王政时期的乡村贵族》（第2版），巴黎1925年，第217页。
② "国王知道，我像他一样，也是高贵的贵族。"一位小贵族在当时的一部小说里说。参见 N. 阿弗内尔，第198页。
③ J. 马里约尔：《亨利四世和路易十三》，第4卷，第3页。

要求。国王在私下里的面对面交谈时，起初大致是要求策划暴动的比隆公爵公开承认他的反叛计划，如果他承认并且悔悟，就考虑原谅他。然而，尽管这位公爵一再提醒国王，要求记住他为国王的种种效劳，但还是被毫不留情地诉诸法律，由法院审判。公爵拒绝认罪，最终被处以死刑。

不过，如果说，国王要在他与贵族的联合以及他的王权统治的必然要求之间的冲突中找到一种解决办法，采取虽然坚定，但基本上总是温和的和解的态度，那么，南特敕令就是这种解决办法的表现，他仿佛通过落到他手中的支配各种机会的权力，在他的统治过程中越来越强烈地被引领到专制主义的王权道路上。他对召开高等贵族大会的承诺，从来没有兑现。一位官员在谈及他的时候说道："在处置国家的各种事务方面，他想要绝对的服从，想要比他的前任们得到更多的服从。"[1]

19. 如果亨利四世继续在一切事务上对贵族有所帮助，只要国王所承担的任务允许，那么，在一个决定性的问题上，即使国王乐意为之，他也很难在他所处的经济形势下帮助贵族。

新的货币手段潮水般涌来以及社会领域的日益商业化，对于贵族的影响，上文已经论述过。[2] 这一发展对于大部分贵族来说，意味着经济上的破产。当宗教战争对于正在没落

---

[1] 艾提恩·帕斯奎尔（Etienne Pasquier），转引自 J. 马里约尔：《亨利四世和路易十三》，第 30 页。
[2] 参见原文第 264 页（译文第七章第 8 节——译者）。

的贵族，如同各种内战对于正在没落的各个阶层，具有相同的作用时，破产就会更加严重，范围就会更大；只不过宗教战争把贵族在劫难逃的命运掩盖了起来。混乱，在战斗中经历考验，大胜仗的可能性和战利品，这些都在贵族中激发了希望和信念，使他们相信他们能保住早已受到威胁的社会地位，能进行自救，免于骤然一落千丈和贫困。他们在经济动荡的漩涡中跌跌撞撞，而受影响的当事人对经济变革却一无所知。他们仍在从他们迄今的经历的角度，对他们遇到的各种新现象加以解释，也就是说，用各种陈旧的思维手段来解释新现象。

在这个意义上，贵族的困境活灵活现地展现在我们眼前，只要听一听有关当事人之一如何解释贵金属的意外涌入及其对贵族的意义就知道了：

"与其说这次（国内）战争让法国变穷了，不如说战争让法国发了财；地球上的诸多宝藏和各个教会里的那么多宝贝，因战争而被发现，被开发，见了阳光，此前它们毫无用处。现在它们全部在光天化日之下，被铸造成大量的硬币，因此，人们发现法国有数百万的金币在流通。从前只有数百万的古钱币或银币，现在有越来越多的新的、漂亮的、制作精良的退斯通（teston）银币，它们是用漂亮的、潜藏的宝贝铸造的，而从前还不到十来枚……

"但这并不是全部情况：富有的商人、货币债主、银行家和所有的高利贷者，乃至牧师，他们都把他们的银币藏起来，锁在库房里，既非为了自己享用，也非拿去放贷获得双倍收益，而是把钱拿出去放高利贷，牟取非法暴利，或者购买价格低廉的土地、各种财产和房屋；这样一来，与外国敌人作战的贵族变穷了，负债累累，甚至变卖了财产，很快走向穷途末路，并且不知道冬天用什么柴火来取暖，因为这些无良的高利贷暴发户把一切都据为己有。不过，这场内战使他们恢复了力量。我亲眼见到一个有良知的贵族，从前带着两匹马和一个小奴仆穿行在农村地区，正在好好休养生息，后来人们看见他在内战期间和战后，带着六七匹骏马穿过农村地区……在此，法兰西勇敢的贵族要感谢内战，确切地说，要感谢这次内战带来的'油水'使他们因此重获力量。"①

实际上，大多数法国贵族从这场"好"内战返回后（内战的"油水"让他们相信自己会东山再起），发现自己或多或少被债务所困，再次陷入破产。生活费用十分高昂②。债权人，除了富商、高利贷者和银行家外，特别是着长袍者，都不遗余力地排挤贵族，尽可能地剥夺贵族的财产，还经常剥夺他们的头衔。

而那些还保有财产的贵族则突然发现，他们的收入已不再能支付高昂的生活费用：

"领主把他们的土地租给农民，收取货币地租，得到的仍是同样的租金，但这种租金的价值已大不如前。从前值 5 苏的东西，亨利三世时代值 20 苏③。贵族就这样在不知情的情况下陷入了贫困。"④

---

① 布朗托姆：《布朗托姆全集》，出版人：L. 拉兰（L. Lalanne）为法国历史学会出版，巴黎 1864—1882 年，第 4 卷，第 328—330 页。
② 德瓦西雷：《法兰西王政时期的乡村贵族》，第 220 页等。
③ Sols，法国中世纪货币单位。——译者
④ J. 马里约尔：《亨利四世和路易十三》，第 2 页。

与以前一样，在一个高等阶层走向没落之时，不仅是货币手段被剥夺，一贫如洗，更是与社会权益和其他社会需求相关的资金越来越少：

"那些失去收入并难以置信地负债累累的贵族，如果想要勤俭节约和精致地生活，即便不能完全恢复他们的状态，但至少可以部分地恢复。也就是说，倘若他们想在他们的庄园里生活，也能在那里找到他们的花销，能应付过去，从某种程度上讲，不必把手放到钱包上。实际上，他们当中的任何人在那里都不会找不到柴火取暖，找不到田地收获庄稼和葡萄，找不到硕果累累的果园，找不到郁郁葱葱的、美丽的林荫大道散步，找不到处处都是家兔和野兔乱蹦乱跳的兔苑，找不到狩猎的平原、鸽群栖息的鸽舍、鸡鸭成群的后院，等等。"①

换句话说，如果贵族们决心依靠实物收入来生活，放弃货币，放弃一切用货币才能买到的东西，如果他们满足于变成生活比较富裕的农民，那么，我们所援引的报告的作者威尼斯大使都欧多（Duodo）认为，他们完全可以很好地生活。

但是，正因为很多贵族不想过这样的生活，正因为他们努力维持自己作为贵族的生存，所以他们涌向宫廷，千方百计想挤进去直接依附于国王。也就是说，通过这种方式，人们决定了在某些方面他们有理由称之为王权和贵族之间的斗争。把贵族捆绑在一起的链条在各个环节上是相互关联的：

---

① 皮德罗·都欧多（Pietro Duodo）（1598）在阿尔贝里（Alberi）、雷拉奇奥尼·菲内特（Relazioni Venete）、阿彭迪兹（Appendice）的报告，第 99 页，转引自德瓦西雷：《法兰西王政时期的乡村贵族》，第 116 页。

贵族在贫困化，因为对于他们来说，根据某种特定的等级传统和相应的社会舆论，为了保持他们的社会生存和威望必须过着一种依靠年金的生活，不能从事职业工作；与此相适应的是，在货币贬值的过程中，他们无法跟上那些通过职业谋生的资产阶级各阶层的生活态度相应的各种要求；他们——或者更准确地说，他们当中的大部分人——面临着选择，要么过一种类似于农民的生活，至少是一种非常贫寒的生活，这种生活与他们作为贵族所应有的要求毫无关系；要么进入宫廷，成为宫廷的俘虏、国王的囚徒，从而在一种新的基础上维持他们的社会威望。

有一部分人成功地实现这种诉求，另一部分人则未能如愿。贵族的重组，在与宫廷（旧贵族和其他群体）拉开距离的基础上着手实现（君主政体的）宪法化，这在弗兰茨一世时代已经明显处于中心地位，但它并不是一下子实现的；在亨利四世的统治下也未能完成。因为非宫廷的贵族，即各省和乡村的贵族中这种涌向宫廷的潮流尚未完全消失，而且在法兰西王政时期，想从受鄙视的乡村贵族升入宫廷社会的圈子的企图从不曾完全消失，仅仅是变得越来越困难。

在此，货币经济的宫廷某种程度上成为某些特定的社会潮流的蓄水池，因为旧的自然经济的宫廷在形式上的改变才刚刚开始。这个蓄水池填得越满，在这股潮流中，从乡村—地方贵族（包括资产阶级）的阵营进入蓄水池的人就越少。因此，在这里形成的社会循环中排名最靠前的机构是宫廷，而且经过多次反复，各种压力关系逐渐发生变化，直至最后整个系统被其内在的种种紧张关系撕裂。

20. 让大大小小的贵族主要期望得到国王的恩宠，就尽可能要求他们常住宫廷，起初可能还不是国王有意识的政策之一。亨利四世也许还没有足够的手段来支付宫廷这部巨大机器的财政费用，无法像在后来路易十四那样的规模上支付宫廷的各个职位的薪酬、各种恩赐和年金。他甚至没有像后者那样，热衷于把宫廷变成一个贵族阵型，就像贵族的供应基地。这种形态仍然生动。贵族家族正在没落，资产阶级家族则蒸蒸日上。存在着各种等级，但是它们之间的波动很大，把它们分隔开的坚壁漏洞百出，以致会相互渗透。在这个时代，个人的精明能干或者低效无能，个人的幸福或者不幸，往往在很大程度上决定着一个家族的种种机会，如同它们与一个或者另一个社会群体的原始联系一样。

随后，从外面即从并不属于宫廷的各阶层进入宫廷社会的通道变得越来越狭窄。国王的宫廷和宫廷社会慢慢演变为一种社会群体，他们的礼仪礼节、风俗习惯，乃至说话、穿着以及行走和谈话时的体态动作，都明显有别于其他非宫廷的人群，并令后者相形见绌。对于那些没有在"宫廷氛围"中长大的或者没有很早就进入宫廷社交圈的人来说，较之从前更难在自己身上培养出某些性格特征，这些性格特征可以区别出宫廷贵族与非宫廷贵族以及非宫廷的资产阶级，也能让他们相互识别出对方。

随着法兰西国王的宫廷日益发展成为一种界限清晰的社会精英团体，一种日益增长的社会的独特附属，一种宫廷社会的特殊文化，也在同时发展。行为举止、言谈、爱和审美——仅仅提及这几个方面就足矣——作为这种宫廷精英文化的前期形式，不仅在各种国王宫廷里存在过，也往往在地方领主的庭院里存在过，特别是在后者那里，中世纪时期就已经存在。若是刻意探究的话，有可能准确地窥见人们称之为"宫廷文化"的东西，了解它作为宫廷社会——一个在整个社会领域里明显超越其他人的精英团队——发展的一个方面是如何逐步成长起来的。在人们今天所称的"文化"上，仿佛存在一种独立于人的在空中自由飘荡的现象；这样一种研究可能大大有助于把我们今天经常用到的文化概念，重新与人的各种结合在社会上的发展联系起来进行考察，实际上，唯有在这种社会发展框架内才能研究和解释各种文化现象，或者换言之，研究和解释各种社会传统。

16和17世纪里，在很多国家，宫廷文化变成了一种典型的标准文化，因为宫廷社会——尤其是在法兰西——在国家结构日益中央集权化的过程中，变成了一个国家的规范化的社会精英团体。在路易十四的统治下，某种程度上实现了从宫廷社会脱离、与之分道扬镳的过程。在他执政期间，对于资产阶级也好，地方贵族也好，进入宫廷社会的通道正变得越来越窄，但并没有完全关闭。

宫廷作为某种贵族供应机构的性质缓慢而逐步地形成了，同时，其作为国王对贵族的统治工具的性质也突显出来。在很多公开的和隐蔽的冲突中，相关的参与群体让它们的相互依附和其他的权力机会变得相对强大，并一再经受考验，之后就发生了上述情况。路易十四凭借其强大的权力地位，最后也不过是抓住了这个领域赋予他的各种机会——无疑，他抓住机会要运用巨大的力量，下很大的决心。如果读一读1627年2月10日贵族呈给路易十四的前任的一份请愿书，也许会更有利于理解这些机会。这份请愿书的标题是

《关于恢复贵族的要求和条款》。

其中开门见山地写道,贵族借助上帝的庇佑和亨利四世的利剑保住了这顶桂冠,他们生活在一个其他阶层的大多数人可能会愤然揭竿而起的时代,尽管如此,"他们(贵族)仍处在一种前所未有的令人怨声载道的情况下……贫穷压迫着他们……无所事事让他们腐化堕落……严峻的形势让他们显得毫无希望"①。

随后,在列举的导致这种情况的原因中,着重表述了怀疑和不信任问题,由于这个等级的某些人的狂妄骄横和野心勃勃传到了国王那里,终于让国王们认为,必须通过提高第三等级的地位,必须排除这些滥用权力的人,不能让这些人来担任职位和享受尊严,并以此削减他们的权力。因此,从那以后,贵族们就被剥夺了行政官员和法官的职务,被逐出了国王的各种参事议事会议。

玩弄这种让一个等级对抗另一个等级,以平衡各个等级的紧张关系的把戏,在这份请愿书里,也完全被理解为国王们的传统策略。

后来,贵族甚至在22条条款里提出了如下要求:除了王国各总督府的军事指挥官职位外,国王的家族首先应该停止售卖民事和军事方面的官职(即后来让宫廷变成贵族的某种后勤机构的实际架构),而将这些职位完全留给贵族。也就是说,这种方式在这里首先是作为贵族的要求出现的,后来路易十四实现了这种供给,但同时也驯服了贵族,让他们顺从。他把宫廷的官阶和军阶保留给贵族,由他个人来分配这

---

① J. 马里约尔:《亨利四世和路易十三》,第390页。

些职位，当然，如果这些职位的薪酬支付必须从一个家庭转移到另一个家庭，他会按照自己的恩惠来施与，因为与其他任何职位一样，这些职位也是一笔财富。

然而，贵族在这 22 条当中还要求某些别的东西。贵族想对天主教修道院院长的行政管理权加以调整，要求允许一些贵族进入议会，至少让他们可以投咨询票，不支薪俸也行。贵族还要求财务咨询委员会和军事委员会的三分之一成员以及王权下的其他机构要从贵族当中吸取人才。贵族的这些要求当中，抛开一些微不足道的要求不讲，基本上只有前面那一条[①]后来得到了满足。所有其他的要求，只要其最终目的是让贵族参与统治或者参加行政管理，哪怕是表面上的，直至路易十四去世都没有得到满足。

21. 在这里，我们再次清楚地了解了力量平衡的转变，这种转变导致了法兰西以宫廷的方式对一些贵族予以保护。德国人可能想到的与此相反的一种不言而喻且恰当的东西，是普鲁士人对这个问题的解决方案。

泰纳说："当他让人解释礼仪礼节之时，腓特烈二世提醒他，如果他是法兰西国王，他的第一道命令将是让另一个人来做国王，代替他主持宫廷；的确，那些向国王致敬的瞎子，也需要一个接受他们问候的瞎子，那些向国王致敬的丧失理智的人，也需要一个接受他们致敬的丧失理智的人。只有一种办法可以减轻国王的负担，那就是瓦解贵族，按照普鲁士人的模式，把法兰西贵族重新塑造成一个勤劳有用的公

---

① 指要求"对天主教修道院大主持的行政管理权加以调整"。——译者

务员团队。"① 把贵族变成一支勤劳的行政管理骨干队伍，而这实际上恰恰是法兰西贵族的反面形象，法兰西国王一向采取的态度对保持这种贵族形象起到了决定性作用。

提出一个问题，即为什么普鲁士从这个方向发展，而法兰西却沿着那个方向发展，意味着提出了整个国家发展的多样性问题。人们可以证明对于普鲁士的规划而言，在第一位普鲁士国王的统治下必须首先或多或少地依照外国模式创建现代宫廷的重要性，在过去几个世纪非常缓慢地增长，而在法国，某些传统只是成型，从没有真正被"创造"。

人们还可以看出，缺乏在文明的基础上对宫廷礼仪和传统礼仪的共同塑造，对于普鲁士的贵族和王室的关系来说意味着什么。城市资产阶级相对较低的发展使普鲁士的国家社会的紧张局势变得不同。在这种情况下，只能简单提及这两种形态之间发展差异所引起的诸多问题中的一个，因为它与法国宫廷的形成问题直接相关：在德国，从宗教改革时起，贵族的各个阶层显然就已经出现了一定的学习法律和追求仕途的倾向②。相比之下，在法国，依照传统，贵族是一个不劳作的武士阶级，其成员通常只有在打算成为神职人员时才

---

① H. 泰纳：《现代法国的起源：旧制度》，巴黎 1876 年，第 2 卷，第 4 部，第 2 节，第 170 页。
② 参见：如 Ad. 斯特尔泽（Ad. Stölzel）的《德意志学者法官的发展》，斯图加特 1872 年，第 600 页。"16 和 17 世纪大多数的学者法官，主要出身于一些大城市和黑森地区城市的参议顾问家族；国家的较高职位都留给了贵族；为了得到这类职位，宗教改革以来，来自贵族等级的黑森地区大学生明显增多。"贵族的官员化也许作为绝大多数较年轻的贵族子弟的发展途径，在德国相当早就开始了，对此还能列出一系列证据。当然，这种情况的原因尚未明朗，时至今日，虽然这个问题对（转下页）

宫廷社会 | 305

去上大学。至少在法国近代史上，几乎没有一位法学家是传统贵族出身，即佩剑贵族（noblesse d'épée）出身。①

这里只能暗示，德国知识分子和法国知识分子在形成和招募方式上的差异与这一事实密切相关。在德国，大学成为一种重要的教育工具；在法国，法兰西王政时期的大学与实际创造教育的社会，即宫廷社会，几乎没有任何接触。在德国，知识分子在很大程度上是学术型的，或者至少是上过大学的人；在法国则相反，选择知识分子的机构并非大学，而是宫廷社会，是更狭义或者更广义上的高等贵族"大世界"。尽管在知识分子当中存在着所有的社会关系，但在德国，人与人之间书本即便并非首要的交流方式，也是一种特别重要的交流工具；而在法国，尽管人们非常喜欢把书本作为人与人之间的交际方式，但首要的却是对话。这些只是诸多现象中的几种，这些现象与德国大学的特殊地位、与法国大学与宫廷社会的分离，是直接相关的。

22. 不仅贵族的形态在法国不同于在德国的，或者更准

（接上页）于德国和法国的民族特性的发展和对于理解这种发展所具有的重要意义，也许仍未受到应有的关注。目前，这个问题的研究程度，即对于有关德国贵族——至少是一部分——上大学的各种原因，只能做一些猜测；从这些原因上看，这种情况与德国贵族的等级荣誉显然是完全一致的，但在法国绝非如此。首先还必须加以仔细研究，这种风俗习惯是否局限于新教贵族，抑或在信奉天主教的各国也能发现这种习惯。

① 布朗托姆的《法兰西王子们的传记片段》，载《历史回忆录的普通文集》，第2部，第8卷，耶拿1797年，第159页。"弗兰茨让不同的神职人员占据他的枢密顾问的职位，这样做也是为环境所迫，因为在他的国家里，贵族们，至少是较年轻的贵族子弟们不去上大学，所学无多，不能作为宫廷的参事议事和大大小小的国家参事议事加以任用。"

确地说，不同于在普鲁士的贵族的形态，官员职位制度本身就是另一种形态。这两种事实密切相关，缺少了任何一个，都不能理解另一个。此外，为了形成作为贵族供应之地的宫廷，这种关联并非毫无意义。它可以做出简明扼要的解释。购买官职是法兰西王政时期旧制度下的官员制度的典型特征。无论这种买官制度是如何形成的，它在 16 世纪变得越来越发达，除了伴有一定波动外，而在亨利四世时代，如果不是出现整个社会关系的巨大变革，几乎不可能消除它。通过这整个结构，法兰西王政时期的王权与这种制度产生了千丝万缕的联系。

对于购买官职的制度，用我们自己的价值判断在后来的发展阶段评判它究竟是"好"是"坏"，不仅无关紧要，而且是错误的。因为当前占支配地位的官员伦理的各种价值观，犹如官僚体制本身的现有形态，源自早期形式，其中包括与购买官职相关的各种价值观。亨利四世曾实行的购买官职制度的合法化，具有非常明确的经济原因。出售官职是国王的一种重要的收入来源。但是，除此之外，公开采取这种合法化，也是为了最终剥夺贵族对职位任命的任何影响力，并使任何方式的封建职位保护都无法进行。因此，这种制度在某些方面也是国王与贵族（首先是大贵族）对抗的武器。

把贵族逼进这种制度是毫无意义的，并且与贵族政治的所有要求相悖，这个制度最终是在亨利四世统治下才合法化，并且是借助国王与贵族之间的紧张关系建立起来的。而且，把贵族逼进这种制度也是根本不可能的。因为只有取消官职的买卖——实际上，贵族经常为此斗争——即改造整个制度，才能使大多数贵族（他们只有很少财产）重新进入行

宫廷社会 | 307

政管理、税收和司法系统。这样一种改变要么代价高昂，因为对于国王来说，除非强行没收财产，否则将不得不偿还数量巨大的、已支付的购买官职的钱款；要么富裕的资产阶级——他们的财产就是官职——将以最具决定性的方式瘫痪。而且，国王自己对这样一种措施根本不感兴趣。且不论官职买卖已经成为他们不可或缺的一种收入来源，废除这种制度的同时将会对其国家的社会平衡造成决定性的干扰。

事实上，在整个法兰西旧制度期间，任何企图废除官职购买制度的尝试，部分是出于经济原因，部分是遭遇有产者的激烈抵抗，最后都以失败告终。顺便说一句，人们可能会说，在重建法兰西贵族的决定性时刻，没有人认真考虑过通过贵族的官员化来解决贵族的问题。它超出了在这个社会领域里有意义和可能的范围，超出了不同利益者——长袍贵族、佩剑贵族和王室——所期望的范围之外。上面提到的1627年的贵族请愿书的要求，考虑了提供和维持贵族的一切可能途径，但根本没有提及上面这种可能性。如上所述，贵族只是要求让一定数目的贵族进入高等法院和议会，仅仅参与咨询，而且无需付薪，也就是说，并非在供给（贵族）的意义上，而是在（让贵族）占据权力位置的意义上，进入高等法院和议会。

23. 留作贵族供应基地的东西，除了封为领主、国王给予的年金和礼物，主要是宫廷里的职位、外交和军事方面的职位。贵族们要求把这类官职和军职保留给贵族，但只有少数人真正成功得到官职。这种情况只在路易十三和黎塞留的统治下发生，在他们的时代，贵族的上述诉求废除了，但主要群体之间的平衡远未达到最佳状态，尚未变得对国王的地位有利。王国的大封建领主——部分是投石党运动的首脑——对于无限制的国王统治来说仍是一种危险。

倘若人们尝试就黎塞留时代宫廷的形态和宫廷在其中慢慢形成的种种紧张关系，以及王权及其代表与被第三等级排挤的贵族之间的紧张关系，做个总结，那么，人们就会看到下述情况：

贵族的等级代表即这个等级的大多数人，作为政治因素，在反对王权的斗争中还不具有某种独立意义。1614年，高等贵族第一次清楚表明，第三等级在此期间已经变得多么强大，其要求变得多么强烈，以及等级贵族是如何被迫在反对资产阶级的战线上采取行动，王权作为支柱和裁判者需要集合太多东西才能对抗资产阶级的这些权益要求。

与此相反，法兰西贵族中最接近国王的群体，即大贵族，首先是正统王子、大公爵和勋贵，作为王权的对手还拥有相当大的权力。这种权力的基础及源泉是相当清楚的：它主要是建立在他们作为各省的总督和永久的地方军事统帅的职能之上。在贵族逐渐被迫离开政府的其他一切统治机器后，这是大贵族最后的独立的权力地位。

此外，国王和黎塞留对于王室成员，尤其是国王的母亲和他的兄弟，起初是比较宽容的。显然需要不断地重新体验来自国王近亲的威胁，国王及王权对他的近亲干预和参与政府事务都要有所准备，与此同时，必须挫败所有这些冲动，才能在这个方向上让路易十四从一开始就采取有意识的和严格的政策，排除他的近亲，并且有意识、有目的地把一切决定权都集中到他自己手中,在国家形成王朝阶段①的发展中,这是重要的一步。在路易十三和黎塞留的统治下,贵族的一切反抗王权的行动,起初都在大贵族的男人和女人相对不间断的军事力量上找到了其中心点和基础。基于这种权力地位,宫廷里的各派系首先还找到了一种不可小视的势力,这些派别一直存在,如果没有这样一个中心点,必然或多或少只是毫无意义的派系,至少不可能意味着对国王造成威胁。

非常典型的是,路易十三的兄弟加斯通,即奥尔良公爵,就像与先王们敌对的兄弟一样,当他决定接受与红衣主教黎塞留为敌的派别的领导权,并对红衣主教明确表示友好之后,他马上离开巴黎,前往奥尔良,以便从这个牢固的军事基地出发,开始与黎塞留和国王作战。

此前也有过类似的情况,围绕着亨利四世的私生子、国王的亲兄弟旺多姆公爵已经形成了一个小集团。当时,他的大本营在布列塔尼半岛。公爵是此地的总督,他相信自己能通过联姻拥有这个半岛的世袭统治权。

在这种情况下,在路易十三统治期间,高等贵族中那些大的王室领主封臣的旧的统治权要求还继续存在和活跃着。各省的地方分裂主义与相当广泛的军事分权相结合,与各省军事统治者相对较大的自主权相结合,形成了这类权力诉求

---

① 王朝国家的那些形式,有部分迄今还能见到,比如在非洲,从那些早期形式当中,有一条支系很多的但是方向十分清楚的发展路线,直至发现到后来的这些形式。在那些早期的形式里,尽管独裁者大权在握,但是他的整个家庭,首先往往是他的母亲,对政府事务有某种决定性的、由传统确定的影响。尤其是接班人的选择,往往落在王朝家族的手中。

的现实基础。随着国王的代表黎塞留和高等贵族之间出现紧张局势和斗争，同样的结构也出现了。抵抗力量时而来自普罗旺斯的总督，时而来自朗格多克的总督蒙莫伦西公爵。参加投石党运动的贵族的反叛也是基于类似的权力地位。由于地方军队尚未最终集中起来，各省总督可以把他们购买的且已付了款的职位视为自己的财产，即使要塞指挥官和有固定职位的首领仍有相当高的独立性，高等贵族至少还保留着最后的权力地位，这使他们有可能再次反抗专制的国王统治。

黎塞留依照自己的喜好选择官员贵族、议会和高等法院成员组成的显贵会议，在 1627 年提出如下要求绝非偶然：首先要求一切城堡都不再落入"大封建领主"的手中，一切不是出于国防的直接需要的城堡都应被夷为平地，而且没有王室的许可，任何人都不得拥有或者铸造大炮。大会经过几轮讨价还价之后，就招募军队的方式、各省承担军费的份额、先招募 2 万名男子组成一支常备军的费用取得了一致，无人反对；这支军队除抵御外敌之外，还应为国王效劳，确保民众的安宁，巩固国王的声望。

从这个意义上讲，黎塞留领导了反对大贵族的权力地位的最后的斗争。反抗者被征服后难逃一死，他们部分死在监狱，部分死于战场，部分死在流亡期间；黎塞留甚至让国王的母亲也客死异乡。大贵族的实力还有反抗王权的可能；但是一个坚定的人格已经把王权的各种任务掌握在自己手中，因此永远在相互竞争的大封建领主的实力已不足以打败国王。如果说黎塞留没有执行他的计划，每三年更换一次各省的军事统治者，即总督，那么，至少他保留了在他们当中保持严格纪律的权力[①]，能够随意解除他们的职责，这对他们来说足以构成奇耻大辱。

在他的回忆录里，他明确表示：

"如果有人认为他可以在王国里制造不和并免受惩罚，仅仅因为他是国王的儿子或兄弟，或是有王室血统的王侯，那他一定会失望。保障王国和王权的安危，远比依仗这些身份逍遥法外要明智得多。"[②]

由此，他使得贵族的"特质"必须服从国王统治。贵族和王室之间权力分配的这种状态，对于在路易十三统治下的宫廷所接受的形态来说，同样具有决定性意义。由于失去根基的贵族涌入宫廷，宫廷变得强大起来。就像在亨利四世时代那样，宫廷想进一步成为一个大熔炉，在其中上升的资产阶级——首先是由于官职的可以购买而崛起的——新贵们，特别是从官员和法官阵营脱颖而出的新贵，他们与旧贵族的成员的接触，有一部分是通过联姻混合在一起的。[③] 宫廷尚未变成乡村大封建领主的长期居住地，因而也尚未变成法国唯一的社交中心。不过，乡村土地财富使贵族拥有自由的骑士生活、稳固的婚姻和流动的军营，至少对于大封建领主来说已经一去不复返了。

24. 从现在开始，对于一部分贵族而言，不仅物质基础

---

① J. 马里约尔：《亨利四世和路易十三》，第363页。
② 《黎塞留回忆录》第7卷，第177页。转引自兰克的《法国史》，第293页。
③ "联姻贵族，令人厌恶！"参见 J. 马里约尔：《亨利四世和路易十三》，第161页。

变得岌岌可危，而且活动空间和生活视野也同时变窄了。收入或多或少变得短缺，土地的财富收入与他们的生活息息相关。通过在战争中驻扎军营和改变驻地来弥补收入不足的情况，至少部分已不复存在。其他阶层首先是通过声望得到发展，增加收入，从现在开始只有宫廷能给予这种发展，但宫廷的大门仍然对他们紧闭着。

另一些阶层在国王的宫廷里，即在巴黎城里，或在一个乡村大领主的庭院里找到一处新的或最初不稳定的家园。然而对他们来说，就像对于国王一样，他们的乡村住所只是他们位于首都某个区域的府邸和宫廷之外的一处临时住处。此外，他们——只要没被驱逐或未失宠——还会偶尔住在国王的宫廷里，哪怕宫廷尚未成为他们的永久性住所。路易十三统治下的社会已经是一个宫廷社会，其特征是通过女性们的重要性突显出来的，在这些女性面前，被剥夺了骑士职能的男性现在较少具有社会优先权；但它仍是一种相对分散的宫廷社会。骑士的生活态度和他们的具体精神尚未完全消失，这种态度和精神曾经是符合客观现实的，是军事贵族一切荣誉和成就的源泉，但是在这种变化了的形势下，逐渐地变得不现实了，具有这种态度和精神的人注定要失败。

任何人都无法否认这种剥夺骑士的作用造成的悲剧，即某种传统的态度束缚过一些人的生存和自我意识，而这种态度曾引领他们的父辈甚至可能让年轻时的他们取得过成就，现在在一个由于某些令人不解的原因而改变的世界里，这些人是注定要失败和没落的。兰克描绘的一个场面非常生动地刻画出了遵循这种骑士传统的最后一位贵族代表的命运：蒙莫伦西公爵，一位为亨利四世的胜利做出过重大贡献的人物之子，他具有骑士公爵的天性，慷慨而聪明，勇敢而雄心勃勃。他也曾效命于国王，但他不明白，或者更准确地说，本应属于国王的权力和统治权却被（摄政的）黎塞留所拥有，所以他反抗。国王的军事统帅绍姆贝格（Schomberg）所处的位置对他不利，但兰克是这样说的：

"这是蒙莫伦西很少关注的优点；当他看到一群敌对的家伙时，他向他的朋友建议毫不迟疑地向这一群人逼近。因为他看到了战争，尤其是在一场精彩的骑马活动中。一位经验丰富的同伴里克斯伯爵（Graf Rieux）请求他，还是等待为好，等待他们用刚刚运来的几门大炮来动摇敌人的战斗秩序。但蒙莫伦西已经被狂热的好战欲蒙蔽了。他认为机不可失，而军事顾问即使预感到可能遭遇的不幸，也不敢违背骑士领袖的坚定意志。'先生，'他喊道，'我愿意死在您的脚下。'蒙莫伦西骑着一匹装饰着华丽的羽毛——有红色、蓝色、褐色——的强壮的战马，很容易辨认；只有一小队同伴与他一起跨沟越壑，驰骋疆场；他们铲除前进路上的一切障碍；他们奋勇向前，直达敌人的阵前。但迎接他们的是一阵近乎迅雷不及掩耳的滑膛枪扫射：伤的伤，死的死；里克斯伯爵和大多数人都倒下了；蒙莫伦西公爵中枪负伤，从他同样中枪的马匹上摔下来被俘。"①

黎塞留让他接受审判，他对判决并无异议，不久之后，蒙莫伦西家族的最后一个成员就在图卢兹城他家的院子里被斩首。

这仅仅是一次并不引人瞩目的、对于所谓的伟大历史过

---

① 参见兰克的著作，第10卷，第3章，第315—316页。

程而言非常无关紧要的事件。但它具有一种典型事件的意义，即一种象征性意义。旧贵族通常并不是败在枪械武器上，而主要是败在难以摆脱那些行为方式上，对于旧贵族来说，整体的自尊以及快乐和喜悦与这些行为方式是密切相关的。在这里，人们看到了为什么在逐步变化的人的形态里——即一方面是各种机会的减少，另一方面是各种机会的增加——一种当年符合现实的行为举止，最终可能变得脱离现实。与此同时，人们从一个新的角度看到了王权为什么会胜利，以及一种骑士贵族如何变成一种相对平和的宫廷贵族。

当路易十四成年并开始执政时，贵族的命运就已经决定了。在这个领域里，落到王权上的各种机会与落到贵族身上的各种机会是不平等的，这种不平等使得国王的代表的能量和重要性在这些机会的基础上得到施展，最终把贵族逐出一切独立的权力地位。

25. 尽管贵族的地位遭到如此削弱，但对于路易十四来说，还是能感受到贵族的威胁，而且其中恰恰就包括他最亲近的高等贵族的威胁，这种感觉源自他青年时代的经验，非常根深蒂固。对贵族经常保持警惕——如同对所有其他臣民的警惕一样——始终是他占支配地位的性格特征之一。在经济问题上，他和所有宫廷人士一样，都保持着明显的泰然自若，因为在他们的意识里，这方面的压力并不会触及他们的社会生存的根基，而一旦涉及统治、等级、威望和个人优势的问题时，他和所有宫廷人士的这种泰然自若就烟消云散了，平和的心态也消失殆尽。在这方面，说路易十四什么都可以，就是不能说他冷静沉着。事实上，他异常紧张，绝不宽容，极为冷酷无情。

在这当中，让贵族没落也不在他考虑和期待的范围。不仅是他的统治在外表上的辉煌和威望，以及他作为贵族的声望，使他需要优雅高贵的社会和社交，归根结底，不仅他的家世阻止他有这种想法，而且他的统治机器本身的紧张关系的结构也不许他有这种想法。保留贵族，还是让贵族没落，根本不是他的自由意志和决心所能决定的。恰如已经指出的那样，他在很多方面需要贵族。如果在圣-西门离开军队时，他曾经说过"又有一个人要离开我们了"，那么这不过是这方面的众多例子之一。

也就是说，他在他的前任们的准备工作和各种经验的基础上，但在一种比他的前任们有利的形势下，有的放矢地建构他的宫廷，即在我们在这里经常提到的矛盾关系的意义上，既把宫廷作为贵族的供给机构，又在宫廷对其加以束缚。

他想"直接将那些人全部集合在一起，置于他的注视和监督之下。那些人可能是一次暴乱的领导者，他们的城堡可能被用作军队集合的地点……"。[1]

从另一方面看，即从贵族自己的角度看，宫廷的结构在多大程度以及何种意义上能被视为有意识地约束政策的表现，可以通过圣-西门的描述来理解：

"就连宫廷生活也成了服务于专制政治的工具。我已经向大家展示了，在他的帮助下，最高贵的人是如何降尊纡贵、颜面扫地、与大众混杂在一起，就像其他所有的大臣，

---

[1] E. 拉维斯：《路易十四》，第128页。

甚至被赋予了影响力和权力的正统王子一样……一些情况增强了国王的决心,要把宫廷从巴黎迁出去,长期在乡村地区居住。在他未成年时,发生在巴黎的动乱令他感到城市很不舒服。他还认为,住在那里很危险;他相信,如果他移动宫廷,会给耍阴谋诡计的人造成困难。他把经济放在首要位置,并且担心在广大民众中造成太大的冲击,这对于他(搬出巴黎)的决心也有不小的影响。再加上对他的安全的担忧……此外,在他的内心里,对建筑产生了越来越强烈的兴趣;而且他认为自己如果不每天露面的话,会比大众崇高很多。"[①]

恰如人们所看到的那样,凡尔赛宫的最终建成是诸多原因的共同作用。而这些原因彼此也密切相关,都围绕着统治和威望的维持与扩展。

实际上,凡尔赛宫的建筑与路易十四的种种纠缠不清的倾向是完全相适应的。在凡尔赛宫的礼仪礼节架构里,所有等级的人都直接处在他的视野范围内:

"国王不仅坚持要在他的宫廷里看到高等贵族,而且也对小贵族提出了这种要求。在他的起床仪式和就寝仪式上,在他就餐时,在驾临他位于凡尔赛宫的各个御花园时,他总是环顾周围的每一个人。那些出身高贵的人若不能较长时间住在宫廷里,他就会厌恶他们;其他人如若很少到宫廷里来,也同样会使他厌恶。对于那些从没露面甚至可能永远不会在宫廷露面的人,他会彻头彻尾地嫌弃。但是,倘若这些人当中有人有什么愿望,国王又会高傲地说'我不认识

[①] 圣-西门:《回忆录》(德文版),罗泰森译,第2卷,第82页。

他'，这样的判断是不可撤回、不容改变的。如果有人喜欢在乡下流连，他并不厌恶，但逗留时间必须有度，如若时间较长，那就会违反他制定的各种细致的规则。我年轻时有一次到鲁昂办事，国王让大臣给我写信，他要知道我出行的缘由。"①

因此，我们可以理解路易十四的一只眼睛在特别警惕地注视着那些在等级上最接近他的人。王国的那些独特性压倒了所有人的个性，比如，王室人员中的代表人物，甚至直接的王位继承人，往往都会在与王侯或明或暗的某种对立中表现出个性，这种情况在这里也会有所表现。路易十四尤其不乐意让他的长子离开他，在默东（Meudon）另立门户，正如人们所说的那样，王储这是在"分裂宫廷"。当这位王储去世时，他匆忙把城堡里的家具都卖掉，因为他担心默东的宫廷会落到他的某个孙子手中，而后者可能会利用这个城堡"再次分裂宫廷"。②

恰如圣-西门所言，这种不安是完全没有道理的，因为国王的孙子当中没有任何人敢让国王不悦。但是，如果事情与维护他的威望和他个人的统治有关，那么出于严格遵守他的程序，他的亲属和其他贵族会被一视同仁，不会有任何区别。

还有一些可怕的例子，但它们恰恰让国王与贵族之间的排斥和吸引、结合和拉开距离的这种纠葛变得完全可以理解。

---

① 圣-西门：《回忆录》（德文版），罗泰森译，第2卷，第85页。
② 圣-西门：《回忆录》（法文版），第17卷，第107章，第24页。

国王习惯于从他在马尔利的宫殿到凡尔赛宫去。整个宫廷，当然，尤其是他的全部亲戚都要跟着他去。贝利公爵夫人，即他的孙媳首次怀孕，大约3个月以来首次感到身体很不适，发烧。国王和王室的御医法贡（Fagon）发现从马尔利出发的这趟旅行，对于这位少妇来说是非常艰难和无法承受的。不管是她，还是她父亲奥尔良公爵，都不敢冒昧地与国王谈及此事。她丈夫小心翼翼地将有关情况告诉了国王，但并未被国王接受。大家试图通过曼特农夫人①来劝说国王，虽然她也敢于这样做，并最终与医生一起向国王提及此事，但她也没有成功。她和医生并没有退缩，这次争执持续三四天。最后，国王非常生气，但在某种意义上他投降了，表示公爵夫人在这次旅行中可以不乘坐王室专用马车，而是乘船。为此，公爵和公爵夫人必须提前一天从马尔利出发，在王室宫殿里过夜，第二天继续上路。公爵虽然得到许可，陪伴他的妻子，但是国王禁止他离开王宫到别处去，公爵为自己的行为付出了代价，虽然他可以直接从国王的行宫到（他岳父）奥尔良公爵的居住地。

"圣-西门说，如果在这次旅行中，这种偶然遇到的小事能更准确地反映出国王的性格的话，那我宁愿把它压下去，置之不理。"②

如果国王对于这样一些只是直接关乎他的声望和权威，而不触及他的统治本身的事情，在小圈子里是以这种方式行事，那么，如果碰到直接关乎其统治权的事情的话，他的毫

---

① 路易十四多年的情人。——译者
② 圣-西门:《回忆录》（法文版），第18卷，第308章，第57页。

不宽容也绝不会减少半分。在任何情况下，他都不会容忍他的亲属当中的任何人取得一个会妨碍他发挥自己的影响的地位。他永远不会忘记，比如在他父亲的统治下，总督的封地作为反对国王的基地，具有怎样的重要性。他的叔父——奥尔良公爵加斯通给国王制造了种种麻烦，他一直牢记。因此，当他的兄弟请求得到一个总督的头衔和一个固定职位时，他是这样回答的："对于法兰西的儿子而言，最好的和最可靠的职位就是国王的心。"这个回答所反映出的态度非常典型，简直与他的行为如出一辙。

26. 贵族被驯服了。然而，这种驯化对他们而言，也是一种屈辱。在贵族被剥夺任何公开进行反抗的可能性之后，现在，他们又如何表达内心的叛逆呢？贵族受制于国王，依赖于国王，这直接表现在宫廷的外在生活上。贵族的内心已经崩溃，并且变得温驯了吗？或者在路易十四的统治下，贵族与国王的矛盾关系，有时会被平和的外在事物所突破吗？

对于受制于宫廷的贵族来说，有很多可能性，在这些机构给予他们的回旋空间内，在他们面对国王时，他们或许可以控制住冲突带给他们的矛盾心理，因而也能够塑造他们的生活及他们自己：

他们在为国王效劳时所必须忍受的麻烦和羞辱，能够通过在宫廷里发挥影响以及提供给他们的各种获取金钱、提高威望的机会来弥补，因此，至少在他们的意识里，他们对国王的厌恶、对摆脱压力的渴望会大大减少；至于与其他人的关系，通过迂回的方式，他们找到了出人头地的机会。这种态度形成了宫廷贵族活动的各种可能性的一极，我们发现，拉罗什富科公爵在这方面很大程度上是具有代表性的，他是《箴言集》的作者的儿子，国王服装总管。

另一方面，宫廷贵族可能对于这种矛盾关系的各种消极方面特别优先考虑，耿耿于怀。在这种情况下，他可能会允许自己——也许在亲密的圈子里——对国王的统治进行尖锐的批评，并且偷偷地制订应对国王死后的各种计划，在贵族，特别是高等贵族的帮助下以这些计划来对付国王和他的资产阶级出身的大臣，贵族可能会重新夺回他们的权力。路易十四在世时，在这种情况下，除了远离宫廷——这等同于放弃任何获得声望的机会——从根本上讲，只有一种现实的行动可以让贵族表达其立场：与可能的王位继承人联络，并赢得王位继承人对这些想法的赞同。在路易十四统治下，公开的反抗是完全没有希望的。认为有这种可能性的一个代表人物是圣-西门公爵，他也描述了与他相反的类型，一个顺从的贵族，即拉罗什富科公爵：

"如果说拉罗什富科先生一生明显是在恩惠中度过的，那么，若他仅有最微不足道的对自由的迫切要求的话，人们不得不说，这种恩惠让他付出了太高昂的代价。永远不会有哪个宫廷侍从会比他表现出更多的忠诚恭顺，人们只会称此为奴隶精神。很难找到第二个人像他一样，已经过了40年这种生活。在国王起床和就寝时，在国王为了去打猎和散步而举行的两种更衣仪式上，他从没缺席过，有时甚至连续10年从未缺席。他从没休过假，没有在凡尔赛宫之外的地方过过夜（这40年中，在巴黎过夜不到20次），而且哪怕只为在宫外吃饭，只为了不陪国王散步，他也从未请过假。他从来不生病,只在生命即将结束时得过几次短时间的痛风。"①

倘若追溯这个人的职业生涯,就会看到下述情况:他父亲在投石党的起义中表现出色;从那以后,他再也没有进入宫廷;因为国王始终不能原谅他父亲的反叛。

儿子是在没有任何机会的情况下出现在宫廷里的。"没有人害怕他。"圣-西门说。他既无职位,亦无尊严。几乎不能期望有可观的遗产;绝大部分家产已在动乱中消耗殆尽。此外,他的外表也不引人注目,甚至相当平凡。他通过某种途径得到了国王的青睐,开始在宫廷的等级秩序中崛起。他得到了"国王游猎总管"和"国王服装总管"的职务。他与国王的情妇蒙特斯潘夫人有着友好的关系。在这位夫人离开宫廷之后,除了国王,他在宫廷里没有任何依靠。而这恰恰是国王所需要的。人们可以看到这种依赖关系的交织。因为拉罗什富科与蒙特斯潘夫人交好,所以从一开始,他就失去了取代她位置的另一位情妇曼特农夫人的眷顾。他与大臣们也很难相处。除了蒙特斯潘夫人的旧圈子,宫廷里的其他人几乎很少与他交往。然而,国王3次替他偿还债务,平常也给他很多东西,尽管不是他所要求的全部;而他想要很多东西。他可以自由地与国王交谈,而不顾忌别人,国王在意他,因此其他人都害怕他。不仅是他的决定,他的选择意味着他把自己的一生完全用来服务国王,而且他的社会生活完全掌握在国王手中。拉罗什富科作为贫穷的公爵,一个反叛者之子,在宫廷社会里没有任何关系,没有引人注目的外表,他一无所有,没有任何东西可以依仗。是国王提

---

① 圣-西门:《回忆录》(法文版),第13卷,第229章,第71页。

拔了他，使他脱离了这种一无所有。

这条发展曲线上有很多典型的东西。这些反叛者的儿子，如果国王不再施以恩典、接受他们，他们就会一无所有；现在他们变成了最忠诚的宫廷臣仆：

"拉罗什富科的故事与孔代亲王的故事类似。亲王也成了宫廷人士；他的儿子不会离开国王的家；他的孙子娶了国王的一个私生女。拉罗什富科的家人和孔代的家人都是从反叛者变成了宫廷侍从。"①

在圣-西门身上，为其重要影响而奋斗的侧重点恰恰相反。他父亲被路易十三提拔到要职，享有极高的威严。他是国王的亲信，在所有的动乱中，包括在国王逝世后，都矢志效忠王室，虽然敌对的贵族试图拉拢他，有时候诱惑相当大。也就是说，圣-西门是凭借可靠的声望和可观的财富走进宫廷的，他是《回忆录》的作者。无疑，他也依附国王，因为国王的嫌弃——他偶尔曾说过——也意味着他的社会存在的毁灭。然而，他的存在并不像拉罗什富科那么依赖国王的恩惠。与后者相比，他在很大程度上是职位的继承人，也拥有这个职位应有的尊严。国王有责任支持他，即支持一位对王室有功之人的儿子；在这个意义上，他坚持自食其力。他早就证明了自己的这种独立性，当时他的等级下降（比他父亲的等级低），他就放弃了规则，不予遵守。他有时希望国王会委以他某种外交职务，但毫无结果；他生活在宫廷里，却没有担任任何宫廷官职，只能履行作为公爵和法兰西勋爵的责任，服从国王对所有高等贵族的要求。

---

① E. 拉维斯：《路易十四》，第103—104页。

在王位的第一继承人和第二继承人去世后,人人都把奥尔良公爵视为未来的摄政王。有段时间,他几乎是唯一与这位公爵有交往的人。虽然路易十四与这位公爵有过接触,但对此交往不悦。人们把路易十四的孙子的死归咎于这位公爵,因此公爵在宫廷里被孤立了。如果人们可以相信他自己所说的话,那么在宫廷的各种活动中,圣-西门就是唯一站在他身边的人。圣-西门与他一起在凡尔赛宫的花园里闲游,直至国王以不满来威胁他,说如果他不想永远被逐出宫廷的话,最好离开宫廷一段时间。于是,圣-西门顺从了。在这种框架内,只能有独立的态度,不能有实际的行动。

不过,这种独立性在他与王位的第二继承人——路易十四的孙子——的关系中已经很明显了。对这两人的对话里所表现出的这些关系和思想世界的描述特别重要,因为从中可以直接窥见那些秘密反对国王的贵族的内心活动。

在这种宫廷里,两个人彼此尚不十分了解,敞开心扉交谈之前需要非常小心谨慎。圣-西门讲道:

"首先我认为,在王储新的辉煌到来的最初日子里,对他稍作试探是正确的。……同时,我也不失时机地提一提有关我们尊严的事情。……我对他说,他是多么正确,没有忽视他的合法权利中哪怕最微不足道的部分。而且,我抓紧时间告诉他,不管他的权势有多大,他的等级有多安全,他都有理由保持警惕,保护自己的等级,更不用说我们这些小人物了,我们更需要保持警惕,重视保住我们的等级,人们往往对我们的等级有争议,有时甚至予以剥夺,而我们也不敢对此有所抱怨。

"最后谈到国王时,王储是以最温柔的口气和感激的心情表述的；我立即表达了同样的感受，仅仅是喜欢和感激，不应成为一种带有危险性的钦佩。对此，我补充了几句话，说国王对很多事情并不知晓，可惜他处在一个他不太了解的位置上，如果他知道那些事，他肯定不会对他的善意不敏感。

"这根弦轻轻一拨，立即发出了巨大的回响。王子承认我所说的是事实，是真理，而且毫不迟疑地转而将矛头直指大臣们，细说他们是如何经由国王篡夺无上的权威，如何危险地滥用这种权威，如果有什么东西要送达国王或国王下达什么指令，他们不可能不插手干预。他并未提及任何人，但他让人明白这种政府形式有违他的喜好和准则。

"随后，话题又回到国王身上，感叹他曾经受到的不良教育，先后落入几个道德败坏的人之手。于是，在政治和权威的借口下，一切权力和一切好处都只为大臣们存在，尽管他的心本质上是善良的和公正的，却不断被引到正确的道路之外，而他却浑然不觉。

"我借此机会指出大臣们对公爵甚至更高级别的人的狂妄傲慢。他激动异常，怒斥道：他们拒绝称呼我们为'阁下'，却要求除长袍贵族之外的所有没有头衔的人都称他们为'阁下'。

"我几乎无法复述大臣们的这种无礼让他多么震惊，而且这种奖掖将使资产阶级相比最高贵族会十分有利。"[①]

在最后这几句话里，核心问题再次出现。在专制制度的掩盖下，贵族和资产阶级之间的紧张关系继续有增无减。尽

---

① 圣-西门：《回忆录》（法文版），第18卷，第106章，第3—6页。

管把高等贵族、圣-西门与个别大臣联系起来的友谊并未受到损害，并不妨碍大臣的女儿们与高等贵族联姻，但在更广泛的社会领域，这种至关重要的紧张关系却继续存在着，即便在宫廷的核心群体里它已被消除或者有所改变。圣-西门曾不无得意地引用法国元帅维勒鲁瓦公爵"令人惊叹的"格言①："宁与贵族出身的首席大臣为敌，不与资产阶级出身的人为友。"② 与此同时，贵族与国王之间的矛盾关系也在这次谈话中得到了明确体现；就在一个呼吸的瞬间，表现出了宫廷贵族与国王、宫廷贵族与已经崛起的资产阶级之间的对立，这并非巧合。这是贵族受到威胁的两条战线。如果读一读圣-西门在王储死后，在他的回忆录里表述的王储的那些思维过程，那么，这个事实就会变得更加清晰，这些思维过程至少把圣-西门的思路，以及路易十四统治下的形势、暗中反对的宫廷贵族的计划清楚地表达出来。

圣-西门谈到王储时说：

"贬低贵族，让他感到厌恶，而且他不能忍受在他的（贵族）行列里的平等。这种最后的革新不再提供任何有尊严的东西，把（高等）贵族与（乡村）贵族相提并论，把乡村贵族与领主显贵等同起来，他感到这样做极端不公。缺乏内部的等级划分，很快将成为导致一个王国破产和毁灭的原因，王国是完全建立在军事基础之上的。他回忆道，君主政体在最危险的情况下能够继续，完全是贵族的归劳。无论是

---

① 圣-西门：《回忆录》（法文版），第18卷，第299章，第89页。
② 正如人们所看到的那样，"资产阶级"这个概念不仅存在于资产阶级与无产阶级的斗争中，也存在于资产阶级与贵族的斗争中，而且都散发着令人蔑视的意味。它出自宫廷社会，逐步为无产阶级理论家所用。

在瓦卢瓦伯爵腓力①的统治下，还是在查理五世、查理七世、路易十二，抑或弗兰茨一世及其子孙或亨利四世的统治下，都只归功于贵族，这些贵族知道自己与国王之间界限分明；贵族拥有意志和手段，能在紧急时支援国家；他们根据不同的群体和省份相互分开，既没有障碍，也不会相互混杂，因为谁也不会离开他的等级，谁也不会拒绝服从地位比较高的人的权威。相反，现在他看到这种为国效劳的态度正在消失；不要求与所有其他人平等的人不会再有了，再也没有什么组织、命令和顺从可言。

"至于手段，这触及了他的内心深处，他牵挂的是贵族的毁灭，所采用的并且一直在采用的是压迫贵族的办法，诸如苦难和一些不符合等级要求的联姻，为一日三餐所迫的、门不当户不对的婚姻，这将导致与不高贵的血缘的混杂，接踵而至的将是丧失勇气、果敢、美德和各种情感。看到著名的、杰出的法国贵族减少，他深受打击，贵族几乎与平民百姓没有什么区别，或者充其量只能存在以下区别，即人们可以自由选择他们的工作，经商甚至从事武器方面的手工业，而贵族已成为一种别无选择的人，只有死亡和破产，一无所有，别无他择，因此而变成无用的废物，他们感到自己是负

---

① 即 Philippe de Valois（1293—1350）。卡佩王朝腓力四世的最后一个儿子查理四世去世后，无直系子嗣继位，而法兰西王位又规定不可由女性继承。英王爱德华三世是查理四世独女之子，法国贵族无法接受英王统治，因此在巴黎集会，明确男性不能因母亲的继承权而继承王位。如此一来，最近的男性继承人、查理四世的堂兄瓦卢瓦伯爵腓力加冕，成为腓力六世（1328—1350）。法国历史由此进入瓦卢瓦王朝时代。他的加冕激起了爱德华三世的嫉恨，长达 116 年的英法百年战争（1337—1453）由此开始。——译者

担，受到蔑视。他们顶多还能死于战争，战死疆场，并且还要受到国务秘书办事员的侮辱。高等贵族由于他们的身世和他们的尊严高于其他人，如果没有让他们从这个等级中突显出来，他们也难逃这种一无所有的命运，行政管理的高官们如果在军队服役的话，也难逃文人墨客的厌恶……

"在出现赋税征收者之前，人们可能从整体出发来治理国家，而不是分割为一些局部，分而治之，这种做法王子无法适应，并且这个国家的管理权掌握在各省政府的年轻高官手中，每个省都有充分和完全的自由裁量权，一切都取决于他们和他们的决定权，这样一来，他们手中握有的权力，就比从前各省总督的权力大很多，他们的权威也比从前的总督更广泛、更充分。"[①]

在这种批评和反对宫廷的圈子的程序里，这项研究所围绕的整个问题在上下文中再次清晰可见起来。

上文已经证明了国王所提拔的那些群体和个人与那些基于他们自己继承的贵族头衔而形成的群体和人员之间的特殊的紧张关系，在宫廷内是如何存在的。国王操纵这种紧张关系的平衡，并在此基础上掌控他的宫廷。此外，上文还进一步指出，在更广阔的统治领域里，特定的紧张关系的平衡同样属于国王的统治条件，给国王的代表提供机会，使之可以在极大程度上施展权力。专制的王权就是要实现这种绝对的权力。无论是在宫廷，还是在较广阔的统治领域，这些紧张关系及其平衡都是作为整体的法国国家社会在一个相同发展阶段上的结构特征。

---

① 圣-西门：《回忆录》（法文版），第18卷，第322章，第222页等。

鉴于资产阶级各阶层不断增长的权力地位，国王日益疏远其他贵族，而与此相反：国王同时也推动了资产阶级生存的发展；他既为他们开辟了经济上、官职上以及提高声望方面的各种不同的机会，同时又让他们受到制约。资产阶级和国王相互提升，同一时间，贵族却在日渐没落。但是，当资产阶级形成时，如果高级法院和高级政府机构的人——圣-西门以"司法官"和"高级官员"来称呼的那些人——走得太远，超出了国王所喜欢的程度，那么他同样会无情地限制他们，恰如他限制贵族们一样。

因为国王只能在一定程度上容忍贵族的衰落。同时，如果让贵族无限制地没落下去，那么国王自己也会与贵族一样，丧失维持其存在的可能性，也丧失其存在的意义；正是为了反对贵族和向贵族进逼，资产阶级各阶层才需要国王。因此，贵族虽然在这个社会领域里丧失了其迄今一直执行的很多职能，逐渐让步于资产阶级各团体；他们丧失了行政管理、司法的职能，甚至部分军事职能也让给了资产阶级的成员；就连总督职能中最重要的部分也掌握在一些资产阶级人士手中。

27. 不过，贵族一方面失去了许多传统职能，另一方面也得到了一种新的职能，或者更确切地说，在贵族身上，另一种职能脱颖而出，即他们为国王而承担的职能。

人们习惯于把法兰西王政时期的贵族称为"无职能"阶层。如果人们想到某种统治功能的循环，其中有关社会领域的每个阶层或群体都要满足每个其他阶层或群体的需求，也就是说，想到有时会在职业资产阶级国家里发现的一种功能

宫廷社会 | 329

循环，这是合理的。法兰西王政时期的贵族并不具有效力于"民族"的职能。

然而，法兰西王政时期旧制度相互依存的功能循环，即各种相互依存的机制与其权力结构相适应，在很多方面与具有公民意识的"国家"不同。法国贵族在没有社会功能的情况下还能保存下来，这是不可想象的。事实上，这种贵族对"国家"没有任何作用。但是，对于这个社会最有影响力的官员，即国王及其代表的意识而言，几乎没有任何"国家"或"民族"其本身就是目的。上面已经指出，在路易十四的意义上，整个社会领域是如何在国王身上达到实现其真正自我的极致的，以及对于他的意识而言，国王统治的所有其他要素是如何成为仅仅为了这个目的，为了神化国王和保护国王的手段的。

在这种情况下，并且从这个意义上讲，便可以理解这种贵族虽然也许对"民族"没有任何作用，但很可能对国王是有用的。这预示着贵族的存在是抗衡资产阶级各阶层的一种力量，这是国王统治的前提，而另一方面，国王的统治也需要资产阶级各阶层的存在，以此来制衡贵族。对国王的统治而言，这种功能就是在很大程度上赋予宫廷贵族的特色。

从一个相对独立的贵族到一个宫廷贵族的这种转变，改变了贵族等级制度的整体意义和结构，这是很容易理解的。最后引用的圣-西门的那些想法表明，还在路易十四时代，贵族就如此强烈地反对改造传统的或者至少是承袭下来的贵族制度，打破这种制度，对于一种符合国王需求、由国王强加的新制度是有利的，而且贵族是如此渴望复辟那种古老的、独立的贵族状态。贵族并没有忽视其处境，也不可能忽视。

他们或多或少听任国王安排、处置。而国王看到了在比较广阔的统治领域里资产阶级和贵族保持着相互之间的平衡，所以在宫廷内，他的政策也旨在通过资产阶级市民——就算并非总是资产阶级市民，但是通过那些上升的资产阶级——把一切仅仅归功于他，而不是归功于继承了等级的上升的贵族，以此使贵族始终处在压力之中。

这正是圣-西门所感叹的政策，正是人身上的那些特征得到特别发展的情况，在这里，被称为"宫廷人士"的特征。

28. 上面已经提到，正如我们眼前所看到的那样，宫廷作为一种经历数代人的机构，一再产生的社会状况。这就是答案：贵族需要国王，因为只有在国王的宫廷里，在这个社会领域中，生活才能为贵族提供这样的经济机会和提高威望的机会，才有可能让他们像贵族一样生活。

国王需要贵族，除了在这项研究过程中逐渐显现出来的很多具体的依赖，除了那种传统的从领主和扈从的相互关系中产生的依赖，除了国王在他自己所属的社会圈子里进行的社交以及他所共享的社会文明，除了他需要通过在级别和威望上高于其他所有人的那个等级，即贵族的效劳来拉开与人民的距离——也就是说，抛开这一切不讲，在他所掌控的各阶层的紧张关系的平衡里，他尤其需要贵族作为不可或缺的抗衡力量。

只把国王视为贵族的压迫者或保护者，都是错误的。在他身上，二者兼而有之。此外，仅仅强调贵族对国王的依赖也是错误的。国王在某种程度上也依赖贵族——是的，正如每个君主也有赖于被统治者，尤其是被统治者的领导群体。

然而，虽然国王在维护和保持其社会地位的大的权力机会方面，很大程度上依靠一个遥远而独立的贵族等级的存在，但每个贵族对国王的依附大大高于国王对每个单独的贵族的依附。若国王对某个贵族不满，仍有一支贵族"后备军"在，他可以从中随意挑一个贵族到他身边。

正是这种相互依赖的平衡，这种对依赖权量的分配，除了来自资产阶级和官僚贵族的大臣以及其他官员之外，还赋予我们所谓的"宫廷"机构以特殊性质。后者虽然也属于宫廷，但对于宫廷—贵族社会而言，其中的绝大多数人往往只是强大的配角。在这种紧张关系的平衡中，他们像拳击手那样紧紧抱住对方：谁也不敢改变自己的位置，因为担心对手会伤害他；站在圈外的裁判员也没有谁能解决这个问题。所有这些相互依存的关系都以这类方式平衡着和矛盾着，因此相互敌对和相互依赖或多或少地保持着平衡。

29. 前面已经看到，即使在这种制度的最后阶段，即使是地位最高的人，即国王和王后、王室成员、宫廷贵妇和宫廷男士，在很大程度上也成了他们自己的仪式和礼节的囚徒。他们遵循的戒律虽然对他们来说也是一种负担，但正是因为任何处理方式、任何步骤都代表了某些人或家庭在与他人关系上的一种特权，而一个有利于他人的传统特权的任何改变都会引起不快，并在很大程度上引起其他享有特权的家庭和群体的积极抵制。因为他们担心，如果一种特权被触动，最终其他的特权，包括他们自己的特权，都会被波及。在这里，在宫廷各阶层的礼仪和仪式的案例中所能观察到的东西，对于整个法兰西王政时期旧制度的精英群体而言，具有一种象征意义。

无论是某些官职和收入来源的垄断特权，还是某些等级和威望的特权，所有这些不同级别的复杂特权都不仅是王室和宫廷人士所有，在更广泛的意义上，武士贵族和官僚贵族的特权或者赋税承包人和财政人员的特权，尽管有很多横向联系，但总的来说，作为有着不同特权的特殊群体仍然是可辨的。这些特权作为财富，任何群体、任何家庭都会以极大的警惕性来维护，使之不受任何威胁，甚至往往要保护其不受其他人的特权增加而造成的威胁。

路易十四仍有足够的权力在一定范围内提升或削减特权，并根据国王地位的需要来掌控这种多极平衡机制。路易十六与王室的分支王朝已经成为这种相互依赖的紧张关系的囚徒。不是他掌控它，而是它在某种程度上操控他。像一台幽灵般的永动机一样，这台装置迫使所有身在其中的人在永无止境的竞争中保卫自己生存的特权基础，同时尽可能远离斗争现场。任何试图通过那些出身享有特权的等级精英队伍的人来对统治机制进行的某种激烈变革，都必败无疑，因为相互依存的双方在社会关系中的"扭抱"让每个群体都担心权力平衡的转移会对站在这个位置的自己造成种种不利。当然，肯定不乏种种改革尝试，并且这种或那种改革想法，俯拾皆是。但这些想法很少建立在对这些特权的配置进行现实主义的分析之上。

与此同时，非特权群体对特权精英造成的压力越大，就越需要认识到改革的必要性。但是，我们必须更好地了解局势，在像法兰西王政时期旧制度那样的形态下，虽然身边就是自己的仆从，很接近，但是人们不应忘记，享有特权的精英群体和他们自己称之为"老百姓"的人即非特权群体的人之间的社会距离究竟有多大。绝大多数享有特权的人仍然生活在一个相对封闭的世界里——他们的等级越高,就越固步自封。

一个人可以让自己的国家发达起来,从而提高自己人民的生活水准,这个想法对于大多数人仍是陌生的。他们的价值观还没有达到这个程度。对他们来说,保持他们自己的享受特权的社会生存,这本身就是一种价值。在大多数老百姓当中发生的事,远在他们的视野之外。大部分享有特权的人对此并不关心。因此,他们几乎不会知道谁在那里聚众闹事,闹什么事。人们无法扭转上层阶层之间的冰冷的社会紧张关系,然后它最终被冰层下的洪流所打破。法兰西王政时期旧制度下的特权精英僵持在一种"扭抱"中,在紧张关系的平衡里尽管有种种明显的弊端,但谁也无法以和平方式来化解;无疑,这种僵化是导致一次革命运动的诸多原因之一。基于这些原因,这种革命运动采取暴力方式,把旧的统治机制的法律框架和机构框架扔进垃圾堆,直至经历诸多摇摆动荡之后,用另一种权力分配和另一种紧张关系的平衡来建立一种统治机制。在上文中,尽管需要更长的时间才能解决这个问题,但它意味着"资产阶级"作为革命的上升阶层的概念和贵族作为在革命中失败的阶层的概念,在某种程度上简化了实际情况。被革命抛到一边的特权者,也包括优越的资产阶级或者出身资产阶级的阶层。也许人们可以再做些努力,更好地把等级制度中的资产阶级——最终是官僚贵族——与职业资产阶级区分开来。

30. 人以何种方式以及为什么要相互结合在一起，并因此形成特定的动态形象，是社会学的关键问题之一，甚至可能是社会学主要的关键问题。人们只能通过确定人的相互依赖性来得到这个问题的答案。目前，在很大程度上仍缺乏模型，无法系统地研究这种相互依存。不仅缺乏深入探讨个案的经验模型，而且缺乏对传统思维工具，传统概念和类别的系统审视。这些传统思维工具很多在阐明非常明确的课题时还缺乏认识，特别是在对"自然"领域的探索中，因此未必适合于发掘其他的研究课题。例如，对于我们命名为"社会"的领域，不管正确与否，都有别于"自然"领域。

人们并不总是十分清楚地意识到这些任务，往往导致对各种社会问题进行思考时的某种特有的混乱。由自然科学的发展中产生的一系列思想和概念，经常被大众使用所淡化，显然并不太适合阐明社会学问题。单线因果关系的经典概念就是一个很好的例子。因此，社会学家往往冒昧地、或多或少随心所欲地发明一些概念，却又不总是检查手工实证的细节，看看它们是否以及在多大程度上适合作为研究社会现象的科学工具。

在这里，正如我们所看到的，已经尝试重新审视在社会学的细节工作中发展起来的理论框架，以检验其在实证工作中是否适用。这样一来，人们就会远离社会学的那些仍然广泛流行的唯名论，其代表尽管口头上承认要研究人类社会，但最后仅仅是从一些孤立的、相互排斥的个体开始，把他们作为真实的和实际存在的，因此他们所谈论的关于社会的一切东西出现在最后的分析中，仅仅是一些从独立的个人身上抽象出来的特征，通常作为独立的体系或者形而上学的实体。

与社会学的这种唯名论研究方向相反，将社会结构作为相互依存的个体形态来研究导致了一种现实的社会学。因为人并不是孤立的、相互隔绝的个体，而是作为相互依存、相互依赖的个体，共同组成不同的形态，这个事实可以通过一些个别研究进行观察和证明。此外，正如我们所看到的，在个别研究里有可能确定具体社会状态的产生和发展，此处是一个具有高度确定性的宫廷和宫廷社会的产生和发展，尽管当然只是在这条路上前进了一步。在这里，人们可以通过这种特定方式确定人的相互依赖的条件；反过来，这些依赖关系的变化方式也与整体配置的部分内生、部分外生的变化有关。

相互依存的变化的几个方面，最终导致了 16 和 17 世纪法国国王和其他贵族之间脆弱的平衡的转移，变得有利于法国国王在其整个统治时期的权力和地位。在这里，只有某些精英的相互关系的平衡发生了变化。因此，这一时期整个法国社会发展的广阔领域里，许多联系仍然存在于背景中或者仍然模糊不清。

然而，即使作为一种有局限的模式，宫廷社会也非常适合一些可能在今天看似奇怪的概念，比如"形态""相互依存""紧张关系的平衡""社会发展"或者"（社会）形态的发展"等，适合对这些概念加以检验，同时澄清其含义和重要性。

31. 一些社会学家可能会问，是否值得这样深入探讨公爵、王子和国王的权力分配及各种依赖关系的细节，因为现在这种类型的社会地位已经失去价值,早已成为更发达的社会的边缘现象。然而,这类问题出自对社会学任务的某种误解。社会学的任务最终是要让所有组织的人更加了解自己和相互了解。当人们研究在社会发展的另一个阶段上,人以何种方式相互约束、相互依附时,如果人们试图阐明在这个阶段人的相互依赖的运作机制究竟基于什么原因只接受这种形态,那么这不仅有助于更好地了解导致他们固有的相互交织的形态的发展,同时也可以感受到那些在比较陌生的形态里相互结合在一起,因此被视为单一个体的人,作为个人起初看起来是奇怪的和难以理解的。因而在那些人身上寻找踪迹,发现一些关键的位置,从而进入他们的境地,在这样的境地里,人们以完全不同的方式生活在一起,即不同社会的人在此打上不同的社会烙印。

当人们发现这些把人编织在一起的相互依存,换言之,人们就可能重建人与人的那些最终的同一化,而不必在人与人的任何交往上,包括研究者和被研究者、活人与死人的任何相互关系上,念念不忘人类发展的比较野蛮的早期时代的一种特征。在野蛮时代,不同社会的人往往仅仅只是古怪的陌生人,有时甚至根本不把对方视为人类。人们有机会渗透到这些社会现象的背后,它们只是简单地表现为不同社会或"文化"链条上的一环,因此,有理由得出这样的想法:从社会学角度来研究不同的社会,必然包含某种现实主义的基本立场,落实到不同的层面,在那个层面上,其他的社会和共同组成社会的人的差异就失去了独特性、陌生感;在那个层面上,取而代之的是不同社会的人,作为人是可以认识和理解的。

在社会学和历史学研究的一种主要为描述性的方法中，人们仍然在那条路上努力谋求对人的认识，从那里出发，人们只能把作为第三者的人视为"他"或者"他们"。只有当研究者继续前行，直至他能够感受到被研究者像他本人一样，也是人，唯有如此，他才能够企及被研究者本身固有的经验、被研究者的"自我"和"我们"的视角，从而更接近某种现实主义的理解。

相互依赖性的分析有助于推进到这个层面。比如，对于路易十四时代国王地位的相互依存的斗争的一部分的确定，一方面显示了"从'他'的视角看待的"国王；但同时也找到了途径，可以相当准确地重构他自身的体验。他属于建构这种相互依存的机制的个人，如果不界定这种相互依存的机制，就不可能设身处地考虑他的境地，也不可能理解在进行统治时，他实际上拥有一些怎样的选择，以及根据他的发展和地位，他本人又如何去感受这些选择。只有当人们看到他的行为，特别是他的各种决定与这些选择息息相关，与他所处的相互依存的机制内他自己的经验和决策的回旋余地息息相关，人们才能对他有一种相当全面的认识和了解。只有在这个时候，人们才能开始把他看作一个人，一个像你我一样试图解决自己具体问题的人。只有当人们理解他是如何面对他所遇到的问题，究竟是亲自处置还是临阵脱逃时，才能确定他的价值，也就是说，如果需要的话，也可以确定他是否伟大，有多伟大。

因为一个人的价值并不是以他似乎是什么样的人来衡量的，如果一个人认为自己是单独的个体，与他人毫无关系的话，那么只有当人们看到他作为他们中的一个，解决与其他人一起生活带给他的各种任务时，才能认同他对自己的界定。因此，偶尔有人会说，路易十四虽然是一个不重要的人，但他是一位重要的国王，这种说法虽然可以理解，但从根本上讲是错误的。以这种方式，人们也许只是试图表示：他虽然以最佳方式体现在他的国王生涯中的种种可能性，但也许在不同的社会生涯中，比如作为一名哲学家、历史学家、知识分子，甚至没有任何经历，作为"自在和自为的人"（Menschen an und für sich），可能不会有那么好的成就。然而，关于"自在和自为的人"并不存在可证实的陈述。只要一个人忽视他与其他人的相互依存的职业、地位以及对其他人的意义，就不可能确定一个人的价值。

当前，人们经常以这种方式行事。甚至在评价其他时代或者其他社会的人时，人们也往往从自己所处时代的各种现实的价值体系出发，而且从大量的事实中首先选出那些对人的评价至关重要的，在这类他们自己的价值判断标准下展现人的价值。也就是说，通过这种方式，人们就会堵住自己理解人类固有的相互关联的道路。人们把他们作为个体与他们实际上和其他人一起组成的相互关联中剥离开来，并且异质地把他们置于他们不属于的各种相互关联中。这些相互关联的观念是由研究者的当代价值评判态度决定的。相比之下，只有当人们把他们自己的某种比较重要的自主性赋予他们在他们自己的时代里与其他人形成的相互关联以及他们自己的价值观，他们才能真正被理解为人。

形态分析只是一种程序，面对往往相当短暂、转瞬即逝的价值观，它能确保人们有可以探索的更大空间和自主权，确保研究者参与到他们自己所在时代的大派别中，而那些价值观就源自这些派别。只有为研究者寻求更大的自主权，以此作为关键的价值评判标准，引领研究者的眼睛和手，才有机会在研究人的时候控制研究者的那些异质理念的渗入。如果在研究中，自主的价值评判态度在更大程度上取代了那些异质的价值评判态度，那么，此时就可能有希望更为接近被研究者的种种涉及实际的相互关联、涉及相互依存的实际机制，发展那些不会迅速与同时代的各种派别和榜样的理念相混淆的模式，以后几代人也可以利用这些模式继续进行研究工作，并能够通过这种方式确保对人类的研究能持续几代人。

如上所述，在此项研究里出现的宫廷社会的形象，在较小的范围内代表了这一类型的一种模式。人们已经看出组成这个社会的人在很多方面都有不同的相互约束——他们组成了一些不同形态——有别于工业社会的人。与此相适应，他们在很多方面的发展和表现也不同于形成工业社会的人。在这里，人们可以看到，在对（社会）形态进行研究时，不同社会的人的这种"迥然有别"既不能从现实主义角度视为怪异离奇，也不能绝对地将其归结为"永恒的人类事物"。恰如已经指出的那样，对各种相互依存进行界定有可能让不同社会的人完全保持他们的独特性和多样性，然而同时又把他们作为人来认识，人们可以换位思考进入他们的状态和经历，认识到他们所处的状态和经历，把他们视为与自己一样的人，通过最终的身份识别把自己与作为人的他们联系在一起。

这不仅适用于国王——国王的社会地位太容易让人想象他是完全独立的，有着自主的个性，也适用于宫廷人士，如果把他们作为从大量贵族中脱颖而出并从中获益的人的话。它适用于蒙莫伦西公爵。他的没落，在这里可以作为一个例子，揭示他个人的某些特征；同时也凸显在贵族地位的代表和国王地位的代表之间旷日持久的权力斗争中，社会动荡的轴心的转移有利于后者。如果人们意识到在路易十四统治下的宫廷贵族政体允许的回旋余地内，他们是如何倾向于对立的两级的，以同样的方式人们可以更好地了解圣-西门公爵或拉罗什富科公爵。各种社会学研究把单一的人作为一些个人案例并扁平化，这个想法有一定的道理。只要人们在作研究时利用社会学的各种理论和程序，这些理论和程序不是把个人的形态作为社会现象，而是作为存在于个人之外和超越个人的现象来对待。如果人们感到单一的人是他与其他人组成的（社会）形态里的人，那将使其对单一个体的个性的认识更准确和深刻。

八

在宫廷化过程中贵族浪漫主义的社会渊源

1. 在过渡时期,部分法国骑士贵族与日益崛起的资产阶级分子混合,变成宫廷—贵族社会的贵族,在消灭贵族的早期阶段,人们已经可以观察到许多有时归结为工业化和工业城市化的过程最近发展的现象。在工业城市化的过程中,独立的小手工业者的企业失去其意义;许多人不断相互依赖的工厂企业正变得越来越重要。农民和农场主的儿子迁移到城市。有一段时间,对于一些阶层来说,只能在回忆里美化着手工业和农业,认为它们是过去的更美好时代的象征,或者更自由的自然生活的象征,把它们看作是与城市的种种强制和工业的相互依赖对立的。

类似的感受,也出现在宫廷化过程中,而且后来一再出现。如果人们想了解路易十四时代宫廷社会贵族的情况,就必须记住这类贵族的结构、组织、生活方式是一个发展过程的结果。在此过程中,宫廷里的一部分老贵族面临着抉择,要么受到限制并且通常是在贫穷的状态下继续生活在他们的土地上,而且还要受到宫廷贵族的蔑视,被视为不折不扣的乡村贵族和乡巴佬,要么陷入宫廷生活的种种束缚和纠结中，成为它的牺牲品。

然而，那些被卷入这些巨大变化的洪流中的人并不把他们的命运视为一种长期社会进程的结果。（社会）形态演变的巨大力量关乎每个个体的权力，甚至涉及一位国王或国内那些最强势的精英分子的权力，这种看法对他们来说是陌生的。即使在今天，人们还经常谈论"专制时代"，仿佛每个国家的中央统治者手中的权力都越来越大，首先必须从某些国王或王公的丰功伟绩来进行解释；在欧洲大陆的大部分国家里，整个社会的转型或早或晚地把各种巨大的权力机会交到中央统治者手里，要探索这种转型的本质，只要总体上能清楚而明确地提出这个问题，那么相比那些涉及特别有名的大人物的贡献的问题，它充其量只能作为一个还处在背景位置、比较无关紧要的问题。这并不奇怪，在国家之中，紧张关系平衡和整体相互依存的重心转移对那些在宫廷化过程中受到最大约束的贵族是不利的，这是某些个人和群体的计划和行动的结果。如果人们设身处地感受他们的境况，就不应该把自己对命运的理解强加于他们。

武士贵族作为欧洲文明进程的一个重要因素，已在其他地方得到了比较细致的论述[①]，武士贵族的宫廷化是逐渐疏远粮食的生产地、农业和畜牧业地区的动力之一，今天人们也许会把这种疏远，浪漫地称为"连根拔起"或者"异化"。宫廷贵族本身在处理这种经历时，这些浪漫色彩仍然余音缭绕。

---

① 参见埃利亚斯：《文明的进程》，美因河畔法兰克福1997年，第1卷，第1章，第362页等。

在过渡时期里，那些还在他们父辈的庄园里成长的贵族不得不习惯于那种更复杂、更多样化、更丰富多彩的关系，但因此也向往更大的自我克制的宫廷生活。在这几代人的乡村生活中，一个人自己青年时代的乡村景色对于宫廷男女们而言，往往早已成为忧伤的思乡情怀。后来，当贵族宫廷化既成事实，宫廷贵族毫不掩饰对乡村贵族的鄙视，指责他们举止粗俗不文明，但乡村生活仍然是渴望的对象。往昔具有一种梦幻景象的特征。乡村生活成为失去纯真、无拘无束的简朴和自然本性的象征，成为宫廷—城市生活的对立面，后一种生活对个人具有更大的束缚、更复杂的等级制约因素，对个人的自我克制也有更高的要求。

当然，在17世纪，部分法国贵族的宫廷化已经走得很远，因此宫廷里的女士和男士们感觉并不是特别舒服，他们实际上被迫返回他们的先辈那种相对粗野、朴实无华、不太优雅和安逸的乡村生活。然而在他们的社交对话中，在他们著书立说和进行娱乐消遣时，呈现在他们眼前的并不是真正的乡村生活、"自然生活"。根据他们的社会习俗，这种生活似乎被包裹在一个理想化的伪装中，例如牧羊人和牧羊女的生活，几乎与牧民艰辛的、往往也是贫困的真实生活没有任何关系。

恰如此前塞万提斯曾试图借助其擅长的讽刺手法来结束16世纪流行的骑士小说的浪潮一样，这也是日益增长的武士宫廷化的一种象征。阿马迪斯[①]的形象和整个骑士浪漫主

---

① 欧洲中世纪封建骑士的理想形象，在16世纪的欧洲广为流传，对骑士小说尤其是《堂吉诃德》都有很大影响。——译者

义——从那以后,"中世纪散文""奇闻趣事""长篇小说"和"浪漫主义"的概念才分道扬镳——展示了追求更自由的骑士生活的余晖,在国家日益中央集权化、军队因而也日益中央集权化的过程中,中世纪骄傲的武士阶层的骑士生活已经逐渐走上穷途末路。同样,牧羊人的浪漫主义早已成了各种骑士小说里的点缀,这种浪漫主义或多或少地表现了宫廷贵族和贵妇们向往的乡村生活,在一种疏远的表象下,这种生活得到了美化。他们展示了贵族宫廷化的"自我"和"我们"的视角。这种视角揭示了贵族们的感受,随着国家日益强烈的整合状态,他们被卷入一种密集的争斗中,要求他们在相互依存中自我克制,更加循规蹈矩,而后来的人则一出生就落入了这种争斗。

2. 在这里,在审视这类宫廷浪漫主义的种种动力时,人们会遇到用"浪漫"这个流行词语来形容行为举止和经验形式的核心问题。浪漫主义运动有多种表达方式,但缺乏一种关键性的核心理论,能对这类运动共同的结构性特征进行规范化的加工整理,从而使它在数代人的研究工作中得到检验,在每一次扩展之后得到修订、改进,甚至完全被另一种更适合的关键性核心理论取代。无论发生什么情况,总是有一种占支配地位的思想意识的历史传统,人们可以根据这种传统来描绘某些群体的共同理念和它们的发展,而没有描述对这些群体的结构、所处形势、经验所作的系统研究。总之,没有系统的社会学研究,仿佛这些群体是独立于人群,飘浮在空中的,这种传统赋予"浪漫"这一术语一种相当模糊、不确定、往往是随心所欲的分类的特性。人们断定某些人群的艺术作品和其他的文化产品是"浪漫的",仿佛这些"浪漫"行为是风带来的,随后又会被吹走一样,只要有风。人们把它们描写为无结构的情绪和思维方式,在某些时代里,这些情绪和思维方式无缘无故地进入人类群体。人们满足于描述,仿佛这些推动力既不可能也不需要进行阐释。

前面提到的宫廷化过程,随着职能分工的增加和相互依存的链条的延伸而形成的更大、更牢固的一体化国家的日益增长的种种强制——特别是自我约束[1]——是解释这种现象的关键。宫廷的浪漫潮流是日益加强的国家一体化和城市化较为早期的推动力,城市化是国家一体化的核心之一。当然,这些潮流具有某些特征,有别于后来更多是职业资产阶级的浪漫潮流的特征,但是缺乏共同的结构上的固有特征,即作为人的整个(社会)形态的同一种长期转变的表现的固有特征。它们能够在某一特定的、具有类似的或者反复出现的基本形态的方向上表明各种不同阶段。这些反复出现的基本形态之一,就是与"浪漫"概念有关的行为和经验类型。宫廷的浪漫主义潮流,表明的是在发展的较早阶段上的这种行为举止和这种类型的经验,而职业资产阶级的浪漫主义潮流,则表明的是较晚阶段上的这种行为举止和这种类型的经验。

同时,这个题材也有某种持续性。骑士的浪漫主义就是一个比较明显的例子。但是,真正把它们结合在一起的东西是某些社会阶层的相同方向的推动力和结构相似的情况。总体上反复出现的越来越大的、更加分化的人的结合体的日益相互依存的共同方向,产生了这种反复出现的推动力和局

---

[1] 参见 N. 埃利亚斯:《文明的进程》,第 2 卷,第 2 章,第 323 页。

面。而更高的中央集权化和职能分工的国家以及更大的王公宫廷的发展，或者在后期越来越大、越来越全面的政府和行政机关的发展，首府和商业城市的成长，日益货币化、商业化和工业化，这一切都只是同一个社会整体转型的不同方面。

然而，在研究武士贵族宫廷化的过程中已经廓清的人类共同生活的这种长期演变的一种关键结构特征，往往仍然缺乏精确的概念。这就是在整个过程中不断上升和下降、整合和解体、改革和衰退的相互依赖。当前，人们经常采取太过简化的方式来研究这种长期的社会转型。对各种社会阶层的主流的社会学分类，仍然远远落后于我们所拥有的经验知识，部分原因是社会学家和历史学家分开工作，各行其是。因为历史学家不足以澄清他们的理论和概念上的机制，无法使其清晰、明确，而社会学家不足以对历史发掘出的认识进行理论和概念上的加工。

比如，人们在研究社会分层的发展时，还满足于研究社会分层的基本材料，它仅仅给研究者提供了3个——充其量是4个——概念，即贵族、资产阶级、工人阶级，如果把农民作为一个特殊阶层的话，那就有4个概念可以考察。在此基础之上，社会发展的起伏呈现出一种极为简单的形式。于是，人们看到，当"资产阶级"上升时，贵族就下降；工人阶级上升时，资产阶级就下降。采取这种方式，人们只能根据这些名称下已知的社会形态之一，从其实际或假想的消失来处理当前观察的材料。

同一名称通常涵盖不同类型的社会形态，换言之，涵盖整体社会发展的不同阶段。但是，情况并非总是如此：后一种类型的相同名称的阶层的成员，就是前一种类型的相同名称的阶层的成员后代。如上所述，16、17世纪法国宫廷—贵族政体中的贵族，部分是非贵族家庭的后裔。而且，情况也并非总是如此，即在相同的阶级名称下，众所周知，一个新阶段在结构和职能上相似的各种阶层，与先前阶段相似的各阶层是一样的。资产阶级的精英阶层，比如资产阶级的城市贵族，可能与各贵族阶层在结构上有着明显的相似，工人国家的精英阶层可能与资产阶级的精英们在结构上也有明显的相似；用于不同社会阶层的传统概念的僵化、无差别、情感负担，会使我们很难在研究中满足于搞清楚摆在我们眼前的东西。

因此，记录在此的分析过程往往仍然是不准确的。特定社会阶层——在这个案例里是一个贵族群体——的一个新类型的崛起，恰如人们所看到的那样，可能与同一阶层——或者至少是使用相同概念的一个阶层——的一个旧类型的没落是齐头并进的，而人们并不总是能在名称相同的阶层的崛起类型和没落类型之间进行清楚的区分。中央统治者及其代表作为一种自成一格的社会群体，在与相同发展阶段的其他子系统的社会群体的长期斗争中崛起，通常在这种传统的公式里找不到位置。各种相互依存的社会阶层一起组成的整个形态的发展，以及作为这些社会阶层的最高协调机构的中央统治者和各类政府，在一个国家社会的相互依存的各个阶层和群体的紧张关系的平衡中，各有自己固有的重要意义，整个（社会）形态的发展蕴藏在一些被应用的概念——比如"国家的发展"——的背后，而在各种社会阶层与他们共同组成的整个机制的发展的相互关系上，人们并没有弄清楚各种紧张关系和权力转移的关系。

事实证明，中世纪末期，在法国各领导阶层与新的宫廷—贵族政体的贵族团队的不断发展的关系中，权力转移的大的脉络是比较清晰的。老的封建领主武士贵族的一部分人在国家集权和一体化的过程中没落了，同时部分的老贵族和资产阶级家庭的后裔将宫廷贵族不断发展成为一个特殊的阵营，甚至设置越来越多的障碍来对付非宫廷贵族。

在其他国家，这种发展路线往往要复杂得多。比如在早期的德意志帝国，有利于资产阶级或贵族阶层的权力平衡的波动相当暴力和极端。在中世纪城市的崛起中，一个法人公会和商人市民阶层应运而生，这个阶层不仅在很多情况下家道殷实，甚至大富大贵，而且在与王公和周围乡村贵族的关系上，往往拥有某种程度上的政治自治和独立。这种情况在欧洲其他地方也有，如果人们把一半还属于瑞士、一半还属于尼德兰的边界地区也包括在内的话；至少意大利就有。换言之，这是中世纪德意志神圣罗马帝国权力分配的发展的特点。

然而，与此同时，在中世纪晚期，德国领土上的武士贵族有相当一部分日益贫穷。武士们经常以武力夺取他们无法获得的东西，因此作为"强盗骑士"被载入史册。有充分的证据表明，在城市市民和乡村贵族之间经常发生自卫战，前者对后者的没落代表们冷嘲热讽，贵族男子对形式上地位低于他们的市民的傲慢愤愤不平。

城市和乡村、市民阶层和乡村贵族的这种特别尖锐的社会隔阂，在德国很多地区——即便并非在所有地区——长时间存在。在很多领土的统治者进一步发展国家一体化的过程

宫廷社会 | 349

中，其他贵族群体和其他的资产阶级群体之间的不稳定的权力平衡出现很久之后，情况又在某种程度上更有利于前者，即有利于宫廷贵族，或者更普遍地有利于官僚贵族和军人贵族；却会有损于现在往往变得贫穷，当然在政治上相对处于弱势、不能独立自主的手工业者阶层和商人阶层——他们的顶层现在还不能形成像福格尔家族①那样的大供应商和批发商，而是形成资产阶级的国家官员和部分宫廷的国家官员的群体，在这段漫长的时间里，城乡之间尖锐的社会隔阂始终存在。

然而，不同国家的贵族群体、资产阶级群体以及王公群体的形成之间的多极化的紧张关系平衡的发展，不管在细节上多么不同，这一长期进程的大的路线和人的整个形态的转移，以及针对某个统治领域的某种更高、更丰富的职能分化和相应更高、更稳固的国家协调和一体化方向是清晰可辨的。但是，从各个不同方面看这条路线，似乎显得很容易，好像它是一个完全单线的、毫无冲突的过程。只有当人们考虑到大的发展路线的连续性和许多的非连续性，考虑到一体化和非一体化、上升和没落、胜利和失败经常同时发生，才能更加真实地了解这一过程。

在这种人类相互依赖的转变过程中，旧的社会形态和社会地位一次又一次失去了它们的社会职能。那些已经习惯于它们的人，要么失去了他们的社会生存，失去了很多在他们眼里是有意义和价值的东西，因而变得贫穷；要么他们适应

---

① 福格尔家族是 14 至 16 世纪奥格斯堡的早期资本主义大商家，曾经建立当时欧洲最大的商行和银行。——译者

各种新的、上升的方阵的形成和社会地位。但后者通常会比那些垂死挣扎的、门衰祚薄的人更习惯于被编织到一种更广泛、更密集的相互依存的机制里。与较早阶段的人相比，随后崛起的各种人群大多数会被置于更大的人的组织里，其中会有更多的、更形形色色的和更动荡不安的冲突。因此，他们直接或间接地对其他人群组织的这种依附，不仅数量上会更多，形态也会更丰富。

与此前的垂死挣扎的和门衰祚薄的那些人群相比，各种崛起的人群相应地也会要求其相关人员有一种更全面、更有区别的自我控制，为保护提高的社会地位，这种自我控制是必要的。比如，正如人们所看到的，宫廷的贵族甚至宫廷的国王采取专制的宫廷形式，与其他人一起组成了一个更大、更牢固的一体化形态，与某个可以相提并论的统治机制下的中世纪骑士或中世纪统治者相比，他们直接或间接地处于与更多人的相互依存之中。与封建领主相比，这也适用于在国王的军队和军团框架内的贵族军官；封建领主拥有自己的军队，用自己购买的装备来武装，他要遵从他的上级领主的召唤，奔赴战场，如果他觉得征战时间太长或超过预计的时间，他往往会开小差，偷偷溜回去经营他的家园。

在另一个层面上，这也适用于商人，他们在一个现代贸易和工业化国家日益稳固的相互依存的关系网里从事他们的商业活动。取代相对独立的中小企业所有者的位置的，是相对较依赖于他人的那些企业界主要代表的大企业董事和管理者。与工业革命前的手工业者和商人相比，这也适用于大型工业企业的工人和职员。如果留意一下在统治者和被统治者之间的权力分配，似乎这种权力分配是完全自行存在的，那么人们会很容易得出结论，工业革命前的手工业者和商人在他们的小企业里受到的相互依存的约束，会大于大型工业企业的工人和职员所受到的约束。但是，要理解这里所谈的长期过程，仅仅观察这种统治方面的相互依存的约束是不够的。

在这种相互关联的语境下，重要的是人们在此前每个发展阶段上形成的、总的相互依赖的关系链，相比随后各阶段所形成的相互依赖的各种关系链，不仅更短，数量也更少，而且往往更不稳定，更少形成牢固的环环相扣。从一定的发展阶段开始，从相互依赖的关系链的一定长度、密度和强度开始，人们相互施加的约束方式开始以特定方式发生变化。其中一个显著特征是外部的强制转化为自我约束的过程明显增强。在各种浪漫主义运动的形成过程中，正是这种转变起着至关重要的作用。

3. 至少可以暂时指出，在这里，人们会遇到一些社会发展的标准，这些标准在未来可以作为比较不同发展阶段的基础，从而可以确定各种发展方向，以及相应的衡量标准。这些标准可以借助数字系列和形态系列实现各种衡量目标。在这些标准中，最简单的标准之一是不同阶层、年龄或性别的群体在一个社会发展阶段上与另一个社会发展阶段相比的常规接触的次数。它们包括与之前或之后的发展阶段相比，个体在特定发展阶段的连续时间和空间内，与其他一些个体组成的相互依赖的关系链的数量、长度、密度和稳定性。它们还包括一些标准尺度，这些标准尺度能让人比现在更好地校准一个社会至关重要的处于中心位置的紧张关系的平衡：权力中心的数量随着职能分化的增加而增加；权力分配的不均衡——并没有消失——也在减少。它们最终还包括在社会上的人的三种基本控制水平——对非人类的自然事件的控制水平，人们相互控制的水平和每个个体自我控制的水平。即使并非仅仅在简单的增加或减少的意义上发生改变，它们也以特有的方式从一个阶段变为另一个阶段。

人们对彼此和对自己施加的各种约束——在这里仅提及这些——的结构变化，可以从最近欧洲社会的发展上观察到，如果人们在不断进步的城市化、工业化和国家一体化的过程中，对法国中世纪晚期贵族的状态与宫廷贵族的状态进行比较，或者对工业革命前德意志的行会资产阶级的状态与同一国家的职业资产阶级的状态进行比较，就能打开一扇门，理解由后来的发展阶段的代表产生的，职能正在退化或者已经颠覆的社会形态的浪漫化现象。人们往往可能习惯于把浪漫化的这些推动力局限在某些上升阶层，特别是其中的精英分子身上，尽管他们的地位较高，但他们真正的权力要求基本上没有实现——这些上升阶层比从前的那些团体受到了更强的相互依赖的约束和更强的文明的自我约束，因此对于较早发展阶段的代表来说，就变成一种更自由、更简单、更自然或者至少是一个更美好的生活的一些象征，变成人们渴望的但在当前和未来的社会生活里实现无望的各种理想的代表。

在贵族的宫廷化过程中，对流浪骑士的颂扬或者——以个体的形式——对自由的、自治的、中世纪的行会资产阶级和对中世纪的骑士阶层在瓦格纳歌剧作品里的赞美，这些恰恰是德国资产阶级希望能更大规模地参与统治的种种希望化为泡影,而国家一体化与工业化融合的种种限制结合起来并日益加剧的例证。换句话说,浪漫主义的态度和理想的重要象征以及浪漫主义的代表人物都心怀美好的过往,把当前视为对过去的恶化,今不如昔,而未来——如果他们心中还有未来——只是恢复那种更美好、更纯正、更理想化的过往。

如果人们想知道,为什么这类浪漫主义群体的目光是向后看的,为什么他们要回到社会发展的过去阶段,认为这个阶段是一幅浪漫的与当下现实无涉的景象,可以以此缓解他们当前的艰难困顿,那么人们会遇到一种特定的冲突,它可以被称为浪漫主义经验形式的基本冲突。对于人的行为举止和文化产品的浪漫主义特性具有决定性意义的是,各种高等阶层虽然在其相互之间的链条上受到震撼,但他们不能在同一时间摆脱保障他们高高在上的特权地位的整个社会秩序,也就是说,不能同时甩掉他们自己的社会价值观和所赋予的意义,这种困境通常会让人孤注一掷。

当然,通常还有其他办法可以摆脱这种困境。在法国的宫廷社会里,特别是在路易十四统治时期,国王能够牢牢掌控权力,浪漫主义潮流所起的作用比在其他时代——就可以观察到的情况而言——是比较微不足道的。在其他时代,统治者并没有那么强大,他们对手中权力的掌控有所松动,尽管在路易十四的宫廷里各种神秘的宗教潮流也具有类似的作用。认同"压迫者"的可能性以及这种认同在国王伟大、其王国强大的时期所给予的情感上的奖赏,可能会让宫廷化的统治和文明的约束变得容易承受一些,让各种矛盾感受的负面因素变得弱一些。

无论如何,在这里必须充分概述这一基本冲突的结构。

它是一种冲突，表达了特定社会形态下的人的基本矛盾心理。有了正面的情感并以自己的社会优势为荣，比如更大的自制力、更好的举止教养、更好的家庭、更好的教育背景；负面的感受就与现有社会秩序联系在了一起，特别是对统治压迫的不满，这当然是情绪上的，或者说如果一个人感受到自己的无力而且无法摆脱，这种感觉非常强烈，通过一种支离破碎的不适、一种浪漫主义的悲观形式并且通常也以对文明带来的自我约束的负面感受表达出来。这些也是不可避免的。

在很多情况下，这些负面感受本身并不会进入清晰的意识里。它们在社会上是危险的，倘若它们针对的是那些地位更高、更有权势的个体或群体，倘若它们针对的是各种自我约束、那些内置于个人身上的社会规范，它们是无法充分施展力量的，这些自我约束采取礼貌、规范、价值观、理想或者良知的形式，同时高度重视个人和社会都不可或缺的"自我"及"自尊"组成部分。它们可以在一些形式里找到的象征性表达之一，就是把自己的各种理想投射到过去时代更美好、更自由、更自然的梦想生活场景中。

过去被笼罩在特殊的浪漫之光中，是一种无法实现的渴望的光芒，一种无法达到的理想的光芒，一种无法得到满足的爱的光芒，这种真正浪漫之光是我们已经谈论过的冲突的反映，是那些无法摧毁他们所受约束的痛苦的人的冲突的反映。不管是统治的强制也好，文明的制约也好，抑或二者的结合也好，如果不同时摧毁他们高等级的社会地位的基础和标志，不同时摧毁在他们看来赋予他们的生活意义和价值的东西，不同时摧毁他们自己，这些强制都是无法摧毁的。

通过这种特定形式的经验和体验人的特定形态之间的关系的实验模型，人们肯定只能解开一部分在浪漫主义推动的社会起源中发挥作用的实际关联。然而，即使是这种有限的模型，也可能有助于将法国宫廷贵族的浪漫暗流分离出来，并通过与另一发展阶段的社会形态中结构相似的暗流进行比较，让法国宫廷社会的暗流得到更加明确的阐释。

不妨想一想德皇威廉时代的资产阶级。在那里，人们也遇到了相当明显的浪漫主义暗流。犹如在日益商业化和宫廷化过程中的法兰西贵族，自19世纪以来，在日益商业化、日益工业化和最后国家日益一体化的过程中，德国的资产阶级也相当明显地卷入一种运动之中，此时，相关参与者的相互依存逐渐扩大，也越来越紧密，社会压力日益增强，明显地推动个人形成更稳定、更均衡、更全面和更分化有别的自我控制。这两个阶层在很多方面肯定是极为不同的。然而，无论他们作为整体来观察是多么不同，他们被置于他们的国家社会的整体形态的方式却显示出某些结构相似的特征。

在这两种情况下，人们探讨的两个上层阶级，他们的骄傲和对声望的渴望与政府最高职能和相关的国家决策的广泛排斥密切相关。在这两种情况下，那些模棱两可的统治要求和权力要求与一种公开而尖锐的被征服的角色齐头并进，并使人们深深陷入自己的肉体之中。在这两种情况下，涉及一些阶层，其中每个阶层的每个个体都被置于一种持续的、尖锐的和不可避免的竞争之中，这种竞争在排除有形的暴力手段之后——仅仅因为这个原因，必须极其谨慎地进行斗争——必然不断地以自我控制情绪来决定胜负。在这种竞争中，那些没有参与竞争或者失去自我控制、在激烈的情绪压力下行为冲动的人，必然要有所准备，准备面对社会失败，没有成就，而且往往会失去自己的社会地位。

即使在这些职业资产阶级的各个阶层里，尤其是在它们的艺术和学术精英中，也不乏浪漫主义倾向。不过，在这种情况下，喜爱更美好的往昔和渴望恢复某种历史感是结合在一起的。与后来的、更多是职业资产阶级的浪漫主义的推动力不同的是，宫廷贵族的各种推动力仍然缺乏与丰富的历史知识宝库和相应的时代意识的结合。

将无法实现的渴望从统治的、文明的和其他的相互依存的东西投射到属于更早期、更简单、更少差异化的社会发展阶段的人群的形象中，虽然这些不同的人群似乎体现着崇高的价值，但在当前却是无法实现的，在这个发展阶段上还无力与当前拉开距离，无法允许那些社会条件和个人形象充当他们独特渴望的容器，在某种程度上明确地定位在另一个历史时期。比如，把中世纪骑士或手工业大师的形象放到19世纪。在宫廷化过程中，法国贵族梦中的阿马迪斯小说中的骑士或者后来的牧羊人、牧羊女，是穿着另一种服装的当代人理想的人物形象。

然而，无论是否具有历史视角，这些浪漫情节的共同特性是特定情感需求的一种表现，再加上这类情感需求向一种更全面、更具有差异化的相互依存的过渡，正如我所说的，相应地区分了统治的制约和自我约束。由于这些强制，情绪失控，不受控制的情绪引发的行为对于行为人本身变得越来越危险，即会在更大程度上受到社会失败、国家惩罚和良知自责的威胁。人们忧心忡忡地祈求摆脱这类束缚的压迫，试图在过去时代的人的梦想图景里寻求对受压抑的心灵的拯救，这些图景让人们感到他们仍然可以更自由、更简单、更自然地生活，总之，更少受到他们今天所感受到的种种束缚的压迫。

在这些强制的压力下，人们从过去时代的人梦想的图景中以受压抑待拯救的心灵看待这里或那里。在这些人的梦中，人们感到他们仍然更为自由、简单、自然，简而言之，更少受到各种限制的束缚，在这种情况下，人可以忍受自己的生活。因此，浪漫感知的某种平衡的倾向对于这样的攻击是相同的：有浪漫倾向的人，那些被负面评价的特征在他们渴望摆脱的自己当下的印象里被置于前景，并极度放大；而与早期阶段相比，他们从自己所处的时代得到的东西在自己的印象里被置于背景，并极度缩小。相反，他们把自己的渴望投射到早期发展阶段理想化的群体形象中，他们所渴望的一切，他们所认为的与自己的社会不受欢迎的特征对立的一切都站到了前景中，而一切不受他们欢迎的东西，如果他们注意到的话，则在背景的一片黑暗中消失了。

在法兰西王政时期旧制度的宫廷社会里，乡村生活的各种理想画面所扮演的角色，把失去的从前时代的这种功能描述为自己所处时代的种种约束和缺陷的对立面。简单的乡村生活的想法，往往与曾经存在、现在已经消失的自由和不受束缚的梦想景象结合在一起。这种思想动机，特别是农村经历过的对大自然的理想化，首先在宫廷—贵族的各阶层里以及在 18 世纪的部分资产阶级、知识分子精英身上，反映出了在社会日益分化和整合的过程中各种相互依存的加深。在 19 世纪，这些思想动机作为职业资产阶级浪漫主义渊源的常设主题，仍在发挥作用。

"自然"概念在卢梭思想中扮演的角色,有时被简单地解释为资产阶级浪漫主义的序曲,因为卢梭本人也是资产阶级出身。然而,他的声名和理念的广泛流传,很大程度上要归功于他的思想在宫廷—贵族的圈子里,在高等贵族"大世界"里得到的共鸣;如果不考虑到自然的理想化及其对宫廷和社会文明的种种约束的对应,这种共鸣很难被理解。而这些约束在宫廷—贵族的各阶层的传统里,属于经常性主题。

如果人们把对农业社会及其经常存在的各种人物形象——武士、牧羊人或农民——的浪漫化,与不断推进的城市化过程中日益拉开的城乡距离以及整个复杂变化——城市化也属于这个变化——联系起来,那么,不要忘了,武士的宫廷化形成越来越大、人数越来越多的王侯宫廷,逐步融入不断推进的国家整合之中,形成越来越大的统治区域,城市化之前阶段和早期阶段与此也是息息相关的。尽管存在不连续性,但也有一些线索将宫廷贵族对乡村生活和"自然"的浪漫化,与城市—职业资产阶级对乡村生活和"自然"的浪漫化联系起来。

倘若对精英阶层从很久以前到最近的时代,在推进城市化的过程中可以观察到的解决与乡村生活日益疏离的问题的非浪漫形式加以补充说明,也许将有助于理解这类问题。登山、滑雪等体育和休闲活动,尤其是越来越多的城市化阶层的定期度假旅行,都与此有关。恰如当年宫廷里的绅士和女士们把他们的宫廷印记带到他们的牧羊游戏中一样,如今较发达的工业社会的人也把他们的城市印记带到山里,带去海边,带进乡村。不过,在后一种情况下,人们不再伪装自己,不再梦想进入一个已经消失的世界。这种"回归自然"

缺少怀旧和向往的曲调，它不能代替遭受挫折的政治活动，不能作为摆脱令人压抑的统治强制的安全出路，不能作为那些在最高统治权被垄断后无法享有政治权力者的避难所。

在法国专制主义的宫廷社会里，对"自然"的态度和人们从"自然"上形成的观念，往往是对那些难以摆脱的国王统治和国王宫廷的种种强制的象征性反对的表达——这种反对在路易十四时代，包括后来，人们往往只能窃窃私语，并在象征性的伪装中表现出来，不敢公然反对。

圣-西门在描绘他称之为索然无味的凡尔赛宫那些御花园时，有一次提出一种看法，对于这类关联是富有启发性的。他写道：

"在那里，对于国王来说，消遣娱乐是一种对大自然施加的暴政，借助提供艺术作品和耗费金钱来束缚大自然。……由于处处都在强制大自然，人们深感厌恶。"①

圣-西门几乎不属于宫廷社会有浪漫主义情绪的圈子。正如人们所看到的，只要在一种贵族执政的宫廷框架内，他就会玩弄那种通常相当大胆，基本上是徒劳的，但总是目的极为明确的政治游戏。此外，在最初撰写秘密回忆录时，他找到了一个出路来排解由于国王大权在握和国王宫廷的种种强制而遭受的挫折。在《回忆录》里，他以自己的方式把国王和宫廷放到一面镜子前，说出了很多他在这位伟大的国王在世时不能大声说出来的事。上面所引述的这段评论可以小见大；它一方面揭示了统治结构的相互关联，另一方面表现了

---

① 圣-西门：《回忆录》（德文版），罗泰森译，柏林/斯图加特1815年，第2卷，第89页。

花园建筑学及其对自然的感知。他自己狭隘的社会地位所产生的敏感性使他对这类联系的看法更加敏锐。

他在国王的喜好里，即在国王及其代理人设计花园和公园的方式上以及国王对待贵族和他的臣民的态度上，看到了相同的倾向。当圣-西门为后者辩护时，他也反对前者。与国王的整体喜好相适应的是，在他的御花园里，树木和其他植物的布局都要以清晰的易于统观全局的形式进行编排组合，就像宫廷人士举行仪式时那样等级分明、秩序井然。大树的树冠和各种灌木必须修剪，以消除任何生长无序和不受控制的痕迹。御花园里的道路和花坛的设计，必须使花园的结构显示出与国王的宫殿建筑结构同样的清晰和雅致。在这里，在建筑物和花园建筑中，在材料的完美采用上，在对臣服的东西的绝对可见性和布局上，在所有局部的完美和谐上，在活动装饰的优雅所对应的国王和宫廷男女的活动的优雅上，在建筑物和御花园的规模延伸上，除了所有的实用目的都有助于王权的自我表现之外，人们也许会发现一个更完美的方法来实现国王的理想而不是他对人的控制和驯服。

圣-西门是一位公爵，法国高等贵族的一员，倘若可以相信他本人说的话，他永远不会甘心或多或少像一个臣民，像其他所有人那样被对待。他厌恶国王的御花园建筑，厌恶这种对自然的施暴，这是可以理解的，也是具有象征意义的。他更喜欢英国的花园建筑设计，英国的建筑形态为各种灌木、树木和花卉的自我生长留下了更大的空间，而且也符合一个社会的上层阶层的喜好，在这个社会中，国王及其代表不可能长期居于贵族政体或专制主义统治之上。

4. 从 16 世纪开始，法国贵族的发展就可以很清晰地描述出人的形态与他们对自然的感受之间的联系。在宫廷化早期，将自己与乡村生活隔离，脱离土地和向往那个消失的世界的感觉，往往与真实体验是相适应的：

"啊，在一条不知名的河流的岸边，
我们度过一生，
不幸同时使我们唱出这些悲伤的诗句……"

这些诗句出自 16 世纪上半叶法国一位伟大的诗人约阿希姆·杜贝莱（1522—1560）。在宫廷化过程中，这种从土地上"连根拔起"所引起的忧郁更清楚地表现在杜贝莱的以下作品中，以他自己的语言来讲可以更美：

"什么时候我才能从我的小村庄，
再次看到炊烟袅袅，
什么季节我才能看见我那可怜的宅邸？

"我的屋子是先辈所建，比罗马宫殿更让我感到心情舒畅……
我喜欢高卢人的卢瓦河更甚于拉丁人的台伯河，
我喜欢我的小小的七弦琴更甚于帕拉丁山，
精细的石板比坚硬的大理石更让我悠然自在，
温和的安茹家族比罗马的空气更能温暖我的心怀。"[1]

---

[1] H. 莱蒙尼尔：《亨利二世时期的法兰西》（《法兰西历史》第 6 卷），巴黎 1905 年，第 294 页。

人们可以从中听到这位注定生活在首都的贵族的抱怨，逐渐学会把这种出自受压抑的心灵的向往理解为浪漫主义的渴望。这是一种无法得到满足的向往。对生活在首都这个大世界而言，变得越来越不可或缺。这种生活的约束令人沮丧，然而即使笼子敞开，人也无法逃脱；因为把宫廷人士囚禁在这个大世界里的各种束缚，正是生活的一部分。他可以返回他的祖屋，不过他在那里不可能找到他想寻找的东西。童年时代自由自在的乡村生活已成为一种梦想，就像他自己的童年一样。16世纪这群诗人中最杰出的龙萨（1524—1585），作为宫廷人士，他已经非常了解如何在宫廷里生活，而且是非常崇尚君主政体的，他是著名的"七星诗社"的中心人物，在描述他的青春期时他写道：

"十五的青春妙龄，
我就喜欢高山、森林、涓涓的小河，
胜过国王的宫廷！"[①]

这种对失去的乡村田园和"自然"家园的向往，与城市宫廷的生活的种种强制形成鲜明对比，从此成为一个常设的主题。在龙萨之后，有了比他更激烈的音调，下一代中的一位成员德波特（Desportes）在他的诗作《羊圈》里唱道：

"啊，多么赏心悦目的田野，
啊，多么快乐圣洁的生活，

[①] H. 莱蒙尼尔：《亨利二世时期的法兰西》，第295页。

凡坦诚相待的地方，我们不必担心会被压抑，
我们雄心勃勃，荣耀和善良，
我们感觉靠近天堂。

"啊，生活在乡村的人们，你们多么幸福，美好，
你们不必羡慕城市人，自负、傲慢、自豪。"①

当一个人不得不离开乡村生活时，他对失去的东西的抱怨会变得越来越强烈，城乡对立会变得越来越明确。尽管如此，城市化和个体化，出生在农村的人不断进入"繁华都市"（pompeuses citez），其数量增长目前尚未达到顶点。②不过人们已然可以看出人的处境的形成有多缓慢，这种状态随后并不总是很明显地表现出来，但始终是整个古老统治的重要组成部分，是宫廷人士、宫廷风格的形成和经历共同决定的，从整个亨利四世到路易十四时代甚至更远的时代一直如此。在这里，人们用自己的不自由和宫廷的荣耀换来了对辉煌的厌倦；而从中产生的理想，强化了简单自然的生活的美好形象，人们为此徒劳地伸出双臂。这种向往一再在一个新平台上创造出一个新局面，仿佛这种新生状态（in statu nascendi）日益成形，由此，人们可以看到形态的变化和组

---

① 菲利普·德波特：《德波特文集》，出版人：A. 米歇尔（A. Michieles），1858 年，第 435—437 页。
② 德瓦西雷（De Vaissière）：《法兰西王政时期的乡村贵族》（第 2 版），巴黎 1925 年，第 175 页。在那里，有一系列的例子说明贵族厌恶"城市居住地的生活习惯"，而且表明上升的城市市民最初是如何做出一种截然相反的举动，因为他们为了过一种"高尚的"生活，为了不再与"城市市民"的身份沾边而生活在乡村，部分人再次变穷，并作为贫穷的贵族出现在宫廷里。

成它们的人的经验之间的种种关联变得尤为清晰。

我们所经历的"自然"的人类形象的发展，是人类社会整体发展的一个方面。在这里，人们看到一个片段。大量的中世纪武士和领主还生活在田园、农场、村庄、河流、山丘和森林之中，还没有脱离大自然。这一切都是他们日常生活的一部分。他们还没有从一个或多或少远离"大自然"、跟"风景"无关的地方来体验这一切。只有在被驱逐和城市化的过程中，田野和村庄、草地和山丘才形成了一幅相反的图景，远远就可以看到。专制的宫廷越是稳固，自然的形象就越强大，也越能在呈现自然景观的特征的同时反映出社会景观的特征。在宫廷绘画的演变中——比如从普桑（Poussin）到华托（Watteau）——人们可以追循这一角色的轨迹，自然在塑造景观并且往往甚至作为人类的助手方面做得相当不错，而这里的人类其作用是作为宫廷社会状况的反面和镜像。

宫廷生活所引发的一切态度和情绪，比如举动本来的含义和人为赋予的东西，要求在这个社会发挥作用，浮夸的英雄气概或者随意的优雅，这一切从现在开始都进入乡村自然的画面，构成了景观。在宫廷画家的手中，大自然——作为被向往塑造的宫廷生活的背景——先是以古典主义绘画来表现，然后是巴洛克，最后是洛可可，以此与宫廷以及宫廷社会本身的发展并行。

在 16 世纪，宫廷化的不可避免仍然值得怀疑。宫廷机制的突破似乎还是可能的。但即便在这里，对于很多人来说，宫廷生活也不再只是一件外部强加的戏服，人可以通过乡村生活来解脱它；甚至在这里，假面具已经深入很多人的血肉之中，成为他们的自尊、骄傲、满足的一个重要组成部分。只有冲突——对宫廷生活的矛盾态度——才是表面上的。这一点，你可以从德波特的诗里感受到。比如，当他唱诵这样一个人：

> "不要出卖他的自由换取
> 王子和国王的热情……
> 他的雄心不会动摇；
> 他不喜欢他的灵魂藏在欺骗的表情下，
> 他不喜欢违背他的信仰；
> 大领主的耳朵他从不放在心上，
> 只要能生活在幸福之中，
> 他就是他的宫廷，他的恩惠，他的王。"①

5. 到了亨利四世时代，再也无法摆脱了。一篇讽刺诗歌的主人公问宫廷人士费奈斯特男爵（Baron de Foeneste）："今天在宫廷里该如何穿戴？"他答道，第一件事是你必须按照三四位绅士的风格来定下基调。随后他十分详细地讲述了如何穿戴：

"您需要一件紧身短上衣，四五层塔夫绸叠在一起的那种；裤子，就像您看到的，是有饰带、猩红色的，至少用 8 尺长的布料做成；您的靴子是用粗毛皮做的，鞋跟很高，当然还有同样很高的绵羊皮靴子，很宽的靴面和靴垫，直至靴子的穗子……必须是金的……当您这副打扮到达卢浮宫——

---

① 菲利普·德波特：《德波特文集》，第 431 页。

当然，在警卫前必须下车——遇到第一个人时，开始对他微笑。您问候第一个人，而且问候其他人，说好听的话，致以良好的祝词：'我的兄弟，你多么勇敢，你会像玫瑰那样欣欣向荣，繁花似锦；你的爱人会对你很好；这个冷酷、桀骜的女人，一旦看到你高高的前额和美丽的胡子，怎会不激情难抑、缴械投降呢？然后，勾起她的下巴，说："简直是美死了。"'这一切您都必须说，同时您还要张开双臂，挺起身子，稳健地一步步往前迈，用一只手抚摸胡子而不是头发。"[1]

即使在今天，人们有时也会使用"一个男人应该怎样怎样"的表达方式。在这里，你会看到它在宫廷社会里的源头。为了在宫廷的激烈竞争中保住其地位，为了免遭嘲笑、蔑视，为了不身败名裂，人们不得不让自己的外表和态度服从宫廷社会不断变换的各种规范，这些规范则日益突显属于宫廷社会的人士的特殊性、差异性和优越性。人们必须穿着某些特定材料的衣服和鞋子，行为举止必须采取特定的、在宫廷人士身上十分典型的方式，甚至连微笑的样子都必须根据宫廷的习惯来塑造。

这种"必须"，越来越多地涉及宫廷人士在宫廷里的全部生活，它最为生动地展示了生活在宫廷里以及在宫廷里生活的人所受束缚的机制及其强度。当然，在发展的早期阶段，比如对中世纪的武士贵族而言，特别是在前几个世纪的

---

[1] 阿格里帕·费奈斯特：《费奈斯特男爵的古怪行为》（全集），出版人：雷奥姆（Réaume）和高萨德（Caussade），巴黎 1877 年，第 395—396 页。

割据领主的宫廷和国王宫廷里，某种行为往往具有足够的约束力。然而，就像这些早期阶层的整个组织，早期阶段的这些宫廷的束缚尚未如此牢固地建立起来，它们还不是那么不可避免。

6. 倘若与各种长期的发展过程相关，没有什么会比试图确定某个特定的开端更徒劳无益。倘若人们将历史作为著书立说的精英的想法的一根链条，像今天依然能见到的那样，那就会很容易——并且肯定会十分有趣——变成一种学者的社会游戏，玩这种游戏时，那个在一本书中找到一处引用的人会得到奖赏，因为这处引用可以证明有一个想法要比其他玩家在他们著作中引用的书籍更早想到。于是，较早的这本书被理解为这种观念的"开端"，而它的作者被理解为这种观念的真正创始人。

如果人们把相互依存的人的形象的演变作为历史进程的支柱和中心来关注，那么更容易理解寻找绝对的开端，包括记载在书本里的各种理念的发端，都是徒劳的。在群体生活中相互联系的个体中，没有任何意义、任何事物——无论是人的特定群体、特定形态，还是人的某些思想和其他个人产物——是绝对的开端，就像某种从无到有的东西，或者个体的某种无法理解的创造力一样。相反，也许可以观察到的证据确凿的是人的群体化及其种种产物的长期演变，它往往是渐进的，同时也是持续性演变之中一些相对而言的开端，即一些莫名的跳跃和非连续性。

法国王室和宫廷人士的形态的发展，就是这方面的一个范例。它可以作为进一步探讨这类问题的实验模型，正是因为宫廷人士在功能上与整个统治机构的形态密切相关，而王侯宫廷或多或少属于中央机构。在亨利四世的统治下，法国王室宫廷是一个长期持续发展的结果，中间包括许多局部跳跃，许多个别统治者从他们相对短期的视角出发进行改革和重组。在某种意义上，宫廷人士的形象，他们所在的相互依赖的结构，他们所受的各种限制，是从此前阶段的形态、相互依赖和强制结构中不断突显出来的。

然而，我们的语言工具是如此笨拙，我们往往无能为力，只能用一些对比来表达在社会发展不同阶段的人们在分类、经验和行为上的各种差异，比如"更多"或"更少"，因而造成的印象是仿佛它们只是数量上的差异。马克思——在黑格尔之后——曾试图用诸如"量变到质变"的表达方式来解决这类问题。无疑，这在当时是一个概念上重要的突破。黑格尔和马克思的概念性表述是一种大胆的尝试，旨在进一步发展我们的概念工具，以便更清晰、更精确地概念性地理解实际观察到的人类群体转变中的连续性和非连续性之间的关系。但是，没有任何理由认为人们现在和今后都将永远停留在他们制定的实验模型里。这些模型在很大程度上还是推论性的。与今天可用于构建这类模型的经验知识相比，它们在一个多世纪前发展起来的经验基础是狭隘的和不确定的。知识的差距越小，与大量经验知识本身密切接触，寻找这些问题的答案的必要性和可能性就越大。

法国宫廷和宫廷社会在其境内的发展十分适合作为完成这一任务的经验材料。之所以如此，部分是因为这种发展与我们自己时代的种种激烈斗争几乎没有直接关系，也因为人们没有情感因素的束缚，可以更容易地看待这种发展。在这里，在法国宫廷社会的发展中，人们必须处理一个单一的，但同时也是一个特定国家社会整体发展的至关重要的中心线索。与后者一样，宫廷的发展如果从足够远的距离来观察，例如从瓦卢瓦时代到路易十四时代，可以证明是一个连续的过程。几个世纪以来，王室的家政和随从人员的职能越来越分化有别。家政职能和政府职能起初并没有严格区分，是由相同人员从事，后来才慢慢分离，成为不同类型的职能机构。职位等级本身变得越来越复杂，层层叠叠。职位的数量越来越多。有一些倒退；不过，大的发展方向在经历了一些短期波动之后，直至17世纪都行进在一个方向上。在这个意义上，发展过程的连续性是显而易见的。

人们可能尝试通过比较来再现这种发展方向。然而比较容易给人造成的印象是，它们仿佛只是与数量有关的相对变化，与别的事情毫无关系。这种印象具有欺骗性。它在很大程度上基于我们的语言和思维的相对不发达。人们真正要处理的是一群人在宫廷里的逐步改变，或者换句话说，是宫廷结构的逐步转变。尽管我们的语言和思维目前是被这样设置的，为了在语言上表达形成宫廷人士的形象的变化，有必要抽象出这种形式的人际关系的某些方面，而这些方面是可以通过比较来表达的，因而似乎可以将其表达为纯粹的量的界定，但我们目前的表达方式的这种局限性不能掩盖这样一个事实，即我们试图通过这种抽象的概念上的定义过程，实际上是由人们共同组成的（社会）形态的变化，是人类以相互依赖的网络的形式形成的变化。

但是人们只能在概念上把握这种形态的变化。无论人们可能从这种形态上抽象出多少单一的"或多或少"的方面，如果没有对这种形态的变化作出清楚和正确的科学界定,就仍然会有很多"或多或少"的方面可以在概念上对形态变化进行界定,虽然在今天的发展阶段上,它们仍然是一些不可或缺的方面,但只是暂时接近事实。因此,从数量到质量的转变的想法是基于一种误解:只要根据现有语言工具和思维方式的局限性,在长期发展中出现的似乎只是一种"更多一些的"东西,一种量的积累,而且总是某种不同于数量的变化的东西,即结构变化,一种相互依赖的网络的变化,因而也是整体形态的张力结构内的力量平衡的一种变化。

王室群体与其他贵族之间权力分配的转变有利于前者,就是一个例子。在这种情况下,"多一些"或"少一些"的界定,诸如"王权的增加"或者"货币化进程"等表达方式构成了表达变革的连续性的辅助性结构。不过,在亨利四世时代经过多次反复之后,最初只能简单地代表国王的权力机会的进一步增加,同时被证明是"向另一种类型过渡"(Metabasis eis allo genos):从(社会)形态潮流的演变中出现一种新的(社会)形态。

因此,从量变到质变的表达指出了一个重要问题,对于细致的研究,特别是理论研究来说,这个问题是很有价值的。对于它的理论意义,在此只能顺便一提。但人们不能完全绕开这个问题。如果没有指出这种情况,对法国宫廷社会的研究就会成为空中楼阁。

17世纪法国宫廷社会的发展是前几个世纪持续发展的延续。尽管有这种连续性,但在17世纪,宫廷里的人的关系以及他们的行为及其特征也是某种新东西。问题是如何使这种"向另一种类型过渡",这种过渡到另一种属性,能够表达这种社会学的突变过程，既没有助长数量上的绝对连续性的任何概念，也没有对发展的绝对非连续性的概念推波助澜，人们如何能在知识发展的某一阶段上表达这种（从量变到质变的）转变，在这个阶段上，对这类过程进行概括的理论模型还远远落后于这类过程的尚未进行概括的个别知识的发展。

每当遇到这类问题，只能依靠其他相对简单的主题的隐喻的帮助，并通过社会应用本身发展其字面意义，直至它们逐渐丧失与起源区域甚至与主题特征相关的联系，人们把隐喻应用到各种客观事实上，它们会更准确地适合这些客观事实，而且最终变成表达这些客观事实的专门术语。发展本身的概念，就是将最初用于隐喻意义的词语转换为一个专业概念的例子。与这个词的应用相关的回忆几乎完全消失了。例如，当提到替婴儿解开襁褓时，当谈到护士给病人解开绷带时，人们还会遇到"解开"这个概念所发出的回音；"发展"这个词的另一个起初是隐喻，然后是专业化的分支引领我们进入摄影领域，在那里，"冲洗照片"的做法已经变得很流行。但是，人们几乎不会遇到特殊用途的字面意义的相对不足。专业用语"冲洗"已变成日常用语，已经变得相当普遍和独立，不会再联想到"发展"的含义上。

在社会发展领域，人们往往通过隐喻性地使用一些词语来表达向另一种属性的过渡，如同达到一个新的阶段，上升到一个新的平面。只要人们记住，这些都是在对我们的观察进行处理时对各种专业概念的打磨推敲，是一种长期手工劳动的第一步，这类比喻就不会造成伤害。它们会让人想起登山者的一些经验，他们在攀登山脉时，到达一个具有特定视野的平台，并从那里出发，穿过森林，到达下一个更高的、提供不同视野的平台。登山者越登越高，总是在登高的量方面有一些差别，"或者多一些或者少一些"。

站在较高的平台与站在较低的平台，视野是不同的，从较高的平台上看，各种相互关联是可以认识的，从较低的平台上看，这些相互关联仍被掩盖，无法看见，这就是在一种可以通过比较来表达"更高"和"更低"的变化以及整体变化，即整体形态变化之间的区别的例子，也是一种表达它们之间的关系——登山者、平台和视角的关系——的例子。较高的平台可能是一个迄今尚未被攀登的领域，其视角可以让人看到迄今尚不得而知的各种相互关联，无论如何，使用隐喻诸如"较高阶段"或者"新的平台"这类概念，可以很容易地让其以这样的方式发展，它们不仅能表达数量上的连续性，而且能表达形态的相对非连续性，表达在社会学方面的突变特性，表达向另一种（社会）形态属性的过渡。

倘若人们在谈论武士的宫廷化过程，他们所说的这种过渡——一个长期的过程，11和12世纪的一些相对较小的地区宫廷已经属于这个过程的一些早期阶段——在17世纪表现为作为最高等贵族形成的宫廷贵族最终取代了骑士的贵族地位。那么这样一来，国家中央机关的发展在某种程度上达到了一个新的平台。在这里，各种比较级和其他数量表达方式已无法再满足需求。在这里，在国王宫廷和整个社会持续发展的背景下形成了一种相对较新的形态，即宫廷贵族，而整个社会的中心机构就是宫廷。

几个世纪以来，法国国家社会的多极紧张关系的平衡在资产阶级、贵族阶级和各种王室阶层之间波动摇摆。在漫长的内战结束之际，在亨利四世即位之后，情况表明整个社会发展的过程——尤其是采取两种中央垄断的形式，即中央对赋税的垄断以及警察和军队的垄断——把各种权力机会赋予了国王宝座的持有者和代表，使他们具有了旁人难以企及的优势，可以击垮其统治领域里的任何其他团体，只要后者不搁置他们之间的冲突，并形成相当长久的共同战线来对抗王室，前者就具有无可置疑的优势。紧张关系的平衡向着有利于国王的方向转移，可以被隐喻地描述为过渡到法国社会的一种新属性，或者一个新的发展阶段的关键组成部分。

这种重要现象当然不是孤立存在的。如果这些陈述被理解为关于"某些开端"或"某些原因"的阐述，那就被误解了。在长期的社会发展过程中，既没有什么绝对的开端，也没有什么绝对的原因。人们必须寻找其他的语言工具及思维方式来检验和阐释在社会的持续性整体发展中出现的相对较新的形态。而这正是眼下的问题。法国社会的持续性整体变化达到了这样一个程度，即在经历了许多摇摆动荡之后，紧张关系的中心轴转向了有利于中央统治者的社会地位的一边。随着中央统治者地位的变化，贵族和资产阶级精英群体的地位也发生了相应的变化。资产阶级的精英群体不在本书的研究范围之内。贵族的一部分现在比以往任何时候都更依赖于他们所生存的宫廷里的中央统治者。可以说，在他们身后，一道门正在关闭；而在他们面前，新的大门正在敞开。他们日渐被隔绝在乡村生活之外。

7. 在触手可及或者遥远的未来——究竟会有多久？——人们或许可以看到这种长期的呼唤和城市化过程的细节，以及对非宫廷的乡村生活的渴望在其细节和阶段上逐渐增加，直至达到一个平稳状态，在此，区别变得牢不可破和不可逆转，变得更有迹可循。就像了解欧洲社会形成过程的重要性，并不亚于了解各种战争与和平条约的重要意义一样，人们可以设想，学生在学校里已经学会把这个过程与其他长期发展路线放在一起来认识和理解，这样一来，他们就会了解他们自己。

当然，并不缺乏证据。这里，只需提取一个15世纪的证据。菲利普·德·维特里（Philippe de Vitry），即莫城（Meaux）的主教，在他的诗里抱怨说："住所在农村地区的人是多么幸福啊！""乡村生活和宫廷生活的区别太大了。"[1] 16世纪"七星诗社"诗人的见证，有些在上面的例子中引用过。今天，人们在相关语境下往往说这是某种"异化"。在这种情况下，如果人们在提到"异化"的概念时不是经常强调其浪漫主义价值；如果人们在使用它时，不是更关注对"异化"的抱怨，而是探讨与其价值无关的社会性质及其解释，那么这个概念是恰当的。

17世纪，宫廷—城市的形成与农村的形成之间的日渐分化在法国达到了一个新的高度。造成宫廷和农村、宫廷贵族和乡村贵族之间社会差距日渐扩大的动力如此之大，因此在路易十四时期，与乡村贵族相比，宫廷贵族已经具有一种几乎——即使并非永远——完全封闭的、特殊社会团体的性质。甚至在此之前，武士和封建领主也经常生活在王侯或国

---

[1] 《菲利普·德·维特里文集》（*Les Ouvres de Ph. Vitry*），出版人：塔贝（G. P. Tarbé），兰斯1850年。

王的宫廷里。然而，过去几个世纪里，在宫廷社会的群体和非宫廷—乡村的群体中，人们的生活方式、利益、特征、依附和强制，尚未像17世纪那样不同，17世纪时，相比所有其他社会群体的形态，王室地位上升，最终获得了相对较大的权力。如今，在大部分社会网络相互交织的情况下，王室成为一个组织，与当时其他次级社会组织相比，与农业群体的领主庄园、村庄和其他组织相比，它不仅是一个新的数量级的组织，而且体现了一个新的"复杂秩序"（order of complexity），复杂程度也更高，这一点是确信无疑的。

最重要的是宫廷和乡村的社会差距这一方面，宫廷生活相对具有较高的复杂性和圆滑世故与乡村群体相对简单的生活之间的差距，这使得宫廷人士当中产生对乡村生活、简单生活的向往和渴望，简而言之，是对梦寐以求的乡村生活的理想化，正因为它是梦想中的画面，所以这与蔑视乡村贵族和农民，以及某种程度上——恰如实际发生的那样——厌恶农村生活并不矛盾，反而是一致的。

而且，在国王的宫廷里，对所有人际关系的复杂性都有一种相对较高的标准，人们对此已经习以为常，它要求宫廷人士能自律。国王的权力机会远远大于任何一个宫廷贵族的权力机会，或者超过宫廷贵族群体中的任何一个，国王的宫廷要求始终自我克制、高度差异化——恰如我们在圣-西门的评论里看到的那样——准确地反映出了与同级别或者更高级别人士的所有关系中的策略。

相当一部分宫廷贵族的收入来源取决于国王及其亲信的恩惠。他们作为在宫廷里任职的人，作为国王的私人金库，作为拿年金的居于军事职位的人，或者无论他们是什么；国王的嫌弃，在宫廷派系斗争中走错一步，国王的某个宠臣、情妇、大臣的敌意，所有这一切都可能威胁一位宫廷人士的收入，威胁他家族的生存以及他在宫廷社会中的威望、"市场价值"，还有他的前程和希望。即使对于那些拥有丰厚的家庭收入的宫廷人士来说，国王恩宠的减少或削弱也都意味着某种难以承受的危险。被国王嫌弃，被逐出宫廷，如上所述，对一位宫廷人士而言，或多或少意味着他的社会生存的终结。

但是，中世纪占主导地位的自然经济发展时期的贵族作为封建领地的主人，最终还是拥有某种能保障他们获得相对较高的独立性的财富，无论如何，当封建领地掌握在他们手中时，这种财富就会大大减少他们对封建领主封臣的依赖。另一方面，国王对于贵族的服务和功绩以金钱形式提供奖励，并以一定的时间间隔来支付薪酬或年金，从而造成贵族对他的永久依赖。最重要的是，较小的或者中级的宫廷贵族，也包括很多高级和最高级的贵族，他们从国王的私人金库里获得收入，以这种方式生活在宫廷的组织框架中，尽管存在各种明显区别，但这种方式还是让人想起大型工业企业里的工人和职员。

除此之外，法国宫廷贵族几乎别无选择。这些贵族至少在路易十四统治下，是没有行动自由的。如果他们变更自己的住处，其社会地位几乎不可能不受影响。大部分宫廷贵族都生活在种种依附里，相应地，也屈服于所受的种种限制，这些依附和限制几乎完全不可回避，清楚地表明了它们与自然和乡村生活是对立的。前面已经指出，甚至国王及王室，尤其是在法兰西王政时期旧制度晚期，也会受制于这些相互依赖的关系，并指出他们为什么会受制于此。人们十分清楚地看到乡村生活的功能，并将其作为受到诸多限制的宫廷生活种种的对立面，比如，玛丽·安托瓦内特和她的宫廷贵妇们将自己打扮成挤奶女工。在17世纪初内战结束之际，可以观察到一种朝着这个方向推进的特别强大的动力，当时，许多宫廷人士也许才充分意识到他们的处境是无法摆脱的。

然而，如果仅仅把宫廷理解为一种外在的强制性机制，那么就无法理解在宫廷的各种圈子里经常弥漫的向往大自然和乡村生活画面的那种独特的浪漫主义色彩。人们借助特定的浪漫感觉，梦想能过上纯朴自然的生活，但这种生活已成为一种无法实现的理想，对于这种感觉至关重要的是前面已经提到过的宫廷中的相互依赖的特殊性：宫廷人士之间的相互约束是一种社会性的约束行为，它对属于这个社会的每个人都施加了高度的自我强制，实际上，这是已经完全分化的和相对全面的自我强制。

最后，比如在内战之后，宫廷化越来越多地包括和平以及加强对军人的各种习惯和享乐的控制，而这反过来又促使每个宫廷人士都更加严格地自我克制，从而更加稳定地对攻击性冲动进行自我控制。在贵族决斗时，亨利四世还能相对宽容。黎塞留和路易十四作为有形暴力垄断的守护者，当贵族按照旧的武士习俗决斗时，他们已经相当不能容忍了。很长一段时间里，决斗都具有飞地的特征，贵族和后来的其他阶层在国家里保留这种飞地——往往置国王或国家其他权威机构于不顾——作为个人自由的象征，如同在武士传统中理解的那样，即如果他们愿意的话，就可以随心所欲地互相伤害或者相残。特别是在内战之后，在许多反复出现的（对决斗现象）推波助澜的事件中，这是精英阶层反抗日益增强的国家控制的一种象征，国家控制越来越倾向于让所有公民受到同样的法律制约。当黎塞留下令公开处决出身高级贵族的主要决斗者之一时，一股巨大的决斗浪潮中断了。人们必须自我克制。不能再让愤怒和敌意再次占上风。

人际交往中，克制自己，心平气和，经常以唇枪舌剑取代兵戎相见。此外，在宫廷社会里，需要特别老练和复杂的自我克制，因为在这个人员众多的社会，每个个体都需要与属于不同等级和拥有不同权力的人接触，其行为必须相应地分门别类，以便区别对待不同的接触对象。宫廷人士必须了解如何精确地调整他们的面部表情、言谈话语、行为举止，以面对他们遇到的各种人、各种场合。在宫廷里，不仅那些由其他人所体现的相互依赖是相对不可避免的，而且人们必须根据这种相互依赖相适应，学会对自己施加种种强制。人们用"异化""陌生化""浪漫"等词语来解释的各种现象，其结构仍是难以理解的，只要人们不把它们与具体的自我约束机制的发展联系起来，作为人的一个组成部分纳入这些术语的理论基础。这很有可能是因为在宫廷人士的生活中，微笑的细微差别，良好礼仪的分级，与不同社交对象的社会等级和地位相适应的行为的整体复杂雕琢，原本只是一种通过有意识的练习学会的掩饰本领。但是，有意识地养成的自我教育、自我塑造的能力，在各种社会都在发展，而具体的社会结构使得那些一时的情绪冲动得到较高和较稳定、均衡的伪装掩饰，作为维系社会生存和取得社会成就的手段，作为个人人格结构的特性，它是必要的。

当一个成年的宫廷人士观察镜中的自己时，他就会发现起初也许只是刻意安排的伪装掩饰，现在已经成为他脸上不可或缺的一部分。对自发性的冲动加以掩饰，对基本情感的包装和改变，在宫廷社会的框架内肯定不会与已经变得平和的中产阶级具有相同的形态和结构，中产阶级受到的教育是要通过劳动赚取生活费用；也肯定不会与工业社会的各个阶层具有相同的形态，工业社会的成员要与他们的各种工作和职业限制协调一致。

在宫廷社会，面具伪装不会像在各种劳动社会里那样广泛和自然而然，因为人与人之间存在较大的不平等，等级较低的，尤其是较贫困阶层的服从和依附，对于宫廷人士来说，在他们面前总是敞开了一个较大的社会领域，在这个领域里，任何形式的情绪冲动都可以相对公开地表达和发泄，却不会在社会上受到失败或者惩罚的威胁。而在宫廷社会，只能在相应较小的程度上，要求形成和发展自我约束与自我克制。正因如此，宫廷贵族的面具伪装基本上还是比较宽松的。宫廷贵族往往非常清楚，他们在与其他宫廷人士交往时，要戴上面具，即便他们并非总能意识到，戴上面具或者操控好面具已经成为他们的第二天性。

在 16 和 17 世纪之交，即 16 世纪的最后 10 年和 17 世纪的最初 10 年里，人们可以相对清楚地观察到，在法国，随着国家控制的更果断更集中，随着行为日益变得更平和，随着——亨利四世胜利后——首都—大宫廷的贵族与乡村—地方贵族或者省级—小宫廷的贵族之间越来越无法挽回的分道扬镳，在某种程度上，一个新的平台已然形成。最重要的是，在那些变成大宫廷贵族的人的身后，一扇门关闭了，而在他们的面前，一扇新的大门敞开了。对自我强制的更严厉要求给他们带来了新的乐趣和享受，新的财富和优雅，总之，获得了新的价值，同时也面临新的排挤和危险。无论如何，自我强制对他们而言具有很高的个人价值。那种建立在已成为他们第二天性的各种自我强制之上的具体宫廷礼仪，属于宫廷贵族与其他人之间的区别，是在他们面前，他们能感受到的存在。这就是为什么他们的自我强制是无法挣脱的。

随着国王宫廷里一切控制权和权力手段的集中化，仍然留存下来的地方贵族——从乡村绅士到小规模的农村贵族群体——越来越丧失其社会重要性。法国社会并不是唯一一个，当然也不是第一个正在经历这种结构转变的欧洲社会。中央统治者及其代表拥有支配和分配货币的种种机会，与此息息相关的是中央集权化和宫廷化的种种推动力，此前已在其他社会中得到体现，尤其是在西班牙和意大利。然而，在17世纪的法国中央集权化的推动下，当时形成了欧洲最大、人数最多的宫廷统一体，这个统一体的中央控制有效地发挥作用。以法国为例，可以很好地研究这一发展平台的某些结构特征。

8. 也许"疏远"一词的隐喻，最能说明这些结构特征。这个词以前曾用于城市宫廷生活和乡村生活之间更大差异的语境下。城市化、货币化、商业化和翻新改造是一个全面转变的过程的一部分。在此过程中，人们体验到越来越多的"自然"，将其作为景观，作为"物"的世界，作为可以认知的对象。总结一下这里的不同线索也许会走得太远。无论如何，这种过程的作用与将观察和反思与自然现象联系起来的能力的日益增强一样重要。所有这些都是特定距离的方方面面，与今天人们通常称为"自然"或者"客观事物"的东西拉开距离的方方面面。它清楚地表现在把自然作为景观来描绘的绘画作品中，表现在对自然现象的科学探索中，或者表现在这样的哲学问题上，即人们能否以及如何从根本上认识各种"客观事物"的本来面目或者这些"客观事物"是否确实"存在"。

这些和其他一些把自己与"大自然"拉开距离的象征，或多或少同时作为社会上升到一个新平台的证据，出现在一个我们仍然以有点过时的概念称之为"文艺复兴"的阶段里。你可以解释在这种情况下，"上升到一个新平台"的隐喻所指为何。因为几个世纪以来，欧洲社会仍然支持这种类型的疏远。在此基础上可以观察到的各种问题正以各种方式得到阐释和拓展。但在"文艺复兴"的几个世纪里，人们与他们所谓的"大自然"的体验的那种疏远，是以"主体"和"客体"等概念来体现的，这种拉开距离的方式整体上仍然存在于当代，大致上是同一个。目前可以在绘画里清楚地看到上升到另一个平台的迹象，显然，绘画在努力表达某种完全不同的东西，而不仅是表现那些对观众而言处在三维空间的"物体"。不过，如果人们意识到文艺复兴时期对那种拉开距离的推波助澜，在人们学习把握物理事件的多样性并将其作为"大自然"的过程中只是一个全面推动力的局部，那么他们就可以更好地理解自己身处其中的过程。

对一个宫廷社会的考察，特别清楚地显示了这种全面拉开距离的推动力的其他一些方面。各种自我约束的伪装、虚假面具，宫廷精英分子的所有个体现在比以前更大程度地将其发展为自己乃至个人人格的一部分，这也使得人们彼此之间的距离比以前更大。与过去的时代相比，现在宫廷——当然不仅是在宫廷里——的人际交往中各种自发的情感冲动在更大程度上受到限制。种种反思，对形势和行动方向的迅速分析盘点，现在自动地或多或少地转移到更有情感、更自发的冲动和实际行动之间。通常情况下，人们在这个反思平台上会十分清楚地意识到，面具是他们的乔装的一部分。根据他们自身的情况，他们或者以"理智"或"理性"的名义对它们进行积极的评价，或者将其作为一种情感的束缚、一种干扰现象、一种人性的堕落进行浪漫的、负面的评价——然而，不管他们如何评价它，他们并不认为他们的自我强制，他们的盔甲、面具及其与他们自身拉开距离的方式，是人类社会发展的特定阶段的象征，而是认为这是不可改变的人性的永恒特征。

对于时间和永恒而言，面对"大自然"，面对"客观物体"的世界，无论何时，人似乎永远是"主体"。有关人类社会的各种理论，要么基于一种假设，即人类之中的任何一个，某种程度上都是存在于他的面具后面的，在他的盔甲下作为孤立的个体存在着，只是后来才逐渐开始相互接触；要么把"社会"和"大自然"统一成超越所有个体的东西。在这两种情况下，人们从特定距离的平台发出的特定距离的推力获得的视野，被认为是永恒的、无时间性的、不可改变的"人的条件"；而这个平台在当时的种种状况和条件下，是可以从经验上考察和相当精确地阐释的。据说，各种反思或多或少是由这个平台上的习惯和教育自动控制的，这个平台又慢慢进入了"文艺复兴"时期。这种自动控制比之前欧洲历史上的任何时刻的范围更广,它不仅存在于人和"自然事物"之间,也存在于人与人之间。

这尤其适用于男女之间的关系。在这里——首先是在某些精英身上——即使是身体更为强壮的男性,在国家组织的逐步集中化过程中,自发性和情感冲动的空间也在变小。作为社会群体的女性,在宫廷里拥有比这个社会的任何其他群体更大的权力。不仅是面具,也包括扇子,都是她们的伪装的象征。就男女关系而言,在自我约束、自发性降低、拉开距离以及文明的发展中,这种巨大推动力的一个典型特征就是浪漫情爱的发展是一种真实发生的事件,甚而可能更像是一种狂热的偶像崇拜和理想。

无论其他因素在起什么作用,利用自我约束的伪装来弥补性别的距离,这种约束很快就会以良好的举止出现,有时候是以心地善良或者深思熟虑的形式出现,简而言之,延迟了渴望已久的情爱欢愉以及痛苦愉悦的满足,它们很快变得更加强烈,构成了时而强调、时而不那么强调的浪漫爱情的复杂情感之中不可或缺的元素。它们标志着从相对简单、纯洁的感情,过渡到更复杂、通常是方方面面混合在一起的感情,人们也许可以很好地把从相对单纯的颜色到使用更复杂且经常混合的颜色的过渡一起使用,用两者之间的关系来形象地加以表达。

最后,作为人类相互依赖关系变化的总体背景下的一个基本的子过程,还有另一种拉开距离的推动力。从中世纪末开始,欧洲社会的人逐步登上的新平台的一个重要方面,就是一种不断提高的自我疏远的能力。这种能力在结构上与个体更强大的伪装的形成密切相关,这些个体有时积极、有时不积极地自发进行控制自我。这种能力最初在较小的精英阶层，随后几个世纪里在人类相互依存的日益复杂化和有组织化过程中，可以从越来越多的阶层里观察到。

雅各布·布克哈特在他的著作《意大利文艺复兴时期的文化》中已经注意到了在作为人类一员的个体更高的自我意识的方向上的这种推动力，人们可以从"文艺复兴"时期的意大利观察到它。而且，他也已经以自己的方式指出了国家形成过程之间的关联，以及国家日益中央集权化的推动力和剧增的个人化的推动力之间的关联。不过，他使用的理论模型——就像每个历史学家一样，他也使用了特定的理论模型——在选择上仍然是有点随意的。他相信以艺术作品作为模型可以使这些发展得到最好的理解；他设想了意大利各州发展的新阶段以及实现了这种发展的时代的人们的想法，这种发展体现在艺术作品风格的形成之中。

并且，与艺术作品的模式类似，他也将那些或许可以被称为"个体化推动力"、人的意识的新状态，视为自我意识达到的一个新层面。这种以艺术作品来作比较，也许还表达了人们对国家形态的更深刻的认识，或者更现实地表明人们对各种具有决定性的国家权力手段的集中化和个人的自我塑造已有较深刻的认识，这种自我塑造是以更大的自我疏远能力为前提的。然而，它也给人一种和谐的印象；它混淆了人类社会的结构转型和各种理想之间的区别，这些理想已在当时在书籍里有所记载。

在雅各布·布克哈特之后是一些混合陈述，把当时一些名著中出现的思想和理想混在一起，把构成人的各种形象和构成这些形象的人的整体发展混在一起，这种对于思想和理想的发展的混合陈述只是在理想情况下作为一种局部现象被人们听说，却往往觉得更加清晰明了。在这种语境下，似乎有可能并且有必要——在此已经尝试过——厘清这种混乱。之前所提到的那些变化，并不仅仅是人们在他们的书上记录下来的各种观念的演变，而且也是人们在他们共同形成的不断变化的各种形态中的人的转变。当人们谈论更大的个性化、假面具的更深刻影响，谈到与大自然、他人、自己更加疏远以及与此相关的其他变化时，所谈的就是人类的这些转变。在贵族化和宫廷化的过程中，不仅这种理念在变化，而且贵族人士的整个外部特征都在变化。

人们今天在使用"历史"这个词时，并不总是十分清楚，在这种变化过程中，人本身也可能在以特殊方式发生改变。在这种情况下，现有语言工具将难以满足这类考察的需求。在这里，有必要仔细寻找新的隐喻，这些新的隐喻似乎应比通常的概念更适合在概念上把握这类改变。通常的概念大部分已成为固定的形式，仿佛历史的发展总是在同一个层面上发生的。虽然人们也在谈论各种不同的发展阶段，但是人们借助这种隐喻所指出的情况，即不同发展阶段之间的关系，却很少被清楚地呈现出来。在社会发展的某一时期观察到的自我疏远的增加，有可能澄清通常不言而喻的某些阶段形成的某些方面。与此同时，这种观察提供了另一种可能性来理解这一点，以及为什么尽管使用了比较，社会发展只能作为增加或减少，而不是更多或更少的过程来把握。通常，人们只有把具体的变化纳入分析中时，才能适应这些发展。在 16 和 17 世纪，自我疏远的推动力就是一个范例。线性的和平面的隐喻已不再能够适应这种推动力，人们需要时空的隐喻，或者换言之，需要四维的隐喻才能对这类发展的方方面面作出恰当的表达。

人们在这里观察到一种非常合适的隐喻的表达，是螺旋式上升或下降的图像，即一种多维模型。一个人在一座螺旋式的高塔里，从一层爬上另一层。到达那里后，他不仅在螺旋式高塔里看到了不同的风景，还看到自己站在前面那一层上面，而他就是从那里上来的。这大致是人们在早期的自我疏远的提升中可以观察到的：人们能够从比以前更高的层次上观察自己；但他们还不能把自己作为人类的观察对象来观察。后面这种情况只有在上升到更高的平台，一个与自我拉开更大距离的平台，才能做到。这个更高的平台提供了与出发时的那个平台极为不同的视野。这就是我们当前身处其中的进一步提升。我们现在已经能够与中世纪那种拉开距离的推动力保持距离，能够反观它，从而能够在上升时观察前面那个平台，并且同时以这种方式为我们自己创造一条更好的途径，了解我们自己可以继续前进的方向。这就是这里发生的情况。

9. 宫廷并不是唯一的形态，在这种形态中，构成宫廷的人们发展出了不断加深的自我控制，并由此更加远离自然，疏远彼此乃至自己。但它们在影响所达到的最广泛的范围内，确实是第一批形态之一，并且在一段时期内是这些形态的最有力的一种。在这里，给出一个暗示就足以找出一些例子来阐释人类这种全面的变化中的至少某些象征。

在17世纪的前20年里，一部浩繁卷帙的长篇小说在法国逐章发表，在正在形成的宫廷社会的圈子里得到巨大的反响和认可。它在很长一段时间内，成为某种偶像崇拜、社交娱乐、晚会游戏和言谈对话的文学中心。今天，它仍然被认为是这个时代的著名文学里程碑之一。今天，人们不能再像当年那个时代的人那样阅读它了，不能像那样感受到阅读它的乐趣。但这恰恰就是过去时代的一种挑战，是曾经名声大噪并且很时尚的文学上的见证向我们提出的挑战。如果人们不再仅仅把这样的书视为一本书和一部文学作品，如果人们同时把它看作天性的证明，那些人在特定的选择中展现了他们的喜好、感受、经历和习性，那么人们会找到理解自己的更好的途径。

奥诺雷·杜尔菲的小说《阿斯特蕾》便是那个时代的产物。当时，那些在较为独立的武士和封建领主贵族的传统里成长起来的贵族代表们也慢慢开始明白，权力平衡的转移有利于登上国王宝座的人及其代表，换句话说，中央政府的权力越来越大，牺牲了以前更为独立的区域性或地方性的统治阶级的利益，这是不可改变的。在内战中，奥诺雷·杜尔菲与天主教阵营并肩作战，反对纳瓦拉的亨利（即后来的亨利四世）所领导的新教军队。他一度被俘，又被释放和囚禁，最终被流放了一段时间。他来自一个富裕的并且在当地有较高地位的地方乡村贵族家族，这个家族与意大利、萨沃依（Savoyen）的宫廷、高级教会有着密切的联系。他受到了意大利和法国文艺复兴时期的精神的滋养，虽非宫廷人士，但受的是宫廷教育。他属于战败者的阵营，现在他与国王讲和，国王终于给被内战搞得筋疲力尽的人们带来了和平。

他把他的《阿斯特蕾》献给国王，他写道："陛下，请您接待她，不是把她当作一个普通的牧羊女，而是作为一个您自己创作的作品。事实上,可以说,尊敬的陛下才是创作者,因为整个欧洲要把安宁与和平归功于您。"①

由此可见,通往宫殿的一扇门关闭将意味着什么。在漫长的过程中,主要基于自然经济的武士贵族和领主贵族被作为顶层阶层的、主要基于货币经济的宫廷贵族取代,进入突破到一个新平台的阶段,或者正如人们常说的那样,一个新局面出现了。根据语言手段当前的发展水平,人们可以而且可能必须借助比较来表达这样一种突破到新阶段的人的形态。不过,人们可以而且必须同时把这种突破作为一种不能归结为量变的形态来加以分析,处于这种演变的中心点上的是人与人之间权力分配的某种可以确定的转变。概念上的区别,比如此前确定的"武士贵族"和"贵族"之间的区分,表明了群体和个人的这种形态变化。但是,在运用像"封建贵族"和"贵族"之类的概念时,通常仍然缺少社会学理论的支撑,社会学理论可以清晰地将人们可能观察到的贵族群体的各种类型,置于一种它们相互之间以及它们与整个社会的结构变化的明确联系上。

《阿斯特蕾》打开了一扇窗,通过它可以理解贵族人士的处境以及处在这种地位所应经历的东西,尽管他们已在他们自己人的身上体现了从旧贵族类型向新贵族类型的过渡,但同时也在很多方面认同旧日的价值观和理想,因此只要有可能他们就会奋起反抗统治权力的日益集中化,反抗权力落入国王手中,反抗与此密切结合的贵族的日益宫廷化,即便他们已经不再采取行动——他们是败军而且已经厌倦战

---

① 奥诺雷·杜尔菲:《阿斯特蕾》,新版,里昂1925年,第4页。

争——但仍在他们白日梦里时揭竿而起。艺术经常成为政治上的失败者或者脱离政治的人的社会飞地，在这里，人们仍然可以通过白日梦的方式追逐自己的理想，哪怕残酷的现实会阻止他们获胜。

杜尔菲本人已经在很高程度上体现了更完善的文明浪潮，在个人层面上，是自我控制能力的增强和文明化伪装的加强，在人们共同组成的形态的层面上，是货币收入支撑的国家控制日益集权化。深刻的个人冲突的一个方面贯穿于他的思想和感受，也表现在他小说的一些宫廷的浪漫主义特征中，被刻画为"小说式的多愁善感"，打上他自己的印记，这就是肯定文明的完善和自我克制，与否定社会结构的变化——尤其是否定统治控制的日益集中化——之间的冲突，从长远看，这是发展和维持这种改进与自律的条件之一。

把这部小说献给亨利四世摆出的是一种骑士姿态，即承认国王是胜者，是被征服者的主人和领袖。同时，这也是一种灰心丧气、听天由命的姿态。甚至乡村的地方贵族的领导者现在不得不接受权力中心转移到宫廷的高级领主和贵妇们那里。小说主人公阿斯特蕾表现出了这种已经一半是宫廷的、一半是不情愿被招安的贵族转型时期的可能反应之一，当宫廷的牢笼大门缓缓关闭，有关人士感到大门将永远关闭而自己几乎无力反抗之时，作为一个法国贵族，基本上别无选择：要么在金笼子里分享它的辉煌，要么黯然生活在笼子外的阴影里。

在这种情况下，一些贵族朝思暮想回到正在消失的世界里，在那里，他们曾拥有现在已经失去的自由。杜尔菲的阿斯特蕾以她自己的方式表达这种渴望和怀想。这部小说揭示了越来越贵族政体化与越来越宫廷化的贵族的乌托邦。人们把剑搁在一旁，建立了一个自己创造的游戏世界，一个模拟现实的世界；在这个世界里，人们乔装成牧羊人和牧羊女，可以没有约束地进行无关政治的冒险，尤其是享尽爱情的痛苦和喜悦，又不会与强硬的、模拟现实的世界的戒律发生冲突。

正如我们所说，困难之处在于像杜尔菲这样的人已经接纳了来自模拟现实的世界的特定价值观、戒律和禁令。它们再次出现在了他们自己创造的模拟现实的世界里。即使在牧羊人小说的镜子里，社会仍然保留着那些属于宫廷人士的结构特征，以及他们那个世界的自然禀赋，当然也包括他们梦寐以求的任何世界的自然禀赋。人的社会等级差异，贵族生存情况的浪漫转变，在小说中以绅士和贵妇或上层阶层的人的形象被保存了下来。

后来的资产阶级浪漫主义文学作品，顺应个人的特定资产阶级的个性化和个人的理想化，往往表现出各种个体的社会特征和不同社会群体的等级差异，只是半遮半掩地并且经常以某种方式，明明白白地告诉人们作者并未意识到它们是社会现状的指示灯。在很多情况下，它们只能通过后门悄悄进入他们模拟现实的世界。因为尤其是在德国浪漫主义文学中，作者首先关注的是人类个体的灵魂的命运，这些人某种程度上在一个非社会空间里自在而为，不受相互依赖的多重链条的束缚，不受权力和等级差异以及统治关系的约束。

杜尔菲把非模拟的世界的各种等级差异和等级制度几乎原样地注入他的模拟现实的世界里。他和他的读者感兴趣什么，他就把什么放进去。他的世界是由贵族组成的。除了那些侍从——他们也是他所描绘的美好社会的不言而喻的人物——之外,非贵族在他的世界里不扮演任何角色。不过,贵族之间的等级差异并不仅仅被视为这部小说的游戏世界的背景。它们在这个游戏世界里具有完全相同的作用和形态,一如其中所反映的非模拟的社交世界。

在法国高等贵族的社会里,尤其是在国王宫廷崛起的社会里,不同等级的贵族群体以及不同等级的个体之间的联系非常紧密,而在这当中,等级差异不会有丝毫的混淆。每个人都确切地知道谁来自比自己等级高的群体,谁来自比自己等级低的群体。属于一个明确的等级群体,也就是说,在杜尔菲所处的时代,通常是由血统遗传或者继承而来的等级,是每个人不可分割的一部分。在《阿斯特蕾》的最终版本里,尽管显然并不总是在保留下来的那些篇幅里,有两个至关重要的等级的贵族经常以某些特定的很容易辨认的装扮出现,亨利四世获胜之后,杜尔菲显然特别忙于描绘这两个等级的关系。其中有骑士、王子和国王,有巫师、术士,他们也许代表的是教会贵族。最重要的是一些仙女,她们被非常明确地刻画为宫廷里的伟大女性。在仙女当中,有一位迦乐蒂,她是个关键人物,是以亨利四世的第一任妻子为原型塑造的。

另一方面,牧羊人和牧羊女代表了等级较低的下层贵族。他们对应于杜尔菲本人所属的贵族阶层,对应于省级贵族和乡村贵族中半乡村半宫廷的精英。但他们作为牧羊人和牧羊女的有趣装扮,在这部小说中,以一种浪漫的理想化形式出现。没什么比这种装扮更重要了。就连中低阶层的贵族的一部分也已在某种程度上文明化,彬彬有礼,一副贵族做派、城里人做派,他们已进入货币链的日益加深的相互依赖之中,而且他们与乡村生活的社会距离和心理距离已经如此遥不可及,因此牧羊人和牧羊女的装扮以及与他们的羊群生活的简陋小屋,非常适合表达他们对更简单、更自由的生活的向往。

无疑,正是这种明显低级的贵族阶层在杜尔菲的模拟现实的世界里扮演着主要角色。属于这个阶层的还有牧羊人塞拉东,他与美丽的牧羊女阿斯特蕾的爱情是这部小说的主题之一。

杜尔菲在书中从牧羊人和牧羊女这个较低阶层的角度出发,展开了一场时而隐蔽、时而公开的争论,反抗较高阶层,反抗代表高级宫廷贵族的仙女和其他人物,尤其是他们的生活方式和价值观。作为这些人物的对照,他展示了充满真诚和纯真的简朴乡村生活的理想,就像牧羊人和牧羊女过的那样。这个话题并不新鲜。早在 16 世纪初,桑纳扎罗(Sannazaro)就在他的诗作《阿卡迪亚》(*Arcadia*)——部分肯定受到古代榜样的影响——中,以牧羊人和牧羊女的形象反衬和映照那不勒斯的宫廷。其他一系列田园小说和牧人游戏在 16 世纪延续了这一传统。借助这些作品去探询宫廷的"异化",以及在异化过程中宫廷与土地的疏远,将是一项有益的任务。

10. 从某些方面看,《阿斯特蕾》清楚地表明了这种拉开距离和意识提升——即在意识的螺旋阶梯上上升到一个新高度——之间的联系,在阿斯特蕾这个人物身上,总是让人回想起诸多具有决定性意义的问题之一(这些问题具有从文艺复兴时期直到今天所达到的意识水平的特征），这就是现实和幻想之间关系的问题。它是这整个时代的大悖论之一，在这个时代的进程里，人类社会比以往任何时候都更大程度地扩大他们控制自己所处的世界的范围，特别是他们所谓的大自然，而且也扩大对人类世界和他们自己的支配。与此同时，总是以各种形式作为整个时代的指导主题，并一再问这样一个问题：究竟什么是真真切切的、现实的、客观的，或者其他你想到的；究竟什么是人类的思想、艺术作品、幻象，总之，什么是"主观的"并且在这个意义上是不真实的。

实际上，整个问题的提出都与深植于人的自我控制的特定演变发展有关，伪装让他们觉得自己被一层外壳保护着，也就是说，与世界的其余部分保持距离，因此他们无法给出一个令人信服的解释，说通过他们的外壳传递到他们身上的东西不是幻觉，不是他们自己的发明或他们自己的一部分，并且在这个意义上是不真实的。只有上升到意识的更高层次上，就像这里所暗示的那样，人们才会学着了解自己的伪装以及伪装的性质，这种伪装是在之前阶段形成的；才有可能理解这个问题反映出的局限性并令人信服地解决这个问题。

在这里，指出在杜尔菲的小说中是如何表现上升到"文艺复兴"的平台的便已足矣。这是高级贵族过渡到法国顶级贵族这一阶段的特殊经历的一个例子，其中包括了他自己的经验和所有贵族的经验。如果没有意识到在人类社会发展过程中，人作为现实体验的经历是以某种可以精确判定的方式发生变化的，那么就无法完全理解他们的经验类型，就无法在我们称为"中世纪"的时期转变为我们称为"近代"的变革中观察到对"真实"和"不真实"的新概念的明显推动。在前一个意识层面,即被认为是真实的社会基础和个人基础,一如在人类进化的所有早期阶段里,仍然是相对未经反映的情感基础。与对情感做出有力反应的人的情绪需求相对应的一些想法,是根据他们引发的情感的强弱来判断的,这些情感被认为是对某些真实存在的事物的见解。

一个简单的例子就是普通人对于他们的假面具的态度。在适当的社交场合,比如在某次盛宴期间,人们会感受到面具具有一种让人害怕的强大精神力量,或者也许某人试图通过某种仪式,让他在情感上变得宽厚善良。很可能在宴会结束时,这个面具将被毫不留情地扔进废物箱或垃圾堆。对此有时可以这样解释,即强大的精神力量已经离面具而去。但如果你仔细观察,就会发现是参与体验的人随着情况的变化而改变了情感。这一物品究竟是什么并不在于其首先作为物品的特征的这个层面,而在于与物品相关的情感想法的特征。当情感强烈时,物体就会被人们视为强大的,而人们判定某物"真实"与否的一个关键因素就是并且依然是力量的这一元素。那些物体,参与体验的人群并没有期待它们对自己产生任何影响,于是在这个发展阶段那些物体对他们是毫无意义的,因此也就不是真实的。

从中世纪末开始,人们可以观察到一种强大的推动力,推动人们认可客观物体也可以具有同一性、真实性和有效性这一观点,而且它们并不依赖于在这里、现在参与体验的人群依据他们的传统和各人自身的情况所拥有的想法。这种推动力促使人们更加意识到与体验者有关的经验的自主性,以及"主体"经验中"客体"的更大的自主性,与自我保护的盔甲的升级密切相关。它的形成或多或少都是深层次的，是对各种情感冲动及其针对的各种客体之间的一种内置的自我审查机制。

这一推动力使人们能在他们生活的某些领域里寻找有关他们的世界的更广泛的知识时，对他们获知的东西更有把握，对概念图像的主题有更接近其本来面目的认识，同时更大程度地控制这些对象。获取知识的途径从神学向科学的过渡，就是在这种推动力的方向上发生的。传统社会观念的情感内容仍然主要被视为所呈现现实的保证，从这个层面出发，人们可以达到一个普遍认为有价值的平台，在发生自然事件的范围内制定出这些事件的内在规律，相对独立于对它们之间关系的直接感知。这样一来，相对可靠的知识基础就明显增加了。

人类获得了更有把握地了解各种事件相互关联的能力，然而，在这种新能力的层面上，同时也打开了非常具体的不确定性的源泉。只要人的意识的发展没有超越这个阶段，在无数变化里随着有把握的知识的社会基础不断扩大，这种特定的不确定性就会一再重复出现。在某些领域里，尤其是在"大自然"中，人们使用的各种概念和思维方式比从前任何时候都更接近可以观察到的事实，而在这个意义上，人们对各种事件的相互关联的图景变得更接近现实，更可靠。与此同时，人们无法确信他们对这个"现实"的所有想法都只是思想，是人类制造出来的，简而言之，都是幻想。

这种不确定性，这种对现实与幻想之间关系的怀疑，贯穿于整个时期。某种意义上，在绘画中过渡到对所见事物的更真实的表达，反映了现实和幻想的特殊震荡和结合。通过尝试在二维平面上描绘三维的空间现象，人们为我们提供了一种更真实、更接近现实的艺术创作方法，而这实际上就是人们在这个阶段上设定的目标。但是人们投射到画布上的东西，同时也是一种三维空间的幻想。它是一种假象。这种赋予幻觉现实形式的愿望，对应的是关于现实看起来是不是幻觉的哲学不安，即"究竟什么是现实，什么是幻觉？"这个问题困扰着在这个意识水平上的人，令他们忙碌于此。

如果一个人能够上升到随后的一个更高层次的意识阶段，从更远的距离上思考那些从中世纪末慢慢升上来的意识阶段，那么这些问题无法解决的原因就会相对容易确定。如果一个人能够做到这一点，那么你就能看到"现实"意味着什么的不确定性，以及是否对人们所谓的一切"事实"的东西的判断都是人类思想的产物，这种不确定性和反复怀疑最终基于这样的事实：文艺复兴阶段的人们对情绪的约束与他们的所思所想有关，最初是情感距离物化使之与具体思想所反映的对象区分开来。

这种行为，在这里被形象地称为一种拉开距离的行为，一种疏远，他们在对此进行思考时，就会将它们看作自己与他们思考的对象之间的实际距离。或多或少深度内置的自我控制的盔甲，在他们看来是一道实际存在的围墙，横在自己和自己所思考的对象之间。有关"现实"的性质的不确定性，导致笛卡尔得出结论，认为唯一可以确定的就是思维本身，人类在社会发展到一定阶段的结构特征，是符合人类的自我意识的，这是把情感概念加以物化的一个很好的例子。甚至通过科学反思人们思考的东西、观察人们观察的东西时，人们感到被一条鸿沟隔开的感觉可能也是完全真实的。

然而，这道鸿沟其实也是不存在的——它充其量不过是种感觉，而不是现实，就像一群普通人自发地感觉到一个假面具所具有的力量时赋予它幽灵般的力量。唯一的区别在于，在后一种情况下，文明的情感伪装已经比前一种情况明显更坚固、更稳定、更通用。

因此出现了这种情况：当欧洲社会的人——粗略地说——从15世纪开始，达到当时的新的自我意识水平时，科学知识是这个新阶段的象征，恰如笛卡尔的基本立场和后来唯名论的基本立场亦是这个新阶段的象征，他们在思考他们的思想时，在意识到他们的意识时，在思想上努力理解他们的思想时，一次又一次陷入困境。虽然科学地运用他们的思维能力培养了一种稳定增加的知识，这种知识却总是想成为某种真正存在的东西，而人们在思考自己的科学工作时却无法说服自己相信，某种真实存在的东西，即某种"现实之物"，与这种通过系统的思考和观察相结合而形成的知识是相适应的。以知觉的"主体"和被认识的"客体"之间的分裂和差距来看，现实这个概念本身似乎是可疑幼稚的。

不过，也许并非所有知识所揭示的东西，最终只不过是人类思想的发明或者一幅受到人类感官影响的画面？难道在参与体验的人之外发生的事件，通过思维或感觉发生了如此大的变化，以至于似乎存在于外壳"之内"的自我根本不能像它们实际存在的那样来认识它们，而只能在由思维或感官所引起的变化或者伪装中认识它们？在这种自我意识水平上，人们已经能够让自己充分远离自己的思维过程，在思考他们的思维方式时把对象视为独立于他们自己，特别是独立于他们感情的东西，并且在这个意义上是自主的。但是，在这个自我意识水平上，如果人们不能将他们自己和他们的思维方式保持足够的距离，以便把这种拉开距离的结构作为主客体关系的概念图中的基本元素，那么这些问题最终仍是无法解决的。

因此，在这种意识水平上，一方面，总是一再出现"主观性与客观性""意识与存在""幻想和现实"的关系问题，出现人们典型地借助一种空间范畴作为固有的"内在"来体验以及在其文明的外壳下"真正内在的自我"的问题；另一方面，也出现了这个外壳之外存在的东西，即"外部世界"的问题。笛卡尔对在自己思维之外发生的一切事情的"现实性"的怀疑，向绘画的幻想类型过渡，在教会建筑和住房建筑的风格上强调建筑物的外立面，它们和很多类似的革新都是社会结构和组成社会的人的结构发生变化的表现。它们是表征，表明人们在强加于他们身上的更大的情感约束的基础上，不再只是在世界和人当中作为造物之一的人类来体验自己，而是越来越多地作为个体，每个个体都存在于他的外壳之内，面对所有其他生物和事物，面对自己外壳之外存在的东西，包括所有其他人，面对通过这个外壳与自己的"内在"分隔开的事物。

这种自我意识的结构当时是新的，并且现在早已不言而喻，这种自我意识的结构不仅包括已经谈及的对"现实"本质的具体的不确定性，而且包括对现实和幻想的有意识地操控，从一个到另一个快速变化、过渡或者将二者的混合，从现在起，艺术和文学遇到这两种情况就会有新变种。《阿斯特蕾》就是一个例子。这部小说中的典型人物，不仅根据作者赋予他们的个人角色，以高度的意识和审慎思考来约束、遏制他们的情感和激情，还经常故意乔装打扮；于是，往往显得他们似乎有一段时间完全在扮演其他角色，有着全然不同的生活；他们看起来是那么不同，不像是他们"真实"的样子。

倘若人们想一想《阿斯特蕾》所处的社会，并据此思考在它所描述的社会里，什么东西被视为不容置疑的真切存在的东西，那么在这里也会像在很多其他情况下一样，遇到"存在"和"应然"、"事实"和"社会规范"的特殊混合物。作为"一个人'确实'是什么"的绝对毋庸置疑和不容置疑的基础，在这部小说里，似乎是他的血统以及由特定的族谱确定的社会等级。这恰好与社会中出现的情况完全一致，因为《阿斯特蕾》中呈现的东西主要是作为人类现实中不可动摇且几乎未被反思的组成部分。只有当人们知道一个人的出身、血统，并因此知道一个人的社会等级时，才会知道这个人是谁，他确实是什么样的人。在这一点上，怀疑和反思止步了；人们的思维不会超越这个点。人们不能也不需要超越这个点去思考，因为血统和社会地位是贵族的社会生存的基石。

《阿斯特蕾》是一部贵族小说，为贵族观众提供了许多经过伪装的贵族形象。曾经——现在也是——贵族们如果遇到另一个贵族的话，感兴趣的首要问题是"他或者她出身什么样的家族或家庭"。这样一来，人们就能对其按照社会地位来区别对待。这部小说表明，在这里，人们已经卷入一个较为广阔的流动性的贵族社会网络。在通往大宫廷贵族政体的道路上，人们在这种政体的架构里相互接触，他们和他们的家庭并非像更狭窄的贵族圈子那样，从孩童时代就相互认识。《阿斯特蕾》反映出了一个社会，其中成员通常最初并不知道他们所遇到的另一个人是谁，不知道这个人的"真实"情况。因此，就有可能以各种外表上的（甚至有时是等级上的）伪装和改变示人。

在这当中，阿斯特蕾所体现出的意识水平的特征是，在这里，人们不仅仅在穿着打扮上伪装、行为做作或假装自己是什么人，在做什么，有什么感觉，而这些都是与"实际"不相符的——这种情况通常也出现在前一时期的文学作品里，而且人的衣着伪装和行为做作同时也是反思的对象。"现实"与"面具遮掩"之间的关系通常是漫无边际的闲谈中人们讨论和争论的问题。人们十分有意识地玩这种乔装打扮、装模作样的可能性的游戏。人们思考着从中产生的这类问题，即人们能够给自己戴上面具，乔装打扮；人们能够给他们的思想和感觉戴上面具，乔装打扮。简而言之，《阿斯特蕾》是一个例子和象征，表明已经上升到一种具有特定的新结构特征的社会情境，并且作为其维度之一，具有了一种意识状态。

其中一个特征是在这里已经达到对人进行反思的阶段，或者换言之，达到自我疏远的阶段。与早期相似类型的小说相比，《阿斯特蕾》——当然不仅仅是《阿斯特蕾》——代表了一个阶段，人们在这个阶段上已经能够更大程度上地与自己拉开距离，甚至站到自己的对面。他们在某种程度上已经上升到意识的螺旋阶梯的更高台阶。由此，他们可以看到自己在前一个台阶的活动，甚至观察和审视自己与其他人的交往。

在这里所遇到的爱情类型，本身就是这种更强的控制情绪能力的展示，拉开与其他相关的人的距离以及与自我的距离的能力，而这种自我疏远与在国家权力日益集中化和贵族精英的日益形成和发展过程中人的前面已经描述过的形态变化，尤其是相互依存关系的不断变化，是相适应的。同时，在《阿斯特蕾》里处于中心的爱情关系的理想，并不代表最高和最强大的宫廷贵族的理想，倒是体现了贵族中间阶层的理想，这并不是毫无意义的。杜尔菲有意识地将这种理想与牧羊人和牧羊女的更高尚、更纯洁、更文明的爱情伦理进行对比，因为这些贵族是社会等级较低的阶层的代表，所以同时也是与占统治地位的宫廷贵族的较为宽松和感官享受的爱情伦理相对照。

人们很容易生出这样的印象，即《阿斯特蕾》是一部完全不过问政治的"纯文学"作品。爱情问题是这部小说的核心。然而，尽管杜尔菲像内战中的很多人一样，曾经徒劳地反对那个现在已登上国王宝座、处于宫廷中心的人，而且某种程度上也反对过日益增长的国王的权力，现在却把刀剑放在一旁，为那些厌倦战争的人创造一幅平和、简朴的牧羊人生活的梦想画面；而在思想层面，他又拿起意识形态的武器，借助他的小说继续战斗。地位较低的牧羊人和牧羊女的简朴、美好、自由的生活，总是与高等的宫廷老爷和夫人——这个世界的统治者——实际的习俗习惯格格不入。反复强调这两个群体的爱情态度上的差异，表明战斗在另一个领域里还在继续，即代表两种不同的价值观的辩论，作为对越来越无法摆脱的宫廷化的抗议，对占统治地位的宫廷贵族制度的半遮半掩的论战还在继续。

《阿斯特蕾》以一种早期但高度范式化的形式展示了强

大的文明推动的两个方面之间的联系，它可以在大约15世纪以来的欧洲社会或迟或早地观察到；这两个方面之间的联系更广泛地将外部强制转变为自我约束，强化良知的形成，一方面是以"精神"或"道德"的形式实现社会强制的所谓"内化"，一方面旨在逃避文明社会的文明约束的逼近，半玩笑、半认真地退回到更简单的——大多数是乡村——生活的飞地中，即撤到一个梦想世界里。

在这里，人们已经可以看出，为什么这种文明的辩证法往往是良知的形成、我们对各种强制的道德化、文明约束的"内化"以及试图或梦想摆脱文明约束的产物，它最常在各中间阶层观察到，在那些两面受敌的阶层观察到；相反，在那些至高无上、大权在握的统治阶层则几乎不见踪影。不仅在资产阶级中间阶层的发展中，而且在《阿斯特蕾》所描绘的贵族中间阶层的爱情伦理里，都揭示了这种矛盾。

11. 今天使用的"爱情"一词经常会让我们忘记，在欧洲的传统里，在一再被视为真正的爱情关系的典范的爱情理想中，关系到一种在很大程度上由社会规范和个人准则决定的男女之间的情感关系的塑造。在《阿斯特蕾》里，人们遇到的这种情感模式，是贵族体制下一个半宫廷化的中间阶层的理想。小说男主人公塞拉东对女主人公阿斯特蕾的爱，并不单单是一个男人想拥有某个女人的那种激情。在一个贵族的故事里，人们在这里发现一种爱情关系的形式，它与后来的资产阶级文学的浪漫爱情理想密切相关。

这里所说的是一个未婚的年轻男子和一个未婚的年轻女子的充满激情的感情承诺，只有这两人通过婚姻结合在一起才能得到满足，这是非常具有排他性的。也就是说，这个男人想得到这个女人，而不是任何其他女人；反之，这个女人要得到这个男人，而不是任何其他男人。因此，这种爱情理想是以一种高度的个性化为前提的，它排除了这对伴侣中的任何一位与第三人的任何——哪怕是短暂的——爱情关系。不过，因为这两个人具有高度个性化的自我评估、高度差异化的外壳，所以交往策略比从前更加困难和旷日持久。

在这里，年轻人在社交上已经独立，因此即使父母反对他们所选择的对象，想反对通过爱情结合的强大力量，也很少会收效。正因如此，求婚就更加困难并充满危险。这两人必须相互考验。他们的爱情游戏不仅受到他们半无意识、半随意的情绪伪装的强大力量的影响，而且也受到意识到要思考以及如何伪装掩饰的影响。在爱情伴侣的面具背后，究竟发生了呢？对方的感情怎样才是真实的、可靠的？在缺乏个性化、比较狭隘的群体里，通常有传统的家庭控制和仪式，某种家庭观点认为，他们想要成婚或者应该结婚。而在这里，年轻女子和年轻男子必须完全依靠自己的判断和自己的感觉。仅仅基于这种原因，这种爱情关系只有在经过长时间的个人考验之后，只有在克服很多部分由自己造成、部分由他人导致的误解和考验，才能实现。也就是说，求爱的困难——往往是冒险——和无论如何延迟爱情成真的策略占据了这部小说的很大一部分，它们反映出了日渐拉大的人与人之间的距离。

正如《阿斯特蕾》中所描述的，主要人物的这种爱情关系是一种理想。它是一种欲望冲动和良知的复杂混合体。这种爱情复合体的明显特征是，更强大的文明外壳不仅可以长时间遏制人类激情的比较自发的动物性表现，而且同时在文明进程的这个阶段上，可以延缓人类的快感，一个人在自己的爱情挫折里苦中求乐，在没有得到满足时的那种紧张心情，也是一种次要的收获。它们赋予这种爱情结合以浪漫的特性。

爱情游戏的这种延长，以及从未能满足的欲望的紧张中获得的次要快感，不仅与某种特定的爱情伦理密切相关，也与爱侣们严格服从的社会既定规范密切相关，这些规范把它们固有的良知强加于他们。规范之一是恋人们首先彼此要忠贞不二，尤其是男性一方要始终如一地忠于心爱的妻子。无论误解和诱惑有多大，根据杜尔菲在他的《阿斯特蕾》里向我们展示的爱情关系的理想画面，绝对的始终不渝的忠诚是男性一方的责任和荣誉。杜尔菲正是把这种爱情伦理作为牧羊人和牧羊女的伦理，即贵族的一个中间阶层的伦理，反对宫廷化和日益增长的文明的强制，反对占据统治地位的宫廷贵族的更自由放纵的爱情习俗，尽管牧羊人和牧羊女这个中间阶层本身已经走上了宫廷化之路，而且已经在很大程度上走向了文明。

一个简短的场景可以让这种情况变得直观[①]：

迦乐蒂是小说里的一位仙女，一位高级宫廷贵妇的化身，可能是以瓦卢瓦的玛格丽特[②]为原型。她指责朴实的牧羊人塞拉东，即指责社会地位较低的贵族的一位代表人物，说他不知感恩戴德，对她很冷漠。塞拉东答道，她所指的不

---

① 杜尔菲：《阿斯特蕾》，里昂1925年，第438—439页。
② 即著名的玛戈王后，法国瓦卢瓦王朝的国王亨利二世之女。——译者

知感恩戴德，不啻为在说这是他的义务。贵妇回答："你这样说，仅仅表示你的爱是针对别人的，因此你的信念让你有服从的义务。"

"但是，"她继续说道，"自然法则规定了一些完全不同的东西。它要求人们关注自己的福祉，而对于你的福祉而言，难道会有比我的友谊更好的事吗？在这方面，还有其他人能像我这样为你做这么多事吗？坚持这种荒谬的忠诚和坚贞不渝，塞拉东，不过是些愚蠢的笑话。这是一些老妪和怨妇发明的废话，她们想通过这道围栏把一些人与自己牢牢地绑在一起，而她们的老脸会把这些人吓跑，跑得无影无踪。有人说，所有的美德都在各种链条上。如果没有世俗的智慧，坚贞不渝、始终如一是不可能存在的。但为了摆脱那种朝三暮四的人的呼唤而忽视某种善意是明智的吗？"

塞拉东反驳道："夫人，世俗的智慧不会教导我们以应受谴责的手段去寻求某种好处。在没有牢固基础的情况下，大自然不会以其规律命令我们建造建筑物。难道还有比不守诺言更可耻的事吗？一个灵魂像蜜蜂那样，被甜蜜吸引，从一朵花扑到另一朵花上，喜新厌旧，难道还有比这个灵魂更轻浮的吗？夫人，倘若没有忠诚，我能把您的友谊建立在什么样的基础之上呢？因为如若您自己遵守您所说的律法，这种幸福之花还能对我绽放多久呢？"

人们看到，这位牧羊人同这位高级宫廷贵妇一样精通宫廷的唇枪舌剑艺术，在贵族的宫廷化和文明化的过程中，宫廷的唇枪舌剑部分地取代了骑士以兵器和血肉之躯进行的斗争。在这场简短的对话中，人们还看到正在宫廷化的贵族对大宫廷的伦理的反抗。贵族的一个中间阶层的代表人物体现了一种爱情伦理，这种爱情伦理先入为主地代表了各资产阶级中间阶层的一种广泛的理想。恰如杜尔菲所看到的那样，这位高贵的夫人代表着世俗智慧中的大宫廷的伦理。很多人认为，她所说的话十分接近她所处的占统治地位的宫廷上层的思想和行为的真实标准。

瓦卢瓦的玛格丽特自己也写了一个短篇小说①，展示了一位高级贵妇和一个普通骑士之间极为类似的关系；当然，在这篇小说里，对贵妇而言，这种关系最终以幸福收场。在这个宫廷上层阶层的伦理框架内，已经先入为主地对自然法则进行了阐释，后来，尤其是资产阶级的社会哲学和经济哲学，接受了这种阐释并进一步地系统发展，把对自然法则的阐释作为一种要求个人实施的规范，为了他自己的利益，要求个人按这种准则行事，这并不无趣。牧羊人塞拉东代表了一种与占统治地位的宫廷社会精英对抗的理想。就像牧羊人的浪漫一样，作为深受宫廷统治强制和文明强制之苦的人的相反理想，它长期存在，生机勃勃。

这同样适用于杜尔菲所描述的牧羊人向往大自然的理想。在这里，就像爱情理想的情况一样，人们会遇到通过向往过去来美化的那些渐行渐远的东西。在这种情况下，会与简单的乡村生活越来越疏远。

塞拉东告诉仙女希尔薇（Silvie），没有人知道牧羊人希尔瓦德雷（Silvadre）是谁，也就是说，人们并不知道他的家庭和出身。塞拉东说，他几年前出现在这里；由于他非常了

---

① 《瓦卢瓦的玛格丽特全集》，出版人：M. F. 古萨德（F. M. Guessard），巴黎1842年，第56页。

解草原上的牧草和我们的牲口，所以人人都给予他帮助。

塞拉东说："今天，他生活得非常舒适，而且可以认为自己很富有。哦，仙女，因为我们并不需要太多东西，大自然本身就是以很少的东西感到满足的，而我们只是希望像大自然那样生活，然后很快变得富裕起来，心满意足……"

仙女回答道："是的，您比我们更幸福。"[1]

在这里，人们再次看到这部小说的意识形态上的特征。宫廷上层阶层的矫揉造作的生活，与牧羊人简单自然的生活形成鲜明对比。但在这里，田园生活已经成为渴望一种无法实现的生活的象征。这是一些"内心"分裂的人的向往追求：他们也许仍然记得自己年轻时在乡村里的生活。杜尔菲自己非常有意识地把小说的主要情节移植到他度过青春时代的法国的那个地区。但同时这些人也已经深深卷入贵族政体化的过程，而且由于宫廷文明的影响，他们也发生了深刻的变化，对于真正的乡村生活已经太过陌生，在农民和牧民中过一种简朴生活，他们是不会感到满意的。

杜尔菲可能非常清楚这种情况，返回他青年时代的乡村，现在他与那些打扮成牧羊人的宫廷贵族一起生活在乡村是一个梦，一个游戏。只有对它的渴望是非常真实的，只有反对爱情生活方式的意识形态斗争、人为的变革形式以及宫廷的整个生活方式是非常真实的。不过，自我疏远和反思的能力在此已经达到一个阶段，人们无法掩盖这样一个事实，即牧羊人和牧羊女虽然象征了一种真正的向往，但他们只是在着装打扮上是牧羊人，一种乌托邦的象征，而不是真正的

---

[1] 杜尔菲：《阿斯特蕾》，第1卷，第389页。

牧羊人。正如我们所说,在这个阶段,虽然人们已与自己拉开足够的距离,以便提出这样的问题:什么是现实,什么是幻想?但人们无法真正地回答这个问题。通常情况下,只能玩一种可能性的游戏:作为幻想出现的东西可能是真实的,而作为真实出现的东西却可能是幻想。

在小说里,杜尔菲首先对牧羊女阿斯特蕾这个人物进行了描绘,他写道:

"如果有人指责你没有说乡下的语言,你和你的羊群身上也没有散发出绵羊和山羊的气味,我的牧羊女啊,那你就这样回答他们……你本人和那些追随你的人都不是把羊群赶去牧场、需要以此谋生的贫穷牧民,但是你们都选择了这种生活方式,为了更温柔地生活,不为人所迫(悠闲自在的生活,没有约束)。请你回答他们,如果你的想法和话语与普通牧人的想法和话语真的相同,那么他们听你们说话没有多少乐趣可言;而如果你们是在重复他们的想法和话语,那么你会感到羞愧难言。"[1]

在这里,杜尔菲用"悠闲自在的生活,没有约束"这句话表达了中世纪末的伟大文明推动的早期的愿望,作为一种可复制的结构特征,总是一再出现在很多浪漫的对抗运动里,这些对抗运动始于这种伟大的文明动力的固有特征。如上所述,作为宫廷人士对于田园浪漫的早期形式的一种可能类型的体验的例子体现在了《阿斯特蕾》中,从中某种程度上可以窥见这类浪漫主义推动力的社会结构。人们早晚可能在更广泛的文明理论的框架里对许多浪漫主义运动进行理论

---

[1] 杜尔菲:《阿斯特蕾》,第7页。

上的澄清，正如我们所说，这些浪漫主义运动属于文明进程的常见现象。在这里，人们看出某些端倪。

《阿斯特蕾》的时代是这样一个时代，其中人们对自己行使的自愿或非自愿的情感控制形式的文明约束，以礼貌、良知和许多其他形式明显增加。社会化过程，以及社会普遍存在的情感控制的日益提高的标准下的年轻人的转变，变得更加困难。各方面的能力和拉开距离的习惯都在自己加强，比如与"客体"的关系、与"大自然"的关系、人与人之间的关系、与自己的关系。虽然与此同时反思能力也在增强，但在文明进程的这个阶段上，受人类制约的文明转型的性质，仍然在很大程度上隐藏在正在变化的人身上。他们感受到种种强制的压力，尤其是感受到他们所受到的情感约束的压力，但对这些约束并不理解。

来来去去的浪漫主义运动以这种或那种形式表达了对乌托邦形式的——也就是说，无法实现的形式，并且经常能隐约意识到是不切实际的——这些约束的渴望，使得某些社会结构、某些群体的人的具体情况有利于各种承诺会将人们从他们受到的约束中解放出来的运动和理想的出现；同时，有时也很有可能把他们从文明和统治的强制中解放出来，通过撤回到一种更简单的社会生活的飞地，或者重建过去那种更简单、更纯洁、感觉更美好的生活。

杜尔菲写作《阿斯特蕾》时的条件，揭示了某些社会结构与上面提到的特定冲突之间的某些联系，这些都是浪漫主义的产物和运动的典型特征。只有通过进一步研究，人们才能发现，在其他情况下，思想和理想的浪漫主义结构与特定社会结构之间的这种解释性联系，是否以及在多大程度上会重复出现。在《阿斯特蕾》里，人们所看到的对一种比较简单的生活的渴望，是一个高级阶层的要求，这个高级阶层自认为仅次于一个更高阶层，并受其统治，而且同时强调和意识到自己作为高级的、享有特权的阶层居于那些较低阶层之上。

在处于这种情况下的资产阶级各阶层的案例里，通常会谈到"中产阶级"。当人们谈及贵族时，会对这个词的使用犹豫不决。最能够表达这个阶层的共性的说法是受到两面夹击的阶层，他们面临来自上面的压力，那些群体拥有比他们更大的权力、更大的统治机会、权威和威望，也受到来自下面的压力，那些群体虽然在社会等级、权威和威望方面处于劣势，但仍然在整个社会的相互依存中作为一种权力因素发挥着重要作用。他们自己很可能会遇到他们所感受到的种种强制，并将其视为他们要面临的限制，因为那些在社会地位上优于他们的人，即第一等级的人，比他们握有更大的权力机会。

正如人们所看到的那样，这是杜尔菲在他的《阿斯特蕾》里反对宫廷统治阶级、反对宫廷贵族的上层阶级的意识形态斗争的路线。宫廷贵族上层主宰的宫廷生活方式和行为模式，适合作为攻击的目标，这在描写牧羊人的简单的田园生活中得到了体现。当杜尔菲谈及他的牧羊人只是在寻找一种没有强制的舒适生活时，那么他就会意识到那些强制便发端于强大的国王和他的宫廷。

他并没有意识到，他和他所在阶层的人们所承受的强制，同时也是他们给自己施加的强迫行为，为的是在自己身上培养和保留那些他们为了自己的利益而单独处理的特征，而且在很大程度上也是他们崇高社会地位的象征,以此表明他们比那些社会地位较低的人拥有的社会优势和权威。甚至通过精致的爱情游戏、高度紧张的严肃的爱情伦理,让人们将自己与非贵族阶层那种"不讲究的"两性关系区别开来。与此同时,人们几乎没有意识到这种对自由的渴望及其象征,看似自由的田园生活以及精致的爱情伦理的种种约束,其实是种悖论。

在近代社会的较长时期,受到两面夹击的各中间阶层,无论是贵族还是资产阶级,经常受到种种咄咄逼人的强制,包括文明的自我约束[①],正是因为它们生活在两条战线上,处于不断紧张和频繁的压力之下。顶级阶层感到自己的上头不存在任何人,只须抵御来自下面的压力,补偿性社会奖赏是拒绝给予他们的。他们想摆脱统治和文明的强制,这被认为是消极的,同时又想保留自己的文明的积极方面,这些是他们与众不同的特征,他们崇高社会地位的标志,这些对他们而言是不可或缺的,并且在很大程度上构成了他们的社会身份和个人身份的核心。在杜尔菲的论证中,这种冲突表现得一清二楚。他的牧羊人想摆脱宫廷—贵族社会的强制,又不想丧失他们所拥有的特权和优越感,特别是在他们的文明背景下,这种特权和优越感让他们有别于那些粗野的、浑身散发着山羊和绵羊气味的不文明的人,有别于真正的农民和牧羊人。

---

① 在 W. 莱布尼兹(W. Lepenies)的《忧郁与社会》(*Melancholie und Gesellschaft*,美因河畔的法兰克福 1969 年版)里,可以从某些方面(遁世、忧郁、无聊、逃进大自然等)对这个问题进行深思熟虑和更详细的调查。

这样一来，人们仍然可以比从前更加清楚地看到冲突的性质，这种冲突负责让这种创作放射出特别的浪漫主义曙光，让真正的渴望变得清晰，让虚幻的表象、乌托邦式幻想中的真实需要更加明显，人们往往隐约意识到这类幻想，也就可能更顽固地坚持，因为人们害怕充分意识到这是虚假表象。处在高层的受到两面夹击的阶层的更明显的冲突在于：他们有可能破坏保护他们抵抗来自下面的压力的城墙，破坏确保各较高等级和更强大阶层的特权地位的城墙。不质疑他们自己对其他阶层的权威地位，他们就不能从对其他阶层的至高无上的限制中抽身出来。

然而这只是更深层的冲突的一个方面。面对两条战线的各阶层的冲突不仅涉及权力和权力的等级分配所产生的制约因素，也就是说，在杜尔菲的例子里，不仅是服从胜利的国王和宫廷上层的种种强制，而且涉及文明的种种情感强制，它是人们强加于自己的，并且是自己个人形象的一部分。田园乌托邦的虚幻性，最终建立在此之上：其代表人物希望过一种与宫廷贵族的生活相反的、简单而自然的田园生活，但同时又想保留所有人际交往方面的文明，尤其是爱情方面的，这些让他们作为受到文明教化的贵族，与那些粗野的、不文明的牧羊人区别开来。不仅对于浪漫主义的这种表现形式，而且对于很多其他的表现形式来说，其特征在于人们试图在其框架之内摆脱文明的限制，但又无法办到，因为这些强制是他们自身的一部分。

在一些受到两面夹击的阶层里，文明的约束——无论是对社交礼仪的改进还是对两性关系的改进；无论是良知还是道德的——都特别紧迫。因为它们已经卷入了相互依存的网络，经常与两条战线上的种种紧张关系和冲突息息相关。无论从哪方面看，总是可以在面临两条战线的各阶层里，在各种浪漫浪潮的根源上，观察到个人冲突。从统治的强制或文明的约束来看，这种冲突的特征在很大程度上是受权力分配的相对较大的不平等以及有关社会的文明程度制约的。人们想保留自己拥有的优势、特权以及与自己的文明息息相关的独特价值，无论人们在概念上如何理解这种区别，即独特的教育、培养、教化或文明；与此同时，希望让自己远离各种强制，人们至少因为不平等的文明及其带来的各种优势、优越地位和区别而屈服于这些强制。

12. 有趣的是，杜尔菲在他的田园小说里用"悠闲自在的生活，没有约束"这句话语来阐述问题和目标，自他那个时代以来，这种问题和目标已经在新的运动中出现。甚至在我们这个时代的无政府主义和充满幻觉的愿望里，也能听到它的回声。这句话的浪漫主义—乌托邦性质，部分是基于这样一个事实：在这里，人们想摆脱人类自身通过相互依赖而施加的约束的痛苦，而且试图逃避这些约束，或者在没有明确了解这些强制的情况下打破其结构。

"悠闲自在的生活"这句法文并不容易翻译成德文，人的一种比较平静友好的、舒适顺畅的共同生活，这是迄今存在的译法之一。不管如何翻译，这样一种目标肯定存在于其中。与此相反，一种没有约束的社会的共同生活是不可能和不可想象的。但这也并不意味着这些强制必然具有它们迄今在社会发展过程中所具有的结构，这种结构总是导致乌托邦式的努力，并因此也在其固有的目标的意义上，从一开始就被指为必败无疑。

无论人们是相互施加强制,比如作为统治者和被统治者,还是施加自我约束,即使在研究这类强制的早期阶段也已经可以看到,迄今很多强制的形式,包括不断重复出现的浪漫主义—乌托邦运动中发现的其表现形式的强制的形式,与迄今各种相互依存的特定结构特征相关,这些特征绝不是一成不变的。各种社会权力分配的不平等,特别是文明程度的巨大差异,无疑是导致各种强制——包括文明的自我约束——的强大因素。一般而言,人们对于各种强制的搬起石头砸自己脚的特殊效应普遍还知之甚少,在相互依存的网络中,很少意识到权力大的群体对权力小的群体,较文明的群体对较不文明的群体施加的强制的效果。人们往往会视而不见这样的事实:权力上较强的群体会以这种或那种形式对权力上弱势的群体施加强制,而这种强制最终会成为自我约束,回到权力较大的群体身上。

用诸如"统治"或"权威"这类词作为社会学术语时,也可能妨碍对人类相互依赖的网络中强制和反强制之间关系的理解。这类词通常只显示自上而下的强制,但不显示自下而上的约束。它们使我们很容易忘记每一种形式的"统治"——例如对于路易十四的"统治"的研究所表明的——都或多或少存在不稳定的平衡,尤其是权力的平衡。作为一种更全面的分析工具,"强制"的概念是更可取的,如果用于人与人之间相互施加的但并不一定相等的强制,在相互依赖性分析的背景下一种强制形态的意义上,而不是看似在人类之外的规范和原则的强制的意义上。

可以理解的是,迄今人们往往只探讨了权力上弱势的群

宫廷社会 | 415

体所受到的强制，这样的话只能获得片面的认识。正是因为在每个社会、每个相互依存的网络中都存在一种强制的循环，群体对群体施加强制，个人对个人施加强制，如果不同时研究处在上方的有关阶层受到的强制，就不可能理解处在下方的有关阶层受到的强制。

以此为出发点的对宫廷社会的研究，是向着这个方向上迈出的一步。从在权力上处于比较弱势的群体看，王公和各贵族阶层都很容易被认为是这样的人，他们似乎过着一种自由自在的不受强制的生活。在这里，进一步的研究就会清楚地显示出，各上层阶层，包括它们最有权力的成员，即专制的国王，都要服从一些强制。人们已经看到，他们在很大程度上也要不断自律，服从各种强制，这正是因为他们明白要保持他们的高级地位、高贵、对其他阶层所具有的优势，这已经成为他们整个生存的目的。

杜尔菲展示了一个相对简单，实际上是简化的画面，描述了贵族在宫廷化和贵族体制化过程中所受到的强制。他的小说的注意力几乎完全局限在贵族群体身上，资产阶级群体几乎没有扮演任何角色。在意识形态的简化中，一边站着牧羊人和牧羊女打扮的贵族老爷及贵妇，他们来自同一社会等级；另一边站着等级更高的人，其中很多人代表宫廷贵族的上层。早在亨利四世时期，法国权威的精英阶层的划分就已经变得复杂得多，相应地，它们之间紧张关系的平衡也变得更加复杂。但是，非精英阶层的压力主要仍然是在农民阶层，包括在许多城市里几乎不会读书写字的下等阶层以及这些人之上的行会和担任行政职务的资产阶级群体，他们权威性的精英阶层及其在社会方面的强大势力和权力机会所施加的压力,相比对集中在中央的精英所施加的压力,仍是微不足道的,如果无视当地集中的大都市居民的话。仅仅是后者一个个聚集起来,就对宫廷精英构成了一定的危险,因此——作为一种可能性——也是他们的社会力量、潜在实力的一个因素,路易十四后来试图通过把王宫搬到凡尔赛来减少这种因素带来的压力。

九

论革命的社会发生

在前工业化的国家社会，相比较发达的工业民族国家，其权力分配的不平等程度非常大。宫廷社会就是前工业社会精英垄断的一个例子。其他事项除外，权力机会分配的不平等程度更大，这反映在绝大多数法国民众对宫廷贵族感兴趣，仅仅在作为他们的仆从时。在日益现代化和商业化的过程中，在推进城市化和集权化的过程中，传统垄断精英和非精英阶层的国家民众之间的相互依赖和依附的重心逐渐转向了后者。指出下述情况或许会有用：重心朝着这个方向转移，最初并不是发生在推进工业化的背景下明显的民主化时期，而是作为一种在法兰西王政时期旧制度中已经开始萌芽的潜在的民主化，尤其与工业化之前的商业化有关。

有时，人们试图解释社会权力分配的爆炸性变化，例如法国大革命，仅仅是短时间内在革命时期之前或者期间发生的事件。但通常情况下，只有观察有关社会中权力重心的长期变化，人们才能了解这类暴力革命。这种权力转移在一个漫长的时代以较小的步伐缓慢进行，因此，有关参与者及其后代在回顾时，通常只感受到个别征兆，却察觉不到权力分配的长期变化。问题是：为什么在社会权力机会的分配潜在的、半地下的和渐进的变化，从一个时代进入另一个时代，其中权力关系的变化加速、权力斗争的加剧，乃至执政者实行的暴力垄断，受到迄今一直被排除在国家权力垄断之外的非精英阶层以有形的暴力进行的反抗，在迄今一直被排除在外的各阶层的参与下，这种权力垄断或被扩大或被彻底摧毁。

在后一种情况下，以有形的暴力来反抗迄今实行权力垄断的人，并不会破坏中央国家对有形的暴力和税收的垄断，尽管这种破坏暂时可能是造反者的目标。发生的情况通常是这样的：那些迄今被排除在对中央国家垄断控制之外的群体，要么获准参与这种控制，要么以他们自己的代表取代迄今实施权力垄断的精英。在对法兰西王政时期的宫廷社会的研究行将结束之际，一个无法回避的关键问题是：在何种情况下，国家社会框架下的长期权力转移会导致人们对有形暴力的前垄断者实施有形的暴力？

有关法兰西王政时期旧制度的宫廷精英的研究，提供了阐明这个问题的一些线索。它表明，在法国，通过迄今被排除在对暴力的垄断控制之外的那些阶层来宣称过渡到采取有形的暴力，仅仅作为资产阶级对贵族作为统治阶层的一种反抗，这种想法充其量是对客观事实的简化。这种简化的根源是对社会等级和社会权力的混淆。正如人们所看到的，在法兰西王政时期旧制度里，贵族显然是最高社会等级，但它绝不是最具社会影响力的阶层。在法国王宫里，虽然在某些特定时间曾经有过一种固定的贵族等级制度，而且依照这种制度高级宫廷贵族的成员们，首先是王室成员，占据了最高社会等级。但是，社会等级和社会权力已不再匹配。

在法国整体社会发展的框架下，国王的宝座为登上这个宝座的人及其代表提供支持，以巩固其地位或满足个人喜好，限制等级较高的群体和个人获得有效的权力机会。圣-西门曾经抱怨说，路易十四本人把法国勋贵压低到了臣民的等级。他很少关注人与人之间的等级差异，最终导致一种平等主义。实际上，国王非常渴望维护甚至强调各不同等级之间的差别，但同样重要的是要让即使等级最高的人也明白他们是他——即国王——的臣仆。从这个意义上讲，他贬低或抬高一些人，并让他的资产阶级顾问和助手以及他的宫廷贵族成员互相攻击。

像科尔贝特（Colbert）这样一位大臣，谁也不会忘记他的资产阶级出身，甚至他本人也不会忘记，有时他拥有大多数高级宫廷贵族无法匹敌的更大的权力机会。国王的情妇，往往比包括王后在内的高级宫廷贵妇们更大权在握。正是由于这个原因，在社会等级和社会权力分道扬镳的情况下，统治阶级这一概念就很值得怀疑，如果像有时候发生的那样只将其局限于专制政权的贵族，却忘了问：在贵族作为看似统一的享有特权的等级凌驾于司法之上时，在法兰西王政时期的国家社会里，权力实际上是如何分配的。

除此之外，前面的研究已经指出了分析这种复杂的紧张关系的结构所需的特定类型的概念。人们看到的是一种具有多极紧张关系平衡的形态。它有一个紧张关系的主轴，许多其他的——更小和更大的——紧张关系都围绕着这个主轴排布。一方面是直接或间接出身资产阶级的在最高政府机关和行政机构任职的人，即官员贵族，另一方面是大多数属于武士贵族的宫廷贵族成员，他们在宫廷里、军事部门和外交部门拥有部分职位，这两方面构成了这种紧张关系主轴的两极。

在他们周围，其他的紧张关系的苗头无处不在，其中部分是永久性的和结构性的，部分是暂时的和个人性质的。因此，在较高等级的贵族群体和较低等级的贵族群体之间，经常出现紧张关系；在路易十四的宫廷里，正统王子与国王的某个情妇所生的非婚生子之间就存在紧张关系。在观察宫廷时，人们看到的是一个相互依存、相互竞争、相互制衡的精英群体。这个复合体以国王为首，其结构表现为资产阶级出身的官员群体和武士贵族群体之间的紧张关系的微妙平衡。

路易十四的宫廷精英的这种紧张关系的平衡，是在上层、非宫廷的阵营里的一种紧张关系的平衡的延续。宫廷的武士贵族构成贵族等级的顶端，而贵族等级中的较低等级可以在陆军和海军的军官队伍或者遍布全国领土的乡村贵族中找到。在宫廷最高政府机关和行政管理机关担任最高职位者，与在这个国家的高级和低级司法及行政机构任职者都有联系，从官员贵族的大家族到担任低级职位者的家庭以及行会代表也都有联系。18世纪的官员贵族构成了世袭公务员职位者的资产阶级等级金字塔的顶端，而这种资产阶级等级金字塔，在大多数社会里，也与构成贵族的等级金字塔形成对立。即使在更广泛的社会中，就像在宫廷的精英社会里一样，也有无数其他的围绕着紧张关系主轴分布的紧张关系对立。神职人员、赋税承包人和很多其他特殊骨干在这当中发挥了某种作用。

如果把社会等级制度视为与权力制度是一致的，那么前面所说的在此可能足以表明，为什么对于法兰西王政时期旧制度的结构变化的理解会误导人们。在等级制度的意义上，人们也许可以把贵族作为统治阶层。如果看一下权力分配，人们就会发现，即使在法国大革命之前的几个世纪里，资产阶级出身的社会群体和贵族出身的社会群体也在争夺至高无上的地位，而这些群体当中的任何一个都未能打败对方，或者哪怕最终取得压倒性优势。

作为一种固有的独立的权力中心，国王地位的崛起与国王日益增长的以下可能性密切相关：如何让资产阶级群体与出身贵族的群体之间日益拉开彼此的距离，如何精心谋划维持它们之间紧张关系的平衡，从而提高国王自己的权力机会——这些问题前面已经论述过，在这里无需赘述。

然而，也许值得再次总结一些更为尖锐的东西，这可能有助于研究这种宫廷形态，以便理解法兰西王政时期旧制度的结束，理解过渡到通过各种群体和阶层采取暴力反抗会有什么样的贡献，此前这些群体和阶层完全被排除在暴力垄断的控制以及这种控制本身带来的权力机会之外。如果只考虑对于较低阶层的、最终揭竿而起的阶层的强制，那就不可能真正理解暴力革命的爆发；只有当人们考虑到精英、上层阶层也屈服于直接引发暴力革命的种种强制时，才能理解暴力革命的爆发。如果人们在寻求对革命的结构的合理解释时无视革命者的声明，就会妨碍对这些强制的理解，也就无法理解革命。

事实上，在许多革命者的眼里，以国王为首的贵族政体是造成他们反抗的主要原因。从革命群众的观点看，国王或其代表之间、官员贵族和武士贵族之间的差异和紧张关系波动的平衡，并没有多大意义。即使资产阶级历史学家也往往被这些垄断精英之间的竞争的原始意义所迷惑，因为在官员贵族后代的上升形式里，与武士贵族的横向联系，或者两大核心群体之间的联姻这种交叉结合，都是完全有可能的。不过，在这两个群体的人眼里，这种交叉联系绝不会模糊这些垄断精英在结构、传统和利益上的差异。"长袍官员"，包括其贵族顶端群体垄断了世袭的以及大部分出售的公务员职位；而军事贵族，除了一种封建领主土地所有权的垄断之外，垄断了最高的和一些中等的军事、外交和宫廷的职位。直至法兰西王政时期的最后几十年里，他们的代表——尽管进行了所有的改革尝试——仍然顽固地维护着他们的垄断及其相关的特权，并且占据最高政府机构的职位，部分是为了反对国王的代表，部分是为了彼此对抗。

这场革命结束了法兰西王政时期旧制度的某一阶层的生命；不仅消灭了部分世袭贵族，也许还摧毁了更为激进的、决心消灭资产阶级特权阶层和出身资产阶级的官员贵族——尽管有种种交叉联系和临时结盟，在法兰西王政时期旧制度下，官员贵族仍然是国王和某个军事贵族群体或其他一些军事贵族群体的对手。随着贵族的消失，议会、赋税承包人和财务官员、行业协会人员和这个古老资产阶级的其他表现形式也同时在消失。现在已经消失的法兰西王政时期旧制度下的很多机构，早在法国大革命之前的很长时间就已经不再能对在旧制度下形成的民族国家社会发挥任何作用，尽管对国王和现有政权来说并非毫无用处。

不乏各种改革建议。改革尝试无效的主要原因在于，法兰西王政时期旧制度的垄断精英本身并不团结一致，而是四分五裂的，因此他们构成了一个由相互竞争、相互制衡的顶端群体组成的复合体。在路易十四时代，资产阶级出身的和贵族出身的两大主要精英群体之间的紧张关系仍是富有活力的。国王本人由于拉开与所有群体的距离并灵活运用政治权术，可以维持这种紧张关系的结构，并在一定限度内纠正某些弊端。

如若把路易十四时代与路易十六时代精英的紧张关系形态进行比较，就会发现某种变化，或许最好的表达方式是这样的：如果说，紧张关系的形态仍是相同的，但它被冻结在一种形式里，这种形式让三大权力中心——国王、议会和军事贵族——当中任何一个都不会占绝对优势。阴谋诡计、大臣更迭、各主要群体和次要群体之间权力平衡的波动，比路易十四时代更经常发生，因为国王拥有较少的权力，因为他本人更多地卷入到各派别的纷争游戏里，而不像路易十四那样，作为权威的裁判，能够从外部引导紧张冲突的反复，玩弄这类冲突。在这里，人们遇到一种具有典范意义的现象。在这里，人们遇到被困在紧张关系中的统治精英，好像落入陷阱一样。他们的思想，他们的价值观，他们的目标，都是以对手为取向的，因此每一步、每一个动作——不管是他们自己采取的还是对方采取的——都是根据它们可以带给自己或对方多少好处和危害来看待的。

尽管在法兰西王国最后几十年里，特别是在宫廷的各种权力斗争中，这些权力骨干群体之一的代表试图限制特权，从而限制另一方的权力，但基本上权力是均衡分配的，而且共同利益太大，面对非特权阶层不断增长的压力，这些权力骨干群体在保持传统特权时不能允许一方获得超越另一方的决定性权力。在垄断精英之间权力的均衡分配，现在在某种程度上变成自动调节，路易十四还有意识地试图保持权力分配的均衡，作为加强他自己权力地位的条件。每一方都像百眼巨人阿格斯那样瞪大眼睛，保持高度警惕，他们自己的特权、权力机会不可有任何减少。因为就与其他精英的关系而言，政权的任何改革都会威胁一部分精英的现有特权和权力机会，所以，不可能进行任何改革。享有特权的垄断精英，被冻结在被路易十四巩固的紧张关系平衡里。

所以，在这里，人们遇到更大规模上相同的形态，后者可以在较小规模上证明宫廷仪式的发展在法兰西王政时期旧制度的最后阶段的特殊性。正如我们所看到，即使是最高统治阶层，甚至王后和公主，也总是被路易十四时代仍然接受的传统礼仪无情地束缚着。在这些礼仪中，任何一个步骤的任何变化都会威胁或破坏个别家族或个人的某些传统特权。只是因为这里所有的人在等级、特权和威望方面都处在一种强大的竞争压力下，任何一个人都以最大的注意力警惕地看着，不让他自己的等级、特权和威望被其他人损害。因为在这个最后阶段里，没有任何一方——包括国王本人——能够让自己与这种紧张关系斗争拉开距离，能够根据他自己的权力地位突破在这种形态内相互依存的人们施加的种种强制，如果有必要以牺牲一个或另一个的权力地位为代价进行改革，那么这种形态会变得僵硬。

除了那些由于他们的高级地位和较低阶层强加于他们的更广泛的强制外，人们身上的各种强制是他们相互之间以及他们给自己施加的。但是，既然没有人能调整或纠正它们，因而它们就具有了某种怪异的生命力。人们服从它们，甚至在批判它们时也是服从它们的，因为它们符合传统，因为这种传统保证了自己的特权地位，而且和人们与之一起成长的理想和价值观相适应。路易十四在某种程度上塑造和主导了宫廷传统习俗，但是传统习俗现在主宰着人们，没有人能根据法国社会正在缓慢发生的变化来改造或者发展它。

从王室家族的各个级别的宫廷贵族来看都是如此，这也适用于贵族和资产阶级的两个特权阶层。就像拳击手扭抱时那样，各种特权群体中没有哪个敢冒险，哪怕只是稍稍改变其基本立场，因为每一方都担心自己会失去优势、利益，而让另一方从中获益。与拳击比赛不同的是，这里没有裁判可以干预并把死死扭抱在一起的拳击手拉开。

倘若在一个社会的长期发展过程中，各阶层和群体的社会力量发生变化，那些较弱群体迄今一直被排除在控制中央国家权力垄断的途径之外，尤其是排除在对有形暴力、赋税征收和赋税分配的控制之外，他们相比迄今一直享有特权的阶层，在社会力量方面变得更强大了，那么基本上只有三种办法可能解决由于权力平衡的这种变化而导致的问题。第一种是制度上的调整，允许在社会力量上更强大的群体的代表获得权力和决策机会，调节对国家权力垄断的控制，让他们作为现有垄断精英的合作伙伴。第二种是尝试通过让步，尤其是经济上的让步，把正在变得强大的群体固定在他们迄今的从属地位上，而不让他们进入中央垄断的层面。第三种基于享有特权的精英的无能，在社会条件的制约下，他们无法认识到社会关系以及权力平衡的变化。

在法国，后来在俄罗斯和中国，旧制度下前工业社会的垄断精英走的就是第三条路。在工业化带来的权力转移意上的让步，超出了他们的想象。社会的逐步转变使所有面向社会的公共职位具有了有偿职业的特征，使作为世袭的现任官员和贵族享有特权的各种职位失去了功能，就像国王的职位去功能化一样。如果能想象出这种情况，那就意味着能想象出他们当下存在的彻底去功能化和贬值。此外，他们的注意力被非暴力冲突和为了对社会产生的种种机会进行分配而引发的大小争端所吸引。而且，代表两个或更多特权阶层的近乎势均力敌的、苦苦挣扎的垄断精英，被"僵持住的扭抱"阻碍了适应整个社会发展的能力，正是这些发展导致那些迄今没有享有特权的阶层的权力机会和社会力量的增加。

此外，在这种背景下，享有特权的对手们尽管相互敌对，但也有共同利益，要排除那些非特权群体参与中央国家权力垄断的控制及其提供的权力机会。因此，在这种情况下，那些迄今一直处在局外人位置、现在在社会方面变得强大的群体，很可能通过使用有形的暴力，即革命的方式，冲破阻碍，获得对国家权力垄断和其他通过有形暴力实现的国家垄断的控制。与此同时，在这种斗争过程中，传统特权和现在已变得毫无作用的社会群体将被摧毁；已经在这种斗争的掩护下形成的另一社会阶层会在这些斗争中崛起，这种可能性是非常大的。

无论如何，如果允许总结的话，这就是导致法国大革命爆发的形态。在法国国家社会的发展过程中，不同社会骨干队伍的潜在社会力量发生了变化。在这些骨干队伍之间的权力机会进行现实的分配，以某种方式发生变化，不再符合旧制度僵硬的制度外壳中权力砝码的明确分配。政权的顶端群体、制度的垄断精英已变成这些机构的囚徒；他们相互固定在已经享有特权的权力位置上,彼此牢牢抱着不放。垄断精英的僵持不下的"扭抱"和无法面对自己正在丧失功能的事实,再加上他们收入来源的僵化,比如通过自愿限制赋税特权使得经济上的让步变得更加困难,这一切加在一起阻碍了机构在权力变化方面的非暴力转型。相应地,暴力转型的机会却很大。

附录一
关于可能存在某种没有结构冲突的国家的观点

尤其是在精英群体之间推动的竞争和紧张关系，作为某种非（或者不再是）魅力型独裁统治的重要统治手段，是一种十分普遍的现象。它不仅存在于各种专制的世袭王朝的等级国家，也以类似方式存在于（比如）独裁的国家社会主义的军国主义国家和工业国家。

在很多情况下，传统的历史学忽略对权力结构的系统性研究。倘若把历史视为各种单个的人或者人群的种种有意义的、有意识的、目标明确的计划和企图的某种关联，那么精英分子们的种种竞争和嫉妒很容易就显得像是一些细枝末节的背景现象，对于历史进程以及对"解释"历史显得无关紧要。实际上，如果没有受过社会学教育和训练，无论是思想意识和涉及权力分配之间的区别，还是思想意识的功能作为实际的权力分配的一个方面，都是不清楚和难以确定的。在迄今的历史研究里，这种情况是极其常见的。

这同样也适用于，可能借助于某些历史的社会结构进行系统性的比较，来获取对历史—社会的深入洞察。历史学家认为，历史的东西必须是绝对一次性的，在这里这种理论也扭曲了人们的视线。有鉴于此，也许（暂时性地）指出下述情况是有益的：研究专制国王的统治机制，尤其是路易十四的案例中精心维护顶端群体之间紧张关系的平衡，也有助于理解国家社会主义（纳粹）领袖的战略，有助于理解从魅力型统治过渡到常规统治时期（毫无疑问，他企图通过战争来延长这种过渡）对他[①]的顶端群体所采取的战略。在这里，不可能既详细论述结构的共性，又深刻探讨结构的差异。可能用一篇文章和一位年轻的德国历史学家的有关评论便足以说明问题；后者阐明了这类研究在原则上的重要意义，前者研究了在通往巩固政权、权力分配制度化的道路上纳粹的顶端群体的争权夺利。

《明镜周刊》编辑海因茨·赫内（Heinz Höhne）率先发表以《骷髅勋章》为题的系列文章（《明镜周刊》，1966/1967），大大推动了对于各种事实本身的探究，推动了对纳粹德国不同的顶端群体之间种种冲突和争权夺利的研究。海德堡的历史学家汉斯·蒙森（Hans Mommsen）以简明扼要的方式阐明了这类冲突对传统的历史学研究提出的问题[②]。这也适用于经过必要修正后的类似问题，如果把专制统治的结构和顶端群体特有的紧张关系的平衡（为给作为专制独裁者的国王留下极大的权力回旋余地，必须建立和保持这种紧张关系的平衡）的功能置于研究的视野，这种问题就会出现。

恰如进一步深入研究就可以证明，认为在专制主义国王

[①] 此处两个"他"均指"国家社会主义（纳粹）领袖"，即希特勒。——译者
[②] 《明镜周刊》（第21卷），1967年第11期，汉堡1967年3月6日，第71—75页。

统治下的国家制度是毫无冲突的、团结一致的是一种不正确的观点；有关一元论的纳粹的"领袖国家"的观念也被证明是一种幻觉。就像蒙森所说，这种画面会融化为在政党机构和国家机构的一切领域里相互竞争的各种组织、彼此攻讦的领导集团、纳粹的"主权载体"的权力和地位斗争，成为一个几乎没法解开的线团。所谓思想意识的团结一致，也被证明是一种幻觉。在"'国家社会主义的世界观'的'空洞公式'下进行着一场隐蔽的斗争，各种截然不同的思想意识方案都在明争暗斗，而这些思想意识方案只能在负面事物上做到协调一致"①。

赫内在他导言式的提要里，指出了他认为传统历史学研究不能完全胜任历史—社会现实方面的研究任务这一事实的几个原因。与前面所述的关于历史学与社会学之间关系的看法息息相关，这些观察是很有启发性的。蒙森以下述方式进行了概括：

"赫内的导言式提要认为，党卫军主题是德国广大历史学家的禁忌，这样一类课题会对以古典模式为导向的史学研究提出一些难以克服的表述性问题。因此，任何想赋予党卫军的发展以某种内在目的性、历史"意义"或者至少一种因果关系的过程，都会被党卫军装置的多重矛盾、冲突碰得粉身碎骨……这基本上适用于整个第三帝国的内部结构。不是因为问题是禁忌的，而是因为从极权主义独裁的模式看，内部权力分配和组织的现实问题似乎是次要的，因此研究转向

---

① 《明镜周刊》（第21卷），1967年第11期，汉堡1967年3月6日，第71页。

了其他问题,尤其是考虑文献来源的缺乏。"

如果人们正确地理解这些话,那他们就会说,历史学家受阻于极权主义独裁的意识形态模型,不能把实际的权力分配的社会学问题从研究的背景推到前台,正如赫内所做的那样。而且,像赫内一样打开各种文献资源,使他们可以调查国家社会主义国家内部权力的实际分配和权力的平衡。也许这可以被视为一种肯定,即一种以古典模型为取向的历史研究由于其大多数的理论前提并没有清楚说明且未经检验,所以无法探访历史—社会现实的广阔领域,恰如在开始时已经论述过的那样。

在一个相对高度分化的统治领域,对各种牢固的独裁统治进行比较分析,会让观察必然的发展的目光变得敏锐起来,能够看到在顶端群体、集团之间无法克服的竞争和嫉妒使它们以相同的方式依附于独裁统治者。如果没有这样的比较分析,往往很难认识独裁统治者的策略和被统治者的困境。

于是,在蒙森的表述里,希特勒对(各种顶端群体、集团的)竞争的容忍似乎是犹豫不决的,也许甚至尚未下定决心。他似乎在问:为什么独裁者不能根据极权主义国家的愿景,干脆结束这些竞争呢?然而,并不需要任何教科书来对这个强大的独裁者进行说教,告诉他如果他的顶端群体、集团团结一致,就意味着他的权力回旋空间变窄,甚至意味着对他个人统治的威胁,而他们的分歧如果不是走得太远的话,将会增强他的权力。正如希特勒的案例所展示的那样,人们可以在实践中相对快速地学会一种战略,谨慎地维持竞争同时试图——或多或少有效地——防止其过度。独裁者自己甚至不需要意识到他的这种策略，并且不必让自己明确地思考它。

然而，对于科学研究的各种相互关联而言，明确的表述是不可或缺的。如果没有，人们就会陷入迷境：

"希特勒的光环和他的个人魅力，"蒙森写道，"在把处于顶端的国家和政党方面的所有支离破碎的机构维系在一起的同时，又把它们推向相互敌对的争权夺利之中，但这尚未对如下事实提供充分的解释：这个制度的各领导集团中谁有机会和直觉来看透这位'天才'领袖的神话，并认识到这个独裁者越来越脱离现实，但同时又无法摆脱他。"

不乏一些深刻的个别观察，指向统治者和被统治者之间相互依存的争斗；然而它缺乏理论训练，使之有可能通过明确定义的结构模型来总结这些个别观察。因此，负面评价和指责性审查的新表达，总是取代对相互关系的决定性平衡。考虑到国家社会主义精英的这些对抗，蒙森谈到了"现代大国的寄生性分解过程"。与此同时，他再次正确地看到了那个偏执狂形象，由于他的存在，"相互竞争的群体当中没有任何一个能重建权威，从而提出某种哪怕仅仅在某种程度上合理合法的政治领导主张"。独裁统治者恰恰试图通过他的领导战略来阻止这种可能性的出现。

以古典模型为取向的历史学研究最严重的失败在于，在所有高度分化的国家社会里，一种正在巩固或已经巩固了的专制制度的一个组成部分，根据这样的理论预设，被看作某种或多或少偶然的事情，被看作具体独裁统治的独特现象，这种情况不能作别的解释，只能解释为参与者个人的特别恶劣或腐败堕落。这种假设如何导致判断错误，在蒙森采用的概念中尤为明显,即"竞争权力和利益的集团"依赖于"对独裁者一个比一个俯首帖耳,相应地在政治上一个比一个激进","对抗性的多元化权力载体"的整个"升级""只不过是一幅极权统治的漫画",正如蒙森自己所说的那样,制度的稳定性是建立在"权力载体的这种升级"之上的。尽管能够充分认识这种事实,即顶端群体、集团的这些竞争是制度的基础,但在这里,同时也会让人误认为可以看清楚并说清楚这些顶端群体、集团的竞争远非漫画,其实是极权统治的组成部分。

这是历史—社会研究所遇到的困难的又一个例子,只要人们不具备科学社会学的知识,因而对社会意识形态和社会结构的关系没有明确的理论观点。

恰如上面已经说过的,国家社会主义运动借以掌握政权的意识形态,是由魏玛共和国多党制国家的对立物决定的。德国人民对国家事务的态度,在很大程度上受到德国传统,尤其是普鲁士专制主义传统的影响。在那里,国家事务的领导基本上是在王侯的宫廷里进行的。宫廷—专制主义派别之间的竞争、分歧和争议,仍局限在内部圈子里。它们往往是关起门来进行的。无论如何,直至1870年,在某些情况下直至1918年,广大德国人民几乎没有机会在某种程度上感受到积极参与这类辩论。许多公民的人格结构与这种公众事务监管是一致的。如果人们说,与这种社会化相应的是,贯穿王侯朝廷的贵族统治很长时期,很多德国人对下述情况感到不安:国家事务的领导甚至在议会成立之后,很长一段时间大部分仍在宫廷的幕后进行辩论;1918年之后在相当大程度上,才变成在幕前辩论,在公众的视线下进行辩论,并且邀请他们参加。

议会各政党的公开辩论要求采取一种能适应不断变化的环境的、有节制的特殊进攻方式和深思熟虑的敌对态度。一个民族的更广泛阶层习惯于这种温和而有节制的方式表达对立，在成为习惯之前还需要一些时间。通常——当然在德国——这些阶层一般被置于相对简单的对立中。如果某人是朋友，那就完全视他为朋友；如果某人是敌人，那就完全视他为敌人。人们希望有简单的感情阵线，能在友谊或敌对当中完全投身于这些阵线中去。在这种普遍的情绪下，议会通过谈判、改变联盟和阵线、适度的友谊和敌意以及经常性妥协来表达对立，这些方式很容易成为烦恼的源泉。

在公开场合下温和而有控制地释放这种敌对，属于一种统治形式，它对于那些没有把握控制自己的攻击性情绪和敌对感情的人来说，产生了极大的误导。一方面，通过谈判公开表达出来的党派对立不断强化他们自己的敌对情绪，另一方面，议会的统治机制又不允许把这些敌对情绪变为行动，只能停留在口头上。议会被蔑称为"闲谈小木屋"，清楚地表明了这些感受的方向。这种称呼意味着他们只会空谈，唇枪舌剑，却无所作为，根本不是真在进行斗争。

没有必要讨论为什么没有暴力敌对行动的公开语言冲突的混合——作为议会制度特征之一——对德国的许多人来说尤其感到恼火。无论如何，国家社会主义的纲领完全符合那些身后有着长期"自上而下统治的"传统，并且仍然能够把私人生活的理想托付给国家事务领导者的人的情感需求。恰如在私人生活中，一方面有一些朋友，人们试图按照理想的方式把他们视为绝对的朋友；另一方面有一些绝对的敌人，

宫廷社会 | 435

人们对他们可能只能憎恨和斗争。人们在国家社会主义的纲领里发现一幅理想的画面，借此将相同的情绪习惯转移到国家层面上。

在这里，一方面是站在领袖背后团结一致的人民，即一个没有摩擦、没有冲突和没有对立的共同体的理想画面，而这个共同体现在不再像提升到理想的工业革命前的村庄共同体那样包括几百人，而是包括数百万人。但另一方面，站着一些绝对的敌人。如果说议会制度的挫折，包括要求人们甚至在面对敌人时也要节制和自我克制，那么国家社会主义的纲领和党的政治战略从一开始就消除了这种恼人的限制。与情感上的两极化相适应，纲领让绝对的朋友与绝对的敌人相对抗，人们可以自由地和无条件地憎恨绝对的敌人，用行动——不是说说而已——来反对他们。

因此，完全独裁的观念作为一种希望的意象、一种理想、一种意识形态，是不难理解的。恰如民族共同体的理念一样，在民族共同体中没有对立和冲突。但如果国家社会主义政权被描述为极权主义独裁的一幅漫画，那意味着对社会现实的彻头彻尾的误解，因为这种制度充满着冲突和嫉妒，尤其是顶端群体、集团的。这会让人以为，在一个高度复杂且经常分层的工业国家里，独裁政权可能会摆脱冲突和对立。它给人的印象是在没有独裁者的情况下，可以在不同的工业社会中实现统一的独裁统治，就像以前的路易十四那样，小心地在相互竞争的精英群体之间保持平衡，阻止它们结成同盟来对付他。

如前所述，它代表了宣传的理想与社会现实的画面的混淆。只要涉及竞争和敌对的群体及阶层之间的冲突，民主的议会多党制和独裁的一党制之间的区别首先在于：在后者的框架里，各党团和利益群体之间的争议是在独裁者的顶端群体、集团的小圈子里进行的，是在他的"宫廷"里进行的，因此，基本上是在幕后进行的；而议会制度框架下的辩论则很大程度上是在幕前、在民众监督下进行的，在更广泛的阶层的有限参与下以周期性选举的形式进行的。

此外，国家社会主义制度才处在巩固的道路上；这种制度的巩固，在顶端集团之间权力分配的常规化放慢了速度，并因战争而被推迟，这些情况无疑促成了权力和威望的竞争的不受管制和混乱的特征。但所有这一切都难以证明出现这种情况是制度的特别的腐败堕落。在专制主义制度的框架内，统治的精英之间的对抗永远不可能像在议会制度内那样来监管。这实际上是议会制度的本质：在其框架下，对立和争端——是较发达和有区别的社会中任何制度正常状况的一部分——能够相对公开地揭示出来并相对详细地加以规范。

在这里，没必要探讨为什么在德国，自上而下实行专制主义统治或独裁统治的情感习惯，以及因此反复要求由"强人"来统治的愿望，已经根深蒂固。导致出现这种情况的德国国家社会的发展是非常复杂的。但毫无疑问，德国人之间由来已久的不团结造成的创伤，增加了人们的恐惧，担心人们自己不能控制对其他德国人固有的敌意并通过议会制度正常的党派斗争，以一种令很多德国人恼火的方式一再激起这种敌意。只要涉及国家和政治的各种问题，个人自我克制的弱点就会表现在希望通过其他人，通过国家权力机构的代表从上面来加以控制。

在德国，从三十年战争时期开始，经过王侯专制制度的漫长时期，人们已经习惯了自上而下的控制。在国家事务上，一种强大的外力控制的社会传统，通过其他人、通过国家—宫廷的统治者进行有力控制的社会传统，给个人生活的狭小领域之外个人自我克制的社会传统的发展几乎没有留下什么空间。当王侯统治者正在消失时，传统上在国家和政治问题上的自我控制的弱点，表现在一再重新要求通过一个非王侯的强人从外部来控制。人们期待他，希望他能够让党派冲突——这种冲突激怒了很多德国人——消失得无影无踪，这些党派冲突违背了德国人的政治愿景：作为"兄弟民族"，必须团结一致。然而，由于意见和利益的分歧与相关的紧张关系和冲突属于复杂的、差异化的社会的结构特征，因此，就连一个非常强大的统治者也不再能够有更多作为，只能在德国人慢慢发展起来的宫廷的内部圈子里，表达德国人之间令人恼火的意见分歧，并且以这种方式避开大多数人的目光。

也就是说，这里涉及一种历史阐释，但它缺乏社会学基础，如果人们把国家社会主义的专政看作某种异常的东西，看作偏离极权专制的理想的东西，因为这里正在形成贪官宠臣制度的一些形式和——恰如蒙森所说的——"一种'国家化的'，因而基本上是无政府主义的院外游说制度"的一些形式。垄断精英的派别之间对威望机会、经济机会和其他权力机会的竞争，属于任何一种独裁统治在其巩固的道路上的正常现象，机会的给予最终掌握在独裁统治者手中。这是独裁统治的工业化民族国家的党派精英的结构特征之一，也是宫廷—贵族的专制精英治理前工业化王朝国家的状态。

它也是结构性的，在这种情况下，竞争和对抗不太受法律控制或公共规范的约束，而更多是独裁统治者的个人决定。但是，不管它们与独裁统治的意识形态立场产生多大矛盾，它们都不会——如蒙森理解的那样——意味着从内部摧毁国家。这种表述基本上只意味着人们把无冲突、团结一致的人的意识形态，作为历史解释的潜在可行的标准加以接受。正如人们在本书里看到的那样，精英群体之间为争夺权力机会而进行的、在结构上掩盖不住的或者只能很少被掩盖住的、因而高度个人化的竞争是经常性的。无疑，这——稍作必要的修正——同样适用于在工业民族国家的极权主义统治。

附录二
关于宫廷—贵族体制的财政总预算中财务官员的职位对理解宫廷—贵族体制经济伦理的贡献

根据历史学选择材料的模式,在历史研究中很少提及财务官员,即负责宫廷贵族的财产管理和监督所有经济事务的人。不过,对于社会学研究来说,对于理解宫廷贵族的形态、相互结合、生活方式、精神状态来说,家族财务主管地位的题材并非无关紧要。即使只是简单地看一眼这个社会地位,也可以看出这个社会的高级封建领主和贵妇们对他们生活中那些方面——人们今天可能会称为"经济上的方方面面"——赋予从属作用,财务管理的规矩,包括土地财产和家庭财务的监督以及大部分决定,一般都落在出身较低阶层的正是为此而设的侍从——财务官员——的手中。也可能有过例外。但一般来说,宫廷的封建领主和贵妇们对于他们收入的细节很少感兴趣,很少精通他们的土地财富和家庭财富以及他们特权的具体事务的细节。他们基本上仅仅对此感兴趣:定期从地租利息、年金收入和其他财源中得到收入,经常准备好支付他们的需要。他们的财务官员的责任就是把钱准备好。为此,他们付给他薪俸。

高等宫廷贵族的家政财务是一个庞大的组织系统。这一点切勿忘记。但是，在这种宫廷社会里占主导地位的社会等级消费伦理，迫使每个家庭的消费都必须不取决于他们的收入，而取决于它的社会等级和地位。这种经济伦理很少允许一个家庭连续数代人，始终拥有以物质消费为中心的庞大组织系统，今天人们称之为"理性""健康"的经济基础，即支出总是以收入为取向。

因此，在这个社会的成员当中，债务升级和最终导致破产的趋势非常大。经济上的精打细算适合于吝啬鬼，但不适合军事贵族和佩剑贵族这样的军人。（德语在某些领域很好地继承了贵族阶层的价值观，德语有大量对资产阶级经济伦理表示蔑视的术语可供选择。）与债台日益高筑的危险相对应的是人们总是一再听到贵族改革的尝试，听到一些良好的财政预算的建议。

有一系列材料可以证明应该倡导推动贵族的财政预算合理化，而这些推动大多半途而废，其原因正是因为专制主义的统治结构在路易十四治下所采取的形式，迫使宫廷贵族对其财政开支，如果他们不想在同人中丧失等级地位和声望的话，首先必须根据他们的社会等级地位来安排。由于这种教育深入人心，这种社会强制表现为贵族的行为的一种独特的自豪感，不同于资产阶级的行为，他们的支出并不屈服于收入的强制、资产阶级市民精打细算的强制、经济上斤斤计较的强制。

比如，1641年发表的《经济学，或者克雷斯潘先生真诚建议如何好好服务》[1]一文，叙述了近20年来高等贵族生

---

[1] E. 福内尔（E. Fouurnier）：《历史文集》，巴黎1863年，第10卷，第1页。

活方式和家政事务发生的变化。克雷斯潘（Crespin）自称莱扎伊（de Lezaye）侯爵夫人的家务总管，他谈到过去时代家政管理不善的问题："人们把一切都花销殆尽，然后一无所有。人们买了一阵和风、一阵狂风暴雨，然后和风就消失了……为了不落入这类陷阱，必须谨慎管理家政事务。有鉴于此……大领主和贵妇们必须把一些良好的规则引入其家中。然而，并非所有人都可以根据需要进行思考和行动，因为当他们把他们的宴席搞得丰富多彩时，甚至也不符合其社会等级，所以我们认为对他们来说，拥有一个忠实的、在家政管理方面经验丰富的人是首要任务。这个人应该在家政的任何方面都是总管，应该处于所有仆从之上。除了家族的主人外，他不必向任何人汇报，只听命于家族主人。"恰如王朝国家一样，家政事务也被视为等级和个人统治的统一体。

两代人之后，即1700年，长期在科尔贝特的儿子家担任高级侍从的奥蒂格尔（Audiger）发表了一篇指南，有关贵族大家庭家政事务的领导和组织原则，题为《井然有序的家族和领导家族的艺术》（1700年，阿姆斯特丹）。他的论述表明，当时还年轻的官员贵族在家政事务方面是以比较严格的、符合资产阶级经济伦理的方式领导，科尔贝特的孩子们尽管比较迅速转型为武士贵族，但是组织家政事务方面家风尚未完全消失。很可能这篇短文是为这种官员贵族家庭写的，官员贵族当时以极高的自我意识成为一个新贵族的特殊群体，它像旧贵族、旧军事贵族那样，要求相同的社会等级和声望。

在这篇文章里，详细陈述了总务官员的各种任务，即一个大贵族的家政事务"经理"的职责范围。这些论述赋予家政事务一个很好的概念，而且与资产阶级标准相适应，而宫廷贵族根据自己的标准给一个仆从规定的任务的重要性，也给出了一个很好的概念。因为大部分宫廷贵族，特别是高级宫廷贵族，以国王为首，以国王为榜样，对于预算和决算这类事务的社会评价很低，他们基本上仅仅把从事开销的分配视为他们特权的标志，视为与他们的特权相适应的自由的标志，因此，他们实际上仍然在极大程度上依赖于他们的仆从——实际上，他们在更大程度上是他们财务主管的囚犯，而且其程度远比他们愿意承认的高得多。奥蒂格尔非常坦率地表达了这种体验：

"情况是这样的，有些财务主管通过他们谨慎细致、他们的才能支撑和重建那些几乎破产的家族，而另外一些财务主管，由于行为恶劣和错误、疏忽，让一些名门望族彻底破产，我们举了 20 个众所周知的例子，这些例子又适用于更多人们都知道的世界上的其他王侯和封建领主家族。"

只有当人们意识到"小人物"的经济伦理，即资产阶级经济伦理——它旨在量入为出，并且如果有可能的话，让收入超过支出，作为资本形成和投资的手段——的发展，成为整个国家社会占支配地位的经济伦理，与当年这些"小人物"跃升到某种统治阶层的地位联系在一起时，包括法国大革命在内的一系列社会发展过程才会变得可以理解。

这种经济伦理并非像今天有时所表现的那样，单纯是一种人人都天生具有或者至少是可以企及的思维"理性"的表现。正如人们在上面的论述里所看到的那样，宫廷贵族的与此有所差异的经济伦理，并不说明这些人是非理性的，或者缺乏智慧，甚至特别堕落、缺乏"道德"的。所有这些对一群人的典型行为的解释，建立在这个群体的特定社会结构之上，通过使他们看起来构成个体甚至可能是单独个体天生就有的特征的概念，使我们误入歧途。武士贵族家族有规律地反复破产，同样属于法兰西王政时期旧制度的一些常见现象，这个社会是建立在这种制度的上层阶级的结构之上的，恰如公司破产是资产阶级社会的常见现象一样。

作为一种制度化的工作领域，一个家族财务主管的社会地位是这个社会职能分工的具体方案的特征，因而也是在相互依赖的强制下尽可能让宫廷贵族老爷和贵妇们摆脱家政及经济事务束缚的特征。这就是奥蒂格尔所描述的家族财务主管的任务：

"他的任务和职能通常涉及一个大领主的一切财产、收入和交易，对于所有这些他都必须清楚地了解收支状况、经济实力和收益状态。这样一来，他就能据此安排支出，偿还最紧迫的债务，避免可能因此产生的困难和刁难。

"因为拥有社会等级的人的绝大部分财产都在乡村，因为他们在其所有土地上都有佃户和管理者，所以财务主管必须密切注意这些人的情况，在签订任何租赁契约时仔细考虑在他们当中最好和最有支付能力的人：他必须警惕，在租赁期间，这些人不得廉价抛售收成作物，除非合同里另有规定，否则这些人不许让土地荒芜、砍伐树木或垦荒。他也必须关照湖泊、池塘、森林、牧场、草原、城市的房屋，特别是乡村领主的各种权利，不让它们遭受损失，因为在既定时间里，没有任何人会来关照它们，或者给予它们必要的关心。

"他也必须记住要给家务总管多少钱用于家庭日常开

销；他必须检查这些钱是否用得合理，他必须要求家务总管每周向他报告开支情况，以便让他不出任何纰漏。他必须让家务总管每月定期向他递交日常开支和特殊开支的决算、预算报告，亦即已经开支和计划开支的报告，这样，他就能把财务开支报告递交给主人，而领主应该根据其收入安排开销，以避免剩余或者超出他能力的开销。他也应该拟出一份账目清单……包括他所收入的所有钱财，以及他为此规定的分配，不管是分配给领主、军官们或家庭仆从，还是分配给商人们或向他们支付年金，或者用于维护财产及城市、乡村的房屋，这些他都必须顾及。所有这些开支都必须有收据，这样一来，如果需要提交财务开支报告，他才能有适当的辩护理由。

"此外，在各种事务上尽可能避免经营失策和杂乱无章，即不让领主陷入不必要的开支和负债，这也是他的义务。如果要做一件新的、困难的生意，在生意开始之前他应该听取好的建议，而且他必须做好这笔生意。"

上面所引的是关于财务主管的论述，有些财务主管能让一个濒临破产的家族恢复生机，有些财务主管则能让一个很有实力的殷实家族一落千丈、破产。随后还有关于财务主管的职责范围和领域的其他细节的论述。

不过在这里，迄今所引述的解释足以让我们更清楚地了解我们今天所称的一个不够恰当的表达，即宫廷贵族"经济上的"方方面面的观点，在此并不十分合适，因为它的意义是高度静态的，因为它涉及权力的分配以及19世纪和20世纪工业社会里普遍存在的相应的职能分工。这些论述悄悄地把极有可能获取成就和社会地位的机会拱手让给了在"经济"专业化的意义上采取行动的人，让给了在"经济学"方面有所作为的人，即让给从收入优先于支出的角度出发采取行动的人，让给节约以用于投资的人。社会舆论，部分由经济学理论代表，似乎只基于事实分析，把这种行为提升为一种全人类的理想。如果从这样的条件出发，另一些发展阶段的、不同于宫廷社会成员的人，他们的行为举止与这种理想是不适应的，他们没有承认这种理想本身就是理想，换言之，在经济学意义上，他们的行为不"经济"，恰如人们常说的那样，他们的行为是不"理性的"，要么挥霍无度，要么是傻瓜。

然而，由于人们把在自己的社会发展阶段上仍然继续视为正常的行为，设想为所有时代的人的正常行为，并含蓄地假设为在社会发展的过去阶段里要求社会群体的可能的行为方式，所以人们就不可能解释和理解，为什么在最近的社会发展阶段里，即在工业社会阶段里，这类行为方式会上升为对所有人都占支配地位的正常的、理性的行为方式以及如何会这样；就不可能解释和理解，为什么和如何会从根本上出现这种情况："经济"被视为整个社会结构和发展的一个特殊的专业领域。因为毫无疑问，在18世纪下半叶之前，这种观念是完全不存在的。

与此相应的是，那些指责有些人的习惯性行为"不符合经济学"伦理的说法，如果涉及工业化社会的人，这些说法就一语中的了。因为在这种社会框架下，这种行为是个人偏离社会规范的行为。不过，如果它们涉及在国家社会发展的早期阶段发挥主导作用的社会骨干成员，即从前的垄断精英时，它们①也是深中肯綮的。因为在这些垄断精英的框架下，这样的行为并不是个人偏离社会规范的行为，反而是标准的行为——个人的行为与其社会化的约束协调一致，与其社会制度化的归属性协调一致，总之，与占支配地位的标准协调一致。

在这些社会强制的模式里，我们所谓的"经济"约束在功能方面尚未发挥特殊作用；它们在这些强制的模式里肯定并不处在首要地位。正如人们看到的那样，在宫廷社会中，荣誉、等级、维持和增强自己家族的社会地位，以及身强体壮、骁勇善战和作为行为的决定性因素的足够的战争成果，肯定会优先于所有的"经济"，如果这些经济因素在国家社会结构中，可以将决定性因素与其他因素分开的话。这当然并不意味着这些人对增加他们的财富和收入毫不在意。与他们的社会等级和感受相反的只是他们的财产和收入的增加，我们今天所说的具体的和专业的经济行为。但他们对此不会有丝毫的反对意见，而且往往急于努力争取，例如通过获得战利品、国王的馈赠、继承遗产和联姻来增加他们的财产。

通过对有关家族财务主管的职能领域的引用和论述，特别清楚地表明了在当前意义上的"经济"行为是多么与之相反。恰如我们在本文开始时看到的那样，家族财务主管应该确保支出不要太过超支。超支，贵族大家庭的预算本身的入不敷出、债务，通常被视为不可避免和相对正常的。经营企业的"普通债务"采取特殊信贷机构的贷款形式，目的是提高生产领域的生产和扩大商务领域的交易，也就是说，是作

---

① 这两个"它们"指"那些……提法"。——译者

为资本形成的辅助性手段；而宫廷贵族大家庭的预算的"普通债务"，基本上是一些消费项目。二者的区别无需进一步解释。

在这里，家族财务主管的责任是让家族领主免遭债主的骚扰，不必为债主恼火。他必须确保，不让地产管理者和佃户以及供应商欺骗领主。他的职责之一是让家务总管每周递交支出总账报告，与前者不同，他负责管理家政，每月必须提交家政总预算，财务主管负责监督领主的整个财产状况，必须时刻注意各种动态。财务主管要与领主讨论家政总预算，以免后者承担过多的、"超出他能力的"、他无法驾驭的责任。可以想象，要阻止家族领主和贵妇的开支有时并不容易，以他们的社会地位，他们会觉得这类开支是必要的，是一种责任，但是他们又没有足够的钱来支付。

这些论述可能就足矣。有时候深入研究细节以了解主要的结构和发展路线是有益的。人们已经习惯于用诸如"封建"或"传统"等无差别的陈词滥调来掩盖宫廷贵族社会的问题。这里所说的宫廷贵族的家政预算执行，特别是财务主管的地位，仅仅是对文本本身在理解宫廷社会作为一种特殊的前工业社会形态的特殊性所暗示的内容的补充。但它特别清楚地表明，诸如"传统社会"或"封建主义"这类概念太过笼统，没有区别，无法看清楚最后这两种大的前工业社会精英群体的差异性特征，他们几乎完全依赖货币收入。如果把诸如封建、封建主义和封建贵族方面首先与主要是自然经济的相互依存的社会联系起来，恰如把宫廷社会和宫廷贵族政体首先与主要是货币经济的相互依存的社会联系起来，情况会更好一些。这将为发展过程中一种概念过渡到另一种概念留下足够的空间。

也就是说，贵族财务主管这部分形象是这样建立起来的，因此，处于权力机会较丰富的上层社会地位上的人受到执行某种由于社会等级和地位优先决定的支出战略的约束，相反，处于权力机会较贫乏的下级地位的人员，只要在他们较缺乏权力的地位上还有可能，他们就要采取由领主和总管的收入决定的支出策略。这提供了一个深入思考的机会，即当人们谈论某种更好或更坏的、"更现实"或"更不现实"的适应社会的行为时，到底指的是什么。在这种情况下，除了把注意力引向在社会发展早期这种形象和立场所遇到的问题外，就没什么可做的了。

在探讨这里所出现的各种问题时，人们有时使用一些概念会受到指责，其中之一就是"相对主义"。运用到这里所观察的各种客观事实上，这种表达方式大致是说不可能谈论某种绝对适用的"经济伦理"。什么样的经济伦理是"正确的"，什么样的行为是"正确的"，在某种相对主义的立场上，人们会说取决于人们所组成的不同社会结构。在宫廷—贵族社会里，人们可能会说，如果行为者首先根据他的等级、社会、荣誉和宫廷的社交习惯消费，这种个人的行为就是"很合适的"或者"现实主义的"。因为这是在他的社会里占支配地位的"准则"。相反，在资产阶级社会里，行为者首先是让他的支出取决于收入，因为在这种情况下，收入优先于支出属于有关社会的占支配地位的准则，如果个人如此行事，这种个人的行为就是"很合适的"或者"现实主义的"。

然而这种说法立即表明，这种社会学相对论理论并不完全正确。在这里，人们遇到一个在"相对主义"的讨论中经

宫廷社会 | 449

常会被忽视的问题，或者至少迄今还没有弄清楚。这就是各种社会规范本身的"适当""适应""现实特征"的问题。在一种社会群体中，有些"准则"或者"行为标准"是普遍流行的，它们也许在社会发展的前一阶段上是"合理的"和"现实的"，即适合于当时实际的社会条件，但是尽管它们继续在有关社会中维持，并通过社会教育，通过"社会化"从一代社会成员传到另一代人，通过相互监督和认可保留下来，在社会发展过程中，它们却越来越不合适或者越来越不现实，这些规范本身也影响到实际的社会结构，尤其是权力关系，难道这不可能吗？关于社会规范的个人行为的适当性经常被充分讨论，但社会规范在社会不断发展的结构方面的适当性几乎从未被讨论过。难道各种规范及其载体本身就不可能丧失其功能吗？

观察宫廷贵族社会地位的消费伦理，在这里再次借助对这支骨干的担任领导职务的侍从的观察，让这种社会地位的消费伦理变得形象直观，这些观察让人更容易想到社会规范、价值观、标准可能变得不再合适，可能会丧失这样的功能，或者更准确地说，起支撑作用的社会群体作为整体可能丧失其功能。对于专业技能较低，较少使用货币和从事贸易的社会上的军人精英而言，他们的行为在有关财富和收入——与宫廷贵族的财富和收入类似——方面，完全适合于他们彼此以及与其他群体一起形成的形象。在这里，财产很大程度上取决于军事效率和作战成果，而作战成果恰如社会地位、军阶等级一样，反过来又在某种程度上取决于财富。

国家社会中个人的相互联系逐渐被——哪怕经常遭受挫折或突然迸发——货币化、商业化和城市化，导致骑士规范、军人价值观和行为逐渐丧失其功能，变成宫廷贵族的武士贵族的规范、价值观和行为，通常以稀释和伪装的形式继续存在。军人的债务经济并不是"不现实的"，只要所有契约的保障相对并不那么有效，并且通过国家法律的制裁比较脆弱；必要的话，人们可以通过出征和十字军东征躲开债权人，或许把债权人杀了也没有特别的风险，如果他们咄咄逼人地追讨债务。

不过，17 世纪和 18 世纪，法国在这方面已经是一个相对有序的国家。尤其是在 18 世纪，即使是地位很高的领主，甚至王子，也不再能轻易逃脱契约义务。宫廷贵族常常抱怨国王权力的增长把贵族压低到臣民的地位上。如果他们试图摆脱某些令人不快甚而导致破产的契约，比如债务契约，他们的社会等级甚至对某些高等贵族也没有多大帮助，这就是他们觉得被压低到臣民的地位、社会等级被降低的一个例子。虽然贵族继续享有特定的法律特权，但是这种压低和降级是可以观察到的。这就是我们所说的行为标准、社会规范，在这个特定的社会生活过程、特殊的社会发展过程中，这种标准，这种规范，越来越不适合人们不断变化的社会形态的实际的互相关联，换言之，越来越不符合现实。

于是，作为一种主要基于自然知识的认识论传统的继承者，社会学家的科学研究已经做出了相当长一段时间的努力，现在已经不再使用诸如"事实"或"现实"这类术语。虽然更深入细致地探讨这类问题不属于本研究的范围，但是如果人们最终能明确地表明宫廷社会就像人们形成的其他所有形态一样，很值得被称为存在过的"事实"或"现实"，不管是否有人努力把它作为科学研究的课题，可能都会有助于理解这些研究当中涉及的问题。

　　人们在这里形成与特定的相互依存相关的分化有别的特征和形态结构,可以高度肯定地加以解释。人们可以展示出这种特殊的相互依存模式,大王宫和宫廷社会是如何以及为什么会发展起来。这并不意味着本书给出的这种发展和形态的解释模型代表了关于它们的科学诊断和解释的最后话语。这完全违背了这项工作的科学性质。这是朝着阐明这一特定社会现实的道路所迈出的一步。然而在这些形态的形式上,它们的存在形式实际上是由人组成的,因此在科学研究过程中可以逐渐明确地澄清,这样的个别步骤的错误和缺点丝毫也不会改变。纠正它们是后代的任务。

　　正是由于这个原因,至少在此过程中,指出这种特定的人造现实的复杂性是重要的。前面已经说过,宫廷贵族的行为和标准在社会发展过程中变得越来越不那么现实。人们想以此来说明,如果人们知道这些陈述所指的事实,根本不难理解其意思。只不过这些事实的概念处理在目前的思想发展状态下,仍然存在相当大的困难。

　　当人们谈到"社会现实"时,不能把这个概念局限在这里和现在所研究的个别的局部形态上。被诊断为社会现实的参考体系是一种形态流,或者换言之,是由所有相互依存的人——过去、现在和当前迈向未来的进步人类——形成的形态发展的整个过程。联系这种形态发展,事实上,人们就能观察到在特定发展阶段上的人的群体的规范、价值和行为是适合于现有结构发展的,而在发展的后期阶段上,其现有的相互依存关系的总体框架内会丧失其适当性,丧失其功能。这种去功能化过程属于一再可以观察到的形态变化的事实。

它们不仅涉及特定发展阶段的个别群体的规范、价值观和行为，还可能涉及整个社会形态。仅举一例来说明，在日益分化的背景下，在日益商业化和城市化的背景下，相互依存的链条日益密集和延长，宫廷贵族作为一个整体，逐渐消失，其功能也在逐步丧失。

可以证明这一点的是，在大多数已达到一定程度的社会分化、工业化和城市化的社会里，贵族和王公的地位在逐渐消失。如若人们把法国大革命简单地视为资产阶级反对贵族的斗争，那么人们就不会对这里所探讨的社会结构变革做出公正的判断。不仅是贵族规范的去功能化，而且作为社会形态的宫廷贵族也在去功能化，这种情况早在法兰西王政时期旧制度内部已经发生。

但是，这同样适用于前工业社会的资产阶级的规范和社会地位。在18世纪和19世纪初的日益商业化和工业化的过程中，即使行会资产阶级和官员资产阶级也丧失了职能。他们的规范、价值观和伦理变得越来越"不现实"。如同特权阶层的价值观经常发生的那样，他们的固执和坚持不懈也起到了推波助澜的作用，让新兴资产阶级集团代表的围绕改革所作的努力都以失败告终。这些权力精英认为的他们生活的最高意义和价值，早在大革命之前就已经内涵空洞化和去功能化。然而，如果没有外部强制，握有大权的精英往往无法从他们的内涵空洞的理想的自我强制中解脱出来。最终导致了暴力消灭那些已经完全失去功能的、拥有地位的社会群体和他们的特权，因为旧制度结构如此牢固和僵化，以至于不可能自动去适应不断变化的社会现实。

宫廷社会 | 453

编后记

《宫廷社会》这部作品基于诺贝特·埃利亚斯1933年在美因河畔的法兰克福大学提交的一篇大学教授资格论文，其标题为《宫廷人士——关于宫廷、宫廷社会和专制主义君主政体社会学的论述》，可惜今天再也找不到这篇论文的原稿。因此，这里提供的新版源于1969年在鲁赫特汉特出版社（Luchterhand Verlag）出版的《宫廷社会》初版，亦即该教授资格论文的修订版。论述广泛的导论一章《引论：社会学和历史学》是作品第一次发表时撰写的。这也适用于两篇附录。由于没有手稿遗留，论文正文各组成部分在时间上的安排只能仰仗诺贝特·埃利亚斯本人的若干提示，下述信息来自他某次告知莱茵哈德·布罗梅特（Reinhard Blomert）的内容：第三章《住宅结构作为社会结构的指针》源自法兰克福大学的教授资格论文，而第八章《在宫廷化过程中贵族浪漫主义的社会渊源》则是为了出版该书新写的文章。

此外，正文中的很多东西（尤其是一些注释，直接涉及埃利亚斯的主要论著《文明的进程》）表明，在《宫廷社会》的修改过程中和《文明的进程》定稿时，都经过修改和润色。这样一来，今天这版《宫廷社会》，不仅是诺贝特·埃利亚斯关于中世纪巅峰时期到资产阶级社会文明进程的表述的前期研究成果，也是其重要补充。

如前所述，这里所提供的新版，基于1969年出版的版本。同时，对埃利亚斯所转述或直接引用的文献进行核对，可能的话，对一些错误的提示进行补充，并在一篇特殊的翻译附件里为所有的外语引文附上德文译文。

再版原则上忠实于付梓的原稿。仅对明显的排字错误进行勘正。标点符号只有在明显的印刷错误时才作修改。在注释方面，仅限于对错误的和引起误解的引文提示进行纠正和补充。这些（少数）勘正也出现在《翻译、解释和引文的目录》里（见下文）。

下述更正不再加以说明：

——对明显地印刷错误和分行书写错误给予更正；

——对章节数字错误给予纠正，列入正确页码；

——每一章的注释编号总是从1开始；

——对注释里多次提及的文献来源和学术文献进行统一，分别以"姓名""压缩标题""同上"取代完整的注释。

在《翻译、解释和引文的目录》里，一些重要的（外文概念）予以翻译（为德文），可能的话加以阐释。引文里出现的遗漏和有些情况下引文出处的错误标示，在此进行了检查并给予更正。因为埃利亚斯的部分引文来自译文，部分是他自己翻译的，部分是他人（署名）翻译的，因此所有引文都重新检查，而且可能的话，对以前的引文出处的偏差加以重新审核。不过，这里所有的外文正文和引文都用（德文）

译文表示，德文译文是我自己翻译的。在两种情况下，带注释的译文与新版《文明的进程》的翻译加以对比、平衡。当然，如果在那里给出的某些说法不能令我信服，我还是坚持我自己的翻译。

在文献和引文目录的基础上，对埃利亚斯的引文出处和引文都加以检查、审核。署名的引文和埃利亚斯本人翻译的引文，均在附录重现外文原文。埃利亚斯本人引用的外文正文和引文的德文翻译，虽然在这当中加以检查、审核，但不再是引自引文文本。

文献注释的错误（即错误的人名、出版年代和出版地等），在注释里给予更正。对错误的以及缺失的页码、出版地点或者版本，部分在《翻译、解释和引文的目录》里加以补充和更正。注释里提到的作品，收录于文献目录，包括那些埃利亚斯也许只是间接（诸如从历史编撰学文献里）知道和引用的著作。各种版本都根据说明在巴黎的国家图书目录、伦敦大英博物馆的总目录和德文图书文献总目录加以查验，必要的话，给予更正及补充。由此发现有些说明与文献书目并不一致，这可能表明有些是同一作品的不同版本（出版时间上接近或者出版地相同）。这种情况在文献目录里用方括号加以注明。在个别情况下，可能找不到合适的替代物和找不到与图书目录相一致的作品。

人名目录采用埃利亚斯自己完成的《宫廷社会》第一版的。仅对所标页码进行了调整，以适于当前版本。

此外，我过去的助教、哲学硕士斯尔丽雅·莱昂哈德为这个新版奠定了基础，在此我要感谢她的认真负责和辛苦付出。对于一些重要的提示和查询，我要感谢诺贝特·埃利亚斯全集出版小组。向巴塞尔的自由学术协会对这个出版项目的慷慨资助表示感谢。

克劳迪亚·欧皮兹（Claodia Opitz）

译后记

诺贝特·埃利亚斯(1897—1990,笔名:米夏埃尔·埃利亚斯),德裔英籍社会学家和文化哲学家,出生于布雷斯劳(原属德国,二战后属波兰,即弗洛茨瓦夫市)。他对心理学也颇有研究,其社会学研究与心理学、历史学研究往往是紧密结合的。此外,他也出版过诗歌集《诗歌与格言》。

1907年至1915年,他在布雷斯劳上中学;1918年,在布雷斯劳大学就读哲学系和医学院,1919年通过医学预科考试,同年在海德堡大学学习。1920年夏,入弗赖堡大学,1924年获布雷斯劳大学哲学博士学位,博士论文为《思想观念与个体》。1924年,他迁居海德堡,继续攻读社会学。1925年结束大学学习。

如上所述,埃利亚斯出身犹太家庭,父亲赫尔曼·埃利亚斯拥有一个小纺织厂,1940年逝世。母亲索菲·埃利亚斯是家庭主妇,1941年在纳粹集中营遇害。埃利亚斯的家庭具有比较强烈的犹太传统信仰,早在中学时他就参加了犹太人联合会,大学期间更是积极参加犹太复国主义运动,1925年之前,他一直是"蓝白犹太复国主义运动联合会"的积极分子。

在海德堡期间，著名国民经济学家和社会学家阿尔弗雷德·韦伯是他的教授资格论文导师，论文题为《佛罗伦萨历史和文化的意义在于现代自然科学的产生》。1930年，他中断在海德堡的教授资格论文的撰写，随奥地利社会学家卡尔·曼海姆教授到美因河畔的法兰克福大学，成为后者的助教。在那里，他又开始他新的教授资格论文，即《宫廷人士》的写作。论文呈交曼海姆教授后，1933年3月希特勒上台，法兰克福大学社会学学院被迫关闭，教授资格论文的审核程序也被打断，教授资格化为泡影。直至1969年，这篇论文才在修改后以《宫廷社会》为名公开出版。

纳粹统治德国后，居住在德国的犹太人深受其害。作为在青年时代就相当活跃的犹太复国主义运动成员，埃利亚斯当然难逃厄运。他1933年流亡巴黎，1935年流亡英国，先后居于伦敦、剑桥和莱斯特，直至1975年。其间，他获得了英国国籍。

由于英国当局担心德国特务潜伏英国，1940年，他被视为敌视英国的外国人，送往利物浦附近马恩岛的海顿德国人拘留营，在此他写出了戏剧《可怜雅克布的悲歌》并上演过。8个月后他才获释。

在流亡英国期间和二战之后，他在伦敦和剑桥从事教育工作。1954年至1962年，在英国莱斯特大学重建的社会学系任讲师；1962年至1964年，在加纳首都的加纳大学任社会学教授。之后返回英国，继续从事教育和学术研究。

1975年之后，他才在荷兰的阿姆斯特丹拥有自己的固定住所，并在德国和荷兰的大学担任客座教授，在德国主要是比勒菲尔德和康斯坦茨两地的大学。他曾在比勒菲尔德的跨学科研究中心工作，包括那里的"哲学和历史"研究小组。

1969年和1976年，他1939年发表的《文明的进程》重版。此后，他才在德国、欧洲以及国际社会学界得到普遍承认，声名鹊起。

诺贝特·埃利亚斯的社会学著作颇丰，最主要的是《文明的进程》和《宫廷社会》、《什么是社会学？》（1970）、《垂死者的孤独》（2002）、《责任心与拉开距离》（2003）、《个人的社会》（2001）、《庸俗风格和庸俗时代》（2003）等。

他对社会学最突出的贡献是在形态社会学和过程社会学方面：

对形态社会学而言，社会形态意味着人的社会形态在某种特定状态下受制于社会的网络。① 埃利亚斯在《文明的进程》（第二卷）对形态社会学做了详尽的论述。他认为，有人从个人出发来思考"社会"的理论，但也有人撇开个人从"整体"出发来思考"社会"的理论，以这两种截然分开的起点出发而形成的"社会"的理论，都不足以在各种符合实际的理论里形成各种社会的种种过程。换句话说，任何社会学研究的中心必须是人和他们一起组成的能动性的社会的各种交织。"发生变化的各种'情况'，无非仿佛是从'外部'走向人的东西，发生变化的各种'情况'，是人们本身之间的各种关系而已。"

埃利亚斯把各种人类社会的一种观念理解为社会形态，

---

① 有关社会形态的论述，参见本书第一章第9至12节、第七章第31节及附录二。——译者

由于这种观念构成个人和社会之间的结合，也就是说，在社会各个层面上构成某种相互依附，因此这种观念就能避开"局部"和"整体"的片面性。[1] 在这当中，各种社会在其发展过程中可能会变得更加错综复杂，形成各种相互叠合的层面。同样，这些人也可能造成各种不同的社会形态，而这种形态可能比本国人和外国人之间的相互关系还要更加不同，更加分化有别。

至于过程社会学，按照埃利亚斯观点，如果在社会学理论里静态地思考各种社会的过程，即把这些过程归结为一些状况，并且把社会的演变视为各种似乎是静态的状况的某种先后顺序，那么这类社会学理论就不可能是符合客观实际的。比如，他批评以美国社会学家 T. 帕森斯的理论为中心的帕森斯学派，认为这个学派存在着这类看法。[2]

与此相反，他提出一种现实主义的基本设想，认为现实和各种社会并不知道静态"状况"为何物，而现实和社会都是处于不断运动之中的。也就是说，为了形成各种社会学理论，就必须总是描绘各种过程。他提出的要求之一就是，如果没有一种长期演变的理论，就无法理解和解释任何单一的社会现象。他要求研究出一种社会文化进化出的建立在经验基础之上的理论，并把自己仅仅视为通往这种理论的开拓者。[3]

长期以来，传统的思维把"社会"与"被设想为自主的

---

[1] 有关社会形态的论述，参见本书第一章第 9 至 12 节、第七章第 31 节及附录二。——译者
[2] 同上，第一章第 17 节。——译者
[3] 参见附录二。——译者

个人"对立起来。埃利亚斯想打破这种传统的思维。关于"社会"和"个人"之间的相互关系，几乎在他所有的著作里都可以找到他的想法。而这些构想最终导致了对某些概念的重新界定，比如"同一性"（Identität）和"自身价值"（Selbstwert）等概念，导致了在社会学史上对人采取一种比较新的观察方式，把人视为一种在他们一起组成的各种社会形态框架内具有某种自由空间的角色。① 此外，埃利亚斯因此也克服了心理学、社会学和历史学之间在传统上、科学上的各自为政，没有协调配合。

埃利亚斯在其研究中，特别给历史科学打开了新的视野：在德国，从封建制度到统一的领土化统治，法兰西宫廷机制的形成，对人的精神状态类型的研究——以乔治·迪拜（Georges Duby）为首的法国历史学派和《年鉴》杂志扩大了这类精神形态类型的研究——以及其他很多认识都应归功于他。

作者经常引用《百科全书》（*Encyclopédie*），在18世纪的法兰西，《百科全书》的作者（enclopédiste）们常被称为"百科全书派"。埃利亚斯对百科全书派有着比较深入的研究，常常引用百科全书派的看法来支持自己的观点，可见他也深受其影响。

埃利亚斯十分重视通俗易懂的科学语言的价值。他后来对自己的博士论文的科学语言持特别疑惑的态度，之后，越来越重视应用通俗易懂的科学语言。他很在意创造一些效力于他所代表的新的观察方式的概念，将其作为合适的概念即

---

① 参见本书第五章第6、11、14节和附录二。——译者

准确的"语言工具"来应用。

埃利亚斯对社会学理论的很多导向性问题和当前社会的种种问题，都表明了自己的立场，提出了自己独特的看法。他对社会学研究的涉及面是很广泛的，贡献也是显然的。他常常被人称为文明理论的创始人，不过这也是片面的，与这位社会学家的贡献不相适应。

他的贡献是多方面的，也因此获得了各种荣誉：

1977年，获美因河畔的法兰克福台奥多·W. 阿多诺奖；

1980年，获比勒菲尔德大学荣誉博士；

1986年，获德意志联邦共和国大十字勋章；

1987年，获荷兰女王勋章。

基于他对社会学研究的贡献，这些褒奖可谓实至名归。

本书翻译过程中，遇到不少历史学问题，尤其是法国大革命前的历史问题及拉丁文问题，承蒙我在德国汉堡认识的朋友、历史学博士迪特里希·德泽尼斯（Dr. Dietrich Deseniss）先生给予宝贵的帮助和有益的资料，在此表示诚挚的谢意。

原文有时段落很长，为方便读者阅读，译者根据自己的理解将其切分开来。此外，《文献目录》和《内容常用词索引》从略。

译文中缺点、错误恐难避免，诚挚希望读者和专家给予指正！

林荣远
2015年6月28日

图书在版编目(CIP)数据

宫廷社会/(德)诺贝特·埃利亚斯
(Norbert Elias)著;林荣远译.—上海:上海译文
出版社,2020.2(2024.2重印)
(译文经典)
ISBN 978-7-5327-8283-3

Ⅰ.①宫… Ⅱ.①诺…②林… Ⅲ.①宫廷—社会学
—研究—世界 Ⅳ.①D59

中国版本图书馆 CIP 数据核字(2020)第 026896 号

Norbert Elias
Die höfische Gesellschaft
Copyright © 1939,1969,1976 by Norbert Elias
Copyright © 1997 by Norbert Elias Stichting, Amsterdam

图字:09-2014-085 号

宫廷社会
——关于君主制和宫廷贵族制的社会学研究
[德]诺贝特·埃利亚斯 著 林荣远 译
责任编辑/钟 瑾 装帧设计/张志全工作室

上海译文出版社有限公司出版、发行
网址:www.yiwen.com.cn
201101 上海市闵行区号景路 159 弄 B 座
山东韵杰文化科技有限公司印刷

开本 787×1092 1/32 印张 14.75 插页 5 字数 290,000
2020 年 3 月第 1 版 2024 年 2 月第 3 次印刷
印数:7,001—9,000 册

ISBN 978-7-5327-8283-3/C·094
定价:76.00 元

本书中文简体字专有出版权归本社独家所有,非经本社同意不得转载、摘编或复制
如有质量问题,请与承印厂质量科联系。T: 0533-8510898